无理不成"书"

裁判文书说理 23 讲

刘树德 著

中国检察出版社

图书在版编目（CIP）数据

无理不成"书"：裁判文书说理23讲/刘树德著.—北京：中国检察出版社，2020.8
ISBN 978-7-5102-2445-4

Ⅰ.①无… Ⅱ.①刘… Ⅲ.①审判—法律文书—研究—中国 Ⅳ.① D926.134

中国版本图书馆CIP数据核字（2020）第102993号

无理不成"书"：裁判文书说理23讲
刘树德 著

出版发行：	中国检察出版社
社　　址：	北京市石景山区香山南路109号（100144）
网　　址：	中国检察出版社（www.zgjccbs.com）
编辑电话：	（010）86423750
发行电话：	（010）86423726　86423727　86423728
	（010）86423730　68650016
经　　销：	新华书店
印　　刷：	鑫艺佳利（天津）印刷有限公司
开　　本：	710mm×1000mm　16开
印　　张：	30.25
字　　数：	402千字
版　　次：	2020年8月第一版　2020年8月第一次印刷
书　　号：	ISBN 978-7-5102-2445-4
定　　价：	89.00元

检察版图书，版权所有，侵权必究
如遇图书印装质量问题本社负责调换

作 者 简 介

刘树德（又名邵新）

湖南省新邵县大新乡刘家排村人，最高人民法院审管办副主任，审判员，法学博士。1990年至2000年，就读于中国人民大学国际政治系、法学院，先后获得法学学士、硕士、博士学位；2001年至2003年，于中国人民大学财政金融学院博士后流动站从事研究工作。2000年至今，先后在最高人民法院刑一庭、刑二庭、研究室、司改办、审管办从事刑事审判、司法解释起草、调查研究、司法改革、审判管理工作。1994年、1996年和2003年先后通过律师资格考试、注册会计师资格考试和法律职业资格考试。兼任中国人民大学、北京师范大学、中南财经政法大学等院校研究员、教授、硕士生或者博士生导师。出版专著《实践刑法学》《政治刑法学》《司法改革：热问题·冷思考》《无理不成"书"——裁判文书说理23讲》等30余部；发表论文《罪刑法定原则中空白罪状的追问》《刑事司法语境的"同案同判"》等120余篇。

序 一

季卫东*

最高人民法院审判管理办公室副主任刘树德是一位颇有影响力的学者型法官。他较长时间地参与过人民法院系统数个五年改革纲要的设计和实施工作,其中就包括《关于加强和规范裁判文书释法说理的指导意见》(法发〔2018〕10号)(以下简称《意见》)的起草与出台。该《意见》对法律话语空间的改善贡献良多。

我曾经在论文中对这个关于法律议论的规范性文件进行过分析,发现从中浮现出来的理由论证过程主要包括两个方面:一个方面是注重证据在论辩中的作用,特别是要件事实的逻辑关系推演。与过去的理论和实践相比较,可以说这是具有重要意义的观念转换。另一个方面是强调适用法律规范的理由,既包括逻辑,也包括修辞技巧,还要求法庭的论辩和沟通要讲明情理。该《意见》强调法律议论必须坚持程序正当和推理层次分明的标准,并且对疑难案件和简易案件进行分别处理,实现"简案略说、繁案精说"的不同议论策略;对于法律适用的争议,法官应当逐

---

* 上海交通大学文科资深教授、中国法与社会研究院院长。

项回应争点并说明理由,在存在规范冲突或者复数解释的场合裁判文书应当说明选择的理由;必要时法官可以依据习惯、法律原则、立法目的等作出裁判,为此需要进行充分的论证和说理;法官行使自由裁量权处理案件时,应当坚持合法、合理、公正和审慎的原则,充分论证运用自由裁量权的依据,并阐明自由裁量所考虑的相关因素。这些规范内容充分显示了现代法律解释、法律推理以及司法裁量理论的积极影响以及中国庭审方式按照实际情况和固有的逻辑实现的进化。我认为,要求审判者通过法律推理来提高裁判的可接受性、通过相互承认的原理形成一种能兼顾"合法律性"与社会共识的承认规则、树立中国式"正的界说"是这个指导意见的核心内容。对于最高人民法院的上述努力,应该给予较高的评价。

树德法官把自己结合办案的经验素材具体阐述判决理由论证问题的一些论文(包括部分合著论文)和《意见》的说明释义汇集成册,以《无理不成"书"——裁判文书说理23讲》为题出版,并嘱我作序。由于有前述这一段通过文字的神交之谊,加上我认为以庭审为中心的中国司法改革的成功关键在于公正的程序和以理由论证为特征的法律议论,裁判文书说理这个选题非常有价值,所以毫不犹豫就应承了下来。

这本书的篇幅不太大,但涉及的内容非常广泛,包括与释法说理相关的事实认定、逻辑推理、立法目的推敲、政策考量、类推话语、说服和教化、说理问责、法官少数意见等不同方面。作者对德国司法经验,特别是在严谨的法律解释和推理的基础上形成判决书的做法以及形式理性颇推崇,与此同时也很强调事理、法理、学理、情理、文理的综合性把握和整合化作业,并把这种宗旨与中国司法实践密切结合在一起。本书在讨论审执分离时特别强调的一个重要观点是:理由论证属于审判阶段的作业,判决一旦确定就要严格执行,不能继续纠缠不同主张的妥当性问题,即在执行阶段不能说理。这是从中国司法的流弊中得出的教训,我很赞同。由于中国的传统思维方式注重因地制宜、临机应变、有错必纠,允许事后的商谈和调整,所以各地的实际情况是判决到了执行阶段当事人还在不断讨价还价,严重影响既判力,也为司法腐败留下了后门。要改变这种局面,就必须进一步加强办案过程中的理由论证,充分考虑当事人的各种诉求,让司法判断无懈可击,并确保裁判文书的主文简明扼要、无歧义、可执行。

这本书提出的一些工具性概念和分析框架也是值得研究者玩味的。例如重视审判活动中经过综合认定手续而具有法律意义的"要件事实",并把它们与满足法律适用前提条件的"法律要件"结合起来,作为理由论证的基础。例如强调"程序说理",即把法律议论的空间限定在公正程序的框架之内,从而获得比较理想的对话环境,防止现实中存在的力量对比关系影响意见表达的质量。例如,在讨论三段论推理时导入"媒介概念"或者中间概念,同时适当限制感化性修辞,包括"法官后语"之类的习惯性做法。关于案件的诉求和争论点的整理,本书也给出了中肯的建议——整理的范围仅限于案情,不得涉及法律意见。我感到很有意义的还有形式推理与实质推理的分类。在这里,形式推理基于纯粹的理性,包括三段论以及正义理念、法律原则、社会结构等的考量;与此形成对照,实质理性基于通情达理和价值取向,包括具体的说法、情境思维、辩证法等。道德话语在裁判文书说理中频繁出现并发挥重要作用，这是中国司法的一个传统。特别是在刑事审判领域，保护被害人及其亲属、为苦主伸冤是司法正当性的基本根据，对社会进行教化是法律制度的重要功能，因而"民愤""伦常秩序"往往构成法官内心确信以及裁量的一个重要因素，也成为裁判文书的一种基本修辞。但这种道德话语如果被滥用，就很容易导致法律议论出现明显的涨落、摇晃、混乱，妨碍理由论证。

我曾经说过，最高人民法院《关于加强和规范裁判文书释法说理的指导意见》只要加入论证性对话和说服力竞争的因素就有可能逐渐发展出颇有特色的法律议论范式。由于情理法的文化传统和具体情况具体分析的思维方式，中国特色的法律议论始终没有预设普遍主义立场，也在相当程度上放弃了确定性的诉求，因此议论的正当化标准势必借助互惠正义的逻辑落实在相互承认上。因此，在法律议论乃至社会议论中，我们不妨把传统语境四个位相里既有的"并无异说"的证明反过来作为法律判断正当化的基本条件，并且在话语空间排除"不可言说"和"以吏为师"这样两个位相，在不确定状况下逐步获得确定性的法律议论。为了防止"无穷之辞"之类的问题，不妨确立如下对话规则：聚焦争执问题，只对有异说的法律主张进行辩论和证明；不告不理，只针对那些有异说的人进行说服工作；有异说的人自己必须对反对的法律主张提出具体的理由，履行举证责任；争论双方都承认的规范性根据可以作为正当化根据加以援用。令人欣慰的是，在这本书中可以发现两个令人鼓舞的创新契机：一个是要求判决主文受限于当事人的诉求，另一个是提倡法官少数意见在判决中公开。在司法责任制的催化之下,两个契机结合在一起当会促进庭审中围绕说服力竞争和说理责任的论证性对话,也会加强律师的辩护权。

给我留下最深刻的印象是,该书把各种原理的阐述都编织或者融化到具体案例的分析之中,转换为具体的操作技术,在字里行间可以体会到作者的理论修养和实践智慧。关于这本书,也许我们可以把她形容为中国司法改革蓝图的庭审制刷新手册,也许我们可以把她视为合格裁判文书的写作指南,也许我们还可以把她理解为当下法律理由论证活动的一幅素描。无论如何,这显然是一个学者型法官的经验之谈和研究心得,大有裨益于审判人员提高理由论证的技艺;另外,我相信研究者也可以从中归纳出若干颇有价值的学术命题。在这个意义上,树德法官为审判机构的内部与外部围绕法学理论与办案实践之间的关系进行实质性交流提供了一条畅通的渠道。

是为序。

2020 年 5 月 4 日于上海

序 二

宋北平*

  正在利用新冠疫情封闭的期间，埋头给华夏国典教育科技研究院组织的"裁判文书说理研究丛书"审稿的当口，树德君要我给他关于裁判文书说理的新作起个书名。我当即说他文不对题，其实是希望他明白自己找错了人。不料他也是个"逆行者"，反而要我写个序言。作序不仅仅是个苦差，还担心费力却给人"画蛇添角"，因而此前总是千方百计再加千言万语地婉拒。

  早在 2014 年，我们法律语言研究会与青海省高级人民法院共同主办"裁判文书语言与说理研讨会"前，树德君所在的最高人民法院司改办已受命起草有关裁判文书说理的规范性文件，他受单位指派携三位同事参加会议。不料诸君有备而来，要我牵头组织专家们提出一个建议稿，我欣然从命。随后，他们也给我很多机会参与各地调研，我得以向各级法院实地取经，获益良多。正所谓志同者道必合，树德君又对我们这套丛书贡献了诸多智慧，现再次给

---

* 北京华夏国典教育科技研究院执行院长，中国行为法学会法律语言文化研究会常务副会长兼秘书长，北京政法职业学院法律语言应用研究所所长。

我机会先睹其大作为快，并让我能够借此练练笔写点读书心得之类的。若再却之，则不恭了。

一看这本书将以讲义的形式呈现给读者，我吃了一惊。放眼近几十年茫无际涯的法学书海，还没有几本以"讲义"自居——尤其来自法律实务界的，未知是不愿还是不敢。莫非民国以来法律人的著述，当得起"讲义"二字的，唯当年以培养法官而闻名的"北有朝阳"之"朝阳法科讲义"。那几十册厚薄不一的大小本子，奠定了中国百年法律教育、法学研究之基业。百年后的今天，举目习法之人，尽管飞黄腾达者众，但无论从教已称学富五车，还是从政也位至槐棘，其所谓的法学，大抵上还是朝阳法科讲义字里行间的意思，再添加些近几十年西方法学的作料，炒来炒去，端给食客。

如此以来，中国法律实务界和理论界，原本应当是患难与共的好兄弟，却似乎先天性成了水与油之关系——远望浑然一体，近看若即若离。或因清末开始，尤其是改革开放以来，西方法学汹涌而至，洪流滚滚，寸草不生，而实务界天天痛苦地感受着，中华民族以"性本善"文化基因培育的国情、社情、民情中的司法，基于"性本恶"的西方法学理论，无论学者们怎么将其改头换面，榫头还是怎么也对不入卯眼。

不过，"法律事实"证明，学者们也是欲哭无泪。司法实践总是把法学研究拒之门外，研究者们一直无从获得必需的材料，哪怕最外围的调研也举步维艰。岂不知，没有食材，巧妇又能何以为炊？礼尚往来，法学者们反手以"核心期刊"筑起高墙大院，让司法界的研究成果望墙兴叹。

司法实践与理论研究,名曰"两张皮",其间实因"地壳运动",形成了天然峡谷。别说法学冠冕之高士,就算跟法学沾点儿边的,端着百十年前人家霍姆斯"法律的生命从来不在于逻辑而在于经验"的名言,①宛如孔乙己举着碟子那么欣欣然,不厌其烦地教育孩子茴香豆的"茴"字有几个写法。由此观之,法学之于实践,对西方经验最当取的,无疑是理论来自于实践又用之于实践,得于实践的检验再进一步升华,当代中国法律人却恰恰舍而未取。"生命""经验",振振有词,而"峡谷"两岸,依旧相守相望。孟子所谓"挟泰山以超北海","吾不能,是诚不能也",抑或方今之时,"是不为也,非不能也"?②

好在最高人民法院竟然让裁判文书全面上网公开。当此之时,研究者们"漫卷诗书喜欲狂",终于"一桥飞架南北,天堑变通途"了。始料不及的是,他们从中获取研究素材的期望与失望,如同跳上了过山车——满以为举手之劳即可满载而归,但旋即发现,裁判文书几乎通篇都是格式化的"起承转合",且最能给他们提供法学研究资源、信息、灵感乃至问题的说理,也都欲言又止。鼠标寻它千百度,却仍在犹抱琵琶处。以至于,清华大学法学院周君光权教授这样法学研究与立法实践"一肩挑"的学者,为了能够摸索有助于解决司法实践问题的学问,如其所言,"因为我们的判决书说理不透彻,从中无法发现裁判

---

① 霍姆斯的这一观点最早出现在他1880年对兰德尔论合同法的书所撰写的评论中,1881年其出版的《普通法》再次重申了这个观点。
② 语出《孟子·梁惠王上》。

者的独特思考以及所引用的法理",也不得不转向求助律师的辩护,以"从中发现刑法学的软肋和痛点,从而寻找刑法学发展的契机,再推进理论和实践的互动"。①

须经"司考"方能成为"司法"之人,大抵都是法学教授们的高足。当年埋头苦读,对师者所传之"道"可谓奉若神明,一旦转身为法官,却立马迷茫当年之"道"何以难解今日之"惑"。传"道"者们也总是思忖,曾经那么"尊师"又"重道"的弟子,如今成了法官,何以裁判案件却蛮不讲理了呢。

为了解开"欲言又止"及"犹抱琵琶"之谜,对来自各级法院邀请我作有关裁判文书的讲座,几乎都欣然前往,其实个人目的是借机调查,一探究竟。以"传道"之名,求"解惑"之实。

结果,不求不知道,一求吓一跳。

原来,即使撇开法官们的法律水平不一样、法律水平一样但语言文字水平也不一样,裁判文书说理的操作,远没有我们"无独立请求权的第三人"看起来那么简单。比如,在什么节点,以何种方式,采哪种方法,说到什么程度,什么该说,什么不能说,说给谁听,说了有什么后果,不说的后果是什么,等等问题,不仅民事、刑事、行政裁判文书说理不一样,而且同一类不同案由的裁判文书说理也不一样。继之,同一案由不同案情的裁判文书,甚至同案同判而不同社会环境,乃至同一社会环境而当事人状况不同,说理都不应该一样。裁判文书是法院的最终

---

① 周光权:《凡刑辩艰难处,皆为刑法学痛点》,载《中国法律评论》2020年第1期。

"产品"，如此表面化的判断，事情就简单了，因为"产品"是模式化的机械制造。就法官而言，裁判文书是艺术品，才能让受众高兴。艺术品不是生产的，是制作的，需要雕琢，需要打磨，还需要时间。欲言又止，是因为担心过犹不及；犹抱琵琶，是因为无理可说时唯恐漏了底！

看来真相是：我们在台上说起来简单，因为听众都一样——法官；但裁判文书说理，做起来复杂，因为每个案件、每个法官遇到的人都不一样——情形。

拜读了这部书稿，才知道上述法官们所提出的问题，树德君都很清楚。他在书中所提出的答案，既提炼了国外的经验，又透析了国内理论与实践的异同，甚至还关注到了多年前我在最高人民法院关于裁判文书讲座中的一些话语。

言及裁判文书如何说理，中国传统司法智慧，如同习近平总书记所论中华法系，有诸多可择善而用之处。2016年，我应邀参与筹备最高人民法院司法案例研究院，其中一项工作是主持整理中华法系司法案例，特属意那些案例所表述的说理。如载于《刑案汇览》卷四之嘉庆二十三年《说帖》所记录的刑部议复广东梁亚如案的裁判，现摘录其说理的主要语段：

"律称'损伤于人'，凡死若伤皆是也。其有死不由于伤，而致死实由于该犯。其人已死，不可赔偿。罪坐所由，自当以损伤于人论。

此案梁亚如将泥水沾污梁才先衣物被斥，该犯用秽言辱骂，致梁才先羞愤自缢身死，是梁亚如向梁才先秽言辱骂致令自尽，即属损伤于人。唯梁才先因事而死，事属无因可免，犹之窃盗拒捕杀人，闻拿投首，得免窃盗拒捕之因，准以斗杀科罪。而斗殴杀人之案，虽闻拿投首，系无因可免，仍应以斗杀科断。秽语酿命与斗殴杀人罪名虽殊，其为损伤于人则一也。随检查历年并无办过似此自首、投首曾否减免之案……"

清代的刑部为国家最高审判机关。各省请示如何裁判的，都是法无明文或法律冲突之案，《说帖》则是刑部司法官的裁判意见。本案此处寥寥二百余言之说理，始于法律释义，继以死亡的因果关系，续以有共同点之罪名比较，末以有无可参照案例告罄，洋洋洒洒，一气呵成。

树德君对传统的经验也多有留意，古今中外交融于心，因而，五年前我组织"裁判文书说理研究丛书"时，特邀其主持其中的《刑事裁判文书说理研究》。他虽然没有婉拒，但也一拖再拖，又未声明在"另谋高就"，我不免疑其"临阵脱逃"。现在两相比照，本书正好弥补了我们丛书的不足，虽在意料之外，实乃情理之中。

树德君追随学界泰斗、人民教育家高铭暄教授精研刑法，师出名门，关于刑事方面的研究成果已然颇丰，可能因而更擅于以"刑"说事。其向来以古朴典雅风格著述，也经常与我切磋语言文字乃至标点符号的使用，其以"讲义"之故，本书因"文"变"风"，"阳春白雪"改吹"下里巴人"。在这追逐"高大上"的伟大时代，避"高"趋"低"，舍"大"从"小"，背"上"面"下"，实属不易。

忆往昔，华东政法大学校长何君勤华教授峥嵘岁月，主持整理朝阳法科故纸出版，对当今法学界已属莫大之贡献。

怅寥廓，问苍茫大地，谁能携来讲义新作同游？其必曰：处江湖之远，居庙堂之高，其理一也。噫，微斯人，吾谁与归！

掩卷而思，裁判文书应该好好讲理了！

是为序。

2020 年 2 月 26 日

前　言[*]

随着我国政治、经济、法律、社会、文化各方面的新形势，人民群众司法需求的新变化，网络信息技术的新发展，人民法院的司法公开越来越需要从形式公开向实质公开迈进。裁判文书说理就是助推和保障司法公开实质化的基础性举措，无疑在新时代全面依法治国方略推进过程中具有重要意义。从司法公开维度而言，裁判文书说理的功能体现在以下几个方面：

一、兑现宪法承诺之需

我国1954年《宪法》首先在最高规范层面上对司法公开作了原则规定，即第76条规定："人民法院审理案件，除法律规定的特别情况外，一律公开进行。被告人有权获得辩护。"1982年《宪法》第125条继续保留了此规定。按照习近平总书记的论述，宪法是国家的根本法，是治国安邦的总章程，具有最高的法律地位、法律权威、法律效力，具有根本性、全局性、稳定性、长期性。此规定就是宪法——党和人民共同意志——对审判公开的最高规范表达，

---

[*] 此文主体部分曾以《裁判文书全面上网的内外动力》（邵新）为题，载于《人民法院报》2013年11月15日。

也是党和国家对人民的"审判公开"的庄严承诺。

宪法的生命在于实施，宪法的权威也在于实施，其中，重要的一环就在于全国人大及其常委会通过完备的法律推动宪法实施，保证宪法确立的制度和原则得到落实。全国人大及其常委会主要通过制定《人民法院组织法》《刑事诉讼法》《民事诉讼法》《行政诉讼法》等对宪法审判公开原则予以法律化，具体包括：（1）1983年修改《人民法院组织法》第7条规定，"人民法院审理案件，除法律规定的特别情况外，一律公开进行"。（2）1979年制定、2012年修正的《刑事诉讼法》第11条规定，"人民法院审判案件，除本法另有规定的以外，一律公开进行"；第183条规定，"人民法院审判第一审案件应当公开进行。但是有关国家秘密或者个人隐私的案件，不公开审理；涉及商业秘密的案件，当事人申请不公开审理的，可以不公开审理。不公开审理的案件，应当当庭宣布不公开审理的理由"；第196条规定，"宣告判决，一律公开进行"。（3）1982年制定、2012年修正的《民事诉讼法》第10条规定，"人民法院审理民事案件，依照法律规定实行合议、回避、公开审判和两审终审制度"；第134条规定，"人民法院审理民事案件，除涉及国家秘密、个人隐私或者法律另有规定的以外，应当公开进行。离婚案件，涉及商业秘密的案件，当事人申请不公开审理的，可以不公开审理"；第148条规定，"人民法院对公开审理或者不公开审理的案件，一律公开宣告判决。当庭宣判的，应当在十日内发送判决书；定期宣判的，宣判后立即发给判决书"；第156条规定，"公众可以查阅发生法律效力的判决书、裁定书，但涉及国家秘密、商业秘密和个人隐私的内容除外"。

（4）1989年《行政诉讼法》第6条规定，"人民法院审理行政案件，依法实行合议、回避、公开审判和两审终审制度"；第45条规定，"人民法院公开审理行政案件，但涉及国家秘密、个人隐私和法律另有规定的除外"。

徒法不足以自行，上述法律化也只是对宪法承诺的纸上背书，可以说，宪法承诺的实际履行最终体现在司法机关的审判活动。从程序而言，审判包括立案、一审、二审、再审、执行等不同阶段；从业务而言，审判涉及刑事、民事、商事、行政、国家赔偿等；从内容而言，审判涉及审判行为（例如立案、庭审、裁判推理）和审判结果（例如裁判文书）。基于审判的前述多维性理解，审判公开也会存在不同的侧面。裁判文书是人民法院代表国家行使审判权对刑事、民事、行政、国家赔偿纠纷作出裁判而形成的最终公共产品。裁判文书的公开，本身是审判活动结果的公开，同时又是审判活动过程公开的某种再现（特别是在裁判文书的主文充分记载审判过程和反映裁判推理论证的前提下）。可以说，裁判文书公开，无疑是审判公开的重要一环，同时也是兑现宪法承诺的关键之举。

二、满足人民需求之需

按照我国宪法规定，一切国家权力属于人民。司法权作为国家公权力的重要组成部分，同样来源于人民，理应服务于人民。首先，全体人民通过全国人民代表大会和地方各级人民代表大会行使监督最高人民法院和地方各级人民法院审判活动的权力，每年各级人民法院院长向同级人民代表大会汇报法院工作，同时，不定期地就法院某项专门工作向同级人民代表大会常委会作专题报告。可以说，这是人民以集体的、间接的方式行使权力。其次，我国宪法规定的人民陪审员制度，为全体人民以个体的、直接的方式行使审判权提供了制度保障。再次，各级人民法院立足"公正司法，一心为民"，或者"为大局服务，为人民司法"，或者"司法为民公正司法"的理念，通过建立人大代表旁听制度、特邀咨询员制度、司法便民为民制度、法院新闻发布制度、民意表达机制，等等，让人民群众广泛参与司法、知晓司法、监督司法。随着依法治国，建设社会主义法治国家基本方略的逐步推进，社会主义市场经济体制的继续深化和社会主义法律体系的初步形成，全体民众的法治意识、权利意识（包括知情权、参与权、表达权和监督权）和通过法院裁判解决纠纷维护自身合法权益的意识显著增强，人民法院司法服务能力与人民日益增长的司法需求之间的矛盾未能得到根本解决。就审判公开而言，全体人民不仅关注案件审判的实体公正，而且关注案件审判的程序公正；不仅关注裁判过程的公正，而且关注裁判结果的公正，还关注公正裁判结果是否得到执行（而不打"白条"）；不仅知晓"迟来的正义不是正义"（即注意司法效率），而且追求"正义不仅要实现，而且应当以人们看得见的方式实现"（英国大法官休厄特，Justice Hewert）。裁判文书的公开，尤其是充分记载裁判过程、反映裁判推理、展示裁判智慧的"说理型"裁判文书的公开，是人民法院落实司法为民理念的重要举措，是满足全体公众知晓、监督、评价司法需求的重要载体。

三、提升司法公信之需

近些年来，司法公信力不高是一个不争的事实。司法公信力不高的原因何在，改善和提高的路径又在哪里，不同群体从不同的立场会有不同的看法，裁判文书公开可以在促进司法公信力的提升中发挥多方面作用，因为其本身既是加强司法公开的重要方面，又是推进司法民主、强化司法监督、规范司法行为、增强司法能力的重要手段。具体来说，司法公开涉及多方面的公开，既包括审判过程公开，也包括审判结果公开；既包括审判活动公开，也包括审判载体（各种法律文书）公开；既包括审判外在表现公开，也包括审判内在心证公开，等等。加强司法公开，无疑应当重视裁判文书特别是裁判理由的公开。因为，其一，裁判文书公开特别是裁判理由公开有助于推进司法民主。人民陪审员直接参与审判，与法官共同制作裁判文书并予以公开，直接体现着司法民主的实现程度。同时，其他没有人民陪审员参与制作的裁判文书的公开，有助于人民群众了解司法、监督司法、评价司法，包括裁判过程是否公正，裁判说理是否充分，裁判结果是否合理，等等，从而让人民群众参与管理国家的司法事务，实现司法领域的民主化，强化司法权的合法性和正当性，减少民众对司法机关的疑虑。其二，裁判文书特别是裁判理由公开有助于强化司法监督。阳光是消除司法腐败的防腐剂。裁判文书的公开，从多方面促进司法的监督：一是裁判文书公开，有利于全体公众（尤其是当事人）对法官及法院行使的审判权力进行监督；二是一审未生效的裁判文书的公开，有助于一审、二审法院相互之间的制约监督；三是原审裁判文书的公开,有助于原审法院、再审法院相互之间的制约监督;四是(刑事)裁判文书公开,有助于公检法相互之间的制约监督;五是裁判文书的公开有助于律师、法官等法律职业人相互之间的监督。其三,裁判文书公开特别是裁判理由公开有助于规范司法行为。每一个案件的审判活动是由一系列的审判行为组成的,具体包括庭前公告、立案、开庭、庭审质证、认证、合议庭合议、制作裁判文书、判决宣告,等等。一份质量好的裁判文书的形成,离不开上述裁判行为的规范、合法,同时,裁判文书又是对上述裁判行为的记载和反映,裁判文书的公开反过来又会形成倒逼,促使法官依法规范地进行司法行为。其四,裁判文书公开特别是裁判理由公开有助于增强司法能力。司法能力,从狭义言之,至少包括运用法律的能力、驾驭庭审的能力、司法调解的能力、判决说理的能力。裁判文书的制作可以说是法官全面司法能力综合表现的载体。"台上一分钟,台下十年功",裁判文书作为法官代表法院行使国家审判权对刑事、民事、商事、行政、国家赔偿纠纷作出裁判而形成的公共产品,其质量的好坏决定于"司法生产者"——法官的综合司法能力。裁判文书的公开,同样会倒逼法官去全面提升自身司法能力和切实改善提高文书质量。

四、建设透明法院之需

党的十七大报告指出,"确保权力正确行使,必须让权力在阳光下运行。……完善各类公开办事制度,提高政府工作透明度和公信力"。党的十八大报告指出,"推进权力运行公开化、规范化,完善党务公开、政务公开、司法公开和各领域办事公开制度……让人民监督权力,让权力在阳光下运行"。这些论述为各级人民法院打造阳光司法工程,建设透明法院提出了目标和动力。最高人民法院在中央有关推进司法公开制度改革部署要求的基础上,一直高度重视司法公开工作,不仅在三个人民法院五年改革纲要中均列有司法公开方面的改革内容,而且先后出台了系列司法公开规范性文件,包括:《关于严格执行公开审判制度的若干规定》(1999年3月8日)、《人民法院新闻发布制度》(2006年11月29日)、《关于人民法院执行公开的若干规定》(2006年12月31日)、《关于加强人民法院审判公开工作的若干意见》(2007年6月4日)、《关于进一步加强民意沟通工作的意见》(2009年4月13日)、《最高人民法院特邀咨询员工作条例》(2009年5月31日)、《关于司法公开的六项规定》(2009年12月8日)、《关于人民法院接受新闻媒体舆论监督的若干规定》(2009年12月8日)、《关于进一步加强人民法院"立案信访窗口"建设的若干意见(试行)》(2009年12月25日)、《关于人民陪审员参加审判活动若干问题的规定》(2010年1月12日)、《关于进一步加强和推进人民陪审工作的若干意见》(2010年6月29日)、《关于庭审活动录音录像的若干规定》(2010年8月16日)、《关于确定司法公开示范法院的决定》(2010年10月15日)、《关于人民法院在互联网公布裁判文书的规定》(2010年11月21日)、《关于人民法院直播录播庭审活动的规定》(2010年11月21日)、《最高人民法院特约监督员工作条例》(2012年7月13日)、《关于公布失信被执行人名单信息的若干规定》(2013年7

月16日）、《关于推进司法公开三大平台建设的试点方案》（2013年10月15日）、《关于加强和规范裁判文书释法说理的指导意见》（2018年6月1日），等等。地方各级人民法院结合本地实际，在落实最高人民法院上述相关司法公开规范性文件的基础上，制定出台系列规范性文件，并积极践行探索与创新，全方位地推进司法公开工作。可以说，这些规范性文件的制定和司法公开实践（包括裁判文书上网的规定和实践）的持续推进，为建成"透明法院"和打造"阳光司法工程"奠定了坚实的基础。按照《司法在改革中前行》的要求，"'公开'司法不是目的，目的是能够让司法权在阳光下运行，在社会各界的有效监督之下保证司法权公平、公正地行使"，显然，要实现此最终目的，形式上的司法公开固然必要，但更为重要的是实质性司法公开（裁判文书理由公开就是裁判文书实质公开），即实际决策过程也应公开化而不是秘而不宣。可以说，我们的司法公开之路依然还很长，司法公开范围的扩大，司法公开深度的拓展，司法公开载体的创新，司法公开效果的提升，等等，均需要付出坚实的努力。

五、克服"四风"危害之需

党风建设历来是我们党高度重视的重要事业。新一届中央领导集体从战略高度决定部署在全党深入开展党的群众路线教育实践活动，重点是查摆"四风"（即形式主义、官僚主义、享乐主义、奢靡之风）并加以整改。"四风"在不同部门机关、不同业务领域、不同时空处境有着不同的具体表现形式。就法院而言，同样存在"四风"方面的问题。作为法院的党员领导干部和党员法官，理应积极地参加党中央部署的这一具有重大意义的教育实践活动。"思想是行动的指南"，首先还是要结合工作实际从理论上加强对群众路线的认识，认真学习中央为开展此次教育活动所要求的文件材料，提升这方面的理论素养和认知。其次，在具体工作实践中认真地查摆"四风"方面的问题，有针对性地、制度化地、有实效地提出改进思路并加以落实。此处仅以法律文书写作专家在最高人民法院授课时对一份裁判文书的"错误"的诊断为例加以说明。仅词语使用方面就存在以下问题：（1）数词使用错误，例如，基数词当作序数词成为句子的一部分，且以基数词误用为序数词，作为段落的顺序；"零时"与"0时"用法不一；（2）生造词组，例如，"（打电话告知）其的"；（3）"他"指代不明，例如，"他"是指"证人江旭"还是指"被害人江勇"，无法分辨；（4）缺乏常识，例如，"110指挥中心于2006年7月24日凌晨0时53分指令公安分局查处"，"凌晨"是天快亮的时候，最早也得3点前后，而不会是"0时"。（5）录入错误，例如，将"见"录为"现"；（6）口语化，例如，"就与江勇就失去了联系"中的"就……就"；（7）地名错误，例如，"河南邵东县"中"河南"应为"湖南"；（8）行政区划名称错误，例如，"湖南省邵东市中级人民法院"中"邵东市"应该是"邵阳市"；（9）同实异名，例如，"封口胶布""封口胶""封口胶纸""封口胶带"，系同一个犯罪工具，却存在不同名称；（10）遗漏关键词语，例如，"抢劫罪，判处死刑，剥夺政治权利终身，并处没收个人全部财产；犯强奸罪……"中，"抢劫罪"前无"犯"字。此外，句子、段落、标点符号等方面的错误也不少。显然，一份裁判文书存在如此多的错误，原因或许是多方面的，但其中肯定存在"官僚主义"方面的问题。正如我们在开展司法公开工作调研过程中所了解的，裁判文书公开可以起到倒逼作用，促使法院及法官提高裁判文书质量，至少最大程度地防止诸如"人民币法院""凌晨零时许"及错字别字等低级错误的出现。

随着全面依法治国方略的逐步推进，裁判文书说理的重要性和紧迫性无疑将显著增强。当然，裁判文书说理是一项兼具法律属性和写作属性的作业，无论是法律能力还是写作能力的提升，不是一个一蹴而就的过程，既需要日积月累，也需要精益求精。

目录 CONTENTS

序 一 ··· 季卫东 I

序 二 ··· 宋北平 I

前 言 ·· I

上 编 理论言说

第一讲 裁判文书说理的界定·· 3
    一、裁判文书说理的规范表达·· 3
    二、裁判文书说理的"文件表达"······································ 6
    三、裁判文书说理的学理表达·· 11

第二讲 裁判文书说理的德国经验镜鉴································ 19
    一、说理的路径与模式··· 20
    二、民事裁判说理机制的中德比较·································· 21
    三、说理的辅助机制与法学支撑····································· 46

第三讲 裁判文书说理的学科体系依赖································ 53
    一、裁判文书说理与犯罪论体系····································· 53

二、裁判文书说理与犯罪论逻辑……………………… 57
　　三、裁判文书说理与犯罪论命题……………………… 61

第四讲　裁判文书说理的审查判断证据规诫……………… 82
　　一、审查判断证据说理的问题归整…………………… 83
　　二、审查判断证据说理的规诫提炼…………………… 91

第五讲　裁判文书说理的类比运用………………………… 104
　　一、刑事类推话语的争鸣……………………………… 104
　　二、作为法律解释方法的类推解释…………………… 106
　　三、作为法律推理的类比推理………………………… 111
　　四、作为法律适用的类推制度………………………… 117

第六讲　裁判文书说理的立法资料运用…………………… 126
　　一、立法资料的性质与类型…………………………… 126
　　二、运用立法资料说理的方式………………………… 127
　　三、运用立法资料说理的规范要求…………………… 132

第七讲　裁判文书说理的文件援引………………………… 143
　　一、刑事裁判文书援引文件的类型…………………… 143
　　二、刑事裁判文书援引文件的问题表现……………… 149
　　三、刑事裁判文书援引文件的规制建言……………… 154

第八讲　裁判文书说理的道德话语运用…………………… 159
　　一、道德话语的言说内容……………………………… 159
　　二、道德话语的言说处所……………………………… 165
　　三、道德话语的言说功能……………………………… 168
　　四、道德话语的言说规诫……………………………… 171

第九讲　裁判文书说理的少数意见公开 ····· 174
  一、少数意见公开的样本分析 ····· 176
  二、少数意见公开的改革语境 ····· 180
  三、少数意见公开的操作规制 ····· 186

第十讲　裁判文书说理的"依据·理由"辨析 ····· 192
  一、问题的提出 ····· 192
  二、"裁判依据"与"裁判理由"的法理之辨 ····· 193
  三、宪法条款与指导性案例的"理由·依据"定位 ····· 206

第十一讲　裁判文书说理的责任制度构建 ····· 219
  一、裁判文书说理责任的制度理性 ····· 221
  二、裁判文书说理责任制度的现状 ····· 222
  三、裁判文书说理责任制度的"双核" ····· 224
  四、裁判文书说理责任制度的保障 ····· 227
  五、裁判文书说理责任制度的设计 ····· 230

第十二讲　裁判文书说理的制度体系重塑 ····· 235
  一、裁判文书说理制度的程序理性 ····· 237
  二、裁判文书说理内部机制的重塑 ····· 240
  三、裁判文书说理外部机制的重塑 ····· 247
  四、裁判文书说理制度体系的结构层级与效力设定 ····· 253

第十三讲　裁判文书说理中但书适用实证分析 ····· 256
  一、但书适用的理论争点 ····· 257
  二、但书适用说理的实证分析 ····· 264
  三、但书适用说理的规则构建 ····· 273

下 编 文本诠释

第十四讲 裁判文书说理的价值功能与基本遵循 …… 281
  一、裁判文书说理的价值功能 …… 283
  二、裁判文书说理的基本遵循 …… 286

第十五讲 裁判文书说理的具体内容与类型 …… 292
  一、裁判文书说理的具体内容 …… 292
  二、裁判文书说理的具体类型 …… 295

第十六讲 审查判断证据说理 …… 298
  一、审查判断证据说理的界定 …… 298
  二、审查判断证据说理的重点 …… 303
  三、排除非法证据的说理 …… 307

第十七讲 认定案件事实说理 …… 308
  一、认定案件事实说理的界定 …… 308
  二、认定案件事实说理的重点 …… 309

第十八讲 适用法律说理 …… 313
  一、适用法律说理的界定 …… 313
  二、适用法律说理的重点 …… 314

第十九讲 裁判文书释法说理的繁简分流 …… 328
  一、裁判文书说理的繁简适度 …… 328
  二、应当强化和可以简化说理的情形 …… 331
  三、二审与再审裁判文书说理的强化与简化 …… 334

第二十讲　裁判文书释法说理的技术规制 ……… 336
一、文书样式的适度调整 ……… 336
二、规范性法律文件的援引 ……… 337
三、裁判文书附件的运用 ……… 338
四、裁判文书说理语言的规范 ……… 339

第二十一讲　裁判文书说理的辅助论据 ……… 342
一、辅助论据的界定 ……… 343
二、辅助论据的具体类型 ……… 344

第二十二讲　裁判文书说理的权责机制 ……… 371
一、法律保护机制 ……… 371
二、程序约束机制 ……… 373
三、责任追究机制 ……… 378

第二十三讲　裁判文书说理的保障机制 ……… 380
一、指导机制 ……… 380
二、考核机制 ……… 381
三、评估机制 ……… 381
四、评查机制 ……… 382

附录一　最高人民法院《关于加强和规范裁判文书释法说理的指导意见》形成过程稿 ……… 383
最高人民法院《关于加强和规范裁判文书释法说理的指导意见》（2018年6月1日发布） ……… 383
最高人民法院《关于加强和规范裁判文书释法说理的指导意见（最终稿 2018-04-17）》 ……… 387
最高人民法院《关于加强和规范裁判文书释法说理的指导意见（提交审委会讨论稿 2018-02-19）》 ……… 391

最高人民法院《关于人民法院裁判文书说理若干问题的
　　意见（征求本院业务部门意见稿2017-09-11）》… 397
最高人民法院《关于人民法院裁判文书说理的若干规定
　　（征求各高院及本院业务部门意见稿2016-12-13）》… 401
最高人民法院《关于规范裁判文书说理工作的若干
　　规定（初稿2015-12-06）》……………………………… 407

附录二　裁判文书说理范例荟萃………………………… 426

后　　记………………………………………………………… 446

上 编
理论言说

第一讲
裁判文书说理的界定*

裁判文书,旧称"判词",又称"例案文章",具体是一个国家或者地区掌理司法权的机构依照诉讼程序对具体纠纷进行裁断的过程和结果的书面记录。此讲主要目的在于对涉及裁判文书的"理由""说理""论证""论述""说理性"等诸多表述进行一番文本梳理,意图从中管窥裁判文书说理问题"言说热闹却又止步不前"的部分原因所在,进而提出陋见。

一、裁判文书说理的规范表达

裁判文书的权威性,从外在看来源于司法权力的国家强制属性,从内在来说归属于裁判文书的说理性;前者是"以力压人",后者是"以理服人"。为此,世界有些国家的宪法对此作了规定,① 例如,《土耳其共和国宪法》第 141 条规定:"法院审判一律公开。全部或者部分审判得基于公共道德或公共安全的绝对需要而决定秘密进行。对未成年人的审判由法律作特别规定。所有法院判决一律以书面形式作出,并附理由说明。"《比利时联邦宪法》第 149 条规定:"所有判决均须说明理由。判决公开进行宣读。"

---

* 此部分系拙著《司法改革:深水区与细说理》(法律出版社 2015 年版)第六章《关于裁判文书说理改革的思考(一)——以界定"说理"为中心》适当修改而成。

① 孙谦、韩大元主编:《司法机构与司法制度》,中国检察出版社 2013 年版。

《荷兰王国宪法》第 121 条规定:"除议会法令规定的情形外,审判应公开进行,判决应说明其所依据的理由并向社会公布。"《西班牙王国宪法》第 120 条规定:"司法程序公开,程序法有特别规定的除外。诉讼,特别是刑事案件,以口头形式为主。判决必须包含判决理由,并公开宣判。"《希腊宪法》第 93 条规定:"每一法院判决必须详细地和完整地说明理由并且必须公开宣判……对于不同意见的公布应当是强制性的。法律应当详细说明关于任何不同意见载入公报相关方面的事务,以及对其进行公布的条件与前提。"《巴西联邦共和国宪法》第 93 条规定:"司法机构的判决均应公开进行,所有判决必须理由充分,否则无效;但在涉及利益相关人隐私的案件中,以不影响公共信息利益为前提,法律可以将特定场合的出席人员限定于当事人及其律师,或仅限定于后者。"《苏里兰共和国宪法》第 136 条规定:"所有判决都应陈述其所依据的理由,刑事案件的判决还应写明作出处罚所依据的法律条文。除法律规定的例外情况,案件审理应公开进行。法律规定应受处罚的行为,不应判处有期徒刑的,不适用第一款的规定。宣判应公开进行。"

同时,更多的国家在刑事诉讼法(典)或者民事诉讼法(典)中对此作了更具体的规定,例如,《德国民事诉讼法典》第 313 条规定:"1. 判决书应记载:(1)当事人,其法定代理人与诉讼代理人;(2)法院,参与裁判的法官的姓名;(3)言词辩论终结的日期;(4)判决主文;(5)事实;(6)裁判理由。2. 事实项下,应特别表明提出的申请,并简略地叙明提出的请求以及所用攻击防御方法的主要内容。因案件和诉讼的不同情况,应该引用书状、记录和其他文件。3. 裁判理由项下,应简略地、扼要地记载从事实和法律两方面作出裁判所依据的论据。"第 313 条之一规定:"1. 如果对于判决肯定不会提起上诉时,判决可以不记载事实。如果当事人并且至迟于言词辩论终结后第二天表示不必记载裁判理由时,判决也可以不记载理由。2.下列情况，不适用前款规定……"①《德国刑事诉讼法典》第34条规定："可以通过法律救济提出异议的裁判，以及对申请拒绝的裁决，应当附有理由。"《日本民事诉讼法》第253条规定："判决书应记载下列事项：主文、事实、理由、口头辩论的终结日期、当事人及法定代理人、法院。"《日本刑事诉讼法典》第44条规定："裁判，应当附具理由。不得上诉的裁定或者命令，不需要附具理由。但依照第428条第2款的规定可以提出异议的裁定，不在此限。"《韩国民事诉讼法》第208条规定："1.判决书应记载下列事项：（1）当事人与法定代理人；（2）主文；（3）请求的主旨及上诉的主旨；（4）理由；（5）辩论结束日期，不经辩论作出判决的，宣告判决日期；（6）法院。2.判决书的理由应记载对当事人的主张以及其他攻击、防御方法作出的判断，以致可以将主文认定为正当的程度……"《韩国刑事诉讼法》第39条规定："裁判应明示理由。但是，不允许上诉的决定或者命令除外。"第323条规定："1.宣告刑罚的，应在判决理由记载构成犯罪的事实、证据的要旨及法律的适用。2.若对构成法律上犯罪成立阻却理由或者加重、减免刑罚理由的事实作出陈述时，应记载对此的判断。"《俄罗斯联邦刑事诉讼法典》第303条规定："刑事判决用法庭审理时使用的语言制作，由开始部分、叙事和理由部分及结论部分组成"；第305条规定："1.无罪判决书的叙事和理由部分应该叙述以下内容：（1）所提出指控的实质；（2）法庭所确认的刑事案件情节；（3）宣告受审人无罪的根据和证明这些根据的证据；（4）法院推翻指控方所提交的证据的理由；（5）对附带民事诉讼作出判决的理由……"第307条规定："有罪判决书的叙事和理由部分应该包括：（1）描述法庭认为得到证明的犯罪行为，并指

---

① 据我国学者介绍，德国的判决书分为前文、主文、事实说明、判决理由、法官的签名。其中，事实说明是学术双方当事人同意的简单的事实、当事人主张的事实以及法院调查到的证据提要，判决理由包括法院评论证据的价值，指出判决所依据的法律理由。参见沈达明：《比较民事诉讼法初论》（上册），中信出版社1991年版，第185—186页。

出实施犯罪的地点、时间和方式，罪过的形式，犯罪的动机、目的和后果；（2）法庭据以对受审人做出结论的证据，以及法庭推翻其他证据的理由；（3）指出减轻和加重刑罚的情节，而如果认为某一部分的指控证据不足或者确认定罪不正确，则还要说明变更指控的根据和理由；（4）解决所有与判处刑罚、免除刑罚或免于服刑、适用其他感化措施有关的问题的理由；（5）说明解决本法典第299条所列其他问题的根据。"我国于2012年8月31日修正的《民事诉讼法》第152条规定："判决书应当写明判决结果和作出该判决的理由。判决书内容包括：（一）案由、诉讼请求、争议的事实和理由；（二）判决认定的事实和理由、适用的法律和理由；（三）判决结果和诉讼费用的负担；（四）上诉期间和上诉的法院"；第154条第3款规定："裁定书应当写明裁定结果和作出该裁定的理由。"

从上述有关国家的诉讼法的相关规定可以得出以下几点：（1）大多数的国家在民事诉讼法（典）和刑事诉讼法（典）均规定判决书的相关事项，唯独我国目前仅在修改后的《民事诉讼法》中对民事判决书的内容作了规定。（2）各国对判决书的"理由"的规定详略不一，有的仅作了原则性规定，例如日本；有的对"理由"的具体事项作了相对具体的规定，例如韩国；有的对"理由"分不同情况作了更为具体的规定，例如俄罗斯。（3）各国所规定的"理由"的具体内容也并不一致。例如，《德国民事诉讼法典》规定的"理由"是从事实和法律两方面作出裁判所依据的论据，我国民事诉讼法规定的"理由"包括（争议的事实和）理由、（判决认定的事实和）理由、（适用的法律和）理由，等等。

二、裁判文书说理的"文件表达"

关于裁判文书说理，最高人民法院制定或者发布的下列文件均有所论及，具体包括：

1. 1950年10月14日最高人民法院华东分院针对上海市高级

人民法院请示发出的《关于纠正对反革命犯的轻刑倾向的指示》指出，在理由内仅说什么"前关犯罪事实已据被告供认不讳，自堪认定犯罪属实"，如果被告不承认在公安局的口供，就说他不肯坦白，思想顽固，就作为多判徒刑的理由，不从全盘情况去细心推研，借以明确罪责，这在判决的论证上，显然是空泛无力，不足使人信服的。

2. 1979年最高人民法院印发的《人民法院审判民事案件程序制度的规定（试行）》提出，判决书要叙述事实清楚，是非责任分明，说理充分有力，引用政策法律准确恰当，文字简练，用词准确，通俗易懂。判决书的内容应包括原告人和被告人简况、案由、事实、理由、判处结果。

3. 1999年3月10日最高人民法院《关于开展"审判质量年"活动的通知》指出，要严格按照法院诉讼文书样式制作裁判文书，裁判文书应当具有严密的逻辑性、严肃的法律性和严谨的科学性，做到叙述事实清楚，列举证据具体充分，论证说理透彻有力，引用法律条款准确。同时，还应当做到层次清楚，用词恰当，语言精练。

4. 1999年10月20日最高人民法院《关于印发〈人民法院五年改革纲要〉的通知》提出，加快裁判文书的改革步伐，提高裁判文书的质量。改革的重点是加强对质证中有争议证据的分析、认证，增强判决的说理性；通过裁判文书，不仅记录裁判过程，而且公开裁判理由，使裁判文书成为向社会公众展示司法公正形象的载体、进行法制教育的生动教材。

5. 2002年8月12日最高人民法院《关于人民法院合议庭工作的若干规定》第10条规定，合议庭成员进行评议的时候，应当认真负责，充分陈述意见，独立行使表决权，不得拒绝陈述意见或者仅作同意与否的简单表态。同意他人意见的，也应当提出事实根据和法律依据，进行分析论证。

6. 2003年7月21日最高人民法院《关于我国法院审理涉外商事案件适用法律情况的通报》提出，仍有不少人民法院对适用法律问题意识不强，甚至在裁判文书中没有对适用法律问题进行任何分析和论述。

7. 2004年10月21日最高人民法院《关于进一步加强人民法院基层建设的决定》提出，进一步规范各类裁判文书制作标准，统一全国法院裁判文书制作式样，注重裁判文书的说理性。

8. 2005年7月15日最高人民法院《关于在全国法院民事和行政审判部门开展"规范司法行为、促进司法公正"专项整改活动的通知》提出，各级人民法院要严格按照人民法院改革纲要所提出的裁判文书改革要求，树立"辨法析理，胜败皆服"的价值追求，准确把握当事人争议焦点，强化对争议事实认定的说理，强化裁判理由的论证，避免一些基本的技术性错误等。

9. 2006年6月27日最高人民法院《关于加强民事裁判文书制作工作的通知》提出，要强调案件事实的公开性和完整性、证据认定的逻辑性、判案理由的说理性以及文字语言的准确性，突出对重点争议证据的认证说理以及对当事人诉讼请求的辨法析理。还提出，要增强判案的说理性，努力做到"辨法析理、胜败皆明"。针对当事人争议焦点，要详尽地阐述裁判的理由，简繁得当地制作裁判文书。不仅要对实体判决的理由进行阐述，而且要对诉讼证据的采信与否进行说明。

10. 2009年2月13日最高人民法院《关于进一步加强司法便民工作的若干意见》提出，人民法院的裁判文书用语要力求通俗、简洁、易懂，让当事人能看得明白；要力求论证充分、说理透彻、适用法律适当，让当事人信服。

11. 2009年6月1日施行的最高人民法院《人民法院量刑程序指导意见（试行）》第11条提出，裁判文书中的量刑说理，一般包括以下内容：（1）已经查明的量刑事实及其对量刑的影响；（2）是否采纳公诉人、当事人和辩护人、诉讼代理人的量刑意见及其理由；（3）人民法院的量刑理由和法律依据。

12. 2009年9月17日最高人民法院《关于进一步加强和规范执行工作的若干意见》提出，要增强裁判文书的说理性，强化判后答疑制度，促使当事人服判息诉，案结事了；要努力提高裁判文书质量，增强说理性，对双方的权利义务要表述准确、清晰，并充分考虑判项的可执行性。

13. 2009年12月8日最高人民法院《关于司法公开的六项规定》提出，裁判文书应当充分表述当事人的诉辩意见、证据的采信理由、事实的认定、适用法律的推理与解释过程，做到说理公开。

14. 2012年2月28日最高人民法院《关于在审判执行工作中切实规范自由裁量权行使保障法律统一适用的指导意见》第10条提出，强化裁判文书规范。要加强裁判文书中对案件事实认定理由的论证，使当事人和社会公众知悉法院对证据材料的认定及采信理由。要公开援引和适用的法律条文，并结合案件事实阐明法律适用的理由，充分论述自由裁量结果的正当性和合理性，提高司法裁判的公信力和权威性。

15. 2013年9月6日最高人民法院《关于切实践行司法为民、大力加强公正司法、不断提高司法公信力的若干意见》提出，加强对法律适用的解释、程序问题的释明和裁判活动的说理，裁判文书要认真对待、全面回应当事人提出的主张和意见，具体说明法院采纳或不采纳的理由及依据。在诉讼过程中，对当事人提出的申请或质疑，应及时给予回应并说明理由。

综合上述非司法解释性文件的表述来看，可得知以下几点：第一，不同时期、不同文件分别使用过"论证""说理""论述""认证说理""论证说理""分析和论述""分析论证"等术语。第二，同一术语在不同文件中所针对的对象不一致，例如，"说理"在有的文件中针对法律适用的解释、程序问题的释明和裁判活动，在有的文件中针对判案理由，在有的文件中针对争议事实认定，在有的文件中针对争议焦点、再审申请的主要理由，在有的文件中针对裁判文书中理由部分。第三，同一术语在不同文件中表达内容的具体程度有别，例如，"论证"，有的仅笼统地说"在判决的论证上"（显然此处并不明确"论证"针对什么），有的明确地指出了"论证"的对象即公诉机关指控的犯罪是否成立，被告人的行为是否构成犯罪、犯什么罪、应如何处罚，或者案件争议的焦点，或者普通程序案件定性及审理结果，或者行政机关及其工作人员所作的具体行政行为是否合法、原告的合法权益是否被侵害、与被诉具体行政行为之间是否存在因果关系等。第四，针对相同或者相似的对象，不同的文件使用了不同的术语，例如，有的文件明确区分了"说理"与"论证"，即"说理"是针对争议事实认定，"论证"是针对裁判理由；有的文件中的"论证"是针对案件事实认定理由。

上述这些问题不仅同样存在于专门针对裁判文书样式所作的相关文件之中，同样也存在于相关裁判文书样式的说明之中。前者具体包括下列文件：

1. 1993年4月21日最高人民法院《关于〈法院诉讼文书样式（试行）〉若干问题的解答》第26条："问：对维持原判的案件，要否引用实体法？在什么地方引用实体法？答：维持原判是程序问题，只须引用程序法。在理由部分说理时可以援用实体法进行论证。"

2. 1999年4月30日最高人民法院《关于印发〈法院刑事诉讼文书样式〉（样本）的通知》指出，目前裁判文书存在两大缺点，其中之一就是不说理或者说理不充分，理由部分没理由，只引用法条；不阐明适用法律的道理。

3. 2001年6月15日最高人民法院办公厅《关于实施〈法院刑事诉讼文书样式〉若干问题的解答》第14条："问：对自首或者立功或者累犯等情节，在裁判文书中应当如何表述？答：按照修订样式的要求，对自首、立功等情节的认定应当写在事实部分，并写明确认自首、立功等情节成立的证据；对具有自首、立功等情节的被告人如何处罚的论述，则应当在理由部分进行表述。"第20条："问：检察机关指控被告人犯数罪，经审理确认其中一罪因证据不足、指控犯罪不能成立的，判决结果部分是否予以表述？答：只需在判决理由部分就证据不足、指控的犯罪不能成立予以充分论证即可，在判决结果中不再表述。"

4. 2004年12月8日最高人民法院《关于印发的〈一审行政判决书样式（试行）〉的通知》对"本院认为"部分提出以下内容和表述要求："……（运用行政实体及程序法律规范，对具体行政行为合法性进行分析论证，对各方当事人的诉讼理由逐一分析，论证是否成立，表明是否予以支持或采纳，并说明理由）依照……（写明判决依据的行政诉讼法以及相关司法解释的条、款、项、目）之规定，判决如下……"

5. 2009年10月12日最高人民法院办公厅《关于印发一审未成年人刑事案件适用普通程序的刑事判决书样式和一审未成年人刑事公诉案件适用简易程序的刑事判决书样式的通知》对"本院认为"部分提出以下内容要求：根据查证属实的事实、证据和有关法律规定来论证公诉机关指控的犯罪是否成立，被告人的行为是否构成犯罪，犯的什么罪，应否从轻、减轻、免除处罚或者从重处罚；对于控、辩双方关于适用法律方面的意见，有分析地表示是否予以采纳，并阐明理由。

三、裁判文书说理的学理表达

从国内诉讼法学者的论述来看，上述非司法解释性文件中所存在的问题也照样存在，具体包括：

1.针对民事判决书内容的理由，有学者认为，"法院在判决书中须写明对证据的分析、评价、采信与否等认定事由的理由"①；有学者认为，"认定事实的理由包括法官对当事人所举证据的认证结论，运用证据推断案件事实的逻辑过程等"②。前者仅单独地从证据层面加以表述，后者还涉及证据与事实认定的勾连。

2.针对民事判决书的理由部分，学者们持有不同的观点。其

---

① 李浩：《民事诉讼法学》（第二版），法律出版社2014年版，第315页。
② 汤维建主编：《民事诉讼法学》（第二版），北京大学出版社2014年版，第234页。

一认为，判决书的理由部分是"法院在查明事实的基础上，分清是非，说明当事人提出的哪些事实可以确定，提出的哪些主张应予支持，哪些不能支持"①。其二认为，"判决理由包括对案件事实的认定和法律的适用两个方面的内容"②。其三认为，判决理由包括"人民法院认定的案件事实以及认定案件事实所依据的证据；人民法院处理该民事案件所适用的法律、法规"③。其四认为，裁判文书的基本结构，除首部、尾部和程序事项外，还有事实构成、裁判理由和裁判主文三部分核心内容。事实的主张、证据的提供与获取以及由证据到事实的证明过程，应当记载于"事实构成部分"；对证明结果的综合评价和对法律事实的综合认定（要件事实），以及证明结果和所认定的事实是否已经满足适用法律的前提条件（法律要件），并据此推导出对某一规范的适用（如果法律规范清晰且单一）、解释（如果不够清晰）和选择（如果有多个选项）的结论，应当写入"裁判理由部分"；在根据事实认定而确定法律适用的基础上，得出的裁判结果，写入"裁判主文部分"，判决理由是指法官据以作出判决的事实和法律理由，在判决理由部分，法官应当对当事人提出的支持其权利（或法律关系）主张的理由作出回应，包括对裁判的事实和法律依据进行总结，作为对裁判主文的前提和理由说明。④第一种观点将其限定在事实方面，第二种观点认为其涉及事实认定和法律适用两个方面，第三种观点认为其涉及事实、证据及适用的法律等三方面（未显示出裁判过程的动态性），第四种观点认为其涉及要件事实的认定、法律要件的满足以及裁判结论的推导，体现了裁判过程的动态属性。

---

① 潘剑锋主编：《民事诉讼法》，浙江大学出版社2008年版，第295页。
② 谭兵、李浩主编：《民事诉讼法学》（第二版），法律出版社2013年版，第336页。
③ 陈桂明主编：《民事诉讼法》，中国人民大学出版社2009年版，第308页。
④ 江伟主编：《民事诉讼法学》，北京大学出版社2012年版，第110—111页。

3. 针对刑事判决书的理由部分，有学者认为，裁判理由是"把案件的事实与适用的法律相结合的部分，对事实与法律的结合要充分地论述加以说明，使判决有理有据、合理合法"①。有学者认为，判决理由部分的核心内容是针对具体案件的特点，根据法律规定，阐明控方的指控是否成立，被告人的行为是否构成犯罪，情节轻重与否，依法应当如何处理。②显然，前者强调案件的事实与适用的法律相结合，（或许）蕴含着二者之间涵摄的动态过程；后者更偏重于法律适用，未能体现其与事实认定相互涵摄的动态属性。

4. "论述""分析和论证""说理""论证""分析论证"的表述均存在，例如，有学者认为，"判决的示范性和引导性需要通过判决书关于判决理由的论述以及判决主文等宣示出来"③。有学者认为，人民法院阐述民事判决理由，要有针对性，即要针对原告的诉讼请求、被告的答辩意见及反诉要求、第三人的陈述、争执焦点进行具体、深入的分析和论证，要有论理性，法官要根据相关法律理论、原则以及具体的法律规范阐明个案中蕴含的法律问题，做到说理有力、论证严谨。④有学者认为，"判决书的理由部分是判决合法性与正当性的充分体现，是对法院判决所认定的事实、证据进行的高度概括，并依据有关法律、法规，说明法院对争议的焦点和纠纷的性质、当事人责任有无、责任分担等各方面的分析论证和意见"⑤。

---

① 陈卫东、严军兴主编：《刑事诉讼法通论》，法律出版社1996年版，第342页。
② 樊崇义主编：《刑事诉讼法学》，法律出版社2004年版，第407页；张建伟：《刑事诉讼法》（第二版），高等教育出版社2009年版，第322页。
③ 谭兵、李浩主编：《民事诉讼法学》（第二版），法律出版社2013年版，第336页。
④ 田平安主编：《民事诉讼法》（第四版），中国人民大学出版社2013年版，第271—272页。
⑤ 张艳丽主编：《民事诉讼法》，北京大学出版社2013年版，第452—453页。

5.关于论证针对的对象,有学者认为,裁判文书的"本院认为"部分,在认定事实的基础上,人民法院要根据法律、法规对案件的性质及如何认定进行充分论证。①有学者认为,判决书的"事实"部分主要包括人民检察院指控被告人犯罪的事实和证据;被告人进行的供述、辩解和辩护人提出的辩护意见的要旨;法庭审理查明的事实和据以定案的证据。此处"据以定案的证据",首先必须经过法庭的举证和质证,其次必须在判决书中对已采纳的证据和未予采纳的证据的理由进行说明和论证。②显然,前者的论证系针对案件的性质及如何认定,后者的论证系针对已采纳的证据和未予采纳的证据的理由。

综上可见,理论与实践存在反向的相结合,即理论未能对"说理""论证""论述"等进行合理界定,以致实践存在随意、不规范的使用,同时,实践也未对理论的改善和提升起着积极的促进作用。这样的分歧就是在法理学界和哲学界也同样存在。例如,针对裁判文书中的事实认定是否需要论证,就存在两种观点:肯定说认为,在处理个案的过程中,从事实的认定到法律的解释与选择,每一步都应给出充分的论证,避免简单化或引用并不充分的依据而牵强地得出结论。③否定说认为,各国司法制度对事实问题从来都是以不给分析和论证的判断来解决的(在英美法中主要是陪审团,在大陆法系及英美法中不用陪审团的案件中用法官的自由心证),并且早在60年前哲学研究就已经指出在事实问题上,论证无法获得比认定更强有力的结论。④再如,针对说理、论证和

---

① 江伟主编:《民事诉讼法》(第三版),中国人民大学出版社2007年版,第365页。
② 张建伟:《刑事诉讼法》,高等教育出版社2009年版,第322页。
③ 戚渊等:《法律论证与法学方法》,山东人民出版社2008年版,第89页。
④ [美]理查德·波斯纳:《波斯纳法官司法反思录》,苏力译,北京大学出版社2014年版,序言第12页。译者苏力同时指出,最高人民法院发布的《人民法院五年改革纲要(1999—2003)》提出在判决书中加强对事实认定的论证,是并未被众多法学家指出的一个"错误"。

推理的关系，有学者认为，说理就是推理和论证，加强裁判文书的说理就是加强法律推理（或法律论证）。① 有学者指出，在西方法学上，推理与论证这两个术语甚至被用作同义词。实践中，推理与论证这两种活动往往是交织在一起，同时出现。法律推理既用于法律论证，也用于法律证立（justification of law）当中。②

同一术语或者语词在不同的学科、不同的场合有着不同的内涵和外延，被作出不同的界定，实乃正常。例如，政治学者认为，说理是一种理性交流、表达看法、解释主张，并对别人可能有说服作用的话语形式。③ 哲学者认为，哲学之区分于一般说理，在于穷理，"哲学通过说理达乎道。哲学的突出特点在于它关乎说理"④；"所谓哲学，大致就是穷理"，即"从一个道理追向另一个道理"；⑤ "哲学，大致即指追索根本的道理（不是抽象程度最高的道理，是更接近深层道理、理后之理、理中之理）"⑥。但是，正如德国学者阿列克西所说的，"不同言说者就系统的词汇不得使用不同的含义"⑦，也就是说，针对同一话题，则必须对相关术语作出基本一致的界定，否则就没法促成共识甚至引发无谓的争论。

就涉及裁判文书的说理、论证等术语的界定而言，首先，可参照哲学中如下若干认识："说理"和"论证"都不是移植词，并不对应某个特定的西语词。"说理"有时被英译为 reason-giving，但"说理"比 reason-giving（一般指给某个特定的看法或主张提

---

① 余继田：《实质法律推理研究》，中国政法大学出版社2013年版，第278页。
② 焦宝乾：《三段论推理在法律论证中的作用探讨》，载《法制与社会发展》2007年第1期。
③ 徐贲：《明亮的对话——公共说理十八讲》，中信出版社2014年版，第30页。
④ 陈嘉映：《说理》，华夏出版社2014年版，第2页。
⑤ 陈嘉映：《说理》，华夏出版社2014年版，第4页。
⑥ 陈嘉映：《说理》，华夏出版社2014年版，第28页。
⑦ ［荷兰］伊芙琳·T.菲特丽丝：《法律论证原理——司法裁决之证立理论概览》，张其山等译，商务印书馆2005年版，第63页。

供理由）更宽泛，例如，"物极必反""人难免一死"均是穷理达到的一个道理，不一定是在给特定的看法或主张提供理由；"说理"在很多场合也英译为 argumentation 或 argument（既可以是说理过程，也可以是说理内容即论据、道理本身），但"说理"不一定是争论，至少并不突出争论这层意思，而 argumentation 比较凸显争论这一层意思；"说理"有时还英译为 reasoning（推论、提供理由）。①"论证"在汉英词典中有许多相应的语词，包括 reason, reasoning, justification, argument, argumentation, demonstration, proof, verification, explanation, exposition, evaluation, 等等。"论证可以视作较为正式的说理，基本意思在于为看法给出理由、提供理据"②；"论证，简单说就是讲出所以然"③；"论证，从根本上说，是一种自成一统的理解方式——通过对所以然的探究把东一处西一处的道理联系起来，以获得整体的眼光或者综观（Uebersicht）"④；"论证，往往与争论有关，总是针对或隐或显的反对意见（他人的反对意见或者自己心中的怀疑）"⑤。

其次，要结合裁判活动或过程的特点加以考虑。各国的裁判文书作为记载法官办理案件过程及作出裁判结论的书面载体，如何记载以及记载哪些内容，均可能存在差别。此方面的原因是多方面的，既受到各国不同的诉讼模式（即当事人主义或者职权主义）、办案思维模式（即判例法模式或者成文法模式）的影响，也受各国具体的裁判文书样式、结构的影响（前述各国诉讼法对判决书记载内容的要求就存在差别），同时还受各国制作裁判文书习惯、传统的影响（前述法国现行判决书受传统的影响就不注重裁判说理），等等。不过，无论从静态的传统解释学和司法三段论来理解，还是从动态的现代诠释学和事实—规范涵摄论来考察，法

---

① 陈嘉映：《说理》，华夏出版社 2014 年版，第 21—22 页。
② 陈嘉映：《说理》，华夏出版社 2014 年版，第 190 页。
③ 陈嘉映：《说理》，华夏出版社 2014 年版，第 193 页。
④ 陈嘉映：《说理》，华夏出版社 2014 年版，第 215 页。
⑤ 陈嘉映：《说理》，华夏出版社 2014 年版，第 190 页。

官办案过程的核心部分包括：案件（法律）事实的认定（包括证据的合法性、关联性、充足性分析以及依照证据法原理和规则利用证据证明法律事实的存在）、法律规范的确定（包括法律规范的寻找、解释、选择及冲突的排除）、裁判推理（包括推理过程及得出裁判结论）。可以说，这三大部分均会要求法官作出某种或者某些结论进而需要其说理（或者提供理由）。例如，法官为何采信一方当事人提供的证据，而不采信另一方当事人提供的证据；为何就某一事实的认定要实行举证责任倒置；为何判断某一方当事人提供的证据不足以证明某一法律事实的存在；为何采用此种解释方法得出的结论，而不采用彼种解释方法得出的结论；为何选择此法律原则而非彼法律原则作出最终的裁判依据；为何选择此法律适用原则而非彼法律适用原则来排除法律冲突的存在或者选择最终适用的法律依据（例如，法条竞合中，是选择重法优先于轻法，还是选择特殊法优先于一般法）；如何从已经认定的法律事实和确定的法律规范推理出此种而非彼种裁判结论；此种裁判结论何以比彼种裁判结论更具有可接受性（或者更具合理性、公正性、正当性）；等等。

最后，有必要厘清说理（性）论证（性）等术语的各自所指及相互关系，具体要注意以下几点：一是区分狭义的说理和广义的说理。狭义的说理是指法官为其作出的结论提供某种理由；[①] 论证是指法官为其说理而进行的再说理（即进行可接受性或者正当

[①] 有学者提出的"五理说"，即裁判文书说的"理"包括五种：事理、法理、学理、情理和文理（胡云腾：《裁判文书说理的多维思考》，载《法制资讯》2011年第8期），显然属于最广义的"说理"（其中"文理"即"说理的语言、形式和技巧"，已不属于"说理"本身）。

性论证①）。二是区分说理性与说理、论证性与论证等术语。"说理性""论证性"属于名词性或者形容词性术语，是对裁判文书（或者法官）说理或者论证的程度、水平、状态的评价；而"说理""论证"属于动词性术语，是法官裁判案件过程（最终表现为裁判文书）的组成部分。三是区分说理、论证与其他既有的相关范畴或者术语。裁判文书的说理与论证本身是裁判过程的组成部分，有其特定的所指，不能混淆于既有的专门术语或者范畴，包括案件事实的认定，证据的质证、认证与采信，法律规范的解释，法律（裁判）推理，法律适用等。也就是说，这些专门的术语或者范畴或许与说理、论证有着某方面的关联，但本身不是说理或者论证。

正如德国学者阿列克西和哈贝马斯所主张的，论证的正当性有赖于系列规则的遵循，例如，"任何言说者不得自相矛盾""不同言说者就相同的词汇不得使用不同的含意""对论辩主题之外的陈述或规范提出质疑者，负有举证（论证）之责""任何能言说者均可参加论辩""任何人均可对任何主张提出质疑，任何人均可在言说中提出任何主张，任何人均可表达其立场、期望和需求"，②等等。本讲就裁判文书说理的规范、文件、学理上的言说进行了一番说理与论证，其中既包括针对对方的言说提出的质疑，也包括自己对此论题的主张或立场，并进行了论证；至于说理与论证的可接受性或者正当性如何，期待方家的再说理与论证。

---

① 关于论证的可接受性或者正当性的具体标准，论证学家存在不同的意见，例如，荷兰学者菲特丽丝认为，要使法律裁决的证立可被接受，法律论证必须符合两方面的正当性标准：一是在实质向度上，论证必须是可接受的，即事实必须是众所周知的或已获证明的，且法律规则必须是有效的或是对某一有效法律规则所作的可以接受的解释；二是在形式向度上，论证必须是正确的，即裁决必须是从证立所提出的理由中得出。

② ［荷］伊芙琳·T.菲特丽丝:《法律论证原理——司法裁决之证立理论概览》，商务印书馆2005年版，第63—64页。

第二讲

裁判文书说理的德国经验镜鉴*

从《中共中央关于全面推进依法治国若干重大问题的决定》来看，加强法律文书释法说理是为了让人民群众在每一个司法案件中感受到公平正义，提高司法公信力从而全面推进依法治国。可以说，加强法律文书释法说理的根本目的在于定分止争，使当事人服判息诉。说理只是手段，同时不能只局限于裁判文书说理。裁判说理改革既涉及程序，又涉及实体，呈现出法院、当事人、法律职业共同体、社会公众等多条说理线索并存的复线结构，是一项系统的法律工程。① 我国古代最高司法机构称大理寺、大理员，司法官员称"理"；清末、民国法官为"推事"；② 现行法称裁判者断案的公文为"判决书"。可以说，说理自古以来一直是审判机关的核心要务。"判"不可或缺的前提是裁决者辨明案情，古今中外对此都不会有太多的争议。但如何"判"、怎么"决"，说理的道路、方法乃至技术标准等均值得继续作深入的思考。此讲立足于司法改革要借鉴域外法治发达国家优秀文明成果的立场，近距离地体会德国民事审判实践经验，全面细致地比较中德民事裁判文书结构及其功能，力图从技术维度对裁判说理改革提出

---

* 此部分系与袁力合作而成，曾以《德国民事裁判文书结构与说理的关联分析》（袁力、邵新）为题，载《法律适用》2017年第1期。

① 赵朝琴：《规范裁判文书说理问题的多维度透视》，载《人民法治》2015年第10期。

② 白泉民：《关于加强裁判文书说理的几点思考》，载《山东审判》2015年第1期。

些许建议。

一、说理的路径与模式

如何完善、改进我国当前裁判体系的说理机制与标准，从参照系看，目前学界与实务界大致有两种选择：一是主张参照大陆法系，尤其是德国模式；[①]二是对英美法系的修辞、感化说理模式予以高度的评价与关注。[②]道路问题是最根本的问题。笔者认为德国模式是一条比较好的裁判说理改革道路。英国虽是近代以来第一个打开中国国门的西方列强，但为什么英美法系没能在中国生根发芽，而我国为什么又自觉地走上了大陆法系之路，尤其是受德国的影响甚巨呢？除中日同文、以日为镜外，笔者认为最重要的内核驱动是中德法制背后之国家理念趋同所致。根植于中华文明"大一统"思想的中央集权制必然要求"法令由一统"，法官必须摒弃个人的主观价值取向，在法典价值体系内对规范进行文字、技术和逻辑的解释与说明。同时，我国古代盛行的注经式律学思维，[③]与德国法系应用层面上的注释法学如出一辙。在国家主权主义的支配下，法官、司法机关定分止争，说理只能是传递主权者的价值，而不能造法。从经济方面来看，令出一门有利于统一市场的形成，从而反哺国家存续之向心力。不可否认的是：历史在不断发展、社会生活纷繁复杂，如何缓冲"大一统"中相对稳定之意识与历史发展中相对活跃之物质间固有的结构性张力是我国、我党法治构建定分止争与说理机制所面临的治国层面上的

[①] 葛云松：《法学教育的理想》，载《中外法学》2014年第2期。
[②] 苏力：《判决书的背后》，载《法学研究》2001年第3期；凌斌：《法官如何说理：中国经验与普遍原理》，载《中国法学》2015年第5期；刘星：《判决书"附带"：以中国基层司法"法官后语"实践为主线》，载《中国法学》2013年第1期。
[③] 封丽霞：《偶然还是必然：中国近现代选择与继受大陆法系法典化模式原因分析》，载《金陵法律评论》2003年第1期。

哲学考题。如何回应国家与时代的上述需求，提供切实可行的、具操作性的手段，将我国法治建设推进深入发展，是摆在学界与实务界面前亟待解决的理论与实践命题。

本讲尝试从定分止争、说理的视角，以德国民事判决书为比照基点，在对德国（民事）裁判过程中涉及的步骤与技术分析的同时，比对我国审判实践中出现的问题，尝试厘清民事裁判说理的框架、机制、技术标准以及相关的辅助机制。

二、民事裁判说理机制的中德比较

（一）说理受众

确定判决书说理之对象或者受众貌似一简单的识别问题，其实不然。一般认为判决书的说理受众包括当事人、其他诉讼参与人；上下级法院的法官、法律职业共同体以及社会公众。由此一来，判决书既要认定事实适用法律准确、层次清晰、逻辑严密、有针对性、说理透彻，① 又要繁简分流、重点突出，② 还要情法结合、发展出一套说服公众的修辞技术。③ 总之，要把事理、法理、学理、情理和文理综合整体地说好。④ 这么多的期待都压在判决书上，显然是不可承受之重。这些因素是否存在天然的冲突，有没有不可调和的矛盾呢？回答以上问题前，我们可先从如何确定受众这一思考与观察点出发，比对德国民事判决书这个参照系。笔者认为，如果一定要抽象界定德国民事判决书的受众，那么就应是"判决书之受众为一切潜在的读者"。依此理解，只要按接触、阅读判决书之先后就能很好地确定说理受众之重要性的

---

① 胡云腾：《论裁判文书的说理》，载《法律适用》2009 年第 3 期。
② 李滇、樊华中：《刚弱两需分野下我国判决说理模式——以 S 市 F 区法院判决书为样本的研究》，载《法制与社会发展》2015 年第 3 期。
③ 凌斌：《法民关系影响下的法律思维及其完善》，载《法商研究》2015 年第 5 期。
④ 胡云腾：《论裁判文书的说理》，载《法律适用》2009 年第 3 期。

排序问题。

1. 承办法官

法官作为成文者是判决书的首位阅读者，也是最重要的受众。这似乎是一个悖论，其实不然。在我国裁判文书说理之所以推行得不好，原因之一是缺乏激励机制。① 在德国激励法官充分说理的不是评优之类的举措，而首先是不被上级法院改判，这种制度上的鞭策存在于办理每个案件各个具体细节。初任法官到岗的第一天，老法官就会告诉你，法官工作的唯一目的就是写各审级（Instanzen）牢固（fest）的判决书。法官在签发自己写的判决书前都会站在当事人和上级法院的角度，仔细阅读若干遍，尽力不留任何上诉理由，从而不被发改。② 法官只有在自己说服了自己，进行了自我监督后，才会出于内心之确信，根据《德国民事诉讼法典》第311条以"人民（主权者）的名义"作出判决。③ 这与我国《论语》中"己所不欲，勿施于人"的传统道德标准遥相呼应。

2. 当事人、其他诉讼参与人、执行员

将当事人、其他诉讼参与人看作说理的受众很好理解，因为他们是诉讼的主体与参与者。但为何执行员是判决书的受众呢？这涉及德国法中审执分离的制度设计：德国的民

---

① 罗灿：《司法改革背景下裁判文书说理的规范与加强》，载《人民法治》2015年第10期。

② 根据2012年德国萨克森州（德累斯顿）州法院案件数据统计，民事案件中院一审11432件，基层法院一审48093件；其中上诉2043件，在这些上诉案件中撤销或发回重审39件，改判298件。由此可以看出，只有3.4%左右的案件上诉，而只有0.56%上诉成功。

③ 就像宋鱼水法官认为的那样："说理毕竟是手段，其最终服务的是此案是否经受住真理的考验，换句话说，其考验的是法官的内心、定力、判断力、正确性如何，所以，法官……将判决书的规则高高举起，使一份言之有理的判决在当事人乃至社会的发展中不断放大。"参见艾文：《知识产权的裁判说理——访北京知识产权法院副院长宋鱼水》，载《人民法治》2015年第10期。

事程序分为认知程序（Kenntnisverfahren）和强制执行程序（Zwangsvollstreckungsverfahren），根据事实与法律断案的只能是受过专业训练的法官，执行人员只负责实现认知程序的结果。只有将定分止争的任务固定在有相应专业人员支撑的认知程序，才能确保法律适用的统一，并提高执行的效率。因德国法规定强制执行的依据不是判决书，而是判决主文，所以执行员从法官助理那儿得到的强制执行文本之内容只有判决书首部和判决主文，不包含案情和判决理由部分。只有在特别情况下，比如确定众多执行标的的需要，执行债权人才会申请附带事实和判决理由部分的强制执行文本。正是审执分离制度从形式上隔绝了执行员了解案情与判由的可能，当事人向执行员异议根本没有意义，因为他既没有程序法上的审判权限，也不了解案件的任何情况。对于执行员来说，判决主文只要具备自我解释（selbsterklärend）、无须回看判决书案情与判决理由部分就能清晰执行的功能就够了。笔者认为，这属于典型的德国模式下的程序性的定分止争即说理功能。这里的"理"也许不是我们通常意义上说理中的"理"，而是程序中蕴含的法理，是为程序参与者提供的行为之"理"，"不说之理"，方便相关人员在特定情形下澄清疑问，从而达到止争的目的，避免了不断翻煎饼的恶性循环。在此模式下，如果被执行人试图与执行员论"理"，一定会得到执行员非常有礼貌的回答："对不起，您说的情况我并不清楚！我只负责执行！您看执行文本中只写明您应支付××先生一百万元以及自8月1号以来的延期利息。请配合执行！"

3. 上下级法院、法律职业共同体

判决书对法律职业共同体（含上下级法院的法官）说理的主要目的是实现专业监督、形成统一的裁判标准、完善法律体系、为说理体系积累素材。为达到以上目的，作为法律职业共同体交流通道的判决书内容，应具备一套十分完善的专业技术体系。本讲会在相应的部分予以介绍。

4. 社会公众

如果针对法律职业共同体要求的是法言法语、逻辑严密的话，那么对社会公众的说理则要求通俗易懂，顺应民众的情感。只有这样，才能让人民群众在每一个司法案件中感受到公平正义。

判决书受众的多样性与差异化是否会导致说理方法与路径的选择上出现不可调和的冲突？严谨的法律思维、专业分析是否会妨碍普通民众对裁判所说"理"的理解？等等。带着这些疑问，我们接下来开始本讲的技术探讨。

（二）说理的框架与技术标准

说理（定分止争）并非一项独立成型的程序制度，也就是说，其充分实现涉及民事诉讼的方方面面。为了使本讲的探讨有章可循，必须先确定说理的框架，才能做到有的放矢。无论是理论界，还是实践部门，大家都已经意识到判决书的结构是说理的关键组成部分。[1] 此处采取结构与内容比对性倒推之方法以探求中德民事裁判的说理机制。[2]

1. 判决主文（Urteilstenor）

从法律体系、民事诉讼的整体大局观上看，判决主文是法治国家建设的"众妙之门"，就像一座巨大的灯塔、定海神针，引导着实体与诉讼中的一切。[3] 对这一点，中德的法学界都没有一个清晰、明确的认识。笔者认为，判决主文是程序与实体的结合点，

---

[1] 曹志勋:《对民事判决书结构与说理的重塑》，载《中国法学》2015年第4期。

[2] 限于篇幅，笔者要明确以下三点：首先，本讲主要探讨民事判决书中说理的主体部分，对首部和法官签名部分不予深究；其次，本讲只比对有可比性的、能得出对我国裁判说理改革有帮助的关键节点，并不追求全面；最后，本讲以给付之诉为蓝本，因为只有给付之诉需要执行，才是最完整的程序类型。

[3] van den Hoevel, Die Tenorierung im Zivilurteil, S.1, Verlag Franz Vahlen, 4. Aufl. 2007; Wallisch, Die Tenorierung zivilgerichtlicher Entscheidungen - Eine Übung für Rechtsreferendare, Jus 2006, 799.

诉讼活动的最终产品不是判决书，而是可执行的判决主文。一切事实的认定（程序）与法律适用（实体）之根本目的在于得出判决主文。从这一观点出发，笔者主张：不是判决理由，而是判决主文才是整个民事诉讼的定分止争机制之灵魂所在、说理之灵魂所在。目前，我国裁判说理存在的最大问题是，对于为什么说、说什么、怎么说没有统一的标准。只要有了以上的认识之锚，大多数有关说理的分歧是可以得到有效化解的。换言之，判决书的一切说理必须以判决书主文为轴心展开。

作为强制执行的依据，判决主文必须简短、无歧义、可执行、完整以及受限于当事人的诉求。[①] 中德民事裁判主文有以下的主要区别：第一个区别是判决主文在判决书中的位置不同。我国判决主文位于判决书尾部。这也许是出于司法习惯与朴素逻辑的立场，认为主文是法院根据认定事实、适用法律而得出的结论。但是出于以下考虑，德国裁判文书将判决主文前置的做法更可取。理由是，第一，当事人与社会公众拿到判决书那一刻的心理需求首先就是知晓判决结果，其次才是根据的案情与理由。第二，基于技术上更深层次的考虑，这是法律职业共同体交流与制约的需要。德国民事裁判文书的整体结构为："以人民的名义……×××法官……于×年×月×日，审理×××一案，现判决：A向B……（判决主文）根据的是以下案情……（事实部分）因为……（判决理由部分）"[②] 笔者将这种结构称为"一句式"，即在此结构下，整个判决书从逻辑上看就是一句话。而在这句话、这种结构里，判决主文的纲领性作用体现在以下两个方面：其一，法官开门见山，充满底气地将自己之内心确信以判决主文的形式外化为对判决的宣告，充分体现法院、法律程序一锤定音的庄严

[①] Knöringer, Die Assessorklausur im Zivilprozess, S.11, C.H. Beck, 12. Aufl., 2008; BGH NJW 1988, 128, 2006, 1062; NJW-RR 2010, 275; OLG Frankfurt MDR 1977, 56; BGH WM 1980, 343.

[②] MüKo-ZPO § 313 Rn. 14, 4. Aufl., 2013; Zöller / Vollkommer § 313 Rn.2, 29.Aufl., 2011.

性与权威性。其二,一句式用"根据式陈述"(Urteilstil)的表达方式成文,强制法官公开判决之根据链(详见本讲的案情与判决理由部分)以方便受众,尤其是法律职业共同体的监督。检查链条中每一环节的完整性,在一定格式规范的定位下是很容易完成的(详见本讲案情与判决理由部分)。

除以上区别外,我国判决主文通常的表述方式如下:"判决×××向×××赔偿医药费……护理费……营养费……"同样的案件,德国主文则是:"判决×××向×××支付……"其中不同体现在以下三方面:在我国,案件事实部分(如医药费等)进入了主文,实体法概念(如赔偿)也进入主文;主文采用分列名目的方式。从判决主文承担对执行员说理的功能上看,笔者认为,案件事实部分进入主文混淆了主义与判决书案情部分的界限,同时又和"分列名目"叠加在一起,必然导致我国判决主文内容重复、臃肿,影响阅读与执行效率。这不仅仅是学理上的严重错位,而且在实践部门的日常工作中会造成巨大的重复劳动与资源浪费。反观德国式的主文结构,由于法官在判决理由部分写明了诸如赔偿等分项,并对之加权,之后只将总数额写入主文。此技术手段蕴含着非常深刻的程序设计方面的考量。首先,这是维护既判力的需要。若案情认定部分,如分项定性或数额计算有偏差,只要不影响判决主文的内容,判决主文(即执行依据)就不用改。定性、计算偏差和笔误等只需经案情修正程序作相应调整即可。①其次,总额式主文是审执分离的必然要求。强制执行文本中不但不能出现案件事实,更不能出现分列项的事实,否则,被执行人有可能就单项内容提出各自有理或无理的抗辩,造成在不该说理的地方说理。判决主文简洁标准最重要的功能就是屏蔽审判信息进入执行阶段,防止说理错位,避免在执行程序中产生纠纷。②

---

① BVerfG NJW 1992, 1496, BAG NZA 2006, 439, 400, OLG Hamm MDR 1977, 760.

② 如果执行程序中出现新情况,那么被执行人或第三人只能提起执行异议之诉,而执行异议之诉也是属认知程序,有专业法官进行裁判。

至于像"赔偿"这样的实体法概念进入判决主文,更有损判决书的专业性。"赔偿"对应的是实体争议的案情。试想,执行员对被执人说"请您赔偿×××一万元",显然会触及被执行人论理的敏感神经。而"支付"作为中立性词语,对应的则是程序法上的给付之诉、强制执行文本中的判决主文和执行员的物理动作,即要求被执行人"支付"。笔者认为判决主文中使用"支付"一词更为专业、实用。

2. 案情(Tatbestand)

无论在哪个国家,由于一般的当事人没有受过专业法律训练,其对案件的描述必然是综合的、无序的,既包含了案情,也包含了对法律适用的意见,甚至还会出现与案件无关的陈述。不接受调解,进入诉讼中的当事人双方一般都会认为自己有理,都为争取对自己有利的判决无所不用其极。随着案件的深入发展,必然累积了大量的、无序的各种陈述与诉材(Streitstoff)。如何有序、有效处理这些参差不齐、犬牙交错的诉材,去除对审判没有意义的诉材,最终在定分止争原则的引领下形成对判决(判决理由—法律适用部分)有用的"案情"是审判工作中一项极其重要的工序,关系到审判的效率与质量,关系到当事人在审判工作中对司法公正、公信的感受,关系到承办法官的幸福感,关系到我国民事诉讼体系构建的成败。立足于此,笔者认为,有学者认为,"裁判说理可划分为生成阶段之审判过程说理与外化阶段之裁判文书说理",将我国裁判说理的认识层次提升到了一个新的高度。[①] 在此之前,我国学界、实务界往往把"定分止争"等同于"说理",把"说理"等同于"裁判说理",把"裁判说理"等同于"裁判文书说理",把"裁判文书说理"等同于"判决书说理",最后把"判决书说理"等同于"判决理由说理"。这些简约的认识或者误区把几乎所有的说理即定分止争的压力都聚集到了判决理由的书

---

① 赵朝琴:《规范裁判文书说理问题的多维度透视》,载《人民法治》2015年第10期。

写上，奢望通过一份包治百病的判决理由让当事人心悦诚服，从而服判息诉。"落地"如此的厚望，根据我国法律体系发育的程度、法官的素质以及司法体制的现状，必定是一项不可能完成的任务。相反，这会直接导致说不清理、不敢说理、不想说理的局面。民事利益纠纷的复合性决定了定分止争更多的是审判过程说理，而判决理由中解决的是非判不可的那一部分，当然其是定分止争机制中的核心部分。"生成阶段之审判过程说理"是德国裁判体系设计的隐性部分，一般不记载于任何教科书当中，只有亲历者才能体会其强大。在这一过程中，法官在整理诉材中形成内心确信，即首先说服自己，并在指引当事人导入有效诉材时，让当事人说服对方或择机说服当事人，充分发挥作为主权价值的媒介传递程序与实体法法典中的各种制度之价值，这些无疑对定分止争、服判息诉起着至关重要的作用。①

探讨如何实现在审判过程中说理，在程序的框架内说理、定分止争（程序说理），还得回到判决书的结构上来。程序说理的任务是：以民事诉讼当事人主义为原则，充分调动当事人的能力，借力打力，穷尽诉材，确定争点，并在此基础上发现定案的

---

① 笔者曾在基层法院调研的过程中被问到一个非常奇特的问题：为尽可能实现无改判、无上访、无投诉，提高司法公信力，能不能在"判决前征求当事人的意见，即向其公开判决意见的核心内容"，即能否把判决书稿拿来征求当事人的意见？笔者明白该尝试的目的是要将当事人的抗辩在宣判前消化好，体现出法官有把握通过法律适用定分止争、说服当事人的底气，对此存在疑虑则出于对当事人缠诉的担忧。笔者认为，德国纠纷解决机制中包含了调解、仲裁与诉讼（判决）三种路径。从技术层面上看，以上路径应该是调解或仲裁的范畴，而结构上则处于调解、仲裁与诉讼（判决）三者之间。综合考虑，既然法院是国家裁判机关，是定分止争的最后救济，如何在诉讼过程中消化、吸收当事人抗辩与不满，回归程序说理的框架中来才是正解。参见 Schwäzler: Schiedsgerichtsverfahren und Mediation als Alternativen zur öffentlichen Gerichtsbarkeit, liechtenstein-journal 4/2011, S.113.

要点。① 用宋鱼水法官的话讲就是"通常对当事人的焦点审理也是递进式的，一个问题接着一个问题地揭示，最后在庭审辩论中，能够达到当事人的说理已经很深了，只是看看法官更倾向于哪种观点"。② 这是民事诉讼的普遍实然结构。但从德国裁判实践来看，必须从程序说理的高度规划，使诉讼资源整体性地物尽其用，不但借力陈情制度让当事人说服当事人，让其自行穷理，更重要的是，通过程序的设计与审判技巧的运用，"让当事人准备庭审"，将法官的工作量降到最低。这才是民事审判实战的真谛所在。以此思想维度为出发点，可以发现，现行最高人民法院推行的"九二式"民事判决书"原告诉称—被告辩称—经审理查明"的结构没有加工、整理诉材，协调诉讼活动，以及为庭审与判决理由奠定基础的功能。理由是，"九二式"民事裁判文书是按主体划分的，而不是按民事诉讼结构划分的。这种模式必然导致诉材淤积。淤积的诉材必然导致不想说理、说不清理、说理错位，乃至某些文书的乱说理。实际上，我国审判实践也出现了不少问题，例如遗漏关键事实、事实没有证据的支撑、对证据缺乏分析、事实叙述与说理不一致或矛盾、叙述繁简不当等。③ 这些问题也引起了学界与实务界的重视。④ 我国民事诉讼应该如何构建案情部分的生成机制呢？笔者认为，这只能采取体系解决的方法，即分解成案情生成机制和程序定位两大方面来加以考虑。具体的思路，我们可以比对和借鉴德国民事裁判的具体做法。

预防诉材的淤积、对不同案件进行源头疏导是不二的选择。在我国司法改革中，繁简分流一直是一项十分重要的内容。实

---

① Stürner, Die richtliche Auflärung im Zivilprozeß, J.C.B Mohr（Paul Siebeck）, 1982, S. 28 ff.; BGH NJW-RR 1993, 569; NJW 2002, 3317, 3320; NJW 2003, 3626, 3628.

② 艾文：《知识产权的裁判说理——访北京知识产权法院副院长宋鱼水》，载《人民法治》2015年第10期。

③ 雷鑫、黄文德：《当前法院裁判文书存在的问题及原因分析》，载《法律适用》2010年第1期。

④ 邹碧华：《要件审判九步法》，法律出版社2009年版，第116页以下。

践中，基层法院承担90%以上的审判工作，其中简易程序约占80%。①一些法院按繁简分流、类案总结的路径探索不同的文书模式。理论上，也有学者提出"弱需与刚需说理"的路径。②笔者比对裁判实践后发现，德国民事诉讼对诉材淤积的预防与疏导采取的体系设计是通用式判决书与微程序相结合的方式。通用式判决书即只规定一种判决书结构——包含首部、主文、案情、判由和法官签名。其中案情与判由可以根据不同的案件性质，例如，当庭宣判、当事人表示不予上诉的、缺席判决的、被告承认对方诉求的等予以省略，德国这种通用式判决书结构更符合诉讼规律，便于法官记忆与操作，值得借鉴。这种做法类似于为战斗部队配备通用机枪，根据任务不同装填不同的弹药，而不是根据不同任务选择不同的枪械与弹药。其设计思路与目前我国地方法院文书类型化设计刚好相反。

  如果说单一文书结构是通用式机枪，那么不同弹种，即微程序的结构与功能的设计将十分关键。我国《民事诉讼法》试图将简易程序作为繁简分流之工具的办法并未起到应有的疏导效果。该法第157条规定"事实清楚、权利义务关系明确、争议不大"的出发点是"上帝视角"，这一规定放在实体法尚值得商榷，置于程序法中显然严重违背审判规律。理由是从认知的逻辑上讲，没有一件案件的法官能在审理案件、接触诉材前就确定事实是否清楚、权利义务关系是否明确。这条看似合理的规定在实践中已引发诸多问题。据笔者在多家基层法院调研了解，立案庭一般在做完形式审查后，都会先将案件立为简易程序，并据此确定开庭日期。当主审法官发现案件必须适用普通程序时，还要作相应的裁定、在审管系统里更改信息、重新排期并通知当事人。还有的法院一开始都将案件立为简易程序并排期，由于案件

---

  ① 傅郁林：《繁简分流与程序保障》，载《法学研究》2003年第1期。
  ② 李滇、樊华中：《刚弱两需分野下我国判决说理模式新探——以S市F区法院判决书为样本的研究》，载《法制与社会发展》2015年第3期。

量大，三个月审限的开庭日期很快就会排满，立案庭就只能将后来的所有案件立为普通程序，采取合议制。我国民事诉讼法若干不合理制度（简易程序制度、审限制度、强制开庭制度等）的叠加，导致了大量诉讼资源的浪费，使得一线法官疲于奔命，根本无暇应付裁判说理，造成审判实践中的"说理之物理不能"。反观德国并没有前置性的、硬性的程序类型规定，承办法官接到诉状与答辩状，初步了解案情后，会根据要件审判方法确定案件的可判度（Entscheidungsreife），即当事人提供的材料是否已经充分体现了请求权之要件。从这一刻起，承办法官在一定规则的指导下开始争点的整理，区分有争议与无争议案情，并根据要件审判的规则确定原告提供的诉材是否已充分体现请求权，被告的诉材是否已构成实质抗辩。如果根据目前的诉材不能判决（nicht entscheidungsreif），那么承办法官会决定启动书面前置程序，让附有陈情责任和证明责任的当事人在规定的期限内继续提供材料。此程序的目的就是收集诉材、整理争点，为庭审做准备。[1] 在德国审判实战中，法官起到的作用更多的是组织诉讼，诉讼制度的设计是尽量将诉讼责任与压力转移给当事人，而不是将确认"事实是否清楚、权利义务关系是否明确、争议大小"责任压在法官的身上。通过书面前置程序，当事人双方在法官的指引下将书面诉材源源不断地引入诉讼。而承办法官每次在收到当事人新诉材时都会阅读并判断该诉材是否构成争议、请求权所有要件是否已充分。在法官的引导下，当事人双方你来我往地几次书面交锋下来，就把该提交的诉材提交了，把该说的意见说了。当法官根据个人审判经验认为，当事人双方都已无诉材要补充，即词穷理尽时，或诉材已经充分体现请求权或抗辩权的要件时，在征得双方当事

---

[1] Thomas / Putzo，§ 276 Rn. 1., 2011 32. Aufl.; Stein / Jonas / Leipold, § 276 Rn. 4, 5, 2002, 22. Aufl.

人的同意后，可不开庭而直接判决。① 如果当事人不同意②——更多的是承办法官觉得书面审理不能完全形成内心确信时，那么他将决定第一次开庭（früher erster Termin），然后根据第一次开庭的情况，决定是否需要再开庭。反观我国民事诉讼法，开庭是硬性的必经程序，不管对解决案件纠纷、服判息诉是否必要，法官和当事人是否愿意，都必须开庭。由于开庭必然消耗法官、当事人与其他诉讼参与人的时间与精力，造成各方的讼累，也大大降低了法官将精力用于说理、成文的可能性。为此，2015年2月4日最高人民法院出台的《关于适用〈中华人民共和国民事诉讼法〉的解释》（以下简称民诉法解释）中第225条规定，庭前会议，目的在于提高庭审效率，为开庭做准备，也是由法官依案情决定是否召开，③ 但与德国审判实践效果相比，仍有较大的差距。在庭前组织方面，德国审判实践技术与微程序的组合具有以下巨大优势：同样的需求，德国裁判实践中不组织当事人与其他诉讼参与人到庭，因为这样会增加当事人的讼累。笔者对我国一些法院庭前会议的现场观察后发现，主持者一般是法官助理或书记员。这些人员由于法律素养与审判经验不足，流动性大，不能很好地驾驭庭前会议和完成民诉法解释第225条规定的内容。庭前会议的初衷是给承办法官减负，但由于判决与争点的整理、证据的认定密不可分，导致了承办法官必须重新熟悉案情，造成资源浪费。如果法官亲自主持庭前会议，那么其实就是德国法中的第一次开庭。德国审判实践通过书面前置程序避免了当事人和承办法官的讼累，确保承办法官全程参与诉材的整理与认知。不仅如此，书面前置程序中放手让当事人充分交锋，借力打力，调动当事人及其诉讼

---

① Deubner, Gedanken zur richterlichen Verfahrensbeschleunigungspflicht, FS Lücke, C.H. Beck, 1997, S. 51.
② Baumfalk, Zivilprozess Stagen und Examen, S. 30, Alpmann und Schmidt Juristische Lehrgänge Verlag, 2006 9 Aufl.
③ 沈德咏：《最高人民法院民事诉讼法司法解释理解与适用》（上），人民法院出版社2015年版，第588页。

代理人穷尽诉材,并极大地缓解了法官说理的压力。同时给予了承办法官足够的程序空间来应付各种情况:最简单的案子,书面审,经双方当事人同意不开庭,直接判决;稍微复杂的案件,书面交锋,穷尽诉材后,一次开庭解决问题;大型案件可根据进展决定开庭次数。在德国审判实践中,一切程序的安排都是顺应案件审判的发展而形成的,没有固定的简易程序或庭前会议的制约,可以说是充分阐释了"兵无常势,水无常型"的真谛,达到了"上善若水"。笔者认为,在当事人主义大趋势下,我国民事诉讼法应该放弃简易程序、强制庭审制度,将庭前准备的争点整理部分分流成书面准备程序和第一次开庭的质证环节、将大部分诉材形成与穷理的诉讼压力分配给当事人,从而让法官专司裁判。从民事诉讼结构上讲,当事人承担诉讼压力是天然的状态。由于民事案件数量巨大,制度上不可能像刑事诉讼那样,对案情的生成做职权主义的安排。当事人承担民事诉讼压力的法理依据及根本原因在于:诉讼确定的是当事人之间的私益纠纷,法院作为司法机构,没有宪法上的授权与义务投入过多的司法公共资源。当事人是民事案件的亲历者,离案情最近,他们相对于法官来说,在案情生成方面有着天然的优势与便利。至于在我国目前的国情下,如何帮助当事人,尤其是那些法律素养不高,又无法聘请诉讼代理人的普通民众,有效消化诉讼压力,则属于定分止争、说理辅助机制应该探讨的内容。

以上流程是法官断案的一种专业思考方式与路径,在德国民事审判实务技术上称为关联求证法(Relation)。这种司法技术的目的是以最快、最经济的路径得出判决的主文。① 这种技术之所以称为关联求证法,是因为它要处理的是民事诉讼中特有的原被告"两种"案情,法官作为判断与思考者在未得出内心确信前,必须通过一定的机制在当事人双方提供的诉材丛林中规范自己的思考,

---

① Anders / Gehle, Das Assessorexamen im Zivilrecht, S. 4, Werner Verlag, 2008, Aufl. 9.

探求案情，形成内心确信，最后形成判决主文。只有这样，承办法官才能把理说清、说透，把当事人说服。在此再次回应为何我国"九二式"民事判决文书出于朴素逻辑，认为主文是法院根据认定事实、适用法律而得出的结论而将主文放在判决书尾部是错误的，因为这种结构是法官思考、形成内心判决确信的路径，而不是判决的路径。

　　与德国作为内在思考方法的关联求证法对应的是按《德国民事诉讼法典》规定格式要求书写的判决书中的案情部分。这一部分是法官对诉材思考、整理后的外化。德国法对判决书中案情的要求是只交代关键的案情，其他的可以概括性引用卷宗的诉材。对于我国民事诉讼来说，"案件事实"是一个最常用、最深入人心，但又最容易令人产生误解的一个名词。笔者惊奇地发现，这一名词对我国民事诉讼潜意识影响之深远程度往往被理论界与实务界所忽视！对"事实"的研究，我国民事诉讼法学界也未展开过系统地讨论。就像辩证法奠基人之一的古希腊唯物主义哲学家赫拉克利特认为"人不能两次跨过同一条河流"那样，案件事实是过去的存在，它的真实情况永远不可知。正是基于此，有学者主张用"本案事实代替查明事实"，因为"本案事实是未经法院查明的事实"。[①] 笔者同意此认识，但同时主张用"案情"一词代替"案件事实"，因为这样更符合民事诉讼的规律与结构。由于案情总与当事人相连，即原告可陈述"原告的案情"，被告可陈述"被告的案情"，其中不涉及"事实"这一与认定相关联的、容易产生误解的表述方式。

　　此外，笔者建议用"案情"代替"事实"不仅仅是源于哲学与逻辑层面之考虑，更重要的是希望理顺我国民事诉讼的结构与效能。在生成机制上，德国裁判文书之所以使用"案情"一词，是出于民事诉讼当事人诉讼地位平等与自由处分原则的考虑。根

[①] 曹志勋:《对民事判决书结构与说理的重塑》，载《中国法学》2015年第4期，第231页。

据自由处分原则，德国民事判决书将当事人没有争议的（承认的或不反驳的）部分放在案情部分之首，接下来根据当事人平等原则，着重讨论争议部分。我国对"案件事实"采用的表述是"诉称""辩称""审理查明"；德国民事诉讼法对"案情"采用的表述是"原告称""被告称"，用"称"（behaupten）这一中性词，除带来降低当事人对抗性的附带效应外，更重要的第一层技术考量是区分当事人提出的、有争议的"案情"与"法律意见"（Rechtsansichten）。我国"诉称""辩称"的思路不但没有区分有争议的案情，而且必然导致法官在成文判决书时将当事人提供的"事实"与适用法律的个人见解一并陈述，从而直接导致法律适用的极大混乱。结合上面对关联求证技术的解释，读者应不难发现，德国裁判技术为整合形成"判决理由"（Entscheidungsgründe）所需的"案情"，在有序性和简洁性上设置了双重保险：第一重保险是上面提到的、通过微程序流程将与判决无关的诉材剔除，在思路上整理出争点与法律适用难点；第二重保险是通过案情部分的格式，强制法官将争点以成文的方式外化。德国民事诉讼就是以这样的裁判技术一层一层地把从当事人方面提交来的、综合的、无序的信息过滤、加工，"裁剪"出符合判决理由三段论推理要求的"案情"。由于我国审判实践没有以上的工序，法官自然会因诉材的凌乱与复杂而在判决理由部分陷入说理困难，即不知如何下手的尴尬境地。

德国裁判一直遵循这样的原理："当事人给案情、法院给法律（结果）。"至于如何适用法律，即给出法律意见是法官的事，当事人可提出法律适用意见，但仅供法官参考，其不能进入判决书中的案情部分。[①] 德国法官业务培训的第一要务就是区分有争议和无争议的"案情"与"法律意见"，统一对有争议"案情"用"称"、对"法律意见"用"认为"（…ist der Meinung）来表示。

---

① 关于法官回应当事人的各种法律意见、抗辩等的标准，请看本讲的判决理由部分。

除非缺乏当事人相关法律意见之陈述会导致案情部分的阅读、理解困难，否则，其法律意见，即当事人"认为……"的部分一律不得进入判决书的案情部分。作此区分的技术背景是，德国诉讼理论将"案情"定义为：所有存在于客观世界中，能够被证明、被感知的，现在或将来的、外在或内在的、积极或消极的数据（Daten）。[①] 整理争点是对争议"案情"的整理，而不是对争议"法律意见"的整理。这一步对应的是判决理由中三段论推理中的小前提，即"案情"部分的证明责任。由于法律（适用）意见是当事人主观的判断，不属于可以证明的范围，而属于法官适用法律的职责范围，所以"法律意见"不能被收入"案情"之中。德国判决书案情部分以上安排的第二层技术考量是方便法律职业共同体阅读。专业人士拿到判决书阅读案情部分时十分清楚，第一段就是无争议的事实，采用直陈式表述，看到"称"就知道是原告或者被告的有争议的陈述，并为准备阅读判决理由中证明责任部分贴上"记忆的标签"。德国判决书中案情部分的第三层技术考量最为深刻，即区分有争议与无争议案情的首要指向是繁简分流、优化法官的办案流程，强制法官在办案的过程中对案件诉材进行深度的整理，将适用法律与说理的注意力集中在当事人有争议的部分。法官在收到诉讼材料时会自觉对比、审查双方的陈述是否一致，整理争点。经过整理当事人的几次交锋，法官对案件的各种法律与利益纠纷情况基本了如指掌，为主持庭前调解、法庭调查（举证、质证）、当庭解释事实认定与适用法律的情况打下坚实的信息基础，大大提高了办案的效率。

值得注意的是，在我国"九二式"民事判决书的事实部分有"经审理查明"这一表述，而在德国民事判决书中的案情部分并没有。德国的案情部分主要是无争议的案情，原告陈情与被告陈情。"经审理查明"强调的是法院的职权主义，而现代民事审判已

[①] Anders / Gehle, Das Assessorexamen im Zivilrecht, S. 13, Werner Verlag, 2008, Aufl. 9.

转向当事人主义。这不仅是形式上体现民事诉讼当事人地位平等的需要，更是程序优化，合理分配诉讼资源和说理服人、定分止争的必然要求。德国裁判实践案情部分只梳理出争议部分，对应着民事诉讼中的证明责任。这样一来，证据说理之压力已顺理成章地落到了相关当事人的头上，如果他因证明失败而败诉，将大大增加其服判息诉的可能性。这是私法中自己责任之伦理设计的力量体现。这是德国民事裁判技术中蕴含的定分止争、说理的设计。对于此类借力打力的设计，应该引起我国理论界与实务界的高度关注，并力争结合我国审判实践汲取其中有益的养分。定分止争机制设计的最高境界是布阵，用程序机制规制当事人服判的必然性。从实践来看，法院把"经审理查明"的责任揽到自身后得出的"事实"和根据当事人陈情或证明不能得出的"案情"，哪一种更适合作为服判息诉之推理、定案的依据呢？笔者认为，答案不言自明。

除了以上部分外，德国民事判决书"案情"部分还有一特殊组成部分，那就是程序历史记录（Prozessgeschichte）。由于判决主文是判决书的灵魂与核心，一切与其无关、不能对主文提供支撑的文字都是多余的，只会造成判决书的臃肿。所以，法官办案的过程（例如，向当事人发出陈情处分、证明裁定、鉴定、勘验等）在一般情况下不能进入案情。因为这些办案过程所产生的结果（例如，当事人提供的陈情、证据等）已收入了对判决有用的案情部分。但是，如果在办案过程中出现了对判决主文中的诉讼费用之形成起到关键影响的程序（比如，当事人增加、减少、变更诉求等），那么，这些程序的过程必须收入程序历史记录，以便受众理解主文中与费用有关的部分。其他重大程序事件，比如举证，质证，失辩，申请第三人参加诉讼等，也应在程序历史上收录，否则在判决理由中无法对相应的法律适用提供依据。

德国裁判技术之所以花如此大的精力来设计案情生成机制，其主要目的除了以上交代的为判决理由提供合格的产品外，还有一重要的目的，即理顺审级资源和说理关系。"案情"在德国民事诉讼中有证据作用，是证明庭审的证据。法官在庭审一开始时就会询问当事人是否依据之前的书面前置程序中厘清的争点作为开庭的基础，加上书记官在庭审时记录了当事人对诉求与陈述的变更等，案情会起到固定第一审判决诉材的作用。案情的法定证据定位，使得第二审法院在推翻第一审事实认定时，必须逾越严格的证据规则，在一般情况下，要做到这一点十分不容易。由于第一审法院与第二审法院相比，与案件和当事人在时空上距离最近，拥有的审判资源最多，程序法理上必须要求和保障第一审法院把案情部分坐实，除非出现新的案件事实，第一审法院程序违法或有确切事由怀疑第一审认定之案情的正确性与完整性，第二审法院不得推翻第一审认定的事实。德国法的这种设计是十分精巧的。这种设计一方面保障了第一审法官认定案情的审判权，另一方面让第二审法官将精力集中在解决法律适用的争议上。

3. 判决理由

从形式上看，承办法官在关联求证法的指引下，引导当事人穷尽诉材、完成诉材收集，结束法庭调查（Prozessleitung）后，法官形成对案件结果的内心确信形成判决理由（Entscheidungsgründe）的思路与基础。而形成判决书中的判决理由只是法官内在关联性求证思维的一种外化，是法官裁判工作中最容易做的一部分，只需遵循一定的方式书写即可。法官审理、得出判决的思考过程使用的是关联求证法，形成文字用的是"求证式陈述"（Gutachtenstil）——其基本结构是"如果（要件），那么（法律效果）"。①值得注意的是，法官思考的过程并不反映在判决书中。德国民事判决书的书写方式是根据式陈述（Urteilstil）——其基本结构是"判决如下：（法律效果），因为（要件）"。同样是请求交付标的物的权利，如果用求证式陈述写，应该是"如果合同成立，那么甲可以请求乙交付标的物并转移所有权；合同成立的前提是

---

① 关联求证法（Relation）是一种收集、整理、判断诉求的形成判决的实务技术，由于篇幅所限，在此不予展开。

要约……承诺……要约是希望与他人订立合同的意思表示，甲向乙寄出合同书，希望与其订立合同，所以是要约，承诺是……所以合同成立，甲可请求……"求证式陈述基于一种假设式的、开发性的思维路径，并不预设结果，目的是强制成文者寻找、充分要件并为之提供佐证，规范求证的路径。如果用根据式陈述（Urteilstil）写，则应该是"甲可以请求乙交付标的物并转移所有权，因为他们间的合同成立，合同成立是因为有要约，因为甲向乙寄出合同书；而且也有承诺，因为……"根据式陈述的思维路径是结论性的，即强制法官通过根据式陈述向判决书的受众公开判决的依据，以便接受判决书受众的审查。以上是两种陈述模式标准的逻辑表述。当然，在成文时可采不同文风，丰富表达方式，因篇幅所限，不予展开。无论是求证式陈述，还是根据式陈述，其使用的都是形式逻辑中的三段论。其唯一的区别在于：求证式的大小前提在前，结论在后；根据式则是结论在前，而前提在后。一个是规范思考路径，另一个则是公开决定、思考的根据。两者有着完全不同的技术功能。

判决理由虽然是法官审判工作中最容易的一部分，但有着极其重要的说理、息讼服判的功能。写好判决理由，是一个完美判决的"最后一公里"，承办法官对此必须有清晰的认识。因为前面的程序引导得再好，争点、诉材整理得再清楚，思考得再缜密，这一切更多的也是存在于法官的脑海里的，如果没有体现在判决理由上，没有"可视化"这一步，不但会影响司法的公正与公信，而且会招致当事人的上诉、上级法院的发改。在我国，通常认为"本院认为"部分就是判决理由。从司法实践看，"本院认为"部分存在说理思路不清、缺乏针对性、说服力不强、表述公式化、罗列堆砌证据、敷衍了事，甚至是无理判决等诸多问题。[①]

---

① 贺小荣、王松：《民事裁判文书制作若干问题探析》，载《人民司法》2005年第12期；李亮：《民事判决书判决理由探究》，载《人民司法·应用》2009年第21期；万毅、林喜芬：《从"无理"的判决到判决书"说理"——判决书说理制度的正当性分析》，载《法学论坛》2004年第5期。

对判决理由生成与评判标准的探讨还是得回到判决主文这一定海神针上来。判决理由是对决定判决主文所依据的事实与法律的简短总结，其本质以判决主文为标的、以民事实体法之请求权体系、结合诉讼法的技术构件而进行的一种逻辑说理。成文的方法是这样的：判决理由在对判决结果进行简单介绍后，就会通过引用请求权规范（Anspruchsgrundlage）直接进入主题，并通过对请求权规范要件和抗辩要件逐个予以解析，最终根据各自请求权或抗辩规范的要件，确认原告陈情、举证是否充分，被告陈情、举证是否充分。由于德国民事实体法的请求权规范有着非常清晰的逻辑体系，在判决理由生成的过程中起到规制说理路径的作用，从而避免出现思路不清的情况。要件式说理的最大优势是针对性极强，由于法官在前期审理时就对案情进行了有效的梳理，在形成判决理由时只需将相关案情（含证据）"代入"请求权或抗辩的要件中即可得出每个要件充分与否。按请求权要件的顺序书写判决理由不但有针对性，而且层次十分清晰，所以也无须对判决理由安排标题。不仅专业人士按要件思维可以迅速理解相关内容，就算是当事人和普通民众也能十分清晰地了解判决理由的思路，因为每一要件都是在一个实体请求权规范下自成一体的推理与论述。

目前在判决理由中应当说理，而且是通过要件说理的共识正在逐步形成，这些都已经不是构建说理机制的主要问题。在当下，主要问题是在我国目前案多人少的环境下，如何在法律技术上完成判决理由中要件三段论推理并成文的问题。如何通过各种辅助机制帮助法官减负在此暂且不谈，此处主要介绍一些成文技巧，集中回应我国裁判文书说理讨论中涉及的相关问题。判决理由成文者遇到的首个问题是对请求权要件书写的详略标准究竟如何把握。要件审判与三段论推理密不可分。在确定一个请求权规范成立时，从理论上讲，都必须对每个要件是否充分做逻辑的确认。但实践中若严格执行此标准，不仅会导致判决理由的臃肿、影响可读性，而且会占用成文法官大量的时间。可以肯定的是，就算在对法律适用逻辑要求最为苛刻的德国审判实践中,也没有一个法官会这样做。在德国,判决理由是对决定判决主文所依据的事实与法律的简短总结,这就是程序法对法官自由裁量成文繁简度的授权。由于判决理由的目的在于公开支撑判决主文的依据、定分止争,所以法官成文时应该只针对当事人有争议的或自己认为对案件裁判结果有重大影响的要件进行三段论推理。举一简单的例子:侵权责任构成要件有行为、损害、因果关系、过错和违法性阻却事由。在用根据式陈述成文时可以考虑如下的推理表述:"本法庭认为,甲向乙投掷石块,致其头部骨折已构成《侵权责任法》第六条的侵权行为。但是出于维护自身合法权益的正当防卫,乙当时虽携带赃物逃离了现场,但甲的追击行为客观上使得乙并未完全取得赃物的占有,其侵权行为仍在进行;至于头部骨折按本法庭的意见并不能构成防卫过当,因为……"以上的例子主要想说明以下几点:第一,当事人无争议的事实一律直接用不推理的、直接认定的直陈式表述。例如"投掷石块"不能再从文字上明确对应要件中的行为,"致"不能再对应因果关系、"头部骨折"不能再对应损害。第二,判决理由受众默认的共识,例如"投掷石块"是故意、"造成头部骨折"是过失等,对得出法律效果没有本质的区别,在成文时由于考虑到阅读的习惯与方便,可以不予表述。同理,对于受众熟悉的抗辩事由,例如正当防卫等,也可以不予引用法条,因为引用法条的作用只在于规制成文者思维路径,以及方便受众监督。第三,对于有争议的事实或重大法律适用意见分歧,可以考虑采取"半三段论推理"(Halbsubsumtion),即直接陈述法律要件,例如"出于维护自身合法权益",紧接着填充要件事实。在裁判成文实务中,原则上禁止使用完整的三段论推理陈述。一是没必要,二是会影响成文的流畅性与文书的可读性。要件审判采用三段论,无论是规制思考,还是成文,其目的并非形式上的逻辑,而是实质上的争点、要点说理。

德国概念法学、法教义学的定位与特色十分容易让人认为,在此逻辑体系下的德国判决书说理是专业人士间的一种智力游戏，普通民众将被排除在专业对话之外，因而不能达到息讼服判的效果。[1] 其实不然。按德国法的标准，最好的判决书不是只有法律专家才看得懂的判决书，而是不懂法律的普通民众无须参考任何资料，仅通过阅读判决理由就能看懂的判决书。这正是德国概念法学与逻辑力量强大之处。在三段论中，法律要件（概念）是大前提，案件（事实）是小前提，法律效果是结论。其中，大前提即法学概念是抽象的，的确对没有法律专业知识的普通民众来说是难以理解的。这一点往往会被作为否定概念法学实现其定分止争之社会功能的论据反复提出。此处必须澄清的是，三段论本身的任务就是要将普遍、抽象的，甚至是晦涩的一般法学概念，通过涵摄而使之具体化，使其能为没有任何专业背景知识的人所能理解。

承担这项功能的技术构件是三段论中的媒介概念或称为中间概念（Mittelbegriff）。[2] 这是法律适用、定分止争、说理中十分关键的构件，承载着将抽象法律之理输送传递给普通受众的重任。它的使命就是将大前提即法律规范中抽象的概念一直细化到可以明确的、易于理解的、直接适用于案件的事实。

在此举一最简单的返回原物请求权的例子予以说明。根据《物权法》第34条，如果甲是某二十箱货物的所有人，而乙又是无权占有，那么，甲可请求乙返回那二十箱货物。首先，那二十箱货物必须是动产。根据《物权法》第2条，动产是不动产以外的物。物是有形（占据一定空间）的客体，不动产是不可移动，或因移动而损害其价值或改变其性质的物。二十箱货物占据了一定的空间，且不因移动而损害其价值或改变其性质。所以那二十箱货物是动产。

---

[1] 凌斌：《法官如何说理：中国经验与普遍原理》，载《中国法学》2015年第5期。

[2] Schmalz, Methoenlehre, S. 66 ff., NOMOS 1998, 4. Aufl.; Schapp, Methodenlehre des Zivilrechts, S. 64 ff., Mohr Siebeck, 1997.

以上推理中的"物""不动产"就是用于稀释"动产"这一抽象法律概念的媒介概念，法律适用中三段论推理的使命就是要（通过若干个媒介概念）将抽象的法律概念稀释到根据生活中的普通经验能够理解，而不需要任何法律专业知识背景。媒介概念（链）将抽象的法学概念不断稀释、不断向具体的案情靠拢，直至当事人根据其一般生活经验就能理解。本讲"判决理由"第一段关于合同、要约等的表述就是媒介概念最好的例子，合同的概念是抽象的，但是经过要约、承诺、意思表示等媒介概念的稀释后，当事人就算没有法律专业知识，结合案情也能够理解：在订货单上的签名（案情）从法律上判断，是会发生法律效果的表意行为……因而合同成立。如何在判决理由中充分结合案情，综合运用请求权规范体系和逻辑推理，最终生成普通民众所能理解的判决理由，涉及的内容众多，本讲由于篇幅关系在此不予赘述。从定分止争与说理的角度看，媒介概念的作用首先是架起了蕴含于抽象法律规则体系内的价值体系与普通民众的桥梁，从而充分缓解了大一统、国家主权主义下的定分止争与说理机制的刚性。其次，媒介概念确定了说理的深度与繁简程度的标准。在我国审判实践中经常出现的疑惑是：说理究竟应该说到什么程度才算把理说透？在要件审判的框架下，对以上技术问题的标准回答是：将有争议的要件通过若干媒介概念一直细化到可以明确的、直接适用于当事人一方所陈述的案情。通过这一标准，法官才能意识到判决书中的"案情"部分与"判决理由"部分的功能性关联，并自觉地用于指导裁判活动。这样就把抽象规范体系中蕴含的法理传递给了没有法律专业知识的当事人。换言之，民众只有明白法律适用，方才有服判息诉的伦理基础。

另外，一些与不具备法律专业知识的普通受众有关的问题还包括：如何看待情理在文书说理机制中的定位？感化性修辞是否应该进入判决书？"法官后语"①或判后答疑是否可取？中国人往往感性，尤其是法官，身处江湖而忧天下，高居堂上而恤民情，如何处理法理与情理的关系固然涉及"法民关系"，②更值得关注的是，如何让作为"天天吸收负能量，而要输出正能量"的法官们能拥有"强大的灵魂"去坚守审判事业。③笔者之所以将承办法官定位为判决书的首要受众，也有这方面的考虑。判决理由是法官对自己内心世界"定分止争"最佳的"心灵鸡汤"。从技术的角度上讲，笔者十分认同如下观点："裁判文书的说理性，就是把法中所蕴含的情理开发出来……不允许法外用情……如果对此还有疑惑，那就说明我们还没有真正理解法律。"④前文提及，从国家主权主义的角度看，法官作为司法机关落实定分止争机制的职员，其要务是在法定的程序框架内、在纠纷的解决过程中，向当事人传递法典体系内在的价值体系。在此必须再次强调程序说理的重要性。在很多情况下，定分止争、说理机制的设计就兼顾了这方面的考虑。笔者在德国任预备法官时曾经审过一案：原告是一位公共汽车司机，请求被告返回价款，称被告交付的二手哈雷摩托系原告送给儿子的18岁生日礼物，因维修不善而不能打满左方向；被告称交付的摩托没有任何问题。通过庭审，笔者感到原告所有陈述，包括如何询问，其儿子在院子里试车、检查，为何之前没有发现，之后又是如何发现问题，等等，均合情合理、可信，而被告就只是坚持自己交付的摩托没有任何问题。开完庭后，笔者征求一老法官的意见，这问题怎么办，笔者说："根据庭审中对当事人的询问，我甚至确信可以支持原告的主张。"老法官闪电

---

① 刘星：《判决书"附带"：以中国基层司法"法官后语"实践为主线》，载《中国法学》2013年第1期。

② 凌斌：《法官如何说理：中国经验与普遍原理》，载《中国法学》2015年第5期。

③ 此句系笔者在一次对基层法院调研时，从海淀区法院中关村法庭副庭长陈昶屹法官处偶得。

④ 胡云腾：《论裁判文书的说理》，载《法律适用》2009年第3期，第51页。

般地告诉笔者:"现在只有口供对口供,原告证明不能,败诉!"笔者又说:"根据开庭询问当事人,我认为原告说的是实话,因为……"还没等本人继续往下细讲,老法官就说:"不用讲了,对这些事,我根本不去想!幸好有规则啊!"① 说完,他就走了。后来笔者又找到老法官,企图继续"纠缠"。他对笔者说,有些人善于言词,有些人不擅长;在没有证据的情况下,你怎么能确信,原告不是在撒谎,而被告不是因不善言词而寡言——编故事的太多了!这位法官现在是被称为"小帝国法院"的德国哥廷根中院的首席大法官。多年后,一个偶然的机会,笔者在一正义女神雕像前等人,仔细观察这雕像后,突然回想起那教官以上的话,顿悟了法律体系的内涵,令人十分惊讶的是,这些内涵竟然都体现在民事裁判的结构上!正义女神手中宝剑是执行、天平是审判很好理解;一手掌天平,一手握宝剑——审执分离。掌天平之手即认知程序在前,握宝剑之手即执行在后。细看女神手中的天平,两端托盘即请求权与抗辩,其实就是实体的要件,而放进托盘里的,正是当事人提供的陈情与证据。国家有义务提供天平与托盘,但往里面放东西,则完全是当事人自己的事。正义女神之所以蒙上双眼,目的就是要按程序蕴含的正义行事,从而避免感情用事。用那法官的话讲就是"我根本不去想!幸好有规则啊!"按德国法的哲学,立法者早已从程序和实体正义两个方面充分考虑了所有的定分止争、说理的机制。法官只要严格按适用法律,就实现了正义,就可以求得内心的平静。从此视角看来,任何逾越法律规则的行为都是愚蠢的和不可接受的,甚至会带来法官个人责任的风险。这一点,我国许多主审法官应该有非常深刻的体会。笔者认为,此机理也适用于法治体系有待完善的我国,本讲稍后阐述原因。

从本讲开篇对德国模式定位的理解出发,笔者认为法官在判

---

① 老法官德语原话为:Ich mache mir gar keine Gedanken darüber! Zum Glück, es gibt Regeln!

决理由成文时不应该过多,甚至不应该运用修辞的手法。理由是,判决书是法官代表主权者传递法律秩序与价值的载体,具有公文的正式性与严肃性。法官必须在法定的要件内成文,对要件阐释决定了文字的思路、层次、深度与广度。换言之,要件规制了法官说理的范围,目的在于使其方便受众监督。要件审判的哲理在于强制法官以可检验的方式对要件表态,而修辞说理往往会弱化这方面的制度目的。法官在成文时必须时刻意识到,自己是在履行国家公务,从事的是职务行为,而不是可以掺杂个人感情色彩的私人行为。在英美法系国家中,注重修辞说理是以其判例法的司法传统为背景,而大陆法系的"理"更多的是蕴含在成文法里,法官只要正确适用法律就可达到充分说理的效果。① 即使要修辞,也应该受到判决书格式、要件内容与层次的制约,绝对不能漫无边际地长篇大论。至于"法官后语"的做法也值得进一步研究,当下强调当面说理,反对判后答疑的立场可能更为可取。② 道德与情感的关怀更多的是诉调对接、纠纷多元化解决机制应当分流的压力,而不是作为终局裁判者的法官所能承担的任务。如果法官出于个人感情的需要,认为有必要对当事人进行一定的教化,那么也宜在庭上,而不是在判后。

三、说理的辅助机制与法学支撑

以上主要是在技术层面探讨要件审判说理、定分止争的机制。维持、保障这一机制的良好运作无疑离不开缜密的程序设计、高效的裁判技巧以及严密的法律适用逻辑。各种构件可以说是环环相扣、密不可分。除了以上这些外,该系统的运作还有赖于其他

---

① 胡云腾:《论裁判文书的说理》,载《法律适用》2009年第3期。
② 魏胜强:《当面说理、强化修辞与重点推进——关于提高我国判决书制作水平的思考》,载《法律科学(西北政法大学学报)》2012年第5期。

相关辅助机制的有效运作。此处附带介绍其中重要的组成部分。①

（一）诉讼代理、诉讼费用和法律援助制度

任何权利的实现都需要成本。越是法治发达的国家，诉讼代理制度越完善，这是法治专业化的必然趋势。对于德国民事裁判来说，虽然有"当事人给案情，法官给（法律）结果"的传统，而且法官在程序运作时会做一定的引导。但是，如果能有专业律师协助当事人，将使诉讼的定分止争功能更加完善。代理律师除了能在起诉阶段就整理好明确的诉求，为准确执行提供依据，帮助当事人对应各种诉讼情况外，更重要的是配合法官完成程序说理。前面提到，法官是通过引导当事人按要件体系导入、梳理、分流诉材，整理争点与法律适用争议焦点的。在此过程中，法官会将陈情与证明的压力转移给当事人，在有诉讼代理人的情况下，实际上就是将诉讼压力转移到职业律师身上。由于律师根据代理合同有义务为当事人避免诉讼的风险与费用，所以律师在收到法官有关陈情或证明的程序指引后，都会根据自己的专业知识对要件、案情及证据等进行判断，据此分析当事人的诉讼风险与达成调解的可能性。《德国律师收费法》中规定，如果当事人达成和解，那么代理律师收取的费用比判决结案的高0.5个系数。这样一来，律师对促成当事人和解有了双重的动力：不仅可以快速结案，而且还能收取更多的费用。律师作为当事人自己选择的代理人，一般情况下更能说服当事人接受其建议的调解协议。不仅如此，律师理应为其高收费付出更多的劳动。这方面最重要的体现是接待当事人，向其说理。在德国案值5000欧元以上的一般民事案件实行强制代理制度。笔者认为，我国民事诉讼建立强制代理制度，并用适当的法律援助制度予以配合，是值得立法机关修法时予以重视和思考的。据从多家基层法院调研情况来看，目前有

---

① 由于篇幅所限，本讲不探讨法院内部的专业分工、信息化辅助系统等其他辅助机制。

百分之五六十的民事诉讼当事人聘请了律师。剩下百分之四五十的案件中，数额较大的案件不占多数，而其中当事人因经济困难不能请律师的应为数不多，对案值大、经济有困难的当事人实施法律援助不会对国家财政构成过多的压力。这部分化解纠纷、定分止争的费用，与其花在非正规途径，还不如建立法律援助制度，将纠纷的消化纳入正规的法治渠道。

（二）审级制度、法官特殊保护机制

本讲在多处尤其在判决理由部分强调，程序与实体规则本身就蕴含了经过主权者精心设计的价值体系；法官的唯一任务是正确适用法律。我国的规则体系发育还不完全，有疏漏、冲突或过时之处，这给法官适用法律、裁判说理带来巨大的困惑。从操作层面上看，法官只能按自己对法律的理解来适用法律，只要这样做了，就理应受到保护、得到内心的平静。没有一个法官可以要求另一法官按自己的心证结果判案。刚性适用法律是不是会造成作为法律适用机器的法官在断案时不近人情，从而犯众怒？笔者认为，以上的担心往往是没有必要的。因规则疏漏、冲突、过时或认识上的偏差所造成的裁判结果上的差异，如所谓的"同案异判"的情况严重影响了审判机关在普通民众心目中的司法权威与公信力，是定分止争、说理机制必须解决的问题。① 类案处理完全可以，也必须、只能通过理顺审级制度来解决。笔者在探讨说理的道路时就提到，如何缓冲"大一统"中相对稳定之意识与历史发展中相对活跃之物质间固有的结构性张力是我国法治建设、构建定分止争与说理机制所面临的治国层面上的哲学考题。对这一问题的最好回答是理顺我国的审级关系，通过充分利用审级资源来发现、解决问题，并及时将掌握的新情况反映在立法层面上。

---

① 江国华：《"类似案件类似处理"并非"同案同判"》，载《南方日报》2015年10月20日。

具体的技术路径可以参考德国的三审级模式。① 这种模式争取让审判资源最丰富的第一审法院固定好案件的事实部分，消化大部分普通的案件；通过程序规则的办法要求第一审法官使用要件审判的方法，发现法律规范体系中的漏洞、冲突以及社会生活中发生的新情况。在此基础上，开放审级通道。德国民事诉讼的具体做法是这样的：第一审法院认为案件有标杆意义、对规范体系的发展有帮助或对保证法律适用的统一性有帮助的，无论案值大小，可以允许当事人上诉到第二审，第二审仍解决不了，可以到第三审。② 由于德国只有四级法院，所以第三审实际上就是通过联邦法院统一了类案的审判标准。德国模式最值得称赞的地方是其经济性和预防性：因为路径是要件审判，而规范中的要件则是主权者固定其价值的具体载体，通过以上的制度设计，在时空上最接近案情的第一审法院实际上已经承担了为主权者发现最新社会情况中与主权者价值相矛盾、相冲突的地方，并源源不断地将这些存在于个案中的细微的不正常的状态通过审级通道上呈的重要任务。与此同时，法律规定上级法院需要（erfordert）树立该案件的标杆意义、发展规范体系或保证法律适用的统一性。不仅如此，下级法院的案件上呈对上级法院具有拘束力。由于德国民事诉讼没有审限制度的规定，所有联邦法院在收到上呈的案件后一般都会等等、观望一段时间，看看类案在全国的发生率和社会反映。各地州高院上呈的类案中必定是经过当事人的律师、第一审、第二审的高素质法官处理过的，几乎穷尽所有思考点的案子。在此基础上，联邦法院作出的判决基本上就可以通过对某个要件的解释统一处理某类型的案件。当法典体系的要件类案判决积累到一

---

① Bettermann, Die Beschwer als Rechtsmitelvoraussetzung im deutschen Zivilproess, ZZP 1969, 24.

② Kahlke, Zur Funktion von Beschwer und Rechtsschutzbedürfnis im Rechtsmittelverfahren, ZZP 1981, 423; Rimmelspracher, Die Rechtsmittel im Zivilprozess nach der Reform, Jura 2002, 11, Schmidt, Zugang zur Berufsinstanz, ZZP 1995, 147.

定程度，该部分规范即与社会发展相适应的结构将显现出来。立法机关再进行大的修法，将类案的结构法典化，从而很好地对立统一了"大一统"中相对稳定之意识与历史发展中相对活跃之物质间固有的结构性张力。可以说，德国法的这种周而复始的新陈代谢，蕴含着博大精深的治国智慧。

如果我国能按本讲以上的技术路径理顺审级制度，从宏观的角度讲就可以放手让拥有最丰富审判资源的基层法院去将现有法律规范体系中存在的要件冲突、矛盾发现、发掘出来，将规范体系与社会发展相阻的问题通过开放的审级上呈至最高审判机关。这样构架审级的另一好处是能为法官，尤其是基层法院法官提供更好的保护机制。只要法官适用法律，且就只能在自己认知的能力范围内适用法律和裁判，只要不枉法裁判，法律就没必要因其在裁判过程中因各种原因而造成的审判瑕疵追究其责任。因为如果审级开放的话，瑕疵判决并非生效判决，对当事人的诉讼与实体权利没有重大影响。此外，对法官的特殊保护必须是多方面和多维度的。由于篇幅的关系，此处只简单介绍德国法官民事免责的设计。行使裁判权（包括自由裁量权）是一项高风险行为，因为错误的判决会导致执行错误或其他损害，侵害当事人的民事权益。为维护法官的独立审判，国家必须对法官行使裁判权加以保护。① 理论上，被错误执行人可以根据规定侵权责任的相关法律起诉法官，要求其承担损害赔偿责任。德国的做法是，在法律中为法官上保险。根据德国法律规定，法官侵权责任的构成要件比一般侵权责任多了一项：构成犯罪，即必须构成枉法裁判。虽然该罪名的主观要件是间接故意，但根据德国刑法学界的通说，法官对自己判决的正确性有疑虑的不构成该罪名的间接故意；只有法官对其判决"有错误之可能"处于无所谓时才构成间接故意。② 这一通说设计巧妙之处是：首先，将法定的间接故意几乎转变为

---

① BGH NJW 66, 246, BGH NJW 68, 989, BGH NJW 11, 1072.
② BGHSt 40, 276, JuS 77, 357, JZ 73, 548, Jura 81, 81.

故意；其次，用刑法威慑法官必须写好判决理由。因为如果判决理由写不好，情节严重的是有可能入刑的。当然，德国刑事审判的实践对该要件的把握是十分严格的，几乎没有法官会因为写不好判决理由而被追究民事和刑事责任。① 以上这些为法官提供特殊保护的机制可以为缓解我国法官害怕言多必失而不敢说的困境提供新的思路。

（三）法学教育

徒法不足以自行。要从根本上提高我国裁判说理的层次，还是要从法学人才的基础教育做起。就裁判文书而言，通过对比中德的法学教育就可发现，我国的法学教育与裁判需求分离。我国法学院的考试主要以选择题、问答题为主，案例分析题不多。相比之下，德国法学考试只有一种题型，那就是案例分析。在法学院用求证式陈述（Gutachtenstil）写，在法院用根据式陈述（Urteilstil）写。由于德国的法学教育十分严谨，完整的法学教育持续至少八到十年，所有的法官、检察官、律师在正式工作前，在受教育阶段至少写了八到十年的判决书等法律文书，对法律规范体系、概念，最高人民法院的判决、解案的方法与步骤了如指掌，从而能非常高效地裁判说理、定分止争。德国式漫长的法学教育也通常会被作为我国不宜借鉴的理由。其实，在我国，法学本科教育四年，研究生教育三年，再加上刚开始工作的头两三年，成为一个能真正办案的法律工作者花的时间并不比德国少。法学教育无疑乃法治国家的根基。

总之，裁判说理既是法治国家建构定分止争机制的核心组成部分，也是提高实现国家治理体系和治理能力现代化的重要举措，其良好的运作需要裁判技术的支撑。鉴于我国大陆法系的传统，笔者认为，德国模式之定分止争智慧与裁判技术路径应引起学界与实务界的高度重视。作为裁判说理改革的重要组成部分，我国

---

① BVerfG NJW 80, 1093, BGHSt 47, 106, 115, NJW 80, 217.

民事判决书的样式及结构调整必须符合民事诉讼规律，只有这样，才能有效地规制裁判行为、避免诉材淤积和说理乱象，真正实现通过程序运作过程中的说理达至定分止争的目的，并让人民群众在每个案件中感受到公平正义。裁判文书说理，包括刑事裁判、民事裁判、行政裁判整个改革方案的设计，既要认真地比较域外先进国家可供比照参考的实践做法及其背后的运作机理乃至法治智慧，又要立足改革的系统观、协同观、整体观的立场，建立健全各种制约与关联裁判说理的配套机制，如此方能在新征程中取得实质性的进步。

第三讲
裁判文书说理的学科体系依赖

裁判文书说理是审判实践活动的重要组成部分,无论是说理的内容,还是说理的方法,均会受到法学尤其是部门法学体系、结构、方法论等的影响。此讲主要就刑法学体系对刑事裁判说理的影响作些探讨。

一、裁判文书说理与犯罪论体系

犯罪论体系多元格局的形成,推动了学术话语层面的刑法知识形态的变化。随着20世纪90年代德国、日本系列刑法教科书的翻译引进,以及21世纪初各种国际性或者全国性犯罪构成体系研讨会的召开、部分法学刊物对犯罪理论体系专题的刊登、部分学者对犯罪论体系的比较研究及知识性创作,我国刑法学犯罪构成理论体系的一元局面即以苏联犯罪构成体系为摹本并结合本国实践有所创新的四要件犯罪论体系终被打破,并形成四要件犯罪论体系与阶层犯罪论体系的二元竞争格局。[1]

从实践维度来看,阶层犯罪论体系至今尚未见诸于具体裁判之中。居于通说地位的,以犯罪客体—犯罪客观方面—犯罪主体—犯罪主观方面为排列顺序的四要件犯罪论体系仍处在指导实践的主导地位,检察官起诉或者抗诉、辩护人辩护、法官裁判均

---

[1] 陈兴良:《刑法的知识转型(学术史)》,中国人民大学出版社2012年版,第66—112页。

按此犯罪论体系进行思维和表达。例如，徐某某隐匿、故意销毁会计凭证、会计账簿、财务会计报告案中，辩护人提出如下辩护意见："公诉机关指控被告人徐某某构成隐匿、故意销毁会计凭证、会计账簿、财务会计报告罪的证据不足。一、从犯罪的客体及犯罪对象方面讲，我国《刑法》第162条规定的犯罪对象是会计法规定的应当保存的公司、企业的会计资料，而个体的会计资料不属于会计法调整的范围；二、从犯罪的客观方面讲，徐某某没有实施隐匿、故意销毁会计凭证、会计账簿、财务会计报告的行为，因为徐某某拿走的是徐某某电器商城的商品经营账，并不是公司的账。三、"徐某某电器商城"的投资人、经营者是徐某某个人，而并非靖边县五金交电有限公司，电器商城经营行为是个人而非公司集体行为。四、徐某某与靖边县五金交电公司事实上形成了承包关系，而且也全部如数上缴了承包费。综上，公诉机关指控被告人徐某某犯隐匿、故意销毁会计凭证、会计账簿、财务会计报告罪，证据不足，应依法判决徐某某无罪。"

但是，实践个案也出现按不同排列组合的四要件犯罪论体系进行表达。①

其一，犯罪主体—犯罪客体—犯罪主观方面—犯罪客观方面。例如朱某某、雷某某抢劫案的裁判理由："这是刑法规定的抢劫罪。本罪的犯罪主体是年满14周岁并具有刑事责任能力的自然人；犯罪侵犯的客体是公私财物所有权和公民人身权利，侵犯的对象是国家、集体、个人所有的各种财物和他人人身；犯罪主观方面表现为直接故意，并具有将公私财物非法占有的目的；犯罪客观方面表现为对公私财物的所有者、保管者或者守护者当场使用暴力、胁迫或者其他对人身实施强制的方法，立即抢走财物或

---

① 有学者指出，除上述通行的排列顺序以外，至少还存在以下三种排列顺序，一是犯罪主体—犯罪客体—犯罪主观方面—犯罪客观方面；二是犯罪客观方面—犯罪客体—犯罪主观方面—犯罪主体；三是犯罪主体—犯罪主观方面—犯罪客观方面—犯罪客体。参见赵秉志：《论犯罪构成要件的逻辑顺序展开》，载《政法论坛》2003年第6期。

者迫使被害人立即交出财物……这是刑法规定的强迫交易罪。本罪的犯罪主体除自然人以外，还包括单位；犯罪侵犯的客体是交易相对方的合法权益和商品交易市场秩序；犯罪主观方面表现为直接故意，目的是在不合理的价格或不正当的方式下进行交易；犯罪客观方面表现为向交易相对方施以暴力、威胁手段，强迫交易相对方买卖商品、提供或者接受服务，情节严重的行为。"

其二，犯罪客体—犯罪主体—犯罪主观方面—犯罪客观方面。例如，高某某、乔某某过失致人死亡案的裁判理由："这是刑法规定的教育设施重大安全事故罪。该罪侵犯的客体，是公共安全和教学管理秩序，主体是对教育教学设施负有维护义务的直接人员，主观方面表现为过失，客观方面表现为不采取措施或者不及时报告致使发生重大伤亡事故的行为。"

此外，实践个案还存在简化版的表达方式。其一，犯罪客体—犯罪客观方面。例如，董某、陈某非法经营案的裁判理由："第一，'冰点传奇''外挂'软件属于非法互联网出版物。盛大公司所经营的《热血传奇》游戏是经过国家版权局合法登记的游戏软件，受国家著作权法的保护，被告人董某、陈某购买、使用'冰点传奇''外挂'程序软件在出版程序上没有经过主管部门的审批，违反了《出版管理条例》的规定，在内容上也破坏了《热血传奇》游戏软件的技术保护措施，肆意修改盛大公司《热血传奇》游戏的使用用户在服务器上的内容，不仅违反了《信息网络传播权保护条例》的相关规定，而且侵犯了著作权人的合法权益……第二，被告人董某、陈某利用'外挂'软件从事'代练升级'，构成非法经营罪。二被告人购买了电脑，聘用了工作人员，先后替1万多名不特定人使用非法'外挂'程序进行代练，并收取费用，客观上是对该非法'外挂'程序的发行、传播，属于出版非法互联网出版物的行为。"

其二，犯罪主观方面—犯罪客观方面。例如崔某、仇某某、张某某盗窃案的裁判理由："一、被告人崔某、仇某某、张某某主观上具有非法占有他人财物的目的。三被告人均明知仇某某名下的涉案银行卡内的钱款不属仇某某所有,而是牟某某存储的个人财产。当涉案银行卡被吞、牟某某要求仇某某帮助领取银行卡时,三被告人不是协助取回涉案银行卡并交还牟某某,而是积极实施挂失、补卡、取款、转账等行为,将卡内钱款瓜分,明显具有非法占有他人财物的目的。二、被告人崔某、仇某某、张某某的行为具有秘密窃取的性质……本案中,三被告人虽然是公然实施挂失、补卡、取款、转账等行为,但被害人并没有当场发觉,更无法阻止三被告人的行为。被害人虽然对三被告人可能侵犯其财产存在怀疑和猜测,并在案发后第一时间察觉了三被告人的犯罪行为,但这与被害人当场发觉犯罪行为具有本质区别。因此,三被告人的行为完全符合盗窃罪'秘密窃取'的特征。三、被告人崔某、仇某某、张某某的行为符合盗窃罪'转移占有'的法律特征……涉案银行卡被吞后,被害人牟某某虽然失去了对卡的实际控制,但基于掌握密码,并未丧失对卡内钱款的占有和控制。被告人崔某、仇某某、张某某如果仅仅协助被害人取回涉案银行卡,不可能控制卡内钱款。三被告人是通过积极地实施挂失、补办新卡、转账等行为,实现了对涉案银行卡内钱款的控制和占有。上述行为完全符合盗窃罪'转移占有'的法律特征。"

其三,犯罪客观方面—犯罪主体。例如,李某职务侵占案的裁判理由:"李某系沪深航公司的驾驶员,在完成运输任务过程中,不仅负有安全及时地将货物运至目的地的职责,还负责清点货物、按单交接及办理空运托运手续。因此,李某对其运输途中的货物负有保管职责。托运人将涉案金币交付给沪深航公司承运,由此沪深航公司取得了对涉案金币的控制权。李某受沪深航公司委派具体负责运输该批货物,其在运输途中亦合法取得了对该批货物的控制权。根据本案事实,托运人对涉案金币所采取的包装措施,仅是将金币等货物用纸箱装好后以胶带封缄。该包装措施虽然在一定程度上宣示了托运人不愿他人打开封存箱的意思,但主要作用在于防止货物散落。托运人办理托运时,就已整体地将保管、运输该批货物的义务交付给沪深航公司,托运人在整个运输过程中客观上已无力控制、支配该批货物。因此,李某作为涉案货物承运人沪深航公司的驾驶人员,在运输涉案货物途中,对涉案货物负有直接、具体的运输、保管职责。李某正是利用这种自身职务上的便利,伙同他人将本单位承运的货物非法占有。"

二、裁判文书说理与犯罪论逻辑

无论是犯罪论体系的构建,还是司法实践中犯罪的认定,均离不开论证逻辑。正如我国学者指出的,"阶层性是四要件犯罪论体系与阶层犯罪论体系之间的根本区别之所在",[①] 犯罪成立条件之间的位阶关系有利于保证定罪的正确性。按照阶层犯罪论体系的要求,司法裁判应遵循以下判断规则:第一,客观判断先于主观判断;第二,具体判断先于抽象判断;第三,类型判断先于个别判断;第四,形式判断先于实质判断。从实践维度来看,个案往往采取了相反的判断规则。

其一,主观判断先于客观判断。例如,赵某某故意伤害案的裁判理由:"被告人赵某某、李某等为报复被害人,主观上有故意伤害他人身体的故意,客观上实施了持刀追赶他人的行为,并致被害人死亡后果的发生,其行为均已构成故意伤害(致人死亡)罪。被害人被逼跳水的行为是被告人等拿刀追赶所致,被害人跳水后死亡与被告人的行为有法律上的因果关系,即使被告人对被害人的死亡结果是出于过失,但鉴于事先被告人等已有伤害故意和行为,根据主客观相一致原则,亦应认定构成故意伤害(致人死亡)罪。"再如,成某某诈骗案的抗诉理由:"主观上,原审被告人成某某、黄某某在进入各被害单位之前就已具有骗取被害单位车辆的犯罪故意;客观上,两被告人在意图非法占有被害单位车辆的思想驱使下,首先使用假身份证和驾驶证到职介所登记,

---

① 陈兴良:《刑法的知识转型(学术史)》,中国人民大学出版社2012年版,第109页。

再去被害单位应聘，既虚构了其身份及其遵纪守法的事实，又隐瞒了其'并非想从事司机职务'及其曾经诈骗其他单位车辆的真相，骗取了被害人的信任，使被害人陷入错误认识，'自愿'将车辆交其保管，从而实现其非法占有被害单位财物的目的。"

其二，抽象判断先于具体判断。例如，朱某某盗窃案的裁判理由，先从社会危害性层面作抽象判断，再对盗窃行为构成要件作具体判断："一、关于对被告人朱某某的行为能否用刑法评价的问题。刑法第二条规定：'中华人民共和国刑法的任务，是用刑罚同一切犯罪行为作斗争，以保卫国家安全，保卫人民民主专政的政权和社会主义制度，保护国有财产和劳动群众集体所有的财产，保护公民私人所有的财产，保护公民的人身权利、民主权利和其他权利，维护社会秩序、经济秩序，保障社会主义建设事业的顺利进行。'第十三条规定：'一切危害国家主权、领土完整和安全，分裂国家、颠覆人民民主专政的政权和推翻社会主义制度，破坏社会秩序和经济秩序，侵犯国有财产或者劳动群众集体所有的财产，侵犯公民私人所有的财产，侵犯公民的人身权利、民主权利和其他权利，以及其他危害社会的行为，依照法律应当受刑罚处罚的，都是犯罪，但是情节显著轻微危害不大的，不认为是犯罪。'被告人朱某某为泄私愤，秘密侵入他人的账户操纵他人股票的进出，短短十余日间，已故意造成他人账户内的资金损失19.7万余元。这种行为，侵犯公民的私人财产所有权，扰乱社会经济秩序，社会危害性是明显的，依照刑法第二百七十五条的规定，已构成故意毁坏财物罪，应当受刑罚处罚。二、关于股票所代表的财产权利能否作为故意毁坏财物罪的犯罪对象问题……三、关于犯罪数额的计算问题……四、关于量刑问题……"

其三，个别判断先于类型判断。例如，王某等诽谤案的裁判理由采取了犯罪主体—犯罪客体—犯罪主观方面—犯罪客观方面的论证顺序，其中犯罪主观方面的判断属于个别判断，而犯罪客观方面的判断属于类型判断："在主体方面，四被告人均属完全刑事责任能力人。在客体方面，诽谤罪的客体是公民的名誉、人格，而对于政府工作人员来说政治名誉是其人格、名誉的组成部分，四被告人的行为意欲侵害的是县委、政府领导人的政治名誉，因此四被告人的行为侵犯的客体属于诽谤罪的客体。主观方面，尽管四被告人各有其不同的上访事由，涉及不同的分管领导。但从整体上看，均因其各自上访问题未得到满意解决而对县委、政府产生不满，遂共同产生贬损县委、政府领导人政治名誉的念头，且均明知捏造的系虚假事实一旦散布出去必然会损害他人人格、破坏他人名誉，因此四被告人均有诽谤他人的犯罪故意。客观方面，四被告人针对县委、政府领导人共同实施了准备书写工具，商议捏造虚假事实，书写'大''小'字报及复印'小'字报；被告人王某、罗某、阮某还亲自实施了到昭通市区及鲁甸县城张贴的行为；四被告人的行为造成了共同的危害后果。另外，四被告人采用捏造虚假事实书写'大''小'字报这种恶劣的方法，选择昭通市区及鲁甸县城人员密集的公共场所进行张贴散布诽谤他人政治名誉，四被告人的行为属于情节严重。综上所述，四被告人属共同犯罪，其行为均已构成诽谤罪。"

其四，实质判断先于形式判断。例如，李某抢劫案的裁判理由不是先对抢劫一根玉米的行为作形式判断，即论证与判断此行为是否该当抢劫罪的实行行为，而是在量刑部分就是否适用缓刑对此行为的社会危害性作实质判断："抢劫罪侵犯的是财产权利和人身权利双重客体，本案中李某劫取的玉米价值甚小，对于超市来说损失甚微，但李某深夜持刀架在被害人脖子处实施抢劫，给被害人造成的人身危险性远远超过财物本身的价值，给社会带来了不安全因素，具有严重的社会危害性，故不宜对李某宣告缓刑。"

四要件犯罪论体系反映到实践个案的裁判理由论证中，除不像阶层犯罪论体系所体现的先后有序递进之外，还间或存在部分要件循环往复或者杂糅在一起的现象。例如，顾某某非法拘禁案的裁判理由不仅将犯罪动机混同于犯罪目的，而且将犯罪主观方面与犯罪客观方面并在一起论证："被告人顾某某为索取夫妻间曾协商约定的由其妻承担的债务，在其妻离家出走后，担心其妻不承担共同债务而落得人财两空，为迫使其妻的亲人及时找回其妻，扣押了其妻的亲人作为交换其妻的条件，从而达到要其妻承担债务与其离婚的目的，是一种'债务纠纷'的绑架行为。被告人顾某某在实施其违法行为时，实施了'扣押人质''以钱赎人'等类似绑架行为的客观外在的行为，但其主观上不具有索取财物的目的，不完全具备绑架罪的特征要件，不构成绑架罪。其为达到这一目的而非法扣押了人质钟某某，限制了人质钟某某的自由权利，影响较大，其行为构成非法拘禁罪。"显然，正是此种逻辑不清晰的论证方式，导致观点表述中"是一种'债务纠纷'的绑架行为"与"不完全具备绑架罪的特征要件，不构成绑架罪"的前后矛盾。

  此外，从实践来看，四要件犯罪论体系与阶层犯罪论体系的判断规则、论证思维逻辑的不同，或许对大部分案件的最终处理结论不会带来影响，但间或直接影响到对同一事实的不同定性，例如，成某某诈骗案中检察院、一审法院、二审法院之所以存在定性的分歧，与裁判论证是先进行客观判断还是先进行主观判断有着直接的关系。检察院的抗诉意见认为，主观上，原审被告人成某某、黄某某在进入各被害单位之前就已具有骗取被害单位车辆的犯罪故意；客观上，两被告人在意图非法占有被害单位车辆的思想驱使下，先使用假身份证和驾驶证到职介所登记，再去被害单位应聘，既虚构了其身份及其遵纪守法的事实，又隐瞒了其并非想从事司机职务及其曾经诈骗其他单位车辆的真相，骗取了被害人的信任，使被害人陷入错误认识，"自愿"将车辆交其保管，从而实现其非法占有被害单位财物的目的。抗诉意见认为原审被告人成某某、黄某某的行为已构成诈骗罪。二审法院裁判理由认为，原审被告人成某某伙同原审被告人黄某某，以非法占有为目的，使用假身份证和驾驶证骗取被害单位招聘成某某作司机，后成某某利用给被害单位送货之机，伙同黄某某将被害单位的车辆非法占为己有；成某某没有为被害单位从事司机一职的主观愿望，其骗取的司机一职只是其骗取被害单位财物的一种手段，原审被告人成某某、黄某某的行为已构成诈骗罪。抗诉意见和二审裁判理由均是先进行主观判断，认为被告人主观上有诈骗故意，进而基于此种故意实施了诈骗行为，因而构成诈骗罪。但是，按照阶层犯罪论体系的判断规则，宜先分析被告人的行为是职务侵占行为还是诈骗行为，两者的关键区别在于：第一，财物被侵害之前的状态是处于行为人控制还是由被害人控制；第二，财物的转移状态发生变化的原因是利用职务便利还是基于被骗而陷入认识错误进而作出财产处分。从本案案情来看，被告人虽然在取得司机身份时存在欺骗因素，但此并不意味着财物状态的改变也是基于欺骗而使人陷入错误认识进而作出处分的结果。因而，本案被告人行为的定性宜为职务侵占罪。

三、裁判文书说理与犯罪论命题

犯罪论体系性思考和犯罪论命题性思考，一直是刑法学体系要平衡、处理好的两个方面。其实，犯罪论体系离不开系列具体犯罪论命题或者问题。这里仅结合因果关系、共谋共同正犯、自杀三个问题进行分析。

（一）因果关系的认定及说理

因果关系的认定在结果犯中至为重要。关于因果关系认定的理论学说，大致经历"条件说—相当说—客观归责说"的发展过程。

所谓"条件说"，即仅在行为与结果之间寻找一个实证意义上的联系，即对客观事实进行"有、无"或"是、否"的判断。条件说对于解决简单的因果关系认定（如甲开枪致乙死亡）不存在困难，但对于存在众多条件从而需要分清原因力主次和责任大小的案例就存在困难。条件说对于认定事实因果关系具有积极的意义，但因不对原因力作实质判断，容易导致刑法因果关系的认定范围过于宽泛。我国传统刑法因果关系学说因肯定偶然因果关系的存在，而类似于条件说。洪某某故意伤害案的二审裁判理由就采用了偶然因果关系进行论证。

【文书案例】[①] 经审理查明：被告人洪某某与曾某某均在福建省厦门市轮渡海滨公园内经营茶摊，二人因争地界曾发生过矛盾。2004年7月18日17时许，与洪某某同居的女友刘某某酒后故意将曾某某茶摊上的茶壶摔破，并为此与曾某某同居女友方某某发生争执。正在曾某某茶摊上喝茶的陈某某（男，48岁）上前劝阻，刘某某认为陈某某有意偏袒方某某，遂辱骂陈某某，并与陈扭打起来。洪某某闻讯赶到现场，挥拳连击陈某某的胸部和头部，陈某某被打后追撵洪某某，追出二三步后倒地死亡。洪某某逃离现场，后到水上派出所轮渡执勤点打探消息时，被公安人员抓获。经鉴定，陈某某系在原有冠心病的基础上因吵架时情绪激动、胸部被打、剧烈运动及饮酒等多种因素影响，诱发冠心病发作，冠状动脉痉挛致心跳骤停而猝死。

二审法院经审理认为，被告人洪某某故意伤害他人身体致人死亡的行为，已构成故意伤害罪。洪某某关于原判对其定罪量

---

① 关于本案，厦门市中级人民法院认为，被告人洪某某故意伤害他人身体，致被害人死亡，其行为已构成故意伤害罪。被告人洪某某在刑满释放后5年内再犯应当判处有期徒刑以上刑罚之罪，系累犯，应从重处罚。鉴于被告人洪某某归案后能坦白认罪，且考虑被害人原先患有冠心病及心肌梗死的病史，其死亡原因属多因一果等情节，可以从轻处罚。依照刑法相关规定，判决如下：被告人洪某某犯故意伤害罪，判处有期徒刑10年零6个月。宣判后，被告人洪某某不服，上诉提出，其只是一般的殴打行为，原判定罪不准；被害人死亡与其只打二三拳没有关系，不应负刑事责任，请求二审给予公正裁判。最高人民法院经复核后认为，洪某某殴打他人并致人死亡的行为，已构成故意伤害罪。洪某某曾因犯罪被判刑，刑满释放后5年内又犯罪，应依法从重处罚。但被害人患有严重心脏疾病，洪某某的伤害行为只是导致被害人心脏病发作的诱因之一。根据本案的特殊情况，对被告人洪某某可以在法定刑以下判处刑罚。一、二审判决认定的事实清楚，证据确实、充分，定罪准确。审判程序合法。二审判决量刑适当。依照刑事法相关规定，裁定核准福建省高级人民法院以故意伤害罪，在法定刑以下判处被告人洪某某有期徒刑5年的刑事判决。

刑错误的上诉理由，经查，首先，被告人拳击行为发生在被害人与其女友刘某某争执扭打中，洪某某对被害人头部、胸部分别连击数拳，其主观上能够认识到其行为可能会伤害被害人的身体健康，客观上连击数拳，是被害人死亡的因素之一，因此，对被告人应当按照其所实施的行为性质以故意伤害定罪。虽然死亡后果超出其本人主观意愿，但这恰好符合故意伤害致人死亡的构成要件。故原判定罪准确，洪某某关于定罪不准确的上诉理由不能成立。其次，被告人拳击行为与被害人死亡结果之间具有刑法上的因果关系。被告人对被害人胸部拳击数下的行为一般情况下不会产生被害人死亡的结果，但其拳击的危害性为，与被害人情绪激动、剧烈运动及饮酒等多种因素介入"诱发冠心病发作"导致了死亡结果的发生。被害人身患冠心病被告人事先并不知情，是一偶然因素，其先前拳击行为与被害人死亡结果之间属偶然因果关系，这是被告人应负刑事责任的必要条件。因此，被告人的行为与被害人死亡的结果具有刑法上的因果关系，洪某某关于对被害人死亡不负刑事责任的上诉理由不能成立。鉴于本案的特殊情况，原判对洪某某的量刑过重，与其罪责明显不相适应，可在法定刑以下予以减轻处罚。依照刑事法相关规定，撤销厦门市中级人民法院刑事判决中对被告人洪某某的量刑部分，以洪某某犯故意伤害罪，在法定刑以下判处有期徒刑五年，并依法报送最高人民法院核准。

"相当说"是对"条件说"的修正，即针对同等权重的条件，引入价值评价的要素进行筛选，淘汰掉那些偶然发生的、不具有刑法关注意义的条件。该说认为，行为导致结果的发生在一定程度上必须是可能的，以便能将该行为视为结果发生的原因。① 至于具体判断因果关系，一般分为两个阶段来判断：首先判断是否存在条件关系，即明确行为与结果之间是否存在事实上的关联；然

---

① ［德］汉斯·海因里希·耶赛克、托马斯·魏根特：《德国刑法教科书（总论）》，徐久生译，中国法制出版社2001年版，第348页。

后判断是否存在相当因果关系,即以存在条件关系为基础,进一步就客观性归责的范围予以规范性限定。① 根据相当性判断标准的不同,相当说细分为以下三种:"主观说"以行为人实施行为当时认识到的情状以及可能认识的情状为判断的基础;"客观说"认为应当进行客观的事后预测,即站在裁判者的立场上,无论是行为当时存在的一切事情还是行为后产生的事情,只要它们对一般人来说曾是可能预见的,均必须考虑;"折中说"主张以行为时一般正常人可以认识的情状以及行为人特别认识的情状来作判断。② 就洪某某故意伤害案与廖某某过失致人死亡案而言,根据"主观说",因行为人殴打被害人时不知道被害人患有心脏病,因而殴打行为与被害人死亡之间不具有因果关系;按照"客观说",殴打时被害人已经患有心脏病,虽然行为人并不知道该事实,但殴打行为与被害人死亡结果之间仍然可能存在因果关系;根据"折中说",判断结果可能会模棱两可。

【文书案例】③ 经审理查明:2001年5月4日上午9时许,被告人廖某某因卖鱼短斤少两问题引起双方发生争吵,并互相向对方推打了一拳。接着,赖某某打电话叫其妻兄等人来帮忙。被告人廖某某见状也打电话叫李某某来帮忙。后被告人廖某某见赖某某叫来了五六个人,且李某某未到,便拨打110报警。后经群众劝解赖某某及其亲友向市场外离去。此时,李某某带着一男子

---

① 〔日〕西田典之:《日本刑法总论》,刘明祥、王昭武译,中国人民大学出版社2007年版,第68页。

② 〔日〕大冢仁:《刑法概说(总论)》,冯军译,中国人民大学出版社2003年版,第163页。

③ 关于本案,一审判决后,上诉人梅某、赖某和、赖某贤、赖某旋、左某秋上诉提出,撤销一审判决,依法追究被上诉人的过失致人死亡的刑事责任。佛山市中级人民法院经审理查明的事实、认定的证据与一审一致,并认为,由于两被上诉人廖某朋、李某珠实施了侵权行为,造成了一定的损害结果,且该侵权行为与损害结果之间有因果关系,具备民事侵权行为的构成要件,两被上诉人廖某朋、李某珠应承担民事赔偿责任。依照刑事诉讼法相关规定,判决如下:维持被告人廖某朋、被告人李某珠无罪的判决。

（另案处理）赶到，并问被告人廖某某与谁争吵，被告人廖某某即指着赖某某，并与李某某及其带来男子一起追赶赖某某。被告人廖某某妻子梅某某见状即上前抱住廖某某，叫廖某某不要再打，但被告人廖某某挣脱，带着李某某等人追上赖某某，当李某某及其带来的男子追上赖某某后，即分别用拳头向赖某某的头、胸部打了多拳。稍后，接报警而赶到的公安人员，将被告人廖某某和赖某某等人带回龙山派出所调查处理，后赖某某在问话结束后即昏迷倒地，经送医院抢救无效而死亡。经法医鉴定，赖某某符合在冠心病、陈旧性心肌梗死、慢性心包炎的基础上，在受到外部诱因（如外伤）作用致心性猝死。

佛山市顺德区人民法院认为，被告人廖某某、李某某殴打受害人赖某某，受害人赖某某在受到外部诱因（如外伤）作用下致心性猝死，但被告人廖某某、李某某的行为不构成犯罪。主观上，被告人廖某某、李某某没有故意或者过失的心理态度，即没有刑法上的罪过。受害人及其家人不知道受害人有如此严重的疾病，被告人更不可能知道。另外，被告人与受害人素不相识，一般的殴打会造成死亡的后果无法预见，也不可能预见。客观上，法医鉴定结论证实受害人的损害程度不足以致死，但没有对其损害程度作出鉴定，从受害人在派出所的问话中看出，受害人没有什么大碍，在正常情况下，被告人的殴打行为，不会造成轻伤以上的伤害。行为在客观上虽然造成了损害结果，但不是出于故意或者过失，而是由于不能预见的原因所引起的不构成犯罪。两被告人虽有殴打受害人的情节，但其伤害程度未达到需刑事处罚、承担刑事责任的起点。两被告人殴打受害人的行为与受害人的死亡结果有因果关系，但根据犯罪构成去衡量，两被告人不应承担刑事责任。依照刑事诉讼法相关规定，判决被告人廖某某无罪；被告人李某某无罪。

"客观归责说（理论）"是对"条件说"和"相当说"的发展，其完成了从归因到归责的转变，主张从以下四个层次来进行客观归责的判断：一是条件关联，即说明事实之间的关联，借助于经验规律意义上的因果概念而考察行为和结果之间的最低限度的关联;二是相当性关联,即通过客观合目的性对或然律的补充而分析行为与结果之间的被确定性关联,从而确定事实之间的关系具有进行刑法评价的价值;三是风险性关联,即说明行为对谨慎义务的违反和结果发生之间的详细联系,从而在规范的意义上评价行为与结果之间所具有的确切联系在刑法上有相当的重要性;四是保护目的性关联,即说明所出现的结果是在被损害的规范保护范围内。①客观归责包含两大步骤:风险制造和风险实现。风险制造的判断标准带有价值与规范的双重性:一是风险的产生或者提升,是一个利用生活常识进行相当性判断的价值论的问题,即判断者利用生活经验对可能性进行的评判;二是风险制造的不容许性,是指依照规范的价值立场,行为因其所附着的风险必须被禁止的性质。风险实现同样具有价值与规范评价的双重性:一是人们必须通过生活常识、盖然性这样的价值因素来比对某一结果是否落入某个典型的风险区域内;二是风险区域的范围要依据刑法保护规范的范围来确定。②按照日本学者的观点,该理论较好地解决了"相当说"存在的三大问题,因而是一种更好的规范性工具。这里所说的"相当说"的三大问题,一是该理论存在不协调,即一方面只承认事前视角,另一方面又承认风险制造之外的风险实现过程,而风险实现的判断建立在事后视角之上;二是"相当性"作为评价标准而言,过于笼统,缺乏实质内容;三是该理论不适于"规范"思维。③以特殊体质被害人案件为例,在制造风险阶段,倘若被告人在行为前已经得知被害人患有心脏病,那么被

---

① 吴玉梅:《德国刑法中的客观归责研究》,中国人民公安大学出版社2007年版,第135页。
② 熊琦:《论客观归责理论的规范维度——兼析本体论、价值论因果关系与客观归责的本质区别》,载赵秉志主编:《刑法论丛》(第31卷),法律出版社2012年版,第66—67页。
③ 熊琦:《论客观归责理论的规范维度——兼析本体论、价值论因果关系与客观归责的本质区别》,载赵秉志主编:《刑法论丛》(第31卷),法律出版社2012年版,第62页。

告人对被害人实施殴打行为,从社会生活经验、一般人的认识水平来判断,就在客观上创设了被害人死亡的危险,亦即制造了法所不允许的危险。相反地,倘若被告人事前并不知道被害人具有特殊体质,以正常的一般人为判断依据,分为两种情况:一是认为行为人的殴打行为没有制造死亡的风险,则不必进行下一阶段的判断,被害人的最终死亡结果不能归责于行为人的行为;二是认为行为人的殴打行为制造了死亡的风险,则需要进行下一阶段的判断,即风险是否实现。① 在风险实现阶段,倘若行为人知道被害人具有特殊体质,并加以利用而造成死亡结果,那么行为人不但制造而且实现了不被容许的风险,被害人死亡的结果归责于行为人的行为;倘若行为人不知道被害人具有特殊体质,就需按照日本学者山中敬一的观点进行以下方面的考察:第一,第一次的直接危险(例如殴打)对于具体结果的继续作用大小与强弱;第二,以事后判明的事情作为判断资料,审视第一次危险行为遭遇潜在危险源(例如心脏病患)的客观概率;第三,比较第一次危险与第二次危险(潜在危险)对结果惹起力的大小。倘若潜在危险源的结果惹起力优越于第一次危险的危险力,则所造成的结果就不是第一次危险的实现,而是由被害人的特殊体质因素所引起。②

按照客观归责理论,洪某某故意伤害案与廖某某过失致人死亡案中殴打行为与死亡结果之间均存在条件关系,但被害人死亡结果能否归责到被告人,尚需要依循客观归责理论的规则体系进行分析,因行为人殴打被害人,并没有制造被害人死亡的危险,所以被害人死亡的结果不能归责到被告人的行为上。

此外,在某些具体个案中,基于条件说、相当说或者客观归责理论来进行说理,间或会得出不同的结论。

---

① 孙运梁:《致特殊体质被害人死亡案件中的刑事归责问题》,载《法学》2012年第12期。

② [日]山中敬一:《刑法中的客观归属论》,成文堂1997年版,第534—535页。

【文书案例】经审理查明：丁某（女）与赵某系同村村民。赵某平素好吃懒做，爱占小便宜，谁家摆酒席，他总是不请自到，名声不太好。2007年10月6日，丁某过生日，在家摆了两桌酒席，邀请亲朋好友前来赴宴，赵某不在邀请之列。中午时分，酒席即将开始，赵某从外面赶来，不容分说坐下就吃。赵某的行为让丁某十分不满，觉得赵某搅了自己的酒席，就对赵某说："我好像没请你，你怎么谁家的饭都吃呀？"赵某一副无赖嘴脸，笑嘻嘻地说："我这个人不挑食，什么都敢吃，就算是农药我也敢喝。"赵某此话一出，更让丁某对其心生厌恶，对赵某说："你真敢喝农药？别吹牛了。我要是拿来了，你不喝怎么办？你要是不喝，就从老娘的裤裆下钻过，敢不敢？"赵某的行为也让众人对其不满，于是众人很默契地跟着起哄。赵某见众人均针对他，无法收回刚才所言，只能硬着头皮同意了。丁某心想反正赵某不可能真的喝农药，正好借这个机会整治一下赵某，就拿杯子去房间里倒了一杯农药端在赵某面前，对赵某说："这是农药，你敢喝吗？"赵某见真的端上来一杯类似农药的液体，心生怯意，但眼见丁某已经作出叉开双腿的姿势，周围的人也都跟着起哄，赵某不愿意服输，端起杯子一口气喝完了。丁某表情立即变得惊愕，旁边有人问："难道真的是农药吗？"丁某下意识地点了点头。众人这时才意识到大事不好，连忙和丁某一起将赵某送往医院。在被送往医院的途中，赵某因毒性发作死亡。

根据条件说的价值中立判断规则，丁某递毒药的行为与赵某自饮毒药的行为之间均是赵某死亡结果的条件；同时由于条件之间的平等关系，丁某的行为与赵某的行为不但同时而且也是同等地引起了赵某的死亡。按照中断说，[①] 赵某如知道杯中系农药而饮

---

① 按照我国学者的观点，"中断说"本质上与"相当说"属于同一理论类型。我国的因果关系中断理论所关注的要素属于价值判断标准，即中断的三个条件：一是必须有能够引起而不仅仅是促进危害结果的介入原因；二是介入原因必须是异常原因；三是介入原因必须合乎规律地引起结果发生。参见马克昌主编：《犯罪通论》，武汉大学出版社1999年版，第225—226页。

下，显然属于"通常情况下不会介入的某种行为"，因而可以中断丁某与结果之间的因果关系；但是，若赵某因发生（某种不可避免的）事实认识错误，以为丁某不会投毒而饮下"农药"，同样属于"通常情况下不会介入"的行为，却不宜中断原有的因果关系。按照客观归责理论，赵某的行为到底是不是一个十足典型的自赴风险行为，即赵某是否对作出合理决定所需要的情景具备充分足够且无误的认识，就需要从规范视角来加以研判。基于本案案情的表述不十分清楚，就需要考虑以下情形：其一，赵某对重大情形具有完全十足的认识，但仍决定饮下农药。此情形中丁某的行为即便在普通生活经验上制造了赵某死亡的风险，但也未制造任何法规范所禁止的风险。赵某的行为是十足的自赴风险，丁某的行为对其死亡中断归责。其二，赵某对重大情形一无所知，完全被蒙在鼓里，则丁某以农药供饮的行为可以故意杀人罪或者过失致人死亡罪归责。其三，赵某对重大情形有所认知，但错误地认为丁某是在开玩笑，端来的液体是类似农药的无毒或者微毒液体，目的在于当众使其难堪。此情形中丁某确切地知道这是一杯农药，其从厨房拿出农药并递给赵某的行为明显制造了禁止风险。①赵某既然是出于错误才饮下农药的，显然不能表示其对刑法保护的放弃，此时即使从自我保护原则来考虑也不排除丁某的责任。

（二）共谋共同正犯的认定及其说理

所谓"共谋共同正犯"②，是指二人以上共同谋议实行犯罪，

---

① 从规范的角度而言，赵某自赴风险的行为当然也构成了禁止风险。赵某行为的禁止风险与丁某行为的禁止风险构成风险竞合。参见熊琦：《论客观归责理论的规范维度——兼析本体论、价值论因果关系与客观归责的本质区别》，载赵秉志主编：《刑法论丛》（第31卷），法律出版社2012年版，第75—76页。

② 其有别于"实行共同正犯"，即二人以上共同实行犯罪（直接实施实行行为）的情形，例如，1871年通过的现行《德国刑法典》第25条、1908年通过的现行《日本刑法典》、1953年通过的《韩国刑法典》、1956年通过的现行《泰国刑法典》，等等，均对（实行）共同正犯作了规定。

共谋者中的一人或一部分人直接实行了所共谋之罪时，其他没有参与实行行为的共谋者也与之构成共同正犯的情况。在日本，刑法理论曾经对共谋共同正犯存在肯定和否定之争，现在肯定的前提下重点转向如何限定共谋共同正犯的成立范围、如何进一步明确共谋共同正犯的构造、如何深化研究不作为的共谋共同正犯、共谋的射程、共谋的因果性即错误等精细的问题。① 在德国，刑法"通说对于共同正犯采取'行为（犯罪）支配理论'，亦肯定共谋共同正犯之存在"②。在法国，"出于惩罚犯罪的考虑，法院判例倾向于将那些与犯罪行为进行合作的人都视为共同正犯，而不是仅仅认定为共犯，即使这些人并未直接参与构成犯罪的事实上的行为，亦不例外"③。在我国台湾地区，判例采纳"共同意思主体说"，认为"以自己犯罪之意思，事先同谋，而由其中一部分人实施犯罪之行为者，均为共同正犯"④。正如有学者指出的，当今刑法"共犯论"深受"实质客观说"的影响，即正犯与狭义共犯的区别不再执着于是否实施了构成要件中的实行行为，而是以"对实行行为规范地、价值地加以理解"为前提，"参照各个行为人在共同犯罪中是否具有主要地位，对结果的发生是起着重要作用还是辅助作用，是不是支配了结果的发生过程等，进行实质性的判断"⑤。可以说，此种学说为"共谋共同正犯"的证成提供了理据。

受现行刑法对共犯规定的影响，我国刑法理论中较长时期均没有共谋共同正犯层面的论述，而更多的是就共谋是否成立共同犯罪来作出分析，例如，否定说认为，共谋不是共同犯罪行为，共谋而未实行，就意味着缺乏共同犯罪行为，不能构成共同犯

---

① 转引刘艳红：《共谋共同正犯论》，载《中国法学》2012年第6期。
② 张丽卿：《刑法总则理论与运用》（修订二版），一品文化出版社2005年版，第311页。
③ ［法］斯特法尼等：《法国刑法总论精义》，罗结珍等译，中国政法大学出版社1998年版，第312页。
④ 陈子平：《刑法总论》，元照出版公司2008年版，第508页。
⑤ 黎宏：《日本刑法精义》（第二版），法律出版社2008年版，第255页。

罪。① 肯定说认为，共同犯罪行为包括犯罪的预备行为和实行行为。共谋不仅仅是共同犯罪意图的单纯流露，而且是共同犯罪预备行为，共谋构成共同犯罪。② 近期有学者开始立足于中国刑法语境提出由"共谋共同犯罪"向"共谋共同正犯"的转换命题，并就其成立条件及处罚进行了论述。③

在审判实践中，个案判决采取了共谋成立共同犯罪的立场，例如，在陈某鸣等盗窃案④中，一审法院认为，"被告人经某杰单独或伙同被告人经某义、王某勇盗窃大发牌汽车5辆、桑塔纳轿车3辆，共计价值人民币53.52万元；被告人经某义、王某勇参与共同盗窃大发牌汽车两辆、桑塔纳轿车1辆，共计价值人民币17.92万元。其行为均已构成盗窃罪，且数额特别巨大，情节严重。在共同盗窃活动中，经某杰系主犯，经某义、王某勇系从犯。考虑到经某杰归案后，能如实交代部分罪行，认罪悔罪态度较好，且被盗车辆大部分被追回，可酌情从轻处罚。被告人陈某鸣销赃3辆大发牌汽车，得赃款1.45万元，其行为已构成销赃罪；事先与经某杰等人通谋，事后并代为销售，参与共同盗窃桑塔纳轿车1辆，价值人民币14.7万元，其行为又构成盗窃罪。鉴于其在共同盗窃犯罪中作用小于其他主犯，可酌情从轻处罚"；二审法院认为，"被告人经某杰、经某义、王某勇勾结一起，秘密窃取机动车辆销售，其行为均构成盗窃罪；陈某鸣事先与盗窃案犯通谋，应以盗窃共犯论处；陈某鸣明知是盗窃的车辆仍予销售，其行为又构成销赃罪"。再如，郭某某等抢劫案⑤。

---

① 高格：《关于共同犯罪的几个理论问题的探讨》，载《吉林大学社会科学学报》1982年第1期；林文肯、茅彭年：《共同犯罪理论与司法实践》，中国政法大学出版社1987年版，第54页。
② 高铭暄主编：《刑法学》，高等教育出版社2002年版，第363页。
③ 刘艳红：《共谋共同正犯论》，载《中国法学》2012年第6期。
④ 最高人民法院刑事审判第一庭、第二庭编：《刑事审判案例》，法律出版社2002年版，第451—456页。
⑤ 最高人民法院刑事审判第一庭、第二庭编：《刑事审判参考》（第4卷·下），法律出版社2004年版，第81—87页。

【文书案例①**】** 经审理查明：2001年6月3日晚，被告人郭某某、王某某、李某某和陈某某在上海一家招待所内合谋，欲行抢劫。其中王某某、李某某各携带一把尖刀，陈某某提出，其认识一名住在光林旅馆的中年男子赵某，身边带有1000多元现金，可对其抢劫，其余三人均表示赞成。四名被告人于当晚商定将赵某诱至旅馆，采用尼龙绳捆绑、封箱胶带封嘴的手段对其实施抢劫。次日上午，郭某某、王某某、李某某和陈某某到位于光林旅馆附近的长城旅馆开了一间房，购买了作案工具尼龙绳和封箱胶带，陈某某按预谋前去找赵某，其余三人留在房间内等候。稍后，赵某随陈某某来到长城旅馆房间，王某某即掏出尖刀威胁赵某，不许赵某反抗，李某某、郭某某分别对赵某捆绑、封嘴，从赵某身上劫得人民币50元和一块光林旅馆财物寄存牌。接着，李某某和陈某某持该寄存牌前往光林旅馆取财，郭某某、王某某则留在现场负责看管赵某。李某某、陈某某离开后，赵某挣脱了捆绑欲逃跑，被郭某某、王某某发觉，郭某某立即抱住赵某，王某某则取出尖刀朝赵某的胸部等处连刺数刀，继而郭某某接过王某某的尖刀也刺赵某数刀。赵某被制服并再次被捆绑住。李某某、陈某某因没有赵某的身份证而取财不成返回长城旅馆，得知了赵某被害的情况，随即拿了赵某的身份证，再次前去光林旅馆取财，但仍未得逞。四名被告人遂一起逃逸。赵某因大失血死亡。此外，被告人郭某某、王某某和李某某还结伙流窜持刀抢劫4次，劫得人民币和手机、照相机、传真机等财物。

本院②认为，被告人郭某某、王某某、李某某和陈某某分别结伙采用持刀行凶、绳索捆绑和胶带封嘴等手段，多次强行劫取财物，并致1人死亡，其行为均构成抢劫罪。被告人郭某某、王

---

① 本案一审宣判后，被告人郭某某、王某某不服，向上海市高级人民法院提出上诉。被告人陈某某、李某某服判，未上诉。被告人郭某某上诉称其未持刀加害被害人；王某某上诉称其有自首和立功的情节。上海市高级人民法院经审理后裁定驳回上诉，维持原判。

② 即上海市第二中级人民法院。

某某持刀加害被害人的事实，有郭某某、王某某两人的相互指证，还有陈某某、李某某的间接印证，王某某也曾多次供认自己实施了加害行为，故应认定郭某某、王某某两人共同对被害人实施了加害行为。郭某某在公安机关第一次被盘问时，未如实供述抢劫事实，在同案犯已经供述之后，郭某某仍未供认其持刀行凶的事实，故不符合自首条件。王某某在抢劫过程中持刀加害被害人的事实，是杀人抢劫的主要事实，王某某当庭否认，依法不能认定为自首。李某某、陈某某对郭某某、王某某两人为制止被害人反抗、脱逃而持刀行凶应有预见，故应承担抢劫致人死亡的罪责。陈某某因行迹可疑被公安机关盘问后，即如实供述了罪行，可认定为自首。依照刑法相关规定，判决被告人郭某某犯抢劫罪，判处死刑，剥夺政治权利终身，并处没收财产人民币五万元……

从裁判说理来看，这些判决如同刑法理论一样认定，共谋者是实行行为者的共犯或者与实行行为者成立共同犯罪，而没有进一步地论述共谋者是哪种性质的共犯，即正犯、教唆犯还是帮助犯。在陈某鸣等盗窃案中，一审判决认为，"（被告人陈某鸣）事先与经某杰等人通谋，事后并代为销售，参与共同盗窃桑塔纳轿车1辆，价值人民币14.7万元，其行为又构成盗窃罪。鉴于其在共同盗窃犯罪中作用小于其他主犯，可酌情从轻处罚"；二审判决认为，"（被告人）陈某鸣事先与盗窃案犯通谋，应以盗窃共犯论处"。在郭某某等抢劫案中，一审、二审判决均没有出现"共同犯罪"的表述。正如有学者指出的，"共同犯罪的成立只是代表连带责任的确立，共同犯罪中各参与人的行为性质及类型的划分，才是共同犯罪不同于单独犯的核心问题"。① 因此，我们的判决说理不能仅仅停留在肯定共谋者成立共同犯罪，而更有必要论证共谋者成立哪一种类型的广义共犯，即共谋共同正犯、教唆犯、帮助犯，并根据其作用再区分主犯、从犯、胁从犯，最后在充分讲理的前提下作出罪责刑相适应的处罚，也就是要通过进一步的说

---

① 刘艳红：《共谋共同正犯论》，载《中国法学》2012年第6期。

理来准确回答各个共谋者的性质问题。① 例如，在郭某某等抢劫案中，被告人陈某某不但积极参与共同抢劫故意的形成，尤其是其行为对于抢劫犯罪的开始和完成更是起到至关重要的作用，具体包括：陈某某的提议，赵某才成为被害人；陈某某利用了假身份证，才租住了宾馆作为犯罪地点；陈某某利用与赵某同乡的关系，顺利地将赵某骗至犯罪现场。陈某某在整个抢劫犯罪中给实行担当者提供行动方案、引导犯罪进程，并对赵某被害结果的完全认同（即在赵某被害后迅速拿走其身份证等行为）。陈某某对全案的进程所起的引导、支配作用，足以认定其为支配性的共谋共同正犯。尽管法院量刑时考虑到被害人赵某系郭某某、王某某二人杀死，陈某某未亲手实施杀人行为，从体现个人责任原则出发，对郭某某、王某某判死刑，而对陈某某判处有期徒刑 11 年，但判决始终并未对此量刑结果的前提即被告人陈某某在共同抢劫中的"行为性质"进行精细化的说理。

（三）自杀的认定及其说理

自杀是否作为犯罪处理，经历了从犯罪到不构成犯罪的变化。② 但是，多数国家或者地区对参与自杀（教唆或者帮助自杀）的行为，均予以单独的规定。③ 基于我国刑法未对参与自杀的行为

---

① ［日］大谷实：《日本刑法中正犯与共犯的区别——与中国刑法中的"共同犯罪"相比照》，王昭武译，载《法学评论》2002 年第 6 期。我国有学者认为，"我国刑法没有必要引入共谋共同正犯概念，类似于日本某些在共同犯罪中幕后起重大作用的指挥者、策划者在中国本来就是主犯，而我国的主犯概念充分保证了对起主要作用的犯罪人的严惩"（李洁：《中日共犯问题比较研究概说》，载《现代法学》2005 年第 3 期）。显然，此论述仍然不能回答不属于"在共同犯罪中幕后起重大作用的指挥者、策划者"的共谋者即难以认定为主犯的那部分共谋者的性质问题。

② 李建军：《自杀行为在西方法律史上从"犯罪"到"权利"的演变分析》，载《政治与法律》2007 年第 2 期。

③ 奥地利、西班牙、意大利、法国、瑞士、丹麦、英国等国，均将参与自杀行为的全部或者部分作为犯罪处理。

作出独立的规定，刑法学界存在以下不同观点立场和论证理由：①其一认为，教唆、帮助自杀的，并非属于共同犯罪中的教唆犯或者帮助犯，但由于行为人的教唆行为、帮助行为对自杀者的死亡结果提供了原因力，即具有因果关系，所以，一般应按故意杀人罪定罪处罚。同时，由于自杀者本人具有意思决定的自由，因而社会危害性较小，宜依照情节较轻的故意杀人予以从轻、减轻或者免除处罚。②其二认为，生命法益是个人一切价值获知权利赖以存在的物质载体或者本源，在生命的保护上应例外地承认"家长主义"，因而应否认法益主体对自己生命的自己决定权，亦即自杀具有违法性。但自杀因源于自己决定，其违法性低，不值得处罚；从刑事政策的视角来看，也欠缺处罚自杀的必要性和合理性。参与自杀是否定、侵犯他人生命权的行为，相较于自杀者的自杀意思，更有必要保护其生命的绝对价值。参与自杀应以情节较轻的故意杀人罪的教唆犯或者帮助犯论处。依据我国现有的共犯立法和共犯理论，完全能够妥善地解决自杀参与行为以及同意（嘱托）杀人的刑事责任问题，因而刑法无须另行增设教唆、帮助自杀罪或者同意（嘱托）杀人罪。③其三认为，基于罪刑法定原则的考虑，教唆或者帮助自杀的行为，与杀人行为本身不能等同，属于法无明文规定的情形，不应以故意杀人罪论处。同时，从弥补法律漏洞出发，有必要在刑法中特别规定教唆、帮助自杀罪。④其四认为，基于自己决定与自我答责的原理考虑，生命处分权属于自

---

① 近期，有学者将其归纳为"共犯说""社会危害性说""因果关系说""社会伦理说"等，并认为这些主张均不能合理地论证教唆或者帮助自杀行为应当受到刑事处罚。参见王钢：《自杀的认定及其相关行为的刑法评价》，载《法学研究》2012年第4期。

② 高铭暄、马克昌主编：《刑法学》（第五版），北京大学出版社、高等教育出版社2011年版，第462—463页。

③ 钱叶六：《参与自杀的可罚性研究》，载《中国法学》2012年第4期。

④ 陈兴良：《判例刑法学》（教学版），中国人民大学出版社2012年版，第203—204页；另见冯凡英：《教唆、帮助自杀行为刍议》，载《人民检察》2004年第2期。

己决定权利的范畴，是人的权利和自由。他人基于自己的意思所实施的自杀行为，在规范上属于完全自由地处置自己生命的行为，所以，参与他人在法规范上完全自由地处置自己生命的行为，不是杀人行为。根据被害人的意志而杀死被害人的行为，也不是刑法上的杀人行为；把同意杀人、教唆杀人或者帮助杀人视为杀人罪的刑事立法，均违反了"自由是法的存在根据"的原则，均忽视了自我决定的绝对价值。① 或者认为，虽然生命是极为重要的法益，但是不能由此得出自杀也是违法行为的结论。相反，自杀行为本身体现着个人对自身生命加以支配和处分的自由。不论是从社会层面还是从个人权益保护或者道德哲学的角度，均没有理由对这种自由加以限制。从自我答责和法益侵害角度均应当认为教唆或者帮助自杀行为不足以构成刑事不法，因而，不仅必须将教唆或帮助自杀行为排除在故意杀人的构成要件之外，而且也不应在刑法中增设教唆或者帮助他人自杀罪。②

从裁判说理看，个案采取了上述有关的立场，例如，夏某某故意杀人案、邓某某故意杀人案采纳了第一种观点。但从裁判理由来看，其均没有对教唆、帮助自杀构成（故意）杀人罪的构成要件进行说理和论证，也就是说，尚没有很好地回答下列这些问题：教唆自杀行为或者帮助自杀行为是否符合（故意）杀人罪的"杀人"这一实行行为的规定性；被告人的教唆自杀行为（如言语刺激）、帮助自杀行为（如提供安眠药和水，准备凳子、扶上凳子和系绳子，买回农药勾兑并递给）是否对被害人的生命法益具有危险性或者实害性；被告人的教唆行为、帮助行为与被害人的死亡是否存在刑法意义上的因果关系，被告人的教唆、帮助自杀故意是否属于故意杀人罪的"故意"；以隐瞒、谎骗的方式妨碍实施抢救因自杀而处于生命危险的人的行为是不作为的故意杀人行

---

① 冯军：《刑法的规范化阐释》，载《法商研究》2005年第6期；另见冯军：《刑法中的自我答责》，载《中国法学》2006年第3期。

② 王钢：《自杀的认定及其相关行为的刑法评价》，载《法学研究》2012年第4期。

为,还是作为的故意杀人行为,抑或是教唆、帮助自杀行为的不可罚的后续行为,等等,而只是笼统地得出结论:被告人的教唆、帮助自杀行为,构成故意杀人罪。

【文书案例①】 经审理查明:被告人夏某某与被害人吴某某系原配夫妻,夫妻关系一直融洽。2004年1月的一天,吴某某在结冰的路上行走时滑倒,致一条腿折断。此后,吴某某陷入伤痛之中,加之面临经济困难,产生自杀念头。被告人夏某某在劝说吴某某打消轻生念头没有效果之后,在眼前艰难处境的压力下也产生不想活的念头,便与吴某某商量两人一起上吊结束生命。同年5月12日深夜1时许,夏某某在租住的地下室准备了两张一高一矮的凳子,并准备了绳子,接着先将吴某某扶到矮凳子上,又从矮凳子上扶到高凳子上,让吴某某站立在凳子上,将绳子一端系在吴某某的脖子上,另一端系在地下室的下水管上,然后其将吴某某脚下的凳子拿开,吴某某脚动了几下即窒息而死。过了十几分钟,夏某某也准备上吊自杀,但想到这样会连累房东,即打消自杀念头,于天明时到派出所投案自首。

乌鲁木齐市中级人民法院认为,被害人吴某某已有自杀意图,被告人夏某某帮助被害人自杀,其主观上明知会出现他人死亡的结果而仍故意为之,客观上其积极主动地帮助被害人吴某某自杀,导致吴某某死亡结果的发生,其行为已构成故意杀人罪。鉴于被告人夏某某行为的社会危害性相对较小,犯罪情节较轻,且被告人夏某某具有自首情节,可依法从轻处罚。依照《刑法》第232条、第67条第1款、第64条之规定,判决被告人夏某某犯故意杀人罪,判处有期徒刑5年。

【文书案例②】 经审理查明:被害人李某某中风半瘫长达20年。因其不堪忍受长期病痛折磨,一直有轻生念头。2011年5月

---

① 夏某某故意杀人案,乌鲁木齐市中级人民法院(2004)乌中刑初字第219号。

② 钟亚雅、许晓君、崔杰峰:《帮助自杀,罪不可恕,其情可悯》,载《检察日报》2012年6月6日。

12日,李某某摔了一跤,病情恶化,其不想拖累儿子,再次产生了强烈的轻生念头。2011年5月16日早上,李某某要求其子邓某某为其购买农药以实施自杀。面临母亲的坚决求死的请求,邓某某忍痛成全,买回农药进行勾兑后递给母亲。邓母当即服用农药,中毒身亡。2011年5月30日,广州市番禺区人民法院审理本案时,充分考虑到被告人邓某某帮助其母自杀的行为系应长期受病痛折磨的母亲之请求,出于帮助其母免受疾病痛苦的善良动机才实施的,其主观动机有值得可宽宥之处;同时法院综合考虑本案的其他情节如被告人系初犯、认罪态度较好,且一贯十分孝顺病重老母,最终判处被告人有期徒刑3年,缓刑4年。

此外,正如有学者指出的,我国以往司法实践中,因未能准确界定"自杀"[①],导致将那些其实属于故意杀人的间接正犯、不作为故意杀人或者过失致人死亡的行为,按照"教唆、帮助自杀"或者"相约自杀"案件来处理,进而致使说理不妥当。从裁判说理的角度来说,个案处理中有必要严格区分故意杀人(包括不作为杀人、间接正犯杀人、放任故意杀人)、教唆、帮助自杀、过失致人死亡、自杀,从而进行相应的说理论证。魏某某故意杀人案的"用双手掐住徐某某的颈部,继而又用枕头将徐某某捂死",陈某某故意杀人案的"持刀片割破被害人王某某的右手腕"和"持水果刀朝被害人王某某的左胸部及左颈部连刺数刀",属

[①] 关于"自杀"的定义,存在不同观点:其一认为,自杀是指"在被害人事前知道自己行为结果的前提下,直接或间接地由其自己实施的作为或不作为所引起的死亡";其二认为,自杀是指"通过被害人对自己生命进程的刻意干预而导致的非正常死亡";其三认为,自杀即被害人以自我答责的方式通过自己的行为杀死自己;其四认为,自杀系被害人故意并且自愿地直接引起了自己死亡;其五认为,自杀意味着被害人在健全的精神状态下故意造成自己死亡;其六认为,刑法中认定自杀,在主观方面,被害人不仅应当认识到并且意欲死亡结果发生,而且必须是自愿地,亦即自主决定地选择死亡;在客观方面,被害人必须事实性地支配着直接导致死亡的行为,在将不可逆转地造成死亡结果的最后关键时刻自己控制着事态的发展;等等。参见王钢:《自杀的认定及其相关行为的刑法评价》,载《法学研究》2012年第4期。

于典型的（故意）杀人行为，所谓"相约自杀"只是事前的约定或者起因。在徐某某故意杀人案中，被告人"逼其父亲与其一起服毒自尽"的行为是认定为（故意）杀人行为，还是认定为教唆自杀行为；在麻某某故意杀人案中，被告人"神志清醒时不对实施自杀的曾某某进行救助，并在其心脏部位扎一刀"，且"扎一刀"并非被害人死亡的原因，是按"相约自杀"作无罪处理，还是认定为故意杀人（未遂），均有进一步探讨的余地。

【文书案例①】 经审理查明：2007年11月2日被告人魏某某通过他人介绍与被害人徐某某取得了联系，邀请徐某某当模特到云南拍一些少数民族服饰的照片，并许诺给徐某某7000元的酬金。2007年11月3日魏某某与徐某某一同从青岛出发，于当日23时许到达丽江，并入住丽王酒店1301房间。2007年11月4日早晨，二人以300元的价格包了和爱新驾驶的云PT××××出租车到丽江玉龙雪山，2时许回酒店入住。后两人发生了性关系，至次日凌晨3时许，两人相约自杀，魏某某先用双手掐住徐某某的颈部，继而又用枕头将徐某某捂死后自杀未遂。于11月6日16时30分许魏某某才到丽江市公安局刑警支队投案自首。

法院认为，被告人魏某某无视国家法律，非法剥夺被害人徐某某的生命，其行为已构成故意杀人罪。鉴于被告人魏某某在案发后主动到公安机关投案自首，其家属愿积极赔偿被害人家属的经济损失，并对附带民事诉讼部分经调解达成调解协议，由被告人魏某某赔偿附带民事诉讼原告人经济损失人民币四十万元（已另行制作调解书），可对被告人魏某某从轻处罚。经合议庭评议，并经本院审判委员会讨论决定，依照刑法相关规定，判决被告人魏某某犯故意杀人罪，判处死刑，缓期两年执行，剥夺政治权利终身。

---

① 魏某某故意杀人案，云南省丽江市中在级人民法院刑事判决书（2008）丽中刑初字第54号。

【文书案例①】经审理查明：被告人陈某某因生活原因与被害人王某某相约自杀。2005 年 7 月 13 日 23 时许，在本市白云山能仁寺后门外上山顶公园小路的一水泥平台上，被告人陈某某持刀片割破被害人王某某的右手腕，后割破自己的左手腕。至 14 日凌晨，被告人陈某某因担心他人发现后报警会导致自杀不成功，遂持水果刀朝被害人王某某的左胸部及左颈部连刺数刀，致被害人王某某当场死亡（经法医鉴定：被害人王某某系因左颈部、左胸部、右手腕被锐器作用致心脏、肺脏破裂，颈部、右腕部血管破裂合并失血性休克死亡）。随后，被告人陈某某持水果刀向自己的颈部、腹部连刺数刀，后被群众发现报警而自杀未遂。

法院认为，被告人陈某某故意非法剥夺他人生命，致人死亡，其行为已构成故意杀人罪，依法应予惩处。依照刑法相关规定，判决如下：被告人陈某某犯故意杀人罪，判处有期徒刑 11 年，剥夺政治权利 3 年。

【文书案例②】经再审庭审查明：2001 年春节前，原审被告人徐某某要求其父亲徐某元给他 8 万元人民币，以解决家庭矛盾纠纷，遭到拒绝。2001 年 4 月 8 日晚约 11 时，徐某某带事先准备好的五瓶老鼠药及两个矿泉水瓶，来到其父亲徐某元住处的客厅，再次要求徐某元给钱，并说："没钱，你就打算怎么死，是打算头破血流得死，还是怎么个死法。"徐某元仍不答应徐某某的要求。于是，徐某某将五瓶贴有"闻到死"标签的老鼠药分别倒入两个装有半瓶水的矿泉水瓶中，然后叫徐某元与其喝下一同自尽。徐某元说："你何必这样做呢？"徐某某威胁说："你说什么都没有用，是打算头破血流得死好还是这样死好，你还是痛痛快快地喝，搞不好搭上两口人。"徐某元听后就接过装有老鼠药的矿泉水瓶往嘴里倒了一小口含着。此时，在门外的徐某元的妻子叶某某见状，

---

① 陈某某故意杀人案，广东省广州市中级人民法院刑事判决书（2006）穗中法刑一初字第 53 号。

② 徐某某故意杀人案，海南省海南中级人民法院刑事判决书（2007）海南刑再终字第 1 号。

便冲进客厅内抢下徐某元手中的矿泉水瓶，徐某元也把口里含的毒液吐掉。不久，徐某元感到全身发软，被其妻子叶某某、女儿徐某霞送往昌江县人民医院治疗。

法院认为，原审被告人徐某某因家庭琐事与其父亲发生纠纷，并逼其父亲与其一起服毒自尽，因被他人及时发现制止而未得逞，其行为已构成故意杀人罪（未遂）。对于未遂犯，依法可以比照既遂犯从轻或者减轻处罚。原一审判决、二审裁定认定事实清楚，证据确实、充分，定罪准确，审判程序合法，但量刑不当，应予改判。徐某某的辩护人提出的原审被告人徐某某与被害人的行为性质属于"相约自杀"，徐某某的行为不构成故意杀人罪的辩护意见亦不能成立，不予采纳。经二审法院审判委员会讨论决定，依照刑事法相关规定，撤销原判决和裁定，并判决原审被告人徐某某犯故意杀人罪（未遂），判处有期徒刑9年。

【文书案例①】经审理查明：2008年9月29日13时至20时，被告人麻某某与其女友曾某某因婚姻、感情问题在被告人麻某某租住的新乡市牧野区牧野乡西牧村29号一房屋内一起相约自杀。自杀过程中，被告人麻某某持一把带齿尖刀，其女友曾某某持一把菜刀，双方各自在自己脖子上划了几刀，被告人麻某某自杀未遂。其间，被告人麻某某在自己神志清醒时不对实施自杀的曾某某进行救助，并在其心脏部位扎一刀。经法医鉴定，曾某某系以锐器切割颈部造成右静脉不全离断，最终因失血性休克死亡。

一、二审法院以故意杀人罪判处被告人麻某某有期徒刑12年，剥夺政治权利3年。

---

① 麻某某故意杀人案，河南省新乡市中级人民法院刑事附带民事裁定书（2009）新刑二终字第99号。

第四讲

裁判文书说理的审查判断证据规诫*

裁判文书证据说理是相对于案件事实认定说理、法律适用说理和自由裁量权行使说理而言的。审查判断证据是司法裁判的逻辑起点,是事实认定的前提和基础。法官不能通过亲身感知来判断事实的真伪,只能依据程序法规定的证明方式和司法证明方法,对客观存在的物品、亲历者的记忆等进行间接认识从而查明事实。除自认事实和无争议事实之外的法律事实,法官均需予以查明。原告的诉讼主张和被告的反驳意见往往针锋相对,在此情形下,法官通过对证据的审查判断来认定相关事实。审查判断证据的过程映射案件事实的由来,为事实认定提供正当性依据。当诉讼各方对证据存在争议,案件证据相互矛盾、真伪不明时,法官应当对证据的认定过程及是否采纳的理由进行充分论证。否则,诉讼各方难以理解事实的形成过程和正当裁判的理由,尤其败诉一方难以服判息诉。可以说,法官只有对证据认定进行充分说理而不回避说理,方能明晰审查思路,让目光在证据与事实之间不断往返,将事实认知由感性认识上升到理性认识,建立起证据与事实之间的应然关系。唯此,才能使诉讼各方对裁判结果既能知其然,亦能知其所以然。

---

* 此部分系与杨惠惠合作而成,曾以《裁判文书证据说理的实证分析与规诫提炼》为题,载《法律适用》2020 年第 6 期。

一、审查判断证据说理的问题归整

为考察司法实践中裁判文书审查判断证据说理存在的问题，此处从中国裁判文书网随机选取刑事、民事、行政判决书各50份，得到研究样本共计150份，①经过梳理和研究发现，裁判文书证据说理至少存在以下五个方面的主要问题。

（一）要素不全：遗漏重要说理要素，不能全面反映证据认定的过程

裁判文书说理的程序正义标准，与庭审程序进程的再现和说理要素的充分表达息息相关，是尊重说理程序法律属性的应有之义，是说理的底线要求。②《关于加强和规范裁判文书释法说理的指导意见》（以下简称《裁判文书说理意见》）强调，裁判文书说理要阐明事理，说明裁判所认定的案件事实及其根据和理由，展示案件事实认定的客观性、公正性和准确性。裁判文书认定事实，是根据当事人举证、质证和法庭调查核实证据的情况，运用证据规则和司法证明方法对证据进行分析认定。审查判断证据是法官在诉讼中对证据进行分析、研究和判断，找出它们与案件事实之间的客观联系，确定其证据能力有无和证明力大小的活动。③法官对证据的合法性、真实性、关联性，以及证据能否形成完整证据链等问题的审查认定属于主观认识的范畴，应当将心证予以开示。实践中，裁判文书对证据认定过程的开示仍显不足。例如，裁判文书仅阐述已采纳证据的内容和证明目的，缺乏对未采纳证

---

① 案例选自最高人民法院中国裁判文书网（http://wenshu.court.gov.cn/），系以"刑事判决书""民事判决书""行政判决书"为关键词随机选取的已审结并公开上网的150例判决书，选取时间为2017年7月1日至2018年7月1日，登录日期为2018年7月23日。
② 赵朝琴、刘树德：《关于裁判文书说理责任制度构建的思考》，载《法律适用》2017年第23期。
③ 何家弘、张卫平主编：《简明证据法学》，中国人民大学出版社2007年版，第298页。

据的认定过程及理由的论述；采用概括说理方式直接提出认定结论，缺乏对关键证据或争议证据的针对性说理；对于全案证据证明力的分析，缺少对是否形成完整证据链的论证等。样本中，针对证据说理要素的表达，仅有15.3%的判决书进行了完整阐述，27.3%的判决书进行了比较完整的阐述，57.4%的判决书阐述不完整。其中，刑事、民事、行政判决书存在遗漏证据说理要素问题的分别占各自样本的60%、44%、68%。

【文书案例①】张某与郑某离婚纠纷一审民事判决书节选：上述事实，有原、被告双方当事人的庭审陈述、证人原告母亲杨某、女儿张某、儿子张某明的证词，被告的9次汇款票据、写给原告及其父母信件、摔伤骨折后在南郑县医院报告单、20××南民初字第××号民事判决书等证据。经当庭举证、质证载卷，应予认定。

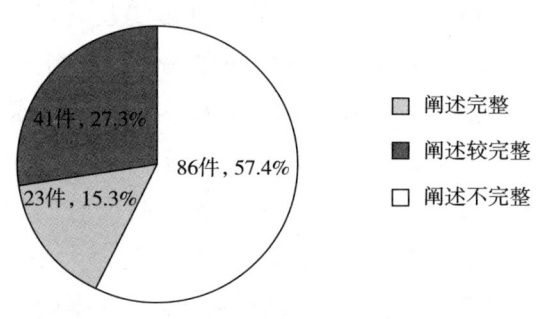

图一　样本证据说理要素表达的情况

该案证据说理部分采用了"上述事实，有……为证"的较为常见的列举式表述方式。其仅仅对证据名称进行罗列，没有阐述被告的质证意见，对证据采纳的理由避而不谈，无法全面反映举证、质证和认证的过程。因此，诉讼各方或社会公众难以从裁判文书中看出证据与事实之间存在何种关联性。实践中，不服裁判的当事人或被告人，多数情形下是对证据和事实认定存在异议，

---

① 本讲所列案例均根据中国裁判文书网已发布的案件简化、提炼而来。

遗漏重要说理要素的裁判文书难以发挥司法定分止争的功能。

（二）争点不明：采用简单归纳说理方式，论证难以实现理想效果

争点是指当事人在诉讼中争议的具体事项，是诉讼各方呈请法官审理的对象，争点整理被认为是案件审理的"主线"或"脊梁"。①一方当事人主张，而另一方当事人否认或抗辩，争点即可形成，但如果另一方当事人对相对方当事人主张的事实予以承认，则形成自认，不构成争点。②《裁判文书说理意见》提出，裁判文书说理要针对诉讼主张和诉讼争点，结合庭审情况进行说理，做到有的放矢。在诉讼涉及的争议事项比较广泛的案件中，固定争点既能合理限缩审理范围，也能有效引导诉辩争锋。以民事审判为例，在繁复细微的证据之间建立联系，辨析请求权及抗辩权基础规范所涵摄的全部要件事实，整理并固定争点，引导各方当事人围绕争点进行诉辩对抗，充分听取各方诉讼意见，从而审清案件事实，再围绕争点进行说理论证，形成有说服力的裁判文书。当前，随着裁判文书改革的不断推进，裁判文书不说理的情形已经比较罕见，但说理与当事人的争点不能对应起来的问题较为突出，对各方当事人之间争点的回应不够充分。尤其在证据复杂的案件中，没有整理和固定好争点，使得证据说理缺乏针对性、说理过程重点不突出，明显影响到说理效果。样本中，23.3%的判决书围绕诉讼争点进行说理，1.3%的判决书因缺席判决无法形成争点，75.4%的判决书没有归纳诉讼争点。刑事、民事、行政判决书没有围绕争点进行说理的分别占各自样本的96%、58%、72%。

【文书案例】某金属厂诉某区人社局劳动和社会保障行政确认一案行政判决书节选：经庭审质证，被告提交的事实证据和程序

---

① 邹碧华：《要件审判九步法》，法律出版社2010年版，第116页。
② ［日］兼子一、竹下守夫：《民事诉讼法》，白绿铉译，法律出版社1995年版，第81—82页。

证据，内容真实、来源和形式合法，与本案有关，具有证据效力和证明力，予以采信。原告提供的车间租赁合同和郑某某户籍证明，与本案无关，不予采信；原告提供的陆某某证明、张某某证明，系证人证言，证人均未出庭，证言的真实性无法确定，不予采信；原告提供的录音证据，真实性无法确认，不予采信。第三人提供的证据与本案无关，不予采信。

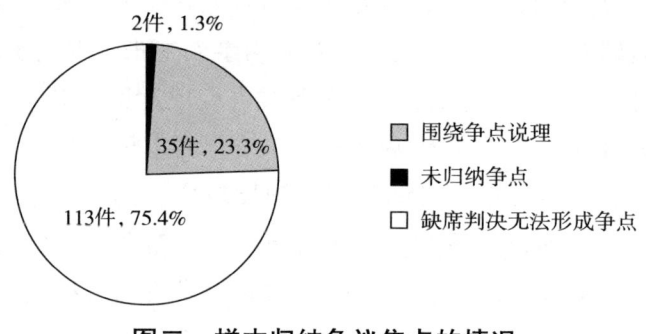

图二　样本归纳争议焦点的情况

该案证据的主要争点是原告提供的车间租赁合同能否证明原告与第三人之间没有建立劳动合同关系。在证据说理过程中，裁判文书没有阐述诉讼相对方的质证意见，没有进一步对争点进行归纳。对争议证据的认定结论为"与本案无关，不予采信"，没有具体分析证据不予采信的理由。因忽视争议证据认定过程的论证，使得裁判文书对原告诉讼主张的回应不足，说理明显缺乏针对性和说服力。

（三）逻辑不清：证据认证过程欠缺推理逻辑或逻辑模糊

案件事实的认识方法包括"经验事实的验证方法"和"逻辑分析方法"，此两种认识方法均可提高事实认知的客观性。[①] 经验与逻辑之间相互联系、相辅相成，法官在裁判时既应遵循经验的

---

① 杨仁寿：《法学方法论》，中国政法大学出版社2013年版，第52—64页。

指引,也应重视逻辑理性的规制作用。《裁判文书说理意见》要求,裁判文书说理要围绕证据审查判断、事实认定、法律适用进行说理,反映推理过程,做到层次分明。遵循规律的法律逻辑思考,是以事实之间的逻辑关系为依据的思考进程。[①] 说理逻辑清晰严谨,是裁判文书事实清楚、论理透彻的重要保证。实务中,多数案件的证据呈现出纷杂无序的特征,如果没有条缕清晰的说理思路,则犹如管中窥豹,难以形成对证据的全面认识和分析,不仅可能影响认证结论的客观性,说理内容也不足以让当事人理解并信服。虽然《民事裁判文书样式》和《人民法院民事裁判文书制作规范》已对裁判文书格式和各部分内容提出了明确要求,但实践中个案裁判文书层次不清、逻辑不强的问题仍然存在。尤其在争议证据较多的案件中,问题更加凸显。有的裁判文书证据罗列比较凌乱,证据之间的印证关系或矛盾关系写得不清晰,认证反映不出逻辑推理的过程。样本中,16%的判决书证据说理逻辑清晰,29.3%的判决书证据说理逻辑比较清晰,31.3%的判决书证据说理逻辑模糊,23.4%的判决书欠缺证据说理逻辑。刑事、民事、行政判决书存在证据说理逻辑不清问题的分别占各自样本的60%、40%、64%。

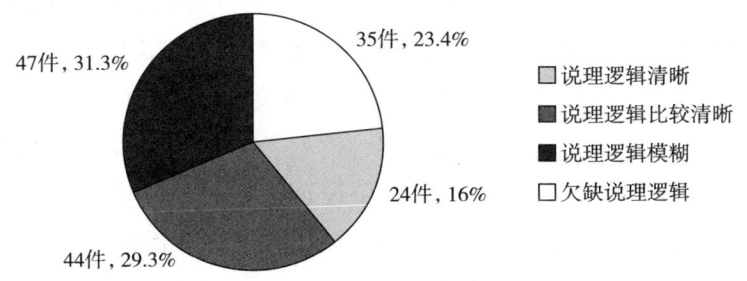

图三 样本证据说理的逻辑情况

---

① [美]鲁格罗·亚狄瑟:《法律的逻辑——法官写给法律人的逻辑指引》,唐欣伟译,法律出版社2007年版,第29页。

【文书案例】赵某与林某生命权、健康权、身体权纠纷一审民事判决书节选：经庭审质证，被告林某经本院传票传唤，无正当理由未到庭对原告赵某提供的证据进行质证，视为对质证权利的放弃。根据最高人民法院《关于民事诉讼证据的若干规定》的相关规定，经本院审核认为，原告提供的证据及陈述，符合证据的相关特征，证据内容之间相互构成证据链条，客观真实、形式合法、与本案具有关联性，可以作为本案的定案依据。

该案裁判文书对全案证据的综合审查判断缺少推理过程。在认定了全案证据能够形成证据链条的情况下，没有分析证据之间相互印证的具体内容，没有论证间接证据之间的印证关系，亦没有阐述证据形成证据链所能认定的相关案件事实。这种缺乏推理过程的认证模式，难以看出证据所能达到的证明程度，在证据与事实之间也没有建立起相应的联系。

（四）繁简不当：说理论述资源分配不合理，难以反映案件特点与争点

繁简适度、逻辑严谨、说理透彻的裁判文书，既能赢得当事人的信服，也有助于提升司法公信力。《裁判文书说理意见》指出，裁判文书说理，要根据案件社会影响、审判程序、诉讼阶段等不同情况进行繁简适度的说理，简案略说，繁案精说，力求恰到好处。繁简适度的要求体现的是裁判文书说理的必要性原则。一些裁判文书不论案情复杂程度、诉讼各方争议程度，将案件中所有证据作"等量式"陈述，对争议证据和无争议证据不做任何区分，使得简单案件说理冗长不精练、复杂案件说理说服力不足。个案说理所要求的繁简程度是有区别的，简单案件和争议不大的案件可以简化说理，疑难复杂案件和争议较大的案件应当强化说理，让说理既能充分回应诉讼各方的期待，也能体现司法资源的合理配置。法官在撰写裁判文书时，整理和归纳证据的争点，能够使说理重点突出、详略得当。样本中，37.3%的判决书证据情况与论证均简略，42%的判决书证据分析论证部分简略，20.7%

的判决书证据说理部分繁简适度。刑事、民事、行政判决书存在证据说理繁简不当问题的分别占各自样本的 92%、60%、86%。

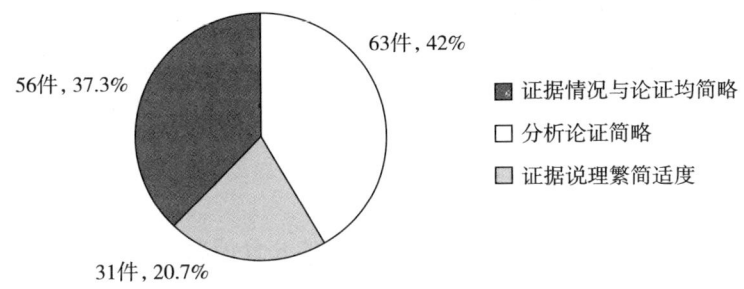

图四 样本证据说理论述的繁简情况

（五）论证不足：对关键证据或争议证据的认定过程论证不充分

裁判文书说理不充分、论证不精准的问题在实践中较为突出，使得一些热点案件经不起社会公众的监督与检验，损害了司法公信力。在个案中，法律关系的发生、变更或终止可能是一个漫长的过程，为了赢得诉讼，诉讼各方可能向法庭提交大量证据，且证据往往是相互冲突的。诉讼各方积极提交证据是为了证明各自的诉讼主张，除了自认事实外，当事人都有义务提交证据证明己方诉讼主张所包含的要件事实成立。法官如何在这些证据中去伪存真，根据证据采纳情况认定相关案件事实，就成为案件审理的关键。证据越是复杂，说理就越要具有针对性。对于诉讼各方高度关注的争议证据和关键证据，如果仅仅只有一个认定结论，而没有认定的依据与理由，或者认定过程含混不清，则证据的认定结论自然难以让人信服，与之紧密联系的事实认定同样要受到质疑。在裁判文书上网公开备受关注的当下，说理不充分、不透彻的裁判文书仿佛"定时炸弹"一般，随时可能引起社会舆情，损害司法公信力。样本中，14% 的判决书证据说理论证充分，27% 的判决书证据说理较为充分，59% 的判决书证据说理不充分。刑事、民事、行政判决书存在证据说理论证不足问题的分别占各自样本的64%、44%、68%。

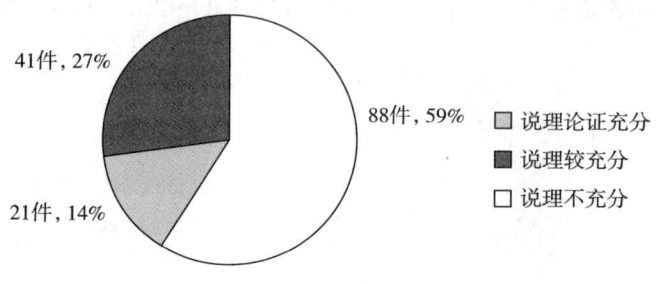

图五 样本证据论证的充分情况

【文书案例】曹某故意杀人案一审刑事附带民事判决书节选：关于被告人曹某的辩护人提出的非法证据排除申请，经查，曹某的辩护人提出排除非法证据申请后，未能提供相关线索或材料，经审查，侦查机关不存在非法取证行为，曹某侦查阶段的供述亦与其他在案证据相互印证，应予采信。故辩护人提出的排除非法证据的意见不能成立，本院不予采纳。

该案辩护人申请启动了对侦查机关取证行为合法性的审查，最终认定侦查机关不存在非法取证行为。对于这一认定结论，裁判文书中既没有具体说明取证行为合法性的调查过程，也没有论证证据不予排除的理由，缺乏充分的理由支撑。非法证据排除程序在刑事案件中至关重要；加强非法证据排除申请的审查，既有助于维护被告人的合法权益，也有利于防范冤假错案，维护司法公信力。在刑事案件审理中，对于被告方申请排除非法证据，因不具备法定条件而未启动非法证据排除调查程序的情形，尤其应当注重在裁判文书中对被告方提供线索的情况进行说明，并阐述不启动非法证据排除程序的理由。对于庭审调查过程和认定结果，法官应当在裁判文书中针对检察院提供证据的质证结果、录音录像播放、侦查人员出庭等关键情况进行充分说明，并详细阐述证据应否排除的理由。申言之，对于检察院出示的讯问笔录、提讯登记、体检记录、采取强制措施或者侦查措施的法律文书、侦查终结前对讯问合法性的核查材料等证据材料，详细阐述法庭举证、质证情况；对于讯问录音录像，详细说明对于讯问录音录像是否依法制作，讯问录音录像是否完整，讯问录音录像是否同步制作，讯问录音录像与讯问笔录的内容是否存在差异等内容的审查结论。

二、审查判断证据说理的规诫提炼

以裁判文书证据说理的上述实践性问题为导向，结合《裁判文书说理意见》的相关要求，笔者认为，裁判文书证据说理应具体恪守以下五个方面的规诫。

（一）完整阐述证据说理要素

从裁判文书说理的现状看，对证据说理要素的开示并不充分。在研究样本中，大部分判决书对证据说理要素的阐述不完整，能够完整阐述的仅占样本的15.3%。在主观上对证据说理要素的认识偏差是形成这一问题的主要原因。《裁判文书说理意见》明确规定，裁判文书对证据的认定，应当结合诉讼各方举证质证以及法庭调查核实证据等情况，精准阐述审查判断证据的过程以及形成结论的理由。

1.举证、质证和法庭调查核实证据的情况

裁判文书是法官对诉讼争议的判断、评价，并对其结论所进行的论证。对审理过程尤其是庭审中举证、质证及认证予以开示，加强裁判依据的论证，使得裁判文书以详尽的证据、周密的论证、充分的说理来大大增强裁判文书的可读性与说服力。[①] 法庭调查核实证据的情况是法官审查判断证据从而认定相关案件事实的依据，是证据说理的必备要素。

法庭调查是诉讼各方在法官的主持下进行举证、质证的过程。

---

① 何波：《民商事裁判文书的制作与说理》，载《人民司法》2009年第3期。

证据必须在法庭上出示,并经过质证,才可以作为认定案件事实的根据。诉讼各方出示的证据是质证的客体,作为认定案件事实的证据必须同时具有真实性、关联性和合法性。诉讼主张以事实为依托,居中裁判的法官只能通过诉讼各方证据的展示来了解案情。反驳对方诉讼主张的方式包括提出反证或者否定对方证据的证据能力与证明力。对证据的质证意见,是诉辩交锋的集中体现,是诉讼各方所表达出的对诉讼证据真实性、合法性、关联性以及证明目的的明确态度。法官对证据的认定,取决于诉讼各方攻击与防御力量的对比,且必须对各方质证意见进行考量与取舍。

我国三大诉讼法不同程度地赋予法院依职权调查取证的权力。法院依职权调取的证据不是质证的客体,但应当在法庭上予以出示,并询问双方当事人对法院调取证据的意见。法官应当在法庭调查阶段,将依职权调取的证据予以出示,诉讼各方可以对该证据的合法性、真实性和关联性提出质疑,法庭也可以就调查取证的过程和情况对当事人进行说明。相应地,法官应当将调查收集证据的过程、情况以及庭审出示情况在裁判文书中加以说明。

2. 审查判断证据的情况

审查判断证据是审判活动的一项重要基础性工作,包括证据能力和证明力的审查判断两个方面。审查判断证据能力解决的是证据材料是否具有证据资格的问题,适用证据的合法性、真实性和关联性判断标准;审查判断证明力解决的是已采纳的证据能否定案的问题,适用证据的确实性和充分性标准。我国在现行立法中确立了一些审查判断证据能力和证明力的规则,前者主要包括非法证据排除规则、电子证据的可采性规则、最佳证据规则、行政案卷排他性规则和特定人员作证特免权规则,等等;后者主要包括补强证据规则、原始证据优先规则和证据证明力确认规则,等等。

(1) 审查判断证据能力

法官根据证据能力的审查判断规则,对证据的合法性、关联性和真实性进行全面判断,从而认定证据有无证据资格,并阐述理由。其中,对于案件争议焦点所涉及的关键证据、当事人提出异议的证据尤其应当注重强化说理。

一般而言,审查证据的过程,先形式审查,后内容审查。证据的合法性是指证据的形式和来源符合法律规定,决定一项证据是否具有转化为定案根据的法律资格。为了确保证据的合法性,三大诉讼法对于收集证据,审查和判断证据,查证核实证据等,都规定了严格的程序和制度。① 只有具有合法性的证据才具有证据能力,才存在进一步对其证明力作出审查判断的可能。具备合法性的证据,还要判断内容是否是真实。证据的真实性,是指证据所表达的内容或证据事实是客观存在的,不以办案人员的意志为转移,不是主观想象或臆断的。② 法官可以从证据的形成原因、客观环境、收集主体、收集方式、利害关系以及与其他证据之间是否存在矛盾来判断证据是否真实。伪造证据、篡改证据的行为在司法实践中并不鲜见。伪证、假证不能成为认定案件事实的根据,否则极可能造成冤假错案;认定案件事实的证据只能是真实的证据。判断证据是否具有关联性,需要考察的是证据与待证事实之间是否有联系以及联系是否密切。证据与案件事实联系越密切,证据的证明力就越强;联系越疏远,证据的证明力就越弱;无联系的,无证明力。③ 证据是否具有证据能力是诉讼各方质证的主要内容。

(2)审查判断证明力

法官在确定证据资格的基础上,根据审查判断证明力的规则,结合案件具体情况,从证据与待证事实的关联程度、证据之间的联系等方面对证据证明力大小进行判定。证明力的审查判断

---

① 樊崇义:《证据法学》(第六版),法律出版社2017年版,第129页。
② 陈光中:《刑事诉讼法》(第六版),北京大学出版社2016年版,第165页。
③ 何家弘、张卫平主编:《简明证据法学》,中国人民大学出版社2007年版,第179页。

是对案件中各种证据的认识过程,应该从个别到整体,按照一定的认证逻辑规律循序渐进地进行。法官对单一证据的证明力可以从以下方面进行审核认定:证据是否原件、原物;证据与本案事实的关联程度;与其他证据是否具有印证关系;证人是否出庭作证;证人与当事人有无利害关系,等等。关于数个证据对同一事实的证明力,通常认为,公文书证优于其他书证;档案、鉴定结论、勘验笔录或者经过公证、登记的书证优于其他书证、视听资料和证人证言;原始证据的证明力优于传来证据;出庭作证的证人证言优于未出庭作证的证人证言;其他证人证言优于与当事人有密切关系的证人提供的对该当事人有利的证言。诉讼各方对同一事实分别提出不同证据,但都不足以否定对方证据的,法官应当结合案件情况,判断一方提供证据的证明力是否明显大于另一方,对证明力较大的证据予以确认。对于书证、物证、视听资料等不同类型的证据审查判断的侧重点有所不同。

表1 关于证据能力与证明力的审查内容

证据类型	证据能力	证明力
物证	是否伪造／来源是否合法	是否原物／属性是否变化／反映的内容／与待证事实的关联程度
书证	是否伪造／来源是否合法	是否原件／记载的内容／与待证事实的关联程度
被害人陈述／犯罪嫌疑人供述	获取过程是否合法／是否违背本人意愿	反映的内容／精神状态／是否能与其他证据印证／是否自相矛盾
证人证言	来源是否合法	证人是否应当出庭作证／证人的认知能力／是否有利害关系／证明的内容／与待证事实的关联程度／证言是否自相矛盾／能否与其他间接证据印证
鉴定结论	鉴定资格／结论的形成是否合法	鉴定方法／鉴定依据／鉴定的内容／结论形成的过程

续表

证据类型	证据能力	证明力
视听资料	来源是否合法/是否伪造/是否真实意思表示	是否有原始载体/所涉主体身份是否明确/反映的内容是否具体/与待证事实的关联程度
笔录	制作主体是否合法/制作过程是否合法	记载的内容是否客观、完整、准确/与待证事实的关联程度

在单一证据的审查判断基础上，法官进而对一组证据乃至全案证据进行综合判断。对于一组证据或全案证据，法官通常从各证据与案件事实的关联程度、各证据之间的印证关系等方面进行判断。

3. 认证结论及其理由

最高人民法院《关于民事诉讼证据的若干规定》和最高人民法院《关于行政诉讼证据的若干规定》均规定，人民法院应当在裁判文书中阐明证据是否采纳的理由。在刑事诉讼中，裁判文书阐明证据是否采纳的理由，是刑事司法正当程序原则的基本要求。法官撰写裁判文书不是简单罗列证据后直接给出认定结论，而是应当注重对证据进行详略得当、有主有次的分析和说理。对于无争议证据简化说理；对于争议证据，特别是案件争议焦点所涉及的证据，应当详细阐述举证情况、质证意见以及认证的结论和理由，公开法官心证的过程。

（二）围绕诉讼争点进行说理

在证据的认证分析过程中，由于争议证据可能形成案件争点，因此区分无争议证据与争议证据，围绕争点进行审查论证是证据说理的重点所在。有学者认为，裁判文书说理最低限度的说理责任是就说理程序价值目标而言的责任，即裁判文书需要围绕"争议焦点"进行说理。①进入诉讼程序的绝大多数案件都有争点，法庭调查能准确归纳争点，证据说理能以争点为导向，充分回应争点，有效提升说理的针对性和逻辑性，是裁判文书说理改革的基本要求。

在个案中，争点归纳应当由抽象化向具体化转变，抽象的争点不具有问题意识与现实意义，只有以法律事实为基本单位的具体化争点才能有效发挥争点的导向功能。例如，在一起确认合同无效的纠纷中，将"案涉合同是否无效"作为争点，即为抽象化争点，而将"合同中利润分配违反公司法资本维持原则"这一可能导致合同无效的事实固定为争点，即为具体化争点。争点的具体化对于提升裁判文书说理的针对性和说服力具有重要作用。

其实，域外裁判文书同样是重视围绕争议焦点展开认证分析的，例如，日本裁判文书中"对争议焦点的判断"要作为单独项目予以列明，裁判理由部分包含对无争议事实的确认、证据的分析、争点的认定及说明。②德国裁判技术在整合形成"判决理由"所需的"案情"中，强制法官将争点以成文的方式外化。③美国裁判文书没有统一格式，但都充分回应控辩双方的主张，说理主要围绕着争点展开。④

（三）厘清证据说理的逻辑

1. 单个证据的审查判断逻辑

为了证明己方的诉讼主张，诉讼各方往往向法庭提交大量的

---

① 赵朝琴、刘树德:《关于裁判文书说理责任制度构建的思考》，载《法律适用》2017年第23期。
② 葛文:《具有说服力裁判文书的形式构成》，载《人民司法》2016年第22期。
③ 袁力、邵新:《德国民事裁判文书结构与说理的关联分析》，载《法律适用》2017年第1期。
④ 罗灿:《美国裁判文书说理的微观察——从费尔南德斯案的司法意见书切入》，载《人民司法》2015年第7期。

证据材料，并且认为这些证据材料都是对己方有利的。证据材料是否能成为认定案件事实的证据，能否证明当事人的诉讼主张，最终由法官进行认定。

法官对单个证据的审查判断逻辑可以分解为三个步骤，依次为：判断证据形式是否符合法律要求、判断是否具有证据能力、判断是否具有证明力。在判断证据能力和证明力时，还存在两种内在逻辑：一是案件出现了相互印证的证据。一个证据由于自身局限性（例如，证据系复印件、传真件）难以认定其证据属性，另一个证据的内容能与其载明的内容相互印证时，则使得该证据具有了证据资格。对于印证关系的判断同样需要体现说理逻辑，两个证据之间为何形成印证关系，相互印证的内容是什么，印证证据能够认定的案件事实是什么，都应当在裁判文书中依次进行说明。二是案件出现了相互矛盾的证据，通常是诉讼各方对同一事实分别举出了相反的证据，但都没有足够的依据否定对方证据的，法官需结合案件具体情况，判断一方提供证据的证明力是否明显大于另一方提供证据的证明力。对于矛盾证据的判断也应注重体现说理的逻辑，法官应当将证据出现相互矛盾的情况，证据取舍的结论和依据予以开示。

2. 全案证据的综合认定逻辑

全案证据的综合认定逻辑因案件的难易程度而有所区别。在简单案件中，根据直接证据即可认定案件事实，或者案件虽然没有直接证据，但间接证据之间能够相互印证，形成清晰完整的证据链，足以认定案件事实。全案证据的认定逻辑可分解为两步：先判断各证据之间的联系，后判断证据与案件事实的关联程度。在复杂案件中，没有直接证据认定案件事实，且证据之间的关系错综复杂，印证关系隐蔽模糊，因而，对全案证据进行综合认定时，理清逻辑尤为重要，不仅要借助分类分组的方法，还要注意区分争议证据和无争议证据。全案证据的认定逻辑可分解为五步，依次为：区分争议证据和无争议证据、对争议证据进行分组、判断各组证据与案件事实的关联程度、判断各组证据之间的联系、判断证据能否形成完整证据链。

3. 证据采信到事实认定的逻辑

三段论是司法裁判的基本方法,具体指以法律为大前提,以事实为小前提,通过逻辑推论得出裁判的结论。三段论中的小前提不是指与案件相关的所有事实,而是指法律规范所规定的要件事实。要件事实是否存在必须由诉讼一方主张并加以证明。从证据到认定要件事实的过程,通常可以分为以下三种情形。

第一,证据材料能够形成完整的证据链,证明要件事实存在。这是诉讼中最理想的事实认定情形。在该类案件中,证据材料之间的印证关系,证据链与要件事实之间的证明关系,是说理的重点所在。

第二,证据材料不足以认定要件事实是否存在,通过分配举证责任进行认定。要件事实在诉讼中处于真伪不明的状态,是法官在案件审理中经常遇见的难题。虽然三大诉讼法对举证责任都作了明确规定,但实践中案件具体情况千差万别,哪些事实是诉讼请求所依据的事实并不明确,需要法官针对个案进行判断。例如,民事诉讼证明责任分配一般贯彻"谁主张,谁举证"原则,同时存有证明责任的转移、证明责任的倒置、证明责任的司法裁量等特殊规则。结合具体案例分析,在一起损害股东利益责任纠纷案件中,前法定代表人和公司、实际控制人签订了一份关于公司某项工程收益权的合同,约定公司或者实际控制人支付前法人700万元,股东认为该合同侵犯其权益提起诉讼,要求确认合同无效。该案审理中发现,前法人在签订涉案合同的同一天签署了公司公章的交接单,在公司和实际控制人均缺席庭审的情况下,无法判断合同是否在公章交接后签订,因而"合同上的签章是否为公司的真实意思表示"这一要件事实便处于真伪不明的状态。对于该要件事实的举证责任分配,难以从法律规定中找到依据,必须由法官结合案件情况,通过自由裁量合理分配举证责任。

证明责任是一种不利后果，举证责任的分配通常直接关系到诉讼的成败。法官在运用举证责任认定案件事实时，要将必须运用举证责任的理由、举证责任分配的依据、由举证责任认定的要件事实依次进行阐述与论证。在二审和再审程序中，当事人对举证责任分配有异议的，法官应当在裁判文书中进行充分回应。

第三，证据达到证明标准时，认定相应要件事实存在。证明标准是证据材料对案件事实真实性的证明应当达到的程度，是案件事实证明程度的最低要求。三大诉讼法实行不同的证明标准，民事诉讼实行"优势证据""高度盖然性"的证明标准，行政诉讼的证明标准是"案件事实清楚，证据确凿、充分"，刑事诉讼的证明标准是"犯罪事实清楚，证据确实充分"。运用证明标准认定案件事实是法官自由心证的过程，因而对于案件事实能否达到证明标准，适用何种证明标准，证据与事实之间的关联程度，法官应当在裁判文书中进行阐述并加以论证。诉讼一方对证明标准有异议时，法官同样要予以充分回应。

（四）遵循繁简适度的说理原则

通过对样本的研究发现，实务中，裁判文书证据说理过于烦琐的案例非常罕见，因不说理、回避说理导致证据说理过于简略的案例则比较常见，因而解决证据说理繁简不当问题的重点就在于如何纠正证据说理过于简略的问题。

法官要善于辨别不同类型案件证据说理的内在规则和要求。简单案件，小额案件，当事人争议不大的案件，事实清楚、证据确实充分、被告人认罪的轻微刑事案件，可以使用简化的裁判文书。相应地，在这些案件中，证据部分可以简化说理，提升文书撰写的效率，加快诉讼进度，更好地维护当事人的权益。对于疑难、复杂案件，诉讼各方争议较大的案件，社会关注度较高的案件，宣告无罪、判处法定刑以下刑罚、判处死刑的案件，行政诉讼中对被诉行政行为所依据的规范性文件一并进行审查的案件，判决变更行政行为的案件，新类型或者可能成为指导性案例的案件、抗诉案件、发改案件、再审案件等，则需要强化证据说理，提升裁判的说服力和公信力，切实发挥司法裁判定分止争的功能。在这些案件中，法官不仅要全面阐述法庭调查核实证据的情况，还要善于围绕争点充分论证证据认定的方法和理由。

（五）充分论证证据的认定过程

在样本中，绝大多数的裁判文书忽视或回避对证据认定过程的阐述与论证。法官运用证据规则或证明方法认定证据时，应当在裁判文书中对认证过程加以论述，提升说理的充分性，体现司法的公平公正。

1. 运用证据规则的情况

证据规则是指在诉讼中，规范证据的收集、证据的审查以及证据的评价等诉讼证明活动的准则。[①] 证据规则所约束的对象包括一切与证据或者证明行为有关的单位和个人，包括执法人员、代理人、当事人、证人、鉴定人等。[②] 从通常意义上说，证据规则有利于查明案件事实、实现实体公正，有利于约束法官的自由裁量权，有利于提升诉讼效率。在三大诉讼法中，证据规则的设定和要求有很大不同。

刑事证据规则不仅具有查明案件事实，增强诉讼程序的可操作性功能，还具有保障人权和增进特定社会利益保护的功能。典型的刑事证据规则有：非法证据排除规则、关联性规则、自白任意性规则、意见证据规则、补强证据规则、原始证据优先规则、直接言词证据规则、证据的证明力确定规则等。民事诉讼尊重当事人意思自治，为促进纠纷化解、使诉讼更有效率，最高人民法院《关于民事诉讼证据的若干规定》和《民事诉讼法解释》对举证期限、无须证明的事实、举证责任分配和证明标准等规则作出

---

① 陈光中：《刑事诉讼法》（第六版），北京大学出版社2016年版，第189页。

② 樊崇义：《证据法学》（第六版），法律出版社2017年版，第80页。

了系统规定。行政诉讼的特殊证据规则主要集中在最高人民法院《关于行政诉讼证据的若干规定》中,如"被告负举证责任"的证明责任分配原则和行政案卷排除规则。

证据规则能有效约束法官行使自由裁量权。证据规则越完善,法官自由裁量的空间越小;证据规则越疏漏,法官自由裁量的空间越大。法官运用证据规则进行裁判时,应当将心证过程在裁判文书中进行公开。例如,运用非法证据排除规则时,应当对非法证据排除程序的启动、调查、是否排除的结果及其理由进行全面说理。

2. 运用司法证明方法的情况

根据证据裁判主义与正当程序原则的要求,法官在认定案件事实时,首先以直接证据认定事实,只有当以直接证据来认定事实有疑问时,才可运用逻辑推理、经验法则、推定、司法认知等司法证明方法,且运用的过程必须透明、公开,以确保司法的合法性与正当性。

(1)逻辑推理,是司法证明中最基本的方法,是指从已知事实或者判断出发,按照一定的逻辑规律或者规则,推导出新的认识或者判断。[①]在逻辑推理中,须遵循的逻辑规律一般包括矛盾律、同一律和排中律等。在司法裁判中,常用的推理方式为演绎推理和归纳推理。在民事、行政诉讼中,当案件缺乏请求权基础时,会运用到类比推理方式;在刑事案件中,类比推理间或也会被运用。在演绎推理中,法官应当围绕大前提与小前提之间的涵摄关系,对案件事实是否满足法律规范的要件事实构成并产生相应法律效果进行论证。在归纳推理中,法官应着重对归纳推理的前提与结论之间的必要性关系进行论证。在类比推理中,法官应当对案件事实缺乏法律规定、案件事实与拟类推适用的法律要件事实之间的相似性、拟类推适用的法律规范的立法本意进行

---

① 何家弘、张卫平主编:《简明证据法学》,中国人民大学出版社2007年版,第119页。

充分论证。

（2）经验法则，是人们从生活经验中归纳获得的关于事物因果关系或属性状态的法则或知识。①最高人民法院《关于民事诉讼证据的若干规定》和最高人民法院《关于行政诉讼证据的若干规定》均确立了经验法则在裁判中的作用。在刑事诉讼中，《办理死刑案件审查判断证据若干问题的规定》第5条界定"证据确实、充分"的证明标准时，其中一项要求就是根据证据认定案件事实的过程符合逻辑和经验规则，由证据得出的结论为唯一结论。经验法则在决定证据能力、评价证据价值、事实推定中的推理、引导当事人证明活动的进行以及为证明标准的适用提供判断依据等方面起决定性作用。②经验法则也存在较大的局限性，具体表现为：法官运用较低程度盖然性的经验法则推出的结论容易出错，经验法则的适用需建立在案件具体情况基础之上、具有适用的针对性与复杂性，经验法则属于主观判断活动，等等。由于经验法则本身在证明案件事实上具有一定的盖然性，同时法官适用经验法则受个体条件的影响和制约，因此，法官运用经验法则认定案件事实时，应当在裁判文书中阐述理由，并对当事人或控辩双方就适用经验法则认定案件事实提出的意见进行评判和分析，增强裁判的说服力，规范法官自由裁量权的行使。

（3）推定，是作为证据证明的一种补充手段出现的。由于人类认知能力的局限性，证据证明不可能完全连接实体与程序，推定的运用就是为了弥补证明的不足。③法学理论将推定分为法律推定和事实推定，其划分标准是推定所依凭的根据。法律推定是指立法者按照特定的立法意图，依据立法程序在成文法条文中所设置的推定规范，规定以某一事实的存在为基础，据以认定另一事

---

① 张卫平：《认识经验法则》，载《清华法学》2008年第6期。
② 刘春梅：《浅论经验法则在事实认定中的作用及局限性之克服》，载《现代法学》2003年第3期。
③ 邓子滨：《刑事法中的推定》，中国人民公安大学出版社2003年版，第40页。

实或权利的存在；事实推定是指法官在具体的诉讼过程中，在自由心证范围内根据有关证据和经验法则对有关证明对象所作的一种推论。① 法官应当在裁判文书中公开推定的过程，说明运用证据认定基础事实的过程、推定依据的经验法则和法律规定的有效性以及适用推定的合理性，同时对提出异议一方的反驳理由进行分析，增强运用推定认定事实的说服力。

（4）司法认知，是法院在审理过程中依申请或依职权，对特定事实的真实性直接予以确认的事实认定方法。② 法院对一定事实无须当事人举证即确认真实性，及时排除当事人无合理根据的争议，以确保审理高效有序地进行。从立法上来看，目前在我国的法律规范中并没有明确出现司法认知这一概念，只有在最高人民法院《关于民事诉讼证据的若干规定》中规定了六类免证事实的内容。学界认为，采用司法认知之前，应当保障当事人的程序参与权，当事人有权对是否采用司法认知表达意见，特别是要保障对方当事人提出反证机会；在保障当事人程序参与权和进行必要调查的基础上，对方当事人没有提出反证的情况下，法官才能采用司法认知的事实。③ 在裁判文书中，法官应当注重阐述司法认知的形成过程，对这一司法证明的必要性、合法性进行充分论证。

---

① 王雄飞:《论事实推定和法律推定》，载《河北法学》2008 年第 6 期。
② 江伟主编:《民事证据法学》，中国人民大学出版社 2011 年版，第 130 页。
③ 江伟主编:《民事证据法学》，中国人民大学出版社 2011 年版，第 131 页。

裁判文书说理的类比运用*

在刑事法语境中,类推有着多重的含义,例如,作为法律解释方法的类推解释、作为法律推理的类比推理、作为法律适用的类推制度。此讲从刑事裁判文书说理的角度对相关类推话语的争鸣作些澄清。

一、刑事类推话语的争鸣

考察近期若干文献可知,学界对刑法中的类推存在诸多争论。一是刑法中应否禁止类推,禁止何种类推。例如,德国学者宾丁认为,"如果只在刑法领域实行类推之禁止,这实在是一件令人惊讶之事"[1];德国学者鲁道菲认为,刑法领域的禁止类推并不是没有例外的,尤其是:它针对的只是证立或加重刑罚的法律规则,而不禁止类推适用取消可刑罚化或减轻刑罚的条款。[2] 我国有学者

---

* 此部分系拙著《司法改革:深水区与细说理》(法律出版社2015年版)第九章《关于裁判文书说理改革的思考(四)——以刑事裁判文书"类比说理"为中心》适当修改而成;曾以《刑事法治现代化语境中的"类推"——以裁判文书说理方法为视角》,载《法治现代化研究》2017年第2期。

[1] [日]木村龟二主编:《刑法学词典》,顾肖荣等译,上海翻译出版公司1991年版,第83页。

[2] 转引雷磊:《类比法律论证——以德国学说为出发点》,中国政法大学出版社2011年版,第301页。

认为，"严格限制的类推制度是对罪刑法定原则的价值补充"①；有学者认为，刑法允许类推与罪刑法定原则并不冲突，刑法所要禁止的类推应该是超出不法类型的类推；②我国通说认为在刑法领域应禁止类推（不利于被告的情形），理由是，"类推可能导致法官随意适用法律，侵害公民自由权利"③，或者"类推是对体现国民意志的刑法的侵害"，"导致国民不能预测自己的行为之后果，要么造成行为的萎缩，要么造成国民在不能预测的情况下受到刑罚处罚"④。二是刑法中类推是解释方法，还是法律推理（适用）形式、法律论证形式抑或是类推制度。德国学者耶赛克和魏根特认为，"类推无异于法学逻辑中的通常推论程序，该程序在所有法领域，包括刑法中，并不仅仅在对被告人有利时适用"⑤。我国学者认为，"刑法领域不可能禁止类推"，"刑法适用的过程，就是一个寻找事实与法律规范所规定的行为类型之间的相似性的类比或者说类推的过程"⑥。我国有学者认为，类比可被用为法律论证的一种基本模式，也是法律规则的一种特殊适用模式。⑦在笔者看来，上述分歧的产生与诸位学者在不同的维度和语境来界定和理解类推有关，实有必要准确区分三个维度的类推，即作为法律解释方法的类推解释、作为法律推理的类比推理和作为法律适用的

---

① 张建军：《试论类推制度对罪刑法定原则的价值补充》，载《甘肃农业》2005年第11期。
② 杨晓娜：《法律类推适用新探索》，中国政法大学出版社2013年版，第214—215页。
③ 马克昌主编：《刑法学》，高等教育出版社2003年版，第11页。
④ 张明楷：《刑法学》（第4版），法律出版社2012年版，第46页。
⑤ ［德］汉斯·海因里希·耶赛克、托马斯·魏根特：《德国刑法教科书（总论）》，徐久生译，中国法制出版社2001年版，第155页。
⑥ 黎宏：《"禁止类推解释"之质疑》，载《法学评论》2008年第5期。
⑦ 类比运用与涵摄的相同点在于其出发点依然在于既定的法律规则，不同点即特殊性在于：它是在法律规则没有明确规定的情况下，通过案件比较并确定案件间相似性的基础上，将法律规则扩张适用至待决案件的过程。参见雷磊：《类比法律论证——以德国学说为出发点》，中国政法大学出版社2011年版，第93、95—96页。

类推制度。

二、作为法律解释方法的类推解释

针对法律解释方法的分类,不同学科和学者从不同的视角或者立场作出了不同的界定。法理学者认为,法律解释方法可以分为一般解释方法与特殊解释方法两大类,其中一般解释方法包括语法解释、逻辑解释、系统解释、历史解释、目的解释和当然解释等。[①] 特殊解释方法按照解释尺度的不同,分为字面解释、扩充解释和限制解释;[②] 按照解释的自由度的不同,分为狭义解释和

[①] 语法解释,又称文法、文义、文理等解释,是指根据语法规则对法律条文的含义进行分析,以说明其内容;逻辑解释是指运用形式逻辑的方法分析法律规范的结构、内容、适用范围和所用概念之间的关系,以保持法律内部统一的一种解释方法;系统解释是指将需要解释的法律条文与其他法律条文联系起来,从该法律条文与其他法律条文的关系、该法律条文在所属法律文件中的地位、有关法律规范与法律制度的联系等方面入手,系统全面地分析该法律条文的含义和内容;历史解释是指通过研究立法时的历史背景资料、立法机关审议情况、草案说明报告及档案资料来说明法律条文的内容和含义;目的解释是指从法律的目的出发对法律所做的说明;当然解释是指在法律没有明文规定的情况下,根据已有的法律规定,某一行为当然应该纳入该规定的适用范围时,对适用该规定的说明,如禁止小汽车通行的街道,当然禁止拖拉机通过。参见张文显主编:《法理学》,高等教育出版社、北京大学出版社2002年版,第331—332页。

[②] 字面解释是指对法律所做的忠于法律文字含义的解释;扩充解释是指当法律条文的字面含义过于狭窄,不足以表现立法意图时,对法律条文所做的宽于其文字含义的解释;限制解释是指法律条文的字面含义较之立法意图明显失之过宽时,对法律条文所做的窄于其文字含义的解释。参见张文显主编:《法理学》,高等教育出版社、北京大学出版社2002年版,第331—332页。

广义解释。①刑法理论一般将刑法解释方法分为文理解释与论理解释，论理解释又分为当然解释、扩大解释与限制解释；②或者认为，论理解释包括扩张解释、限制解释、当然解释、反面解释、系统解释、沿革解释、比较解释和目的解释，③或者认为，论理解释又包括扩大解释、缩小解释、合宪性解释、补正解释、目的解释等。④日本学者认为，刑法解释方法从形式上分类，主要包括平义解释、当然解释、扩大解释、缩小解释、类推解释与反对解释；从实质上分类，主要有文理解释、体系解释、历史解释与目的解释。⑤或者认为，解释方法应当分为解释的参照事项与条文的适用方法，法文自身的含义、条文之间的体系关联、立法者的意思、立法的历史背景、法律意思（即正义、事物的逻辑、解释的结果），属于解释的参照事项；平义解释、宣言解释、扩张解释、缩小解释、反对解释、当然解释、类推、比附、反制定法的解释（变更解释或者补正解释），属于条文的适用方法。⑥我国有学者将刑法解释方法归纳为两大类：解释理由和解释技巧，其中，解释

---

① 狭义解释，又称严格解释，是指严格按照法律条文的字面含义对法律的解释（与字面解释的不同在于：其不仅忠于法律条文的字面含义，而且主要是忠于被解释对象的立法意图）；广义解释是指不拘泥于法律条文文字含义，对法律的比较自由（甚至可以改变立法原意）的解释。参见张文显主编：《法理学》，高等教育出版社、北京大学出版社2002年版，第332页。

② 文理解释，就是对法律条文的文字，包括单词、概念、术语，从文理上所作的解释；论理解释，就是按照立法精神，从逻辑上所作的解释。参见高铭暄、马克昌主编：《刑法学》（第4版），北京大学出版社、高等教育出版社2010年版，第25页。

③ 李希慧：《刑法探微》，中国人民公安大学出版社2007年版，第73页。

④ 刘浩：《刑法解释方法论》，中国政法大学出版社2014年版，第23页。

⑤ 文理解释、体系解释、历史解释与目的解释，都是为特定的大前提的真实含义提供理由的解释方法，参见［日］井田良：《讲义刑法学（总论）》，成文堂2008年版，第51—52页。

⑥ 转引张明楷：《刑法学》（第4版），法律出版社2011年版，第38—39页。

理由包括文理解释、体系解释、历史解释、比较解释和目的解释，解释技巧包括平义解释、宣言解释、限制解释、扩大解释、反对解释和补正解释。①我国有学者在分析检讨历史解释、比较解释、合宪性解释、目的解释、补正解释、当然解释和反对解释的基础上提出，采用点、线、面、体的数学思维去重新建构一种刑法解释方法体系，认为刑法解释方法从客观方法论的高度出发包括文理解释、扩大解释、缩小解释和体系解释。②

　　法律（刑法）解释方法可从不同的角度作出不同的分类，实乃当然。但是，按照逻辑学的要求，每次分类应坚持同一的标准，且标准必须明确，具体分类项之间不应出现交叉，否则，就会产生逻辑混乱、外延不周全等问题。例如，上述法理学中一般解释方法与特殊解释方法的分类中，"一般"与"特殊"如何区分，具体含义到底何指，就不太明确；上述刑法理论通说将扩大解释、限制解释归之于论理解释，不免又会使人对从逻辑上所作的解释产生进一步的疑问，同时体系解释、历史解释、目的解释等同样属于按照立法精神来进行的解释，却没有被纳入；日本学者将平义解释、宣言解释、扩张解释、缩小解释、反对解释、当然解释、类推、比附、反制定法的解释（变更解释或者补正解释）并列归属条文的适用方法，也存在未能明确这些并列项是基于一种标准还是多维标准的问题；上述点、线、面、体重新构建的做法，将体系解释与文理解释、扩大解释、缩小解释并列，理由是四者各有侧重，但还是存在划分的标准是否同一的问题，等等。

　　那么，作为解释方法的类推，究竟应如何归类，其与扩大解

---

① 有学者对此提出了异议，刑法解释理由与解释技巧的提出，使得原本就无力而含糊的刑法解释方法变得更加欠缺明确性和可操作性；解释理由很容易与刑法解释中的法律论证相混淆，而解释技巧实际上是刑法解释方法论中的应有之义。参见刘浩：《刑法解释方法论》，中国政法大学出版社2014年版，第19页。

② 文理解释坚持规范至上和侧重于罪刑法定，扩大解释与缩小解释侧重于罪刑均衡，体系解释侧重于刑法解释的科学性与全局性，参见刘浩：《刑法解释方法论》，中国政法大学出版社2014年版，第25—41页、第73页。

释又是何种关系？对此，学界也存在分歧，上述日本学者或将扩大解释、缩小解释与类推解释并列，或者将扩张解释、缩小解释与类推、比附并列。在笔者看来，从分类标准的同一性出发，文义解释（字面解释）、扩大解释与缩小解释应是并列的关系，且三者已经使得此种划分处在周延状态。也就是说，在此层面上，类推解释与扩张解释不是并列的关系，进而两者只能是一种包容关系，即可按照扩张解释得出的结论是否违背罪刑法定原则，分为不违背罪刑法定原则的扩张解释和违背罪刑法定原则的扩张或扩大解释（即类推解释）。① 至于如何区分扩张解释的结论是否违背罪刑法定原则，则是接下来的一个问题。

关于扩张解释与类推解释能否区分及如何区分，学界同样也存在分歧。德国学界存在"强界分功能说""弱界分功能说"和"无界分功能说"，② 前两者主张可以区分，后者主张难以区分。日本学者植松正认为，"不许类推，容许扩张解释不外是语言魔术"③；我国有学者认为，"扩大解释与类推解释没有固定不变的界限"④，"如何区分类推解释与扩大解释，是刑法学永恒的课题"⑤；有学者认为，"要清楚地界定扩张解释与不利于被告人的类推解释的关系和界限，是件不容易之事"⑥；有学者认为，扩大解释与类

---

① 我国刑法学者认为，违反罪刑法定原则的扩大解释，实际上是类推解释；在扩大解释内部，需要进一步区分合理的扩大解释与不合理的扩大解释。参见张明楷：《刑法学》（第4版），法律出版社2011年版，第46页。我国法理学者则认为，按照解释是否符合词义推论规则，可分为词义内的类比解释和续造性的类比论证。参见雷磊：《类比法律论证——以德国学说为出发点》，中国政法大学出版社2011年版，第301、329页。

② 雷磊：《类比法律论证——以德国学说为出发点》，中国政法大学出版社2011年版，第293—296、301页。

③ 吴丙新：《扩张解释与类推解释之界分——近代法治的一个美丽谎言》，载《当代法学》2008年第6期。

④ 张明楷：《刑法学》（第3版），法律出版社2007年版，第50页。

⑤ 张明楷：《实质解释的再提倡》，载《中国法学》2010年第4期。

⑥ 赵秉志：《罪刑法定原则研究》，载高铭暄、赵秉志主编：《刑法论丛》（第6卷），法律出版社2002年版，第92—93页。

推解释的一个显著不同是解释的逻辑起点不同,扩大解释着眼于规范本身,是从已然的单一事实出发,在可能对应的法律条文中,对需要解释的语词或概念进行穷尽;类推解释则着眼于事实与事实之间以及事实与规范之间,通过事实对比,增加了该事实该当某个法规范的法律确信,抑或通过法条对比增加了某个法规范涵摄个案事实的可能性。① 有学者认为,扩大解释与类推解释在以下五个方面有别:其一,从形式上说,扩大解释得出的结论未超出刑法用语可能具有的含义,在刑法文义的"射程"内进行解释,类推解释得出的结论超出了用语可能具有的含义,是在刑法文义的"射程"外进行解释;其二,从着重点上说,扩大解释着眼于刑法规范本身,仍然是对规范的逻辑解释,类推解释着眼于刑法规范之外的事实,是对事实的比较;其三,从与立法者的意思的关系上说,扩大解释是为了使立法者的意思明确化,类推解释是在立法者的意思之外主张解释者自己所设定的原理;其四,从论理方法上说,扩大解释是扩张性地界定刑法的某个概念,使应受处罚的行为包含在该概念中,类推解释是认识到某行为不是刑罚处罚的对象,而以该行为与刑法规定的相似行为具有同等的危害性为由,将其作为处罚的对象;其五,就实质而言,扩大解释没有超出公民预测可能性的范围,类推解释超出了公民预测可能性的范围。②

在我看来,上述观点存在将作为法律解释方法的类推解释、作为法律推理的类比推理、作为法律适用的类推制度等不同层面的类推混为一体的倾向;扩张解释与类推解释两者的区分必须在同一层面上进行,方能得出合理的结论。以上述"五点区别说"为例,第一点、第三点与第五点均是从某个方面来区分是否违背罪刑法定原则,此时是将类推解释作为一种法律解释方法;第二点、第四点的

---

① 刘浩:《刑法解释方法论》,中国政法大学出版社2014年版,第160、161、162、173页。

② 张明楷:《如何区分类推解释与扩大解释》,载《人民法院报》2005年12月21日。

区分，则是将类推解释作为法律推理中的类比推理来对待的。应当说，区分不违背罪刑法定原则的扩张解释与违背罪刑法定原则的扩张解释（即类推解释）的标准，应以解释结论超出被解释对象即法律条文或者规范的文义限度是否合理为准。至于如何进一步确定是否合理，实有必要根据具体情形来坚持"刑法条文可能具有的含义说""法律条文逻辑含义许可范围说""具有解释对象核心属性说""国民预测可能性说""合法、合理标准说"等①主张中的某种、数种或者采取综合的立场，进行充分的论证。②当然，实践中难免对某种扩张解释究竟是不违背罪刑法定原则的扩张解释还是违背罪刑法定原则的扩张解释即类推解释，仁智各见。例如，2000年11月27日最高人民法院《关于审理破坏野生动物资源刑事案件具体应用法律若干问题的解释》将《刑法》第341条的"出售"解释为"包括出卖和以营利为目的的加工利用行为"，是正常的扩大解释还是不合适的类推解释，就存在不同的评价。③

三、作为法律推理的类比推理

推理是从已知的判断推导未知的判断的活动。推理可分为形式推理和实质推理（又称辩证推理），其中形式推理包括演绎推理、归纳推理和类比推理。法学界对法律推理的界定存在分歧，有的仅将其视为由已知前提推出结论的过程，例如，"法律推理就是以确认的具体案件事实和援用的一般法律条款这两个已知前提

---

① 我国台湾地区学者也作了类似的概述，区分类推解释与扩大解释大致有以下几种观点：（1）以用语文义可能范围为标准；（2）以国民预测可能性为标准；（3）定型本质的解释观念；（4）以有疑时有利于被告人之考量原则为标准；（5）基于调和处罚要求与人权保障的观念确立的标准。参见黄朝义：《罪刑法定原则与刑法之解释》，载林山田等：《刑法七十年之回顾与展望纪念论文集（一）》，台湾元照出版公司2001年版，第137—147页。

② 陈志军：《论刑法扩张解释的根据与限度》，载《政治与法律》2005年第6期。

③ 张明楷：《刑法学》（第4版），法律出版社2011年版，第45页。

运用科学的方法和规则为法律适用结论提供正当理由的一种逻辑思维活动"①，有的还同时将推理的前提与结论的正确性或正当性的确立过程视为其有机组成部分，例如，"法律推理是指特定法律工作者利用相关材料构成法律理由，以推导和论证司法判决的证成构成或者证成方法"②，或者"法律推理，就是特定的法律工作者（其中心是法官）在具体案件中，确认相关案件事实、适用适当的法律规则以及为得出裁判结论而对上述过程提出理由并加以正当化的思维过程"③。各学者根据不同的标准对法律推理进行了分类，例如，博登海默将其分为分析推理和辩证推理；④昂格尔将其分为形式主义的法律推理和目的性的或政策导向的法律推理；⑤麦考密克将其分为演绎推理和后果论推理；⑥波斯纳将其分为精密研究（主要指三段论和其他逻辑方法）和实践推理；⑦阿蒂亚和萨

---

① 雍琦：《审判逻辑导论》，成都科技大学出版社1998年版，第118页。

② 解兴权：《通向正义之路——法律推理的方法论研究》，中国政法大学出版社2000年版，第19页。

③ 余继田：《实质法律推理研究》，中国政法大学出版社2013年版，第30—31页。另有学者将法官办案的推理过程分别界定为"事实推理"（即发现事实真相的推论，旨在确认证据并基于证据确认案件事实）、"法律推理"（即确认法律的推论，是探寻法律真实意思、平衡法律冲突、填补法律漏洞的推理，旨在发现、重构、填补与创制法律）、"判决推理"（即将事实推理和法律推理的结果为前提和根据得出判决结论的推理）。参见王洪：《法律逻辑学》，中国政法大学出版社2008年版，第8页。显然，此种"三分法"是一种静态的分析法，不能真实地反映案件事实确认与法律规范确定之间的"往返流转"过程，难以解决解释学循环的问题。

④ [美]博登海默：《法理学——法律哲学与法律方法》，邓正来译，中国政法大学出版社2004年版，第518—519页。

⑤ [美]R.M.昂格尔：《现代社会中的法律》，吴玉章、周汉华译，译林出版社2001年版，第187—188页。

⑥ 沈宗灵：《现代西方法理学》，北京大学出版社1992年版，第239—243页。

⑦ [美]波斯纳：《法理学问题》，苏力译，中国政法大学出版社2002年版，第50页。

默斯将其分为实质（法律）推理和形式（法律）推理。①

在判例法体制下，对判例适用的主要方法就是类比推理，正如劳尔德·温利伯所言，类推是判例法体制中法律推理的精髓。②按照史蒂文·J.伯顿的观点，类推可分为"三步骤"：（1）基点的确定，即对于待决案件首先是确定所要适用的判例；（2）识别相同点和不同点，即在判例和待决案件之间识别事实上的相同点和不同点；（3）作出判断，即对认定的相同点和不同点要作出判断，判定是相同点重要还是不同点重要，以此决定基点的选择。③按照爱德华·H.列维的观点，类推可分为三个阶段：（1）找出相似点，即发现待决案件和判例之间的异同点；（2）确定规则，即从判例中抽象出规则，并对规则进行重新诠释，使之和待决案件的事实相对应；（3）得出结论，即将经过重新诠释的规则与待决案件事实之间进行相互对应的比较。④按照孙斯坦的观点，类推具体包括以下五个步骤：（1）确定事实模式A，即已决案件，"源"案例，具有某些特征X，Y，Z；（2）确定事实模式B，即待决案件，"目标"案例，在某些方面区别于A，但也具有特征X，Y，Z；（3）法律用一定的方式处理A；（4）通过对A、B相互关系的分析发现某项规则可以说明为何用该原则处理A；（5）B因为具有A的特征，法律也应该在同一方面适用于B，使其得到同样的处理。⑤综上，判例法中的类推具体表现出以下三个特点：一

---

① ［英］阿蒂亚（P.S. Atiyah）、萨默斯（R.S. Summers）：《英美法的形式与实质：法律推理、法律理论和法律制度的比较研究》，金敏、陈林林、王笑红译，中国政法大学出版社2005年版，第1—2页、第24—28页。

② ［美］理查德·波斯纳：《法官如何思考》，苏力译，北京大学出版社2009年版，第166页。

③ ［美］史蒂文·J.伯顿：《法律和法律推理导论》，张志铭、解兴权译，中国政法大学出版社2000年版，第43—44页。

④ ［美］爱德华·H.列维：《法律推理引论》，庄重译，中国政法大学出版社2002年版，第3页。

⑤ 杨晓娜：《法律类推适用新探》，中国政法大学出版社2013年版，第61页。

是待决案件与判例的事实比较,以发现是否存在"关系上的相似性";二是通过归纳概括获得类比推理的前提;三是基于判例和待决案件的小主题所归纳概括的主题进行演绎并获得判决结果。①

  在大陆法系中,传统观点认为,司法三段论即演绎推理(大前提、小前提、结论)是主要的方法,法律适用遵循的是包摄(涵摄)模式,即法官仅需要分析案件是否包含有法律规定的几个特征,就可决定能否将已经被证据所证明的案件事实包摄于法律规范之下,最后形成判决,并认为类推只有在填补法律漏洞时才有用武之地,是一种弥补大前提——法律漏洞的主要方法。②显然,此种立场已将适用法律的主体的主观性排除在法律适用过程之外,将法律规范和案件事实视为一种客观认识的对象而非需要解释的对象,因而存在明显的不足和缺陷。对此,昂格尔作了如下评价:"根本就不存在这样的法律推理(指传统三段论——引者注),它属于某种探究与话语形式的一个想象的工具论推理法的永恒部分。"③德国学者拉伦茨认为,"案件事实的确认与法律规范的寻找确定不是前后截然两分的过程,而是循环往复、双向交流、相互接近的过程","恩吉施曾提及'在大前提与生活事实间之眼光的往返流转',朔伊尔德则说到'在确认事实的行为与对之作法律评断的行为间的相互穿透'。它们都指称我们所熟悉的相互解明的过程,一种'诠释学意义上的循环'现象。我们不能把案件事实与法条间的'眼光之往返流转'想象为:只是判断者眼光方向的改变,其毋宁是一种思想过程,于此'未经加工的案件事实'逐渐转化为最终的(作为陈述的)案件事实,而(未经加工的)规范

---

  ① 杨晓娜:《法律类推适用新探索》,中国政法大学出版社2014年版,第64—67页。

  ② 杨晓娜:《法律类推适用新探索》,中国政法大学出版社2014年版,第76、194页。卡尔·拉伦茨认为,"法律漏洞的补充方法之一即是类推适用",参见[德]卡尔·拉伦茨:《法学方法论》,陈爱娥译,商务印书馆2003年版,第253页。

  ③ [美]罗伯托·曼戈贝拉·昂格尔:《法律分析应当何为?》,李诚予译,中国政法大学出版社2007年版,第43页。

条文也转化为足够具体而适宜判断案件事实的规范形式"。①考夫曼也认为，法律适用过程不是一个严格意义上的逻辑推论，而是一个包含设证、归纳和演绎的类推过程，是一种带有相当复杂结构的案件与案件的比较。②依此立场，我国学者对大陆法系和英美法系中的类推进行了比较，认为判例法的案例是显性的，法律规则是隐性的；而制定法中法律规则是显性的，案例是隐性的，二者并没有本质的区别，所包含的法学方法论（包括类推）的问题基本上是一致的。③

以类推的上位概念④为例，在英美法系中，此上位概念正是先例所蕴含的法律规则，需要后案法官去总结归纳，即先例和待决案件具有的相同点使得二者均含有此"法律规则"所欲规范的意义，因而待决案件要遵循先例来处理。例如，德沃金处理庄纳伯格（同性恋）案时，首先在相关先例中总结出"国家不应该禁止一个仅因被普遍视为不道德或者邪僻，但实质上对他人却全然不造成伤害的行为"的法律原则（规则），然后比较庄纳伯格案与先例的异同，决定应适用先例进行处理。⑤在大陆法系中，此上位概念则存在于成文法之中，"司法者在具体的法律发现时便需不断地回溯地去探求隐藏在制定法（抽象的法律概念）背后的类型，去回溯到作为制定法基础的模范观念，根据该类型来作解释，而

---

① ［德］卡尔·拉伦茨:《法律方法论》，陈爱娥译，商务印书馆2003年版，第162—163页。
② 杨晓娜:《法律类推适用新探索》，中国政法大学出版社2014年版，第77页。
③ 杨晓娜:《法律类推适用新探》，中国政法大学出版社2013年版，第6—7页。
④ 埃尔马·邦德:《类推：当代德国法中的证立方法》，吴香香译，载《求是学刊》2010年第3期。
⑤ 杨晓娜:《法律类推适用新探》，中国政法大学出版社2013年版，第66—67页。

不应拘泥于抽象概念的表面文字上"①。也就是说，需要法官来回往返于法律规范和待决案件事实之间，使二者不断地靠近，最终将法律规范适用于待决案件。例如，德国帝国法院1910年7月7日判决一个案件：早先成立的德国牧羊犬协会起诉其后成立的德国牧羊犬南德协会，认为后者侵犯了前者的名称权，要求后者立即停止使用该名称。当时《德国民法典》第12条规定，"有权使用某一姓名的人，因他人争夺该姓名的使用权，或因无权使用同一姓名的人使用此姓名，致其利益受损害，得请求消除对此的损害"。上述判决就是对此条与所办案件事实的不断往复和涵摄，得出结论认为此条既保护自然人的姓名权，也保护法人的名称权。②由此可见，英美法系和大陆法系中类推的上位概念的依附载体存在差别，前者是具体先例的判决理由部分，后者是法典等规范性文件的抽象条文。

此外，在我看来，判例法与大陆法中的类推还呈现出以下不同特点。成文法规范形成过程中所针对的案例（特定的具有社会危害性行为或者事实）显然不同于判例法中的先例，前者是抽象的（例如，杀人行为），后者是具体的（例如，张某利用手榴弹杀害王某）；前者可以是预测的或者可能出现的（在前瞻性立法的情况下），后者必定是已经发生的。因此，在英美法系中，具体表现为先例—待决案件的类比过程，即比较两个案例的相同点和不同点，相同点处在决定性地位时就将先例所蕴含的法律规则适用于待决案件，不同点处在决定性地位时就不得将先例所蕴含的法律规则适用于待决案件；而在大陆法系中，具体表现为成文法规范与待决案件的相互涵摄，即目光往返于法规范与待决案件事实之间，使之相互靠近和耦合。显然，英美法系中判例法的运作机

---

① 吴从周：《论法学上之"类型"思维》，载杨日然教授纪念论文集编辑委员会编：《法理学论丛——纪念杨日然教授》，台北月旦股份有限公司1997年版，第339页。

② 杨晓娜：《法律类推适用新探》，中国政法大学出版社2013年版，第71—73页。

制呈现出类推，即从此具体到彼具体、从此部分到彼部分，① 而大陆法系成文法的运作机制表现为演绎，即从抽象到具体、从整体到部分或一般到特殊。

四、作为法律适用的类推制度

类推制度在中国历史上源远流长。早在《尚书·吕刑》中就有"上下比罪"的记载。从《秦律》到《清律》几乎均有关于类推制度的规定。例如，《明律》规定："凡律令该载不尽事理，若断罪无正条者，援引他律比附，应加应减，定拟罪名，议定奏闻。"《清律》规定："律无正条，则比引科断，今略举数条，余可例推。"我国1979年刑法从当时实际出发，为了切实保障国家和人民的利益，及时同法律虽没有明文规定但确实严重危害社会的行为作斗争，在坚持罪刑法定原则的基础上，实行有严格控制的类推制度。② 其第79条规定："本法分则没有明文规定的犯罪，可以比照本法分则最相类似的条文定罪判刑，但是应当报请最高人民法院核准。"1997年刑法从完善我国刑事法制、保障人权的需要出发，其第3条明文规定了具有中国特色的罪刑法定原则，即"法律明文规定为犯罪行为的，依照法律定罪处刑；法律没有明文规定为犯罪行为的，不得定罪处刑"，并废止类推制度，是我国刑法发展的一个重要标志。③

作为法律适用的类推制度不同于作为法律推理的类比推理。二者最大的差别在于：前者适用的前提必须是"法无明文规定"，即法律规范所类型化的抽象事实无法对应待决案件，而后者适用

---

① 有学者指出，类推作为一种普遍性的思维方法，类推的过程具有归纳概括性，类推结论的获得具有演绎性。参见杨晓娜：《法律类推适用新探》，中国政法大学出版社2013年版，第54—57页。
② 高铭暄主编：《刑法学》，法律出版社1984年版，第103页。
③ 高铭暄主编：《新编中国刑法学》，中国人民大学出版社1998年版，第21页。

的前提必须是法律规范所类型化的抽象事实能够对应待决案件。①过去司法实践中，类推适用的典型例子是，行为人与现役军人的配偶通奸，造成死亡严重后果，破坏军人婚姻的，类推适用破坏军人婚姻罪论处。在此情形中，破坏军婚罪的罪状为"明知是现役军人的配偶而与之同居或者结婚的"，其所类型化的抽象事实显然不能包含"与现役军人的配偶通奸"的情形。正是基于此种情形具有严重的社会危害性，且在客观方面与破坏军婚罪所规定的具体行为具有相似性，②因而类推适用破坏军婚罪论处。下列情形的处理则属于类比推理的情形。

【案例1】 江苏省如皋市黄市镇的丁某与严某是邻居，因为丁家建房一事两家曾多次发生纠纷。有一次，丁某当众将粪便泼到严某的身上，导致严某的头上、脸上、身上到处都是粪便、蛆虫，严某深受刺激，精神恍惚，医生诊断为抑郁性神经症，后严某以丁某涉嫌侮辱罪提起诉讼。

《刑法》第246条侮辱罪的罪状是"以暴力或者其他方法公然侮辱他人，情节严重的"，此处的"其他方法"属于基于本质意义的类型规定，只要达到"公然侮辱他人情节严重"就构成侮辱罪。本案中"泼粪便"的方法，使严某当众出丑，受到严重刺激，精神失常。"泼粪便"已经达到了同"暴力"相类似的侵害他人名

---

① 有学者将类比推理与类推适用或比照适用等同，是指在法律没有明确的文字规定的情况下，比照相应的法律规定加以处理的推理（张文显主编：《法理学》，高等教育出版社、北京大学出版社2002年版，第334页）。在我们看来，此处将类比推理限定在法律没有明确的文字规定的情况下，进而将其等同于类推适用，具有两方面的不妥：一是类比推理在法律有明文规定的情况下也可能运用，例如在公众场合驾驶汽车撞向不特定或者多数人的行为，需要与放火、爆炸、投放危险物质、决水等行为进行类比，方可认定其是否属于其他危险方法；二是类比推理与类推适用作为不同的两个概念存在，可以更好地区分作为法律推理层面的类比推理和作为类推制度层面的类推适用。

② 按照刑法通说的观点，"能够适用类推的仅仅是犯罪客观方面的某种不一致，具体说也就是犯罪行为的表现方式上的不一致"。高铭暄主编：《刑法学》，法律出版社1984年版，第105页。

誉和尊严的后果，可认定属于刑法所规定的侮辱罪的犯罪行为。此处将"泼粪便"与"暴力"作类比，就属于类比推理。

【案例2[①]】2003年1月至8月，被告人李某以营利为目的，先后伙同刘某、冷某宝等人预谋，采取张贴广告、登报的方式招聘"公关先生"，制定管理制度，指使刘某、冷某宝对"公关先生"进行管理，在其经营的金麒麟、廊桥及正麒酒吧内将"公关先生"介绍给同性嫖客，由同性嫖客带至南京市新富城大酒店等处从事同性卖淫活动。（1）2003年7月中旬的一天，被告人李某组织赵某某（另行处理）在本市新富城大酒店一楼桑拿浴室包间内，以人民币200元的价格与顾客李某某进行同性卖淫活动。（2）2003年7月30日，冷某宝组织骆某某（另行处理）在本市新富城大酒店一楼桑拿浴室包间内，以人民币200元的价格与顾客李某某进行同性卖淫活动。（3）2003年8月10日凌晨，冷某宝组织赵某某（另行处理）在本市新富城大酒店一楼桑拿包间内，以人民币200元的价格与顾客李某某进行同性卖淫活动。（4）2003年8月9日晚，冷某宝组织孙某某（另行处理）在本市新富城大酒店二楼桑拿包间内，以人民币200元的价格与顾客邬某某进行同性卖淫活动。（5）2003年8月15日，冷某宝组织蒋某某（另行处理）在本市华阳佳园华彩苑6号701室，以人民币300元的价格与顾客戴某进行同性卖淫活动。（6）2003年8月16日凌晨，冷某宝组织赵某某（另行处理）在本市新富城大酒店一楼桑拿包间内，以人民币200元的价格与顾客邬某某进行同性卖淫活动。（7）2003年8月17日凌晨，冷某宝组织赵某某（另行处理）在本市新富城大酒店二楼桑拿包间内，以人民币200元的价格与顾客嵇某某进行同性卖淫活动。

南京市秦淮区人民法院经审理认为：被告人李某以营利为目的，招募、控制多人从事卖淫活动，其行为已构成组织卖淫罪，依法应予惩处。辩护人提出，"被告人李某的行为不构成犯罪，况

[①] 江苏省南京市秦淮区人民法院（2004）秦刑初字第11号。

且刑法及相关司法解释对同性之间的性交易是否构成卖淫无明文规定，而且本案并不危害社会公共秩序和良好的社会风尚"，根据我国刑法规定，组织卖淫罪是指以招募、雇佣、引诱、容留等手段，控制多人从事卖淫的行为，组织他人卖淫中的"他人"主要指女性，也包括男性。本案被告人李某以营利为目的，经预谋以登报等方式招募"公关先生"，并组织"公关先生"从事钱与性的交易活动。虽然该交易在同性之间进行，但该行为亦为卖淫行为，被告人李某作为组织者其行为侵害了社会治安管理秩序和良好的社会风尚，符合组织卖淫罪的构成要件，故对该辩护意见不予采纳。法院为维护社会治安管理秩序和良好的社会风尚，依照《中华人民共和国刑法》第358条第1款、第64条的规定，判决如下：（1）被告人李某犯组织卖淫罪，判处有期徒刑八年，罚金人民币六万元。（2）被告人李某违法所得1500元予以追缴。

无论从历史解释[①]还是从文义解释[②]，此处的"他人卖淫"意为"女子卖淫"。现在个案解释若将"男子向男子提供性服务"解释至组织卖淫罪所类型化的抽象事实，自然需要进行一番论证。裁判理由认为"被告人李某以营利为目的，组织'公关先生'从事钱与性的交易活动，侵害了社会治安管理秩序和良好的社会风尚，虽然该交易在同性之间进行，但该行为亦为卖淫行为"。显然，此处采用了类比推理，即"男子同男子之间从事钱性交易服务"与"女子同男子之间从事钱性交易服务"不存本质的差别，均可涵摄于"卖淫"这一上位概念之下。

综上，作为类比推理的"暴力"与"泼粪便"本身均可被侮辱罪所类型化的抽象事实所包含，而作为类推适用的"与现役军人的配偶"本身则不能被破坏军婚罪所类型化的抽象事实所包含，但又与其所类型化的抽象事实有某种相似性。同理，在

---

① 曾参与1979年刑法制定的高铭暄教授说，当初在制定该条文时，仅指组织女子向男子卖淫。参见高铭暄：《中华人民共和国刑法的孕育诞生和发展完善》，北京大学出版社2012年版，第580—581页。

② 汉语词典对"卖淫"解释就是指"妇女出卖身体"。

《刑法》第 358 条"组织卖淫罪"的罪状没有明确为组织妇女卖淫，而是组织他人卖淫的前提下，将组织男性向男性提供性服务的行为按照组织卖淫罪论处，就属于类比推理的类推；若《刑法》第 358 条"组织卖淫罪"的罪状明确为组织妇女卖淫，则将组织男性向男性提供性服务的行为按照组织卖淫罪论处，属于法律适用的类推制度的类推。① 可以说，作为类推制度的类推是超出不法类型的类推，而作为类比推理的类推是没有超出不法类型的类推。

随着类推制度的废止，从罪刑法定原则的司法兑现来说，司法实践中就不能再存在此种超出罪刑规范（罪状构成要件类型化）的类推。但是，因受到"刑法万能"思想、"重刑主义"立场、"重打击犯罪，轻人权保障"的理念、"重实质，轻形式"的犯罪论体系思维和刑法解释方法、法院司法独立体制保障的欠缺、法官抗非法干预审判能力的不足等多方面因素的影响，导致明明是以类推制度的类推方式作出的判决，却不得不表明为合法的扩张解释，正所谓"在需要维护某种法益时，只要侵犯这种法益的行为与法律规定的行为实质上相似，都可能发生这种情况；但由于禁止类推，人们就尽力地把一切类推性适用都往扩张解释里塞"②。肖某某以危险方法危害公共安全案和何某某投放虚假危险物质案就是明显的例证。

【案例 3③】2001 年 10 月 18 日，被告人肖某某将家中粉末状的食品干燥剂装入两只信封内，在收件人一栏上书写了"上海市政府"和"东方路 2000 号"（上海东方电视台）后，乘车至本市（即上海市）闵行区莘庄镇，将上述信件分别邮寄给上海市人民政

---

① 杨晓娜：《法律类推适用新探》，中国政法大学出版社 2014 年版，第 207 页。

② ［意］杜里奥·帕多瓦尼：《意大利刑法原理》，陈忠林译，法律出版社 1998 年版，第 32 页。

③ 上海市第二中级人民法院于 2001 年 12 月 18 日以（2001）沪二中刑初字第 132 号刑事判决书。

府某领导和上海东方电视台新闻中心陈某。同年 10 月 19 日、20日，上海市人民政府信访办公室工作人员陆某等人及东方电视台陈某在拆阅上述夹带有白色粉末的信件后，造成精神上的高度紧张，同时引起周围人们的恐慌。经相关部门采取大量措施后，才逐渐消除了人们的恐慌心理。

上海市第二中级人民法院认为，被告人肖某某通过向政府新闻单位投寄装有虚假炭疽杆菌信件的方式，以达到制造恐怖气氛的目的，造成公众心理恐慌，危害公共安全，其行为构成了以危险方法危害公共安全罪，公诉机关指控的罪名成立。依照刑法相关规定，判决如下：被告人肖某某犯以危险方法危害公共安全罪，判处有期徒刑 4 年。

在法定上诉期间，被告人肖某某未提起上诉。

【案例 4[①]】被告人何某某由于投资炒股亏损，遂对中国证券监督管理委员会不满，2001 年 10 月 23 日，被告人何某某盗用"广汉市人民政府"名义，向中国证券监督管理委员会副主席史美伦寄发匿名信一封，对其进行恶毒人身攻击，并故意在信件中投放白色粉沫，意图使他人误认为是炭疽病毒而产生恐惧。中国证券监督管理委员会工作人员收到信后，误以为信件中有炭疽病毒，即采取紧急应对措施，并向国家安全机关报案，其正常的工作秩序被严重扰乱。

法院认为，被告人何某某为泄私愤故意投放虚假的传染病病原体物质，制造恐怖气氛，其行为在案发时构成以危险方法危害公共安全罪，依照《刑法》第 114 条的规定，应处 3 年以上 10 年以下有期徒刑。但全国人大常委会在 2001 年 12 月 29 日颁布实施的《刑法修正案（三）》第 8 条将投放虚假传染病病原体物质的行为规定为"妨害社会管理秩序罪"中的新增罪名"投放虚假危险物质罪"，对未造成严重后果的，处 5 年以下有期徒刑、拘役或者管制。新法明显轻于前法，依照《刑法》第 12 条之规定，本案

---

① 四川省广汉市人民法院刑事判决书（2002）广刑初字第 071 号。

适用新法。据此判决如下：被告人何某某犯投放虚假危险物质罪，判处有期徒刑1年6个月。

肖某某案的判决确实有着特定的国际国内背景，但也确实引发了学界立足于罪刑法定原则的质疑。例如，有学者评论指出："被告人肖某某以食品干燥剂假冒炭疽杆菌装入两只信封内，并寄给上海市政府某领导和上海东方电视台某工作人员，结果引起了收件当事人及周围人们的心理恐慌，其行为具有一定的社会危害性。但能否据此认为被告人肖某某实施的行为就构成了以危险方法危害公共安全罪呢？对此，我们应从其行为是否具有以危险方法危害公共安全罪的构成要件来进行考察。从被告人肖某某实施该行为的主观心理状态来看，他明知自己投寄的是食品干燥剂，而不是真正的炭疽杆菌。事实上，根据法院的认定，肖某某通过新闻报道得知人们接触夹带有炭疽杆菌的邮件会致人死亡，因此，认识到他人对收到类似邮件会产生恐慌心理，而投寄了上述信件。这样看来，他主观上明知自己的行为不可能引起危及不特定多数人的生命、健康安全，或者使公私财产遭受重大损害，自然就谈不上希望或者放任这种结果的发生。从被告人肖某某实施的客观行为上看，他所投寄的邮件已明确注明是寄给上海市政府某领导和东方路2000号上海东方电视台陈某，其行为所针对的对象也是控制在特定人员的范围之内的，不存在危及不特定多数人的生命、健康安全，或者公私财产安全损害的现实可能。而且，从一般人的认识角度而言，采用投寄夹带虚假炭疽杆菌邮件的方法，既不具有与放火、决水、爆炸等相同或者相当的危险性，同时由于食品干燥剂是无毒无害物品，其行为也不具有引起危害公共安全的现实可能。基于上述对以危险方法危害公共安全罪构成要件的分析，可以认为，采用投寄虚假炭疽杆菌的方法所实施的危害社会的行为，与采用放火、决水、爆炸等危险方法的行为根本不能相提并论。它充其量不过是一种危害社会管理秩序的违法行为。因此，从罪刑法定原则的基本要求上讲，审判机关认定被告人肖某某采用在邮件中夹带虚假炭疽杆菌的方法，图谋制造恐怖气氛，造成公众心理恐慌,危害公共安全的结果,构成以危险方法危害公共安全罪的结论,存在着明显的定性上的错误。被告人肖某某采取将食品干燥剂假冒炭疽杆菌,并将其装入信封投寄给他人的行为,虽有一定的社会危害性,但在当时我国的刑法中并无定罪处刑的明文规定,因此,不得对其定罪量刑。而上海市第二中级人民法院在法无明文规定的情况下,以'以危险方法危害公共安全罪'对其定罪并判处4年有期徒刑,是违背罪刑法定原则的。对此,应当通过审判监督程序予以再审改判。"[①]

另有论者分析指出,病菌和虚假病菌毕竟有着质的不同:病菌能够引起人体感染,投放病菌(传染病病原体)会造成对不特定多数人健康甚至生命的威胁,具有针对公共安全的现实危险性;而虚假病菌并不能引起人体感染,投放虚假病菌不会造成对不特定多数人健康或生命的威胁,没有针对公共安全的现实的危险性。正是基于这种显而易见的差别,没有理由将投寄虚假病菌也看成《刑法》第114条中的一种"危险方法";即,投寄虚假病菌与放火、决水、爆炸、投毒等行为之间,并不具有性质上的相当性。《刑法修正案(三)》第8条规定从一个侧面说明,《刑法》第114条的规定在事实上无法包含投寄虚假病菌这样的危害行为——如果第114条当然地能够规制投寄虚假病菌的行为,立法者就完全没有必要再作出《刑法修正案(三)》第8条的规定。法院将肖某某投寄虚假的炭疽杆菌的行为认定为"以危险方法危害公共安全罪",具有明显的类推适用的性质。换言之,在肖某某案发生之时,投寄虚假病菌的行为不仅不能构成"以危险方法危害公共安全罪",而且不能构成任何犯罪。投寄虚假病菌的行为属于"(刑)法无明文规定"的情形,因而只能作无

[①] 游伟、谢锡美:《论罪刑法定原则的价值及其实现——全国首例投寄虚假炭疽恐吓邮件案定性研究》,载《福建政法管理干部学院学报》2002年第4期。

罪处理。①

上述评论同样适合于何某某案，只是因何某某案审判时刑法修正案已经出台，本着从旧兼从轻的原则，最后以投放虚假危险物质罪论处。从裁判说理的角度来说，上述两案的法院均将被告人的此种行为认定解释为以危险方法危害公共安全的行为或者涵摄于以危险方法危害公共安全罪所类型化的抽象事实，但未能作出充分的论证，既未对"以危险方法危害公共安全罪"所类型化的抽象事实进行分析论证，也未对"危险方法"的本质属性进行论证，更未对投放虚假危险物质与放火、爆炸、决水、投放危险物质进行类比推理与论证，②而只是断然得出投放虚假危险物质属于以危险方法危害公共安全罪所类型化的行为。

总之，刑法话语中有关类推的争论，很大程度上是不同学者从不同维度来论说类推的结果。为避免此种不必要的论争，必须在同一个层面或者维度来进行言说。随着罪刑法定原则的立法化，作为法律适用的类推制度自然不再存在，作为法律解释方法的类推解释也不具有合法性，而作为法律推理的类比推理却始终面临此原则的考问，即类比推理所依赖的上位概念始终要受是否超出罪刑规范（罪状构成要件）的抽象类型的检视。

---

① 周少华：《罪刑法定在刑事司法中的命运——由一则案例引出的法律思考》，载《法学研究》2003年第2期。
② 刘树德：《刑事裁判的指导规则与案例汇纂》，法律出版社2014年版，第113页以下；另见孟庆华：《以危险方法危害公共安全罪理论与实务判解》，北京大学出版社2014年版，第36—39页。

第六讲
裁判文书说理的立法资料运用[*]

立法的生命在于实施。从裁判说理角度而言，除了立法的最终固化产品即法律文本是裁判结论的重要依据外，立法过程中形成的立法资料亦是裁判文书的重要说理依据。此处就立法资料在裁判文书中的运用作些分析。

一、立法资料的性质与类型

立法过程中会生成大量、无序的，并往往为人们所忽视的辅助性资料，例如立法理由说明书、立法工作机构会议记录，等等。由于这类材料与立法过程存在关联性，因而，一般称其为"立法资料"。

就立法资料的性质而言，其通常被认为是识别立法原意[①]的手段，具有证据品格。在理论上，立法者在立法过程中通过将思维活动与价值取向外部化，形成具有普遍性、可以被反复适用的权威性法律文本。因此，法律文本通常被人们视为识别规范意图的最重要、最权威的证据。与此同时，作为人类把握外部世界的

---

[*] 此文系与程能合作而成，曾以《浅议立法资料在裁判文书说理中的运用》（程能、邵新）为题，载《法律适用》2018年第6期。

[①] 虽然有部分学者从本体论角度质疑"立法原意"的存在，但一般而言，包括立法理由说明书在内的立法资料通常存在、体现着立法原意。笔者在此设定操作性定义，指出在通常情况下，人们通过立法资料可以识别出立法原意。

思维工具，具有表意功能的语言符号通常是有限的，而生活事实却具有无限性，在某些情况下，人们通过有限的语言符号无法指涉无限的生活世界。俗语"词不尽意"即是语言符号表意功能有限性的重要表征。因此，虽然人们通常将法律文本视为确认立法意图的最准确、最权威的证据，但在法律存在漏洞或者法律存在歧义等情形下，为了识别规范目的，准确把握立法者创制法律时可能的价值取向，人们亦并不局限于法律文本，而是通过回溯立法当时的场景，确证立法意图。由于立法资料、法律文本均与立法过程存在关联性，本质上或多或少承载着立法时的信息或者立法者的意向，因此，与法律文本的功能类似，立法资料通常可以被视为确定立法意图的重要手段。

根据不同国家的政治架构和立法传统，立法资料的形态、类别各具特色。一般而言，依循完整的立法过程，广义的立法资料包括立法准备阶段生成的立法资料、提出法案到法律通过阶段生成的立法资料和立法完善阶段生成的立法资料；而狭义的立法资料，亦是实践中最为常见的，则是指从提出法案到法律制定阶段生成的立法资料，例如，立法过程中的理由说明书、法律审议过程中的意见、立法机关颁布的权威释义，等等。这些属于立法资料的典型类型。本讲主要考察从提案阶段到法律通过阶段生成的立法资料。

综上可见，立法资料是立法过程中生成的辅助性资料，具有识别立法意图的功能。就类型而言，其种类异常繁杂，其中最为重要的是指从提案阶段到法律通过阶段生成的立法资料。

二、运用立法资料说理的方式

诚如前述，裁判文书说理本质上是由法官向当事人、社会大众证明具有利害关涉性的裁判结论何以正当的书面表达活动。一般而言，依循"三段论"为中心的推理模式，可以将法官说理实践分解为包括：法官对法律依据的陈述；法官通过证据认定案件事实的陈述；法官对法律依据与案件事实之间逻辑关系的陈述三部分内容。那么，立法资料与裁判文书说理以何种形式相关联呢？结合理论分析与实证考察，① 其主要体现为如下方式：

1. 法官援引立法资料填补法律漏洞

由于社会生活处于发展状态中，立法者创制的法律一经制定便已落后于时代。面对纷繁复杂的个案争议，制定法有时并不完整，存在漏洞，因而，法官有时无法将生活事实与制定法联结起来。但由于现代司法理念强调面对案件争议，法官不得以没有法律为由而拒绝提供救济，因此法官往往通过扩大法源的范围，考察诸如法律原则、社会习惯等材料，续造法律，以形成个案裁判依据。

当制定法存在漏洞时，由于业已公开的立法资料通常内含立法意图，法官援引立法资料填补法律漏洞，建构裁判依据，有助于及时、有效地解决纠纷。例如，在赵某荣与吴某学、龚某林追偿权纠纷一案的终审判决② 中，法官在说理部分写道："本院认为……对于用人单位的工作人员因执行工作任务造成他人损害，用人单位赔偿后能否向工作人员追偿虽无明确的法律规定，但根据全国人民代表大会法律委员会关于《中华人民共和国侵权责任法（草案）》审议结果的报告所体现的立法精神，应支持用人单位在由于其工作人员故意或重大过失造成侵权行为，且该行为超出法律赋予或单位授权范围时，向行为人适当的追偿。"在田某桥与

---

① 结合中国裁判文书网和北大法宝数据库，笔者以"立法意图""立法说明""草案说明"等为关键词检索了近2000份与此议题相关联的裁判文书，同时剔除了其中绝大多数不符合要求的裁判文书，最后收集了12份左右的裁判文书，由于立法资料颇多芜杂，在本部分，笔者仅选取其中若干份、具有代表性的裁判文书阐述。

② 新疆维吾尔自治区阿克苏地区中级人民法院（2015）阿中民二终字第97号民事判决书。

天津某客运有限公司财产损害赔偿纠纷①一案中,原审法官在裁判文书中写道:"……原告作为用人单位,是否享有对被告的追偿权是本案审理的关键。《全国人民代表大会法律委员会关于〈中华人民共和国侵权责任法(草案)〉审议结果的报告》明确提到了关于单位追偿权的问题:'……法律委员会经同有关部门反复研究认为,在什么情况下可以追偿,情况比较复杂。根据不同行业、不同工种和不同劳动安全条件,其追偿条件应有所不同。哪些因过错、哪些因故意或者重大过失可以追偿,本法难以作出一般规定。用人单位与其工作人员之间以及因个人劳动对追偿问题发生争议的,宜由人民法院在审判实践中根据具体情况处理。'该报告明确了单位享有相应的追偿权,只是要根据工作人员的过错程度来确定追偿与否以及追偿数额。"由此来看,围绕用人单位对存在过错的当事人是否享有追偿权问题,我国《侵权责任法》并无明文规定,存有法律漏洞。对此,上述案件中,法官在裁判文书中通过援引我国《侵权责任法》立法过程生成的审议报告作为裁判依据,有效回应了案件争议。由此可见,法官通过援引立法资料填补法律漏洞,作为个案中的裁判依据,构成我国法官运用立法资料说理的重要形式。

2. 法官通过援引立法资料解释法律

法律往往需要通过解释方能适用。在解释法律的过程中,有学者将法律解释过程划分为"建构解释论点""运用解释论点""展示解释论点"三个环节。②其中,"构建解释论点"是法律解释过程的逻辑起点,是法律解释实践中至关重要的一环。在"构建解释论点"的过程中,解释者并非无所依凭,而是依赖于一定的解释性材料,进而建构形成各式各样的论点,例如基于语义

---

① 虽然该案原审判决文书目前收集不到,但从该案二审判决文书可以瞥见原审裁判说理的相关信息。参见天津市第二中级人民法院(2015)二中民四终字第225号民事判决书。

② 张志铭:《法律解释学》,中国人民大学出版社2015年版,第5—6页。

方法的解释论点、基于系统方法的解释论点等。其中，依据对法官是否具有约束力的区别标准，可将解释性材料划分为权威性材料和非权威性材料。常见的、具有约束力的材料包括宪法、制定法等，在司法实践中，法官负有必须适用这类材料的义务；而不具有约束力的材料则包括法律词典、立法资料等，法官可以参考这类材料。由此可见，由于立法资料区别于制定法，不具有类似于制定法般的约束力，法官在裁判实践中并无适用立法资料的法律义务。但是，由于立法资料通常承载着立法原意，法官运用解释方法可以解释法律条文，建构形成特定的解释论点。

通过梳理案例，可以发现，法官通过援引立法资料解释法律条文成为裁判文书说理的最为重要的方式。[1]例如，在原告广西南宁某有限公司与南宁市某小区业主委员会所有权确认和排除妨害纠纷[2]一案中，围绕争点"会所的所有权问题"，该案法官写道："本院认为……全国人大法律委员会针对社会各界就《物权法（草案）》第76条提出的意见，经研究认为：(1)对绿地、道路以及物业管理用房的归属问题宜分别规定；(2)从实际情况看，提供健身、娱乐等服务的会所，绝大多数是作为独立的房屋由开发商出售或者出租经营，一般不作为建筑物的附属设施归业主共有，草案关于'会所'规定可以删去。上述修订过程表明，本条的立法思路在于以单独条款的形式，明确区分共有部分的不同客体，突出建筑区划内的道路、绿地、其他公共场所、公用设施及物业服务用房的法定共有性质，同时通过但书内容的制定对归属原则的例外情形予以明示……"因此，法官通过考察《物权法》第67条的立法修订史来阐释"会所"的所有权的归属，显然属于援引立法资料进行法律解释的实践。在重庆某药业有限公司、国家工商行政管理总局商标评审委员会与四川某动物药业有限公司商标行政纠

---

[1] 在笔者收集的13个典型案例中，法官援引立法资料解释法律条文的案例多达10个。

[2] 广西壮族自治区南宁市良庆区人民法院（2013）良民一初字第392号民事判决书。

纷①一案的提审中，围绕"商标法第十五条规定的'代理人'的范围"这一争点，最高人民法院指出，"由于在本案中当事人及一审、二审判决对'代理人'的含义具有不同的理解和认定，为消除分歧，正确适用法律，可以通过该条规定的立法过程、立法意图以及参照相关国际条约的规定等确定其含义……原国家工商行政管理局局长王众孚受国务院委托于2000年12月22日在第九届全国人民代表大会常务委员会第十九次会议上所做的《关于〈中华人民共和国商标法修正案（草案）〉的说明》指出，'巴黎公约第六条之七要求禁止商标所有人的代理人或者代表人未经商标所有人授权，以自己的名义注册该商标，并禁止使用。据此，并考虑到我国恶意注册他人商标现象日益增多的实际情况，草案增加规定：'未经授权，代理人或者代表人以自己的名义将被代理人或者被代表人的商标进行注册，被代理人或者被代表人提出异议的，不予注册并禁止使用'……根据上述立法过程、立法意图、巴黎公约的规定以及参照上述司法解释精神……商标法第十五条规定的代理人应当作广义的理解……"在本案中，最高人民法院援引《商标法》立法时的立法说明确证了"代理人"这一法律概念的内涵。

3. 法官通过立法资料认定案件事实

诚如前述，由于立法资料通常承载着立法时的价值取向，能够为人们用来捕捉立法原意，因而其在本质属性上表现出证据品格。然而，通过实证考察发现，立法资料一般较少被视为可用来认定案件事实的证据，因而法官运用立法资料资料说理更多表现为一种理论可能。

当然，尚存在一种可能的情形是，在规范审查语境下，法

---

① 最高人民法院（2007）行提字第2号行政判决书。

官运用下位法的立法资料来认定下位法的"立法事实"[①]。在一般案件中，法官通过将法律依据涵摄于案件事实中，而在规范审查的语境下，下位法取代了原有的案件事实地位，因而法官可将立法资料视为证据以认定下位法的立法事实。但整体而言，立法资料在此语境下被用来确认下位法的规范内涵，亦难以表征出独立色彩。总之，法官通过运用立法资料来认定案件事实的情形极其少见。

综上所述，立法资料是立法过程中形成的辅助性资料，承载着立法时的价值取向，成为识别立法原意的重要手段。通过理论分析与实证考察，法官运用立法资料阐明裁判依据或者重构裁判依据，是立法资料与裁判文书说理实践相关联的两种主要方式。具体言之，一是在法律解释时，法官通过援引立法资料在法律条文可能的语义范围内构建解释论点；二是当制定法存在漏洞时，由于现代司法均强调法官不得拒绝裁判，因此，法官基于裁量权的行使，援引包括立法资料在内的相关材料续创造和重构裁判依据。此外，虽然立法资料本质上内含着证据属性，但实践中法官通过援引立法资料认定案件事实的情况极其罕见，更多表现为一种理论可能性。

三、运用立法资料说理的规范要求

诚如前述，笔者已经初步揭示了立法资料[②]与裁判文书说理实践的内在关联，指出法官运用立法资料说理的路径和方式。然

[①] 所谓立法事实，是指立法机关创设法律是否存在经济、社会方面的基础。关于立法事实的详细论述，参见陈鹏：《合宪性审查中的立法事实的认定》，载《法学家》2016年第6期；姜涛：《立法事实论：为刑事立法科学化探索未来》，载《法制与社会发展》2018年第1期。

[②] 虽然立法过程中也会生成影视录像资料，但由于立法过程中生成的资料通常以书面符号的形式呈现，因而，本讲将主要讨论立法过程中生成的文本材料。

而，法官使用这类立法资料却并非毫无限制。法官滥用立法资料导致司法成本过高、法官自由择取立法资料可能会损害法律的权威性和安定性等问题，要求我们进一步研究法官运用立法资料说理实践的规范化。

在国内，已有部分学者对规范法官运用立法资料说理有所论述。例如，梁慧星教授指出，"一切立法资料，只是解释法律之参考资料，必须依社会现有观念，对立法资料予以评估，进行价值判断，以发现法律客观的规范意旨"[①]；刘翀指出了立法史资料的可获得性、立法史资料相关性和可靠性、不同类型材料的重要性和证明力大小等因素，是立法史材料运用时需要考察的因素；[②]陈晨梳理了法官运用立法资料的要求，并将其划分为价值追求、产生时间、本身表述、产生过程与法律文本的联系、自身的权威性、运用前提等六方面。[③]总体而言，虽然国内学者初步阐述了法官择取立法资料的要求，并且为深入考察此论题留下了一定的线索，但有关研究尚未阐述法官运用立法资料说理的场合，也没有深入剖析与"立法意图"关联度高的立法资料的价值。因此，相关研究有待补强和深入。

反观国外学界，围绕立法资料的司法运用业已形成一定的研究成果。[④]例如，在佩铂诉哈特（Pepper V. Hart）案中，确立起了颇具特色的立法资料的运用规则，具体包括："（1）法律规定有歧义或者不明确，或者字面含义将会导致荒谬的结果时，可以运用立法资料；（2）参考的资料包括一位或者多位大臣或者法案提案者的陈述，如果必要的话，还包括其他对理解该发言及其效果

---

① 梁慧星：《民法解释学》，法律出版社2015年版，第222页。
② 刘翀：《美国现代制定法的解释方法研究》，南京师范大学2014年博士学位论文。
③ 陈晨：《立法资料在法律解释中的运用》，山东大学2012年硕士学位论文。
④ 受限于篇幅，笔者在此无法详尽梳理目前国外学界对此问题的讨论，故另文再作展开。

所必须的议会材料;(3)参考的发言表达必须清晰。"① 此外，还有学者对此亦有贡献，例如，美国学者舒茨与科恩认为建立一种关于不同类型立法资料的权重的层级理论，将有助于法官审查立法资料。② 诺斯教授认为法官应该依据议会决策的具体程序来选择相应的立法资料，借由此提升立法资料的可信赖性。③ 针对文本主义的诘难，泽波斯教授指出有必要建立一种"证据模型"来优化"立法史资料"的选择，进而确定立法原意。④ 由此来看，虽然受限于不同的政治架构与司法传统，不同国家的法官运用立法资料的说理实践不尽一致，但上述研究资料，无疑为提炼出法官运用立法资料说理的规范要求奠定了基础。

对此，通过梳理国内既有的研究成果，同时借鉴国外学界对此论题的讨论成果，笔者以运用立法资料的前提、择取立法资料的要求为建构逻辑，意图提炼出规范法官运用立法资料说理实践的相关命题，确立法官运用立法资料说理的限度，以资我国裁判实践参考。

（一）运用立法资料的前提

笔者认为，在裁判实践中，法官首先必须给予法律概念、法律条文的文义以初始优先性，仅在必要时方才援引立法资料说理，并且在刑事案件中法官不得援引立法资料续造法律。

---

① 张洁:《议会议事录在英国法律解释中的命运——对佩珀诉哈特案的历史分析》，华东政法大学2008年硕士学位论文。

② See Jack Schwartz and Amanda Stakem Conn, "The Court Of Appeals At The Cocktail Party: The use And Misuse Of Legislative History", *Maryland Law Review*, Vol.54, No.2（1995）, p.462.

③ 诺斯教授结合立法程序提出了法官在司法适用中择取立法资料的主要规则。参见See Victoria Nourse, "Decision Theory of Statutory Interpretation: Legislative History by the Rules", *Yale Law review*, Vol.122, No.1,（Oct., 2012）, p.118.

④ See Nicholas S.Zeppos, "Legislative History and the Interpretation of Statutes: Toward a Fact-Finding Model of Statutory Interpretation", *Virginia Law Review*, Vol.76, No.7（Oct., 1990）, p.1307.

诚如前述，立法者基于特定的价值基点评价生活事实，建构形成具有约束力的理想秩序，因而法律文本并非由冰冷、价值无涉的符号组成，而是凝结着立法者的价值评价，成为反映规范目的的最为权威、准确的证据。一般而言，社会生活实践中的案件通常为常规案件，作为法律条文中最为基础的构成要素，法律概念、法律条文的核心文义通常明晰可见，因此人们依循语言的一般用法便能就法律概念的意思形成共识性理解，而法官亦可确认法律条文的规范内涵，并将案件事实归属法律条文中的构成要件之下。因此，法官运用其他资料说理的实践不可绝对化，而是应当给予法律概念、法律条文的文义以初始优先性，尽可能限缩其他资料的运用空间，以避免招致争议。

与此同时，由于语义流变现象，制定法中的法律概念有时会表现出歧义；[①] 面对无限多样的生活事实，制定法有时并不完整，因而表现出法律漏洞……在此背景下，法官通常无法准确确定法律文本的意思，而援引立法资料识别立法意图，将有助于裁断纠纷，实现个案正义。例如，在佩铂诉哈特案中，英国法官在判决文书中写道："当制定法存在含混（ambiguous）、不明确（obscure）或者将会导致荒唐结果出现的时候，可以运用立法资料。"在中国，全国人大常委会法制工作委员会原主任乔晓阳指出，"当制定法含义十分明确时，则制定法规则的字面含义即为立法者的意图。如果其模糊，存在多种含义时，我们可以研究立法者立法时的立法资料以及立法沿革，以确定立法者的意图"[②]；陈晨认为，"当法律规定模糊不清或者存在歧义的时候，即通过法律

[①] 有学者基于语义学的立场，区辨了法律概念的"语义含混"和"语义模糊"两类现象，并指出由于语义现象存在流变的情况，因此在法律概念表现出语义含混时，通过考察立法资料有助于确定立法意图。参见陈坤：《疑难案件中的法律概念与立法意图——兼为主观解释论辩护》，载《法制与社会发展》2014年第6期。

[②] 乔晓阳：《立法法讲话》，中国民主法制出版社2000年版，第183—184页。

文本的字面含义可以得到两个或者两个以上的不同的解释，我们可以通过研究立法资料来确定立法意图"①。由此视之，上述学者更为具体阐述了立法资料的运用场合，本质上强调了法官运用立法资料的场合具有例外性、必要性。因此，法官在裁判实践中运用额外的资料证成裁判结论，仅在必要时（尤其是法律条文存在歧义或者法律存在漏洞时）方才援引立法资料说理。

此外，由于刑事法特别强调罪刑法定原则，即在法律没有明文规定时，法官不能判定犯罪嫌疑人有罪；在法律没有明文规定时，法官亦不得处罚犯罪嫌疑人，因而在刑事司法中，学者们通常认为必须限制法官的法律解释权限，这突出表现为当制定法存在漏洞时，法官不得通过类推填补法律漏洞。陈兴良教授指出："刑法的解释是有限制的，这一限制就是可能语义。凡是超出可能语义的解释都是违反罪刑法定原则的，因而就是不被允许的。"②因此，法官不得在刑事案件中直接援引立法资料来重构裁判依据。

综上所述，法官运用立法资料说理存在前提限制。法官必须尊重法律条文的基本文义，仅仅在必要时即当制定法存在歧义或者表现出漏洞等情形时，援引立法资料方才具有合理性。此外，在刑事案件中，法官不得直接援引立法资料作为裁判依据。

（二）资料择取的要求

诚如前述，生成于立法过程中的辅助性资料通常种类庞多、形态各异，因此，法官若欲援引立法资料说理，通常会面临择取立法资料的难题——如何穿越错综复杂的立法资料进而准确地确定立法原意？如何确保法官选择的立法资料能够为当事人信服、接受？等等。为此，通过区辨、归纳学理，笔者认为选择业已公开和与立法意图关联度高的立法资料，应是法官择取资料时最为

---

① 陈晨：《立法资料在法律解释中的运用》，山东大学2012年硕士学位论文。

② 陈兴良：《罪刑法定主义的的逻辑展开》，载《法制与社会发展》2013年第1期。

重要的要求。

1. 选择业已公开的立法资料

域外部分国家或者地区就立法资料的管理开展了各具特色的规范实践。例如，美国、我国台湾地区就立法资料业已形成较为科学的管理模式和技术。其中，公开立法资料便是规范立法资料管理的一项重要要求。① 作为立法公开的内在要求之一，有学者认为公开立法资料对保障公民各项政治权利、确立法律权威、增强立法机关的时效性、保障法的有效实施等均具有效用。② 由此可见，公开立法资料的实践不仅切合着规范立法资料管理的要求，而且对规范法官运用立法资料的实践、保证法律有效实施亦有助益。③

一般而言，法官通常运用业已公开的立法资料进行裁判文书说理。但在实践中亦不能忽视一类现象：针对重大、疑难案件，某些法官为了阐释法律条文的含义援引未对社会公开的内部性立法资料。④ 由于尚未公开的立法资料并不具有普遍性和客观性，因而法官在裁判说理时援引未加公开的立法材料，不仅为裁判者悖离法律的约束创造了机会，而且难以为当事人、法律职业者所接受。对此，我国台湾地区学者黄茂荣教授指出："这些资料中，以公诸大众者为限，始能被引用。"⑤ 总之，在裁判文书说理中，法官应当选择业已公开的立法资料。

2. 选择与立法意图关联度高的立法资料

诚如前述，立法资料与法律文本相伴相生，因而立法资料与

---

① 王维静:《论立法背景资料的规范化》，厦门大学2012年硕士学位论文。
② 李店标:《论立法资料的公开》，载《兰台世界》2011年第27期。
③ 许多学者对在司法实践中立法资料不易为社会大众所获致提出了质疑，对此问题，笔者认为现代科技的发展不仅能够规范化立法资料的管理，也能够方便人们获致立法资料，比如在美国大多数法律数据库中，均能方便地查询相应的立法史材料。
④ 在某些疑难案件中，法官有时依凭其公职身份考察立法过程中未被公开的档案。
⑤ 黄茂荣:《现代民法与法律方法》，法律出版社2000年版，第341页。

立法意图表现出关联性，通常被视为识别立法意图的证据。鉴于立法资料与立法意图、法律文本之间的逻辑关系，与立法意图关联度更高的立法资料通常能够帮助法官准确识别立法意图，以供裁判实践使用。而与立法意图或者法律文本不相关的立法资料通常不能确认立法意图。因此，笔者认为，法官择取立法资料时应当选择与立法意图关联度更高的资料。① 通过考察立法资料与立法意图的逻辑关系，笔者认为关联性命题一般又可进一步划分为如下标准：

其一，相较而言，表述明晰的立法资料通常具有较强的证明力，因而法官应当选择表述明晰的立法资料。

由于立法资料通常以书面话语的形式表现出来，而语言符号具有表意模糊的特性，因而承载立法意图的不同类型的立法资料通常表现出程度不一的证明力。就立法资料的内在质量而言，表述清晰的立法资料通常能够帮助法官直接识别立法原意，从而表现出较强的证明力；表述模糊、笼统的立法资料对待确认的立法意图而言，其证明力通常尚需其他资料的进一步补强，从而表现出较弱的证明力，因而在裁判实践中这类资料一般意义不大。

不同国家的学者对表述明晰的立法资料的重要价值，业已达成基本共识。例如，在英国，佩铂诉哈特案突破了英国司法传统中奉为圭臬的"除斥规则"，并正式确立起法官在解释时援引立法资料的裁判规则，其中重要要求之一便是"所运用立法资料应当明晰"。在法国，法官亦将"立法资料的内容须足够明确"作为法官运用立法资料的三项要求之一② ……总而言之，面对案件争议，当存在多种立法资料可供择取时，表述明晰的立法资料通常与待确认的立法意图存在较强的关联性，因而法官应当择取尽可能表述明晰的立法资料。

---

① 当法律并不存在漏洞时，法律文本即是反映立法意图的、最为重要的证据，在此情形下，法官应当选择与拟要解释的法律条文关联度最高的立法资料。

② 林更盛：《论法律解释的目标》，载《高大法学论丛》第7卷第2期。

其二，一般来说，对法律文本发挥最终定型作用的立法资料通常有助于法官准确确定立法意图。

在立法学上，人们通常将狭义的立法程序划分为"提案""审议""法案表决""法律公布"四个阶段。由于立法过程充斥着利益博弈，这使得不同立法阶段的不同立法者对有关问题的态度通常各异。通过考察立法过程，一般来说，相较于立法阶段靠前生成的立法资料，立法阶段靠后生成的立法资料的共识一般较为充分，并对法律文本的最终定型具有重要作用。诚如前述，法律文本是确认立法意图的最为权威的证据。因此，当法官无法通过确证法律文本的意思时，择取与法律文本关联度高的立法资料，便可以帮助法官确证立法意图。因而，在司法实践中，立法阶段靠后的立法资料通常能够证明待证法律文本的含义。在美国，两院协商委员会报告（conference committee reports）在生成阶段上较为靠后，诺斯教授指出这类报告一般被认为是除法律文本之外国会最值得信赖的证据。① 而在中国语境下，一般而言，对正式颁行的法律文本发挥最终定型作用是立法理由说明书，因而，法官在裁判文书说理时应当尽可能援引立法理由书。

总之，基于立法程序以及议事规则的内在逻辑，立法阶段靠后、对法律文本发挥最终定型作用的立法资料通常具有较大价值。在裁判实践中，法官择取这类立法资料通常能准确地识别出立法意图。

其三，法官应当选择立法过程中获得广泛认同的立法资料。

一般而言，根据近代以来代议制的基本原理，法律的颁行以多数决为实质要件。围绕法律草案通过与否，立法过程中往往存在多数与少数的区别。由于正式颁行的法律文本背后通常凝聚着立法过程中较权威的、大多数立法者的价值共识，因而法官援引

---

① See Victoria Nourse, "Decision Theory of Statutory Interpretation: Legislative History by the Rules", *Yale Law review*, Vol.122, No.1, (Oct., 2012), p.118.

立法资料解释法律条文或者援引立法资料填补漏洞时，应当仔细辨析立法文本背后的权威资源，并且给予立法过程中获得广泛认同的立法资料以更多的优先性考量。因为在通常情形下，立法过程中获得立法者广泛认同的立法资料，其在价值取向与有关法律条文所追求的社会目标相一致，因而这类立法资料通常与法律条文不仅表现出更强的关联性，而且存在更强的合理性成分。

与之相对，在立法过程中，承载少数立法者价值取向的立法资料，虽然也可能包含着合理性内容，但这类资料背后的权威资源通常不足。此外，由于为少数立法者支持的立法资料容易为个别野心家所操纵，因此，这类资料与立法意图的关联性表征并不明显。法官通过这类资料难以准确地识别法律文本背后的立法意图。对此，有学者指出在不知道立法争论中谁是胜利者与谁是失败者的情况下，不能随意应用立法史材料（legislative history）。① 笔者认为，这种要求法官认真审视法律文本背后民意基础以准确择取立法资料的观点，实际上肯认了不同类型的立法资料与立法意图的关联性并不一致，因而法官在择取立法资料时有必要分析立法资料背后的民意基础。

总之，立法过程中生成的、为立法者广泛认同的立法资料既内含着较强的权威资源，也表征出更高的"拟制正确性"②，因而，这类资料与法律文本通常表现出更强的关联性，对于确证立法意图具有较强的证明力。因此，法官运用立法资料说理时，必须尽可能区辨法律文本背后权威资源的分量，并给予法案通过中的支持者的立法资料以"初始优先性"。

---

① See Victoria Nourse, "Decision Theory of Statutory Interpretation: Legislative History by the Rules", *Yale Law review*, Vol.122, No.1, (Oct., 2012), p.118.

② "拟制正确性"是指在人类主体性擢升的现代社会，人民逐渐取代上帝成为世俗世界的立法者，但限于其立法者认为立法者的有限理性，其决断并不存在绝对真理意义上的"正确性"，而是表征为一种具有"拟制"色彩的正确性。参见俞祺:《正确性抑或权威性：论规范效力的不同维度》，载《中外法学》2014年第4期。

综上所述，法官运用立法资料说理存在"规范要求"。笔者认为，其主要[①]包括如下两项：一方面，法官援引立法资料说理具有规范性维度，为了将法官的价值判断客观化，使判决结果为当事人、法律职业者信服，法官应当选择业已公开的立法资料；另一方面，法官应当择取与立法意图具有较高关联度的立法资料，而不应当考察与立法意图不相关的立法资料。通过考察关联性的要求，笔者认为如下标准具有重要意义：其一，由于表述明晰的立法资料一般能直接确认立法意图，与待证意图存在更强的关联性，因而法官应当选择表述明晰的立法资料；其二，一般而言，立法阶段靠后的立法资料通常对法律文本定型具有较强的作用，通常表现出较强的证明力；其三，在援引过程中，应该区别法律文本背后的权威资源。一般来说，代表着多数人价值取向的立法资料通常具有较强的证明力，表现出更强的可靠性。

增强裁判文书的说理性，实质上便是要求法官必须详细阐明裁判结论的形成过程和理由依据。对此，法官通常不得不援引其他材料作为论据以充实裁判文书。其中，法官援引立法过程中生成的辅助性资料说理此一现象，颇具学理、实践价值，值得被认真对待。

在本讲，笔者初步论及了立法资料的性质和类型，指出立法资料通常承载着立法时的价值取向，因而可被视为识别立法意图的证据。通过实证分析与理论考察，可以看到立法资料与裁判文书说理实践的内在关联方式：法官运用立法资料主要用来解释法律；在法律存在漏洞时，法官亦通过援引立法资料作为裁判依据。虽然法官运用立法资料说理有助于促进裁判文书说理，但法官运用立法资料说理的实践并非毫无限制。法官运用立法资料说理主要存在运用前提和资料择取两方面的规范要求：其一，在运用场

[①] 当然，围绕法官通过立法资料确证立法意图此问题，理论上尚存在其他的、可能的标准，但择取"与立法意图关联度高的""业已公开的"立法资料无疑是最为重要的两项要求。

合上，法官应当给予法律概念、法律条文的文义以优先性，仅仅在必要时方才援引立法资料说理，并且立法资料不得被援引作为刑事案件中的裁判依据。其二，在择取资料时，法官援引公开的、与立法意图关联度高的立法资料通常有助于准确识别立法意图。

第七讲

裁判文书说理的文件援引[*]

若按照"关键词方法"来理解中国政治的话,[①] "文件"[②] 是一个重要的词汇。[③] 同样,借助文件文本来考察与评价我国的司法政治以及司法活动,无疑也是一个重要的切入口。本讲拟对刑事裁判文书说理援引文件相关问题作些研究。

一、刑事裁判文书援引文件的类型

文件在不同的学科和领域会有不同的内涵和外延。[④] 此处是指裁判文书中援引以资作为说理素材或者裁判依据的具有官方权威的书面材料。文件,按照不同的标准,可做不同的分类。就刑事裁判文书中的文件而言,具体可作如下几种划分:

---

[*] 此部分系拙著《司法改革:深水区与细说理》(法律出版社2015年版)第八章《关于裁判文书说理改革的思考(三)——以刑事裁判文书"文件援引"为中心》适当修改而成。

[①] 景跃进、张小劲、余逊达编:《理解中国政治:关键词的方法》,中国社会科学出版社2012年版。

[②] "文件"具体有两个意思:一是公文、信件等;二是指有关政治理论、法律政策、学术研究等方面的文章。参见中国社会科学院语言研究所词典编辑室编:《现代汉语词典》(修订版),商务印书馆1996年版,第1319页。

[③] "文件政治"的表述无疑是很好的表达。"文件政治"最早由香港中文大学吴国光提出,以对应于民主国家的"法律政治"和独裁国家的个人专制。参见施从美:《文件政治与乡村治理》,广东人民出版社2014年版,第1页。

[④] 周振华:《文件学概论》,甘肃人民出版社2002年版。

一是按照文件承载的职责来划分，刑事裁判文书中的文件可以分为"裁判依据型文件"和"裁判说理型文件"。①基于刑事审判、民事审判和行政审判的性质、职责、功能的不同，刑事裁判文书与民事裁判文书、行政裁判文书中的裁判依据存在差别。2009年11月4日施行的最高人民法院《关于裁判文书引用法律、法规等规范性法律文件的规定》第1条规定："人民法院的裁判文书应当依法引用相关法律、法规等规范性法律文件作为裁判依据"；第3条规定："刑事裁判文书应当引用法律、法律解释或者司法解释"；第4条规定："民事裁判文书应当引用法律、法律解释或者司法解释。对于应当适用的行政法规、地方性法规或者自治条例和单行条例，可以直接引用"；②第5条规定："行政裁判文书应当引用法律、法律解释、行政法规或者司法解释。对于应当适用的地方性法规、自治条例和单行条例、国务院或者国务院授权的部门公布的行政法规解释或者行政规章，可以直接引用。"按照上述规定，除法律和立法解释之外，此处的"司法解释"（包括刑事实体法和程序法方面）属于"裁判依据型文件"，例如，张某军抢劫、盗窃案③对最高人民法院、最高人民检察院《关于办理盗窃刑事案件适用法律若干问题的解释》的援引：

本院认为，原审被告人张某军入户实施盗窃被发现，为抗拒抓捕在户内当场使用暴力，致人轻微伤；多次窃取他人财物，数额较大，其行为已分别构成抢劫罪、盗窃罪，依法应予并罚……原审人民法院作出的判决，认定的部分事实不清，未认定张某军

---

① 此种归类表述涉及对"裁判依据"和"裁判说理"的界定，需要另文论述。这里暂时作如下界定："裁判依据"限定于法院作出判决结果所援引的有关规范性文件，"裁判说理"泛指法院为作出判决结果（结论）所进行的说明理由（包括"理由"的"理由"）。

② 按照《民法通则》第6条规定，"民事活动必须遵守法律，法律没有规定的，应当遵守国家政策"，承载"国家政策"的文件在没有法律作为裁判依据的前提下当然可以作为裁判依据。

③ 北京市第二中级人民法院刑事判决书（2014）二中刑抗终字第774号。

系入户抢劫不当，且对张某军所犯盗窃罪量刑畸轻，本院依法予以改判。据此，本院根据原审被告人张某军犯罪的事实、犯罪的性质、情节、对于社会的危害程度，依照《中华人民共和国刑法》第二百六十三条第（一）项、第二百六十九条、第二百六十四条、第五十六条第一款、第五十五条第一款、第五十二条、第五十三条、第六十五条第一款、第六十九条、第六十七条第三款、第六十一条、第六十四条、最高人民法院《关于审理抢劫、抢夺刑事案件适用法律若干问题的意见》第一条、最高人民法院、最高人民检察院《关于办理盗窃刑事案件适用法律若干问题的解释》第一条第一款、第三条第一款、第二款以及《中华人民共和国刑事诉讼法》第二百二十五条第一款第（二）项、第（三）项之规定，判决如下……

裁判说理型文件不同于裁判依据型文件，不是作为裁判依据，而是作为裁判说理的素材。[①] 例如，郭某某交通肇事案[②] 中最高人民法院《关于贯彻宽严相济刑事政策的意见》属于裁判说理型文件，它是法院作出免于刑事处罚决定的政策性理由或依据，可以说是对"《中华人民共和国刑法》第三十七条""法律理由或者依据"的支撑与强化：

法院认为，被告人郭某某驾驶车辆违反道路交通安全管理法律、法规，未确保安全行驶，发生重大道路交通事故，致一人重伤，且负事故的全部责任，其行为已构成交通肇事罪……公诉机关建议对被告人郭某某在法定刑幅度内从轻量刑处罚的公诉意见，及辩护人建议对被告人郭某某从轻或者减轻处罚的辩护意见，本

---

① 2009年11月4日施行的最高人民法院《关于裁判文书引用法律、法规等规范性法律文件的规定》第6条规定："对于本规定第三条、第四条、第五条规定之外的规范性文件，根据审理案件的需要，经审查认定为合法有效的，可以作为裁判说理的依据。"此处采用"作为裁判说理的依据"的表述不够严谨，因为《规定》第三条、第四条、第五条所指的规范性文件无疑也扮演着裁判说理的功能，因而也属于裁判说理的依据。

② 甘肃省清水县人民法院刑事判决书（2014）清刑初字第11号。

院予以采纳。同时，本案被告人与被害人属同村村民，且被害人在对事故风险应当预见的前提下而主动搭乘该车，具有一定过错。案件审理中，被告人与原告人的委托代理人已达成民事赔偿协议，并全部履行给付义务，得到了原告人及其亲属的真诚谅解，被告人犯罪情节轻微，悔罪表现良好，依照最高人民法院《关于贯彻宽严相济刑事政策的意见》的相关规定，可以免于刑事处罚。综上，经本院审判委员会讨论决定，依照《中华人民共和国刑法》第一百三十三条、第三十七条之规定，判决如下……

二是按照文件制作的权限来划分，刑事裁判文书中的文件可以分为法院系统内文件和法院系统外文件。① 法官援引本法院或者上一级法院单独或者联合制作的相关文件作为裁判依据或者说理素材，此乃系统运行的正常现象，尤其在我国法院上下级关系行政化色彩较浓的情况下更是如此。法院系统外的文件则对法院裁判没有直接的约束力，最多在裁判说理中具有参照的作用，也就是说，其不得作为裁判的直接依据。例如，付某某挪用公款案② 中最高人民检察院《关于非国家工作人员挪用非特定公物能否定罪的请示的批复》：

现对上诉人付某某上诉理由及辩护人辩护意见评析如下：1. 关于上诉人及辩护人称付某某行为不构成挪用公款罪的问题。本院认为，根据最高人民法院、最高人民检察院《关于办理国家出资企业中职务犯罪案件具体应用法律若干问题的意见》第三项之规定"国家出资的工作人员在公司、企业改制过程中，利用职务上的便利，将公司、企业的资金或者金融凭证、有价证券等用于个人贷款担保的，以挪用资金罪或者挪用公款罪定罪处罚"。最高人民检察院在《关于国家工作人员挪用非特定公物能否定罪的请示的批复》中答复"刑法第384条规定的挪用公款罪中未包括

---

① 从实践来看，法院除单独制定文件外，有时还与相关部门联合制定文件，例如，最高人民法院与最高人民检察院、公安部、司法部联合制定规范性文件。

② 河南省商丘市中级人民法院刑事判决书（2012）商刑终字第228号。

挪用非特定公物归个人使用的行为,对该行为不以挪用公款罪论处。"根据上述司法解释的规定,挪用公款罪的对象是公款、金融凭证、有价证券等资金凭证,不包括非特定公物。被告人付某某利用单位房产抵押贷款 70 万元,不能将单位房产认定为挪用公款罪的对象。其次,付某某抵押贷款 70 万元,其是借款合同的主债务人,需要承担还款责任,且房产与贷款之间不是直接的对价关系,另外付某某抵押房产后,单位对该房屋并没有丧失所有权,因此,付某某抵押的单位房产及所贷款项不是挪用公款罪的犯罪对象,原判认定付某某的行为构成挪用公款罪不当。被告人上诉理由及辩护人辩护意见成立,予以支持……依照《中华人民共和国刑事诉讼法》第二百二十五条第一款第(二)项、《中华人民共和国刑法》第一百六十八条、第七十二条、第七十三条的规定,判决如下……

再如周某某、张某某被控嫖宿幼女再审宣告无罪案中最高人民检察院《关于构成嫖宿幼女罪主观上是否需要具备明知要件的解释》就是作为了裁判说理的素材:

再审法院认为:被告人周某某、张某某嫖宿不满 14 周岁的幼女事实清楚,证据确定、充分。但嫖宿幼女罪,主观上是否需要具备明知被害人是幼女为构成要件,我国《刑法》没有明确规定,目前最高人民法院也没有相关司法解释。但本案二审期间,最高人民检察院于 2001 年 6 月 11 日发出高检发释字〔2001〕3 号《关于构成嫖宿幼女罪主观上是否需要具备明知要件的解释》,明确规定行为人知道被害人是或者可能是不满 14 周岁幼女为构成嫖宿幼女罪的要件。最高人民检察院的该解释属司法解释,具有法律约束力,且与最高人民法院的司法解释无冲突,从司法统一性考虑,本案可以参照适用。辩护人的辩护理由成立。被告人周某某、张某某虽有嫖宿行为,但主观上不明知嫖宿对象为不满 14 周岁的幼女,其行为不构成嫖宿幼女罪。

三是按照文件的具体内容或者条款来划分,刑事裁判文书中的文件可分为法律规则型文件和政策原则型文件。前者是指文件的整体（或者某些条款）是对现有法律或者司法解释的进一步细化或者补充，起到提供裁判规则的效果，例如2010年12月22日最高人民法院制定的《关于处理自首和立功若干具体问题的意见》；后者是指文件的整体（或者某些条款）或者仅是重复现有的法律及司法解释规定，起到重申或者宣示的效果，或者从宏观上提出涉及司法裁判活动的政策性、原则性要求，起到调节或者引导的效果，例如2010年2月8日最高人民法院下发的《关于贯彻宽严相济刑事政策的若干意见》。从刑事判决文书援引文件的内容来看，大致涉及以下情形：一是所引文件的内容是对裁判规范的细化或者补充，例如对司法解释具体条款的引用；二是所引文件的内容是对裁判规范的重申，例如对非司法解释性文件中那些与法律、司法解释条款完全一致的内容的引用；三是所引文件的内容对裁判自由裁量权的引导，例如引用最高人民法院《关于贯彻宽严相济刑事政策的意见》的相关规定来对量刑宽严幅度作适当的调整，再如引用《全国法院维护农村稳定刑事审判工作座谈会纪要》对特定情形的死刑适用作出政策性指引，例如，魏某定故意杀人案[①]：

二审法院认为，原审判决认定事实清楚，证据确实、充分，定罪准确，审判程序合法。但鉴于本案系因民间纠纷引发，与发生在社会上的严重危害社会治安的其他故意杀人犯罪案件有所区别，且二审中上诉人魏某定真诚悔罪，倾其所有与原审附带民事诉讼原告人魏某丁达成民事调解协议，根据《全国法院维护农村稳定刑事审判工作座谈会纪要》精神和宽严相济刑事政策，可对被告人魏某定不判处死刑立即执行。经本院审判委员会讨论决定，依据《中华人民共和国刑事诉讼法》第二百二十五条第一款（二）项、第二百三十三条、《中华人民共和国刑法》第二百三十二条、第五十七条第一款、第四十八条第一款之规定，判决如下……

[①] 甘肃省高级人民法院刑事附带民事判决书（2013）甘刑一终字第37号。

二、刑事裁判文书援引文件的问题表现

通过检索刑事裁判文书样本发现，以有关宽严相济刑事政策的案件为例，目前对"文件"的援引主要存在以下问题：

一是援引文件的具体内容指向不明确，有的表述为"为体现宽严相济的刑事司法政策"，或者"充分体现宽严相济刑事政策"，或者"根据宽严相济的刑事政策"，例如，许某某危险驾驶案[①]：

法院认为，被告人许某某违反交通法规，在道路上醉酒驾驶机动车，其行为已构成危险驾驶罪。鉴于被告人许某某归案后能配合交警部门的调查处理，对其可酌情从轻处罚。综合考量被告人许某某的醉酒程度、犯罪情节、社会危害程度，认为其没有再犯罪的危险，对其适用缓刑不会在其所居住社区产生重大不良影响，根据宽严相济的刑事政策，本院决定对其宣告缓刑。

有的表述为"根据最高人民法院关于贯彻宽严相济刑事政策的若干意见有关规定"，或者"根据最高人民法院《关于贯彻宽严相济刑事政策的若干意见》的相关精神"，或者"根据最高人民法院印发《关于贯彻宽严相济刑事政策的若干意见》和《关于处理自首和立功若干具体问题的意见》的通知精神"，或者"依照最高人民法院《关于贯彻宽严相济刑事政策的若干意见》的相关规定"，例如，郭某某交通肇事案[②]：

法院认为，被告人郭某某驾驶车辆违反道路交通安全管理法律、法规，未确保安全行驶，发生重大道路交通事故，致一人重伤，且负事故的全部责任，其行为已构成交通肇事罪，公诉机关的指控事实清楚，证据确实充分，罪名成立。公诉机关建议对被告人郭某某在法定刑幅度内从轻量刑处罚的公诉意见，及辩护人建议对被告人郭某某从轻或者减轻处罚的辩护意见，本院予以采

---

① 广东省广州市黄埔区人民法院刑事判决书（2013）穗黄法刑初字第338号。
② 甘肃省清水县人民法院刑事判决书（2014）清刑初字第11号。

纳。同时，本案被告人与被害人属同村村民，且被害人在对事故风险应当预见的前提下而主动搭乘该车，具有一定过错。案件审理中，被告人与原告人的委托代理人已达成民事赔偿协议，并全部履行给付义务，得到了原告人及其亲属的真诚谅解，被告人犯罪情节轻微，悔罪表现良好，依照最高人民法院《关于贯彻宽严相济刑事政策的意见》的相关规定，可以免于刑事处罚。

需指出的是，有些裁判文书对文件的援引很明确，例如，韩某故意伤害案[①]：

法院认为，被告人韩某故意伤害他人身体，并诱发被害人心脏病发作导致死亡的行为已构成故意伤害罪。其行为并不是导致被害人死亡的直接原因，应按照最高人民法院《关于宽严相济刑事政策的若干意见》的通知第21条之规定："对于老年人犯罪，要充分考虑其犯罪动机、目的、情节、后果以及悔罪表现等，并结合其人身危害性和再犯可能性，酌情予以从宽处罚"的规定，综合考虑被告人的实际情况，应当予以酌定从宽处理。

二是援引文件作为"裁判依据"还是说理素材不规范，有的在裁判依据部分"参照"引用非司法解释性文件，例如，郭某某故意伤害案[②]：

法院认为，被告人郭某某在与他人发生矛盾纠纷的情况下，未能采取理智、平和的态度协商解决，在冲突中动手殴打他人，其主观上具有犯罪的故意，客观上实施了打伤被害人的行为，造成一人轻伤、一人轻微伤的后果，其行为构成故意伤害罪。但是，被告人当庭自愿认罪，确有悔罪表现，并且能积极赔偿被害人经济损失，得到了被害人的谅解，依法可以从轻、减轻处罚。案件因民间纠纷引发，被告人又能积极悔罪，对其适用非监禁刑符合宽严相济刑事政策。综上，经本院审判委员会讨论决定，依照《中华人民共和国刑法》第二百三十四条第一款、第三十八条之规

---

① 龙江县人民法院刑事附带民事判决书（2010）龙江刑初字第47号。
② 甘肃省清水县人民法院刑事判决书（2014）清刑初字第6号。

定,并参照最高人民法院《关于贯彻宽严相济刑事政策的若干意见》第十六条、第二十三条的规定,判决如下……

有的在裁判依据部分"参照"引用司法解释,例如,程某某等过失致人死亡、非法持有枪支案[①]:

法院认为:被告人程某某、黄某录、黄某儿违反《中华人民共和国枪支管理法》有关规定,非法持有枪支并与他人相约在野外狩猎,其行为已构成非法持有枪支罪;被告人程某某在与被告人黄某录、黄某儿、被害人黄某某一起狩猎的过程中,疏忽大意击中被害人身体,造成被害人死亡的危害后果,其行为已构成过失致人死亡罪。鉴于三被告人主观恶性不深,认罪态度较好,能真诚悔罪,足额赔偿经济损失,取得了被害人亲属的共同谅解,根据最高人民法院《关于贯彻宽严相济刑事政策的若干意见》的相关规定,可以酌情从宽判处。综上,经本院审判委员会讨论决定,依照《中华人民共和国刑法》第二百三十三条、第一百二十八条、第六十九条之规定,并参照最高人民法院《关于审理非法制造、买卖、运输枪支、弹药、爆炸物等刑事案件具体应用法律若干问题的解释》及最高人民法院《关于贯彻宽严相济刑事政策的若干意见》的相关精神,判决如下……

有的在裁判依据部分"依照"引用非司法解释性文件,例如,李某某抢劫案[②]:

法院认为,罪犯李某某在服刑期间,能认罪服法,确有悔改表现,符合减刑的法定条件。但该犯未交纳罚金,减刑时应从严掌握。依照《中华人民共和国刑法》第七十八条、第七十九条及最高人民法院《关于贯彻宽严相济刑事政策的若干意见》第三十四条之规定,裁定如下……

有的在裁判依据部分"依据"引用非司法解释性文件,例如,

---

① 甘肃省清水县人民法院刑事判决书(2012)清刑初字第09号。
② 广西壮族自治区桂林市中级人民法院刑事裁定书(2012)桂市中刑执字第559号。

冯某某等贩卖毒品案①：

法院认为，被告人冯某某、李某某无视法律，违犯国家对毒品的管制，故意贩卖毒品，其行为均已触犯刑律，构成贩卖毒品罪。鉴于被告人李某某属于老年人犯罪，且二被告人归案后均能如实供述犯罪事实，有悔罪表现。故可对其酌情从轻处罚。其辩护人关于被告人认罪态度好，有悔罪表现的辩护意见成立，予以采信。被告人李某某辩护人关于被告人属于老年人犯罪，及其认罪态度好，有悔罪表现，应酌情予以从轻处罚的辩护意见成立，予以采信。为维护正常的社会管理秩序，打击毒品犯罪，依据《中华人民共和国刑法》第三百四十七条三款，最高人民法院《关于贯彻宽严相济的刑事政策的若干意见》第二十一条之规定，判决如下……

有的在裁判依据部分"根据"引用非司法解释性文件（程序法，最高人民法院联合其他部门制发），例如，刘某某非法储存爆炸物案②：

法院认为，被告人刘某某违反爆炸物品管理法规，非法储存火雷管33枚，其行为已触犯刑律，构成非法储存爆炸物罪。案发后，被告人能如实供述犯罪事实，当庭自愿认罪，且其非法储存爆炸物的行为未造成危害社会的后果，对其可依法从轻处罚。根据刑法及最高人民法院《关于贯彻宽严相济刑事政策的若干意见》的规定，具备适用缓刑条件，依法可适用缓刑。为了维护公共安全，根据《中华人民共和国刑法》第一百二十五条第一款、第七十二条第一款、最高人民法院《关于审理非法制造、买卖、运输枪支、弹药、爆炸物等刑事案件具体应用法律若干问题的解释》第一条第一款第（六）项、最高人民法院、最高人民检察院、司法部《关于适用简易程序审理公诉案件的若干意见》第九条之规

---

① 甘肃省宕昌县人民法院刑事判决书（2010）宕刑初字第38号。
② 甘肃省肃南裕固族自治县人民法院刑事判决书（2011）肃刑初字第08号。

定，判决如下……

三是援引"宽严相济"文件时定位不一致。有的定位为"原则"，例如，安某走私珍贵动物制品案①：

法院认为，被告人安某无视国家法律，违反海关和动物保护法规，逃避海关监管，非法携带珍贵动物制品入境，情节严重，其行为已构成走私珍贵动物制品罪，依法应予惩处。鉴于被告人安某被查获珍贵动物制品后能主动交代自己的犯罪行为，可视为自首，依法可减轻处罚。根据被告人安某犯罪的事实、性质、情节和悔罪表现，适用缓刑确实不致再危害社会，本着教育和惩罚相结合、宽严相济的刑事原则，可对其适用缓刑。

有的定位为"刑罚处罚原则"，例如方某某等聚众扰乱社会秩序案：

二审法院认为，被告人方某某、焦某某、李某某、李某、张某某组织煽动群众以用车辆堵路和人员轮流看守等方式阻扰高速公路施工，致使工程停工四十余天，情节严重，且造成设备损失达八万余元，其行为均已构成聚众扰乱社会秩序罪。焦某某、李某某、李某、张某某犯罪后认罪态度较好，有悔罪表现，可从轻处罚。鉴于方某某在二审审理阶段，能真诚认罪、悔罪，符合适用缓刑的条件，依照宽严相济的刑罚处罚原则，依法可对方某某适用缓刑。

有的定位为"刑事政策"，例如，倪某某故意伤害案②：

法院认为，被告人倪某某因琐事故意伤害他人身体，致他人死亡，其行为构成故意伤害罪。案发后倪某某主动拨打"110"投案，归案后能如实供述其主要罪行，依法认定为自首，予以从轻处罚。倪某某还主动拨打"120"急救电话，有施救行为，且能积极赔偿被害人亲属的经济损失，并获得被害人亲属的谅解，依

---

① 广东省广州市中级人民法院刑事判决书（2010）穗中法刑二初字第86号。
② 湖北省汉江中级人民法院刑事判决书（2010）汉刑初字第25号。

法还可酌情从轻处罚。根据倪某某犯罪的事实,犯罪的性质、情节和对于社会的危害程度,本着宽严相济的刑事政策,……判决如下……

有的定位为"刑事司法政策",例如,段某某故意伤害案①:

法院认为,被告人段某某因琐事与他人发生矛盾后,故意殴打他人,并致他人轻伤的后果,其行为已构成故意伤害罪,应当依法予以惩处。被告人段某某到案后能如实供述自己的罪行,当庭自愿认罪,具备坦白情节,依法可以从轻处罚;并对被害人进行赔偿,取得了被害人谅解,且被害人一方对激化矛盾、引发犯罪具有过错,均可酌情从轻处罚。鉴于被告人段某某系初犯,犯罪情节较轻,具有悔罪表现,没有再犯罪的危险性,宣告缓刑对其所居住社区亦没有重大不良影响,为体现宽严相济的刑事司法政策,决定依法宣告缓刑。

三、刑事裁判文书援引文件的规制建言

2014年10月23日,党的十八届四中全会通过的《中共中央关于全面推进依法治国若干重大问题的决定》指出,"完善党委依法决策机制,发挥政策和法律的各自优势,促进党的政策和国家法律互联互动"。在全面推进依法治国的时代背景下,如何处理好政策与法律尤其是党的政策和国家法律、②"法治政治"与"文件政治"的关系,无疑是一个具有实践意义和理论价值的重大课题。从宏观、整体层面而言,下列关于党的政策和国家法律关系的论述对于法院裁判活动具有指导意义:党的政策和国家法律在本质

---

① 天津市滨海新区人民法院刑事判决书(2014)滨功刑初字第53号。
② 何为"政策",何为"法(律)",不同学者、不同学科从不同角度会作出不同的界定,尤其在在我国,政策存在党的政策和国家政策之分(例如,《民法通则》采用了"国家政策"的表述,其第6条规定,"民事活动必须遵守法律,法律没有规定的,应当遵守国家政策");法存在国家法律和党法之别。这样无疑增加了厘清"政策"与"法(律)"关系的难度。

上是一致的，都是党和人民共同意志的反映，都是党用来治理国家的重要方式，都是党用以统筹社会力量、平衡社会利益、调节社会关系、规范社会行为，推动科学发展、全面深化改革、促进社会和谐的重要手段。所不同的是，政策和法律有各自独有的表现形式、作用范围、效力支撑，拥有者不同的特点和优势。党的政策，具有针对性、灵活性、探索性、指导性等特点，在研判国际国内发展大势、确定国家未来走向的宏观战略，指导最新创造性实践，解决改革发展稳定中不断出现的新问题、人民群众反映强烈的热点难点问题等方面发挥着重要作用。国家法律，具有普遍性、稳定性、反复适用性、国家强制性等特点，在规范公民权利与义务、国家机关权力与责任，定分止争、化解矛盾，维护社会稳定和公平正义，调整相对成熟、相对稳定的重大社会关系等方面发挥着重要作用。同时，政策和法律又具有紧密的内在联系。党的政策是国家法律的先导和指引，是立法的依据和执法司法的重要指导；国家法律是党的政策的定型化，党的政策成为法律后，实施法律就是贯彻党的意志。可以说，政策和法律同等重要、同样管用，不存在谁主谁辅、谁轻谁重、谁高谁低的问题。不能人为地把二者割裂开来，更不能片面地将二者对立起来。如果二者之间出现矛盾，就要努力做好统一正确实施工作。① 就法院裁判活动而言，法院在个案中同样面临法律与政策的关系问题②（尤其是二者出现冲突或者矛盾之际），上述原则性论述无疑可资借鉴。基于刑事裁判与民事、行政裁判的性质不同，介入个案处理的政策（包括法律原则）种类、适用的范围、适用的方式、论证结构及其

---

① 本书编写组：《党的十八届四中全会〈决定〉学习辅导百问》，党建读物出版社、学习出版社2014年版，第169—170页。

② 此问题与"法官受制定法的约束与具体个案公正之间的平衡"的问题具有一定的相似性，参见王祖书：《法官受制定法约束的理论谱系及其评价——基于德国法学方法论视角的考察》，载《北方法学》2014年第1期。

论证负担均会存在差别。① 相比于民事裁判而言，刑事裁判受罪刑法定原则的制约，法官受制定法约束的色彩② 更为浓厚，也就是说刑事政策在刑事审判活动中的适用范围更为有限，例如，刑事政策不能直接作为定罪量刑的依据，而只能间接地对定罪量刑活动产生作用（主要是通过影响那些关涉定罪与量刑的定量要素），相反，民事政策则在一定情形下可以直接作为裁判依据。③ 就刑事裁判文书援引文件（尤其是不属于司法解释范畴的政策性文件④）而言，除了要解决前述刑事裁判文书样本中存在的问题⑤ 及其他

---

① "政策"或者"（法律）原则"能否作为裁判依据，如何论证作为裁判依据的正当性，在民事审判与刑事审判存在不同，参见胡君：《原则裁判论——基于当代中国司法实践的理论反思》，中国政法大学出版社2012年版；另见雷磊：《类比法律论证——以德国学说为出发点》，中国政法大学出版社2011年版。

② 按照我国学者的分析，自19世纪以来，关于"法官受制定法约束"大致存在以下理论谱系：概念法学的理论追求是将法官视为"涵摄机器"；自由法学理论则强调法官具有造法的权力，将法官视为"法官王"；纯粹法学理论提出了"可能框架"模式，法律规范只是为法官的裁判提供一个可能的框架范围；评价法学理论则提出"法官受价值约束"的价值导向模式；法律论证理论提出了一种"理性商谈模式"。参见王祖书：《法官受制定法约束的理论谱系及其评价——基于德国法学方法论视角的考察》，载《北方法学》2014年第1期。显然，在这些不同的理论中，"政策"（或者法律原则）对法官处理个案的影响和作用有着不同的定位。

③ 当然，正如某英国法官所言："公共政策（Public Policy）乃是一匹难以控制的马，当你一旦骑上去，不知道它将你带往何处，它可能将你带领到一个合情合理的法律领域，但也可能将你带到一个失败的而永远无从争辩的法律领域"（转引金锦萍：《当赠与（遗赠）遭遇婚外同居的时候：公序良俗与制度协调》，载《北大法律评论》第6卷第1辑，北京大学出版社2004年版，第292页）。此处的"公共政策"（在英美法中）是指公序良俗这一法律原则。

④ 在我国，党的政策，一般是通过适当路径转化为国家立法政策或者司法政策之后间接地或者直接地对具体审判活动发挥指引作用。

⑤ 例如，非司法解释性文件不得援引作为裁判依据；非司法解释性文件只可援引作为裁判说理素材；援引文件的内容或者条款应当明确；等等。

相关问题①之外，最需要重视的也就是在文件（尤其是提供了具体的裁判规则的情形）与现行法律和司法解释出现矛盾之际，如何努力做好统一正确实施工作，也就是如何通过裁判说理和论证来化解和避免二者之间的冲突。实践中大致可区分以下情形来处理：一是现行司法解释的某个条款不合理，而"（文件）政策"提出的处理意见更为恰当。例如2001年9月17日最高人民法院下发的《对执行〈关于审理非法制造、买卖、运输枪支、弹药、爆炸物等刑事案件具体应用法律若干问题的解释〉有关问题的通知》对原有司法解释的个别条款作了更为合理的规定，具体包括："对于《解释》施行前，某人因生产、生活所需非法制造、买卖、运输枪支、弹药、爆炸物没有造成严重社会危害，经教育确有悔改表现的，可以依照刑法第十三条的规定，不作为犯罪处理；对于《解释》施行后发生的非法制造、买卖、运输枪支、弹药、爆炸物等行为，构成犯罪的，依照刑法和《解释》的有关规定定罪处罚。行为人确因生产、生活所需而非法制造、买卖、运输枪支、弹药、爆炸物，没有造成严重危害，经教育确有悔改表现的，可依法免除或者从轻处罚。"2003年1月15日最高人民法院下发《关于处理涉枪、涉爆申诉案件有关问题的通知》指出："我院《关于审理非法制造、买卖、运输枪支、弹药、爆炸物等刑事案件具体应用法律若干问题的解释》公布后，人民法院经审理并已作出生效裁判的非法制造、买卖、运输枪支、弹药、爆炸物等刑事案件，当事人依法提出申诉，经审查认为生效裁判不符合《对执行〈关于审理非法制造、买卖、运输枪支、弹药、爆炸物等刑事案件具体应用法律若干问题的解释〉有关问题的通知》规定的，人民法院可以根据案件的具体情况，按照审判监督程序重新审理，并依照

---

① 按照2012年1月18日最高人民法院、最高人民检察院下发的《关于地方人民法院、人民检察院不得制定司法解释性质文件的通知》要求："自本通知下发之日起，地方人民法院、地方人民检察院一律不得制定在本辖区普遍适用的、涉及具体应用法律问题的'指导意见''规定'等司法解释性质文件，制定的其他规范性文件不得在法律文书中援引。"

《通知》规定的精神予以改判。"此情形为化解冲突提供了以下路径：[①] 其一，通过引用但书规定来规避原司法解释的僵硬规定；其二，通过增加"为生产、生活所需"的限定条件来避免原司法解释的不合理规定；其三，通过启动审判监督程序来改判；其四，通过修订原司法解释来废止原司法解释的相关规定。二是"（文件）政策"提出的处理意见相比于现行法律和司法解释而言不具有合理性或者正当性，按照2009年11月4日施行的最高人民法院《关于裁判文书引用法律、法规等规范性法律文件的规定》第6条规定，"对于本规定第三条、第四条、第五条规定之外的规范性文件，根据审理案件的需要，经审查认定为合法有效的，可以作为裁判说理的依据"，这些经审查认为不合理的规范性文件就不宜作为裁判说理的素材。

[①] 法官在个案中面对此种司法解释与非司法解释性文件的冲突情形，除通过合适的解释方法（例如限制解释、扩张解释、目的解释、体系解释等）和论证方式来克服现行司法解释的弊端之外，有时只能处在"两难"之中，即若严格执行现行司法解释的规定，个案处理就不合理；若按政策性文件来处理，则面临"合法性"质疑。

第八讲
裁判文书说理的道德话语运用[*]

法律与道德的关系，是一个古老而又弥新的话题。从裁判文书说理的角度而言，道德话语能否进入、以何种方式进入、在哪些环节或者领域进入，自然受到各国或者地区的法律传统、法官思维习惯、判决书撰写风格、部门法特点等多方面的制约和影响。此处立足我国刑事裁判文书的相关样本，就道德话语在说理中的合理运用作些分析。

一、道德话语的言说内容

刑事裁判文书中，道德话语言说的内容，主要包括以下情形：

一是作为相关个罪法益的具体内容，包括"制作、贩卖、传播淫秽物品罪"类罪中的个罪。例如，"被告人顾某某、李某某以营利为目的，为他人卖淫提供场所，二被告人的行为已触犯刑律，构成容留卖淫罪，应予以刑罚；二被告人在经营的火之舞酒吧内组织他人进行色情淫荡的表演，侵犯了社会道德风尚，其行为均已触犯刑律，构成组织淫秽表演罪"[①]。还有"扰乱公共秩序"类罪中的相关个罪，例如，"被告人陈某公然藐视国家法纪和社会

---

[*] 此部分系拙著《司法改革：深水区与细说理》（法律出版社2015年版）第七章《关于裁判文书说理改革的思考（二）——以刑事裁判文书"道德话语"为中心》适当修改而成。

[①] 顾某某等容留卖淫、组织淫秽表演案，甘肃省武威市凉州区人民法院刑事判决书（2013）武凉刑初字第339号。

道德,在公共场所肆意挑衅,无事生非,强拿硬要,且情节严重,其行为已构成寻衅滋事罪,依法应予惩处"①。又如,"被告人季某某、朱某某、丁某某、胡某某、殷某某、冷某某为报复他人或帮助他人报复,聚众持械斗殴并致人轻伤,其行为均已触犯刑法构成聚众斗殴罪,依法应追究其刑事法律责任。……各被告人在公共场所聚众持械斗殴,具有明确的聚众斗殴故意,其行为侵害的是社会公共秩序和公共道德"②。

二是作为相关个罪故意的具体内容。例如,"关于上诉人刘某某提出其行为系故意伤害罪而不是寻衅滋事罪的上诉意见,经查,刘某某主观上具有耍威风,逞强好胜,无视公共道德的故意;客观上实施了在车内大声喧哗,无端殴打、刺伤他人的行为。其行为侵犯了社会公共秩序,符合寻衅滋事罪的构成要件,已构成寻衅滋事罪"③。

三是作为相关量刑情节的具体内容。

其一,义愤杀人。例如,"关于被告人李某某是否基于义愤而杀人的辩护意见,即使李某某确因自尊心受到被害人的严重伤害,也不能以"义愤"来概括促使其实施犯罪行为的诱因,故辩护人提出李某某杀人是基于义愤的辩护观点,与本案的客观事实和公众对社会道德的评价标准不符"④。

其二,被害人过错。例如,"被害人李某某、张某某二人违背社会伦理道德,非法长期同居,生育子女后与被告人詹某某同居一室,且逼迫被告人詹某某解除婚姻关系,导致矛盾激化,在案发前因方面二人存在着严重过错,因此被害人李某某、张某某

---

① 陈某某寻衅滋事案,上海市崇明县人民法院刑事判决书(2013)崇刑初字第144号。

② 季某某等聚众斗殴案,江苏省东台市人民法院刑事判决书(2006)东刑初字第12号。

③ 刘某某寻衅滋事案,重庆市第四中级人民法院刑事裁定书(2007)渝四中法刑终字第74号。

④ 李某某故意杀人案,江苏省无锡市中级人民法院刑事判决书(2004)锡刑初字第12号。

二人对本案的发生存在着不可推卸的责任。故被害人李某某、张某某二人的行为可相应减轻对被告人詹某某的刑罚"①"关于被害人是否存在明显过错并对矛盾激化是否负有直接责任的辩护意见，本院认为，被害人有外遇的事实，在婚姻道德上确有一定的过错，但与被告人李某某杀人犯意的产生并无直接联系；对于双方矛盾的激化，从两人的婚变过程来看，引起双方感情的裂痕，李某某与被害人各自均有主客观方面的原因，故将矛盾激化的直接责任完全归咎于被害人，与两人婚姻状况的现实和案件发生的起因不完全相符"②"对辩护人提出的第一、二、三点辩护意见，经查，在案件起因上被害人虽违背道德规范，有一定过错，但并非重大过错，且被告人在产生犯意后，积极为犯罪作准备并将犯罪行为实施终了，造成了特别严重的社会危害后果，故对辩护人提出的上述三点辩护意见，本院不予采纳"③"辩护人提出被害人在起因上存有过错的辩护意见，经查，被害人刘某某与张某某妻子黄某某之间有不正当男女关系，其行为背离了道德规范，从而激发张某某实施犯罪行为，在起因上刘某某确实存在过错，予以采纳，可对张某某酌情予以从轻处罚"④。

其三，被害人的宽恕。例如，"对于被害人马某之母梁女士在法庭审理中不念丧子之痛，且在未获任何利益补偿的情况下，请求对被告人宋某某从轻处罚的义举应予褒扬，其意见亦系法院裁量决定刑罚时应考虑的酌定量刑情节。故为弘扬高尚道德情操，促进社会和谐，本院对被害人之母梁女士的行为予以肯定，对其

---

① 詹某某故意杀人案，河南省南阳市中级人民法院刑事判决书（2010）南刑二初字第002号。
② 李某某故意杀人案，江苏省无锡市中级人民法院刑事判决书（2004）锡刑初字第12号。
③ 赵某某故意杀人案，安康市中级人民法院刑事判决书（2010）安刑初字第20号。
④ 张某某故意杀人案，湖南省娄底市中级人民法院刑事判决书（2012）娄中刑一初字第64号。

其四,其他酌定情节。例如,"被告人代某某身为被害人秦某的继父,但却违背伦理道德,强迫与其继女发生性关系,导致被害人怀孕后引产并辍学在家,予以酌情从重处罚"②"被告人梁某某用威胁、打骂的方式,违背妇女的意志,强行多次奸淫自己的亲生女儿,其行为已构成强奸罪,应予严惩。被告人梁某某丧失人性与良知,其行为严重违背伦理道德……"③"上诉人房某某违背伦理,道德沦丧,多次奸淫自己亲生幼女,并致其小便失禁,其行为符合奸淫幼女情节恶劣的情形"④"对于上诉人梁某某及其辩护人提出原判量刑过重,要求改判缓刑的意见,经查,梁某某作为人大代表,知法犯法,自己有配偶还与他人以夫妻名义共同生活,时间长达九年之久,严重败坏社会道德风尚,应予以严惩"⑤"上诉人不顾亲情,对其年过八旬的母亲实施伤害行为并致其死亡,严重违背了法律和社会伦理道德,且属累犯,应予严惩"⑥"关于被告人丁某某的辩护人提出从轻处罚的辩护意见,经查,被告人丁某某杀人后肢解、丢弃母亲尸体、犯罪手段极为残忍,严重违反社会伦理道德,造成极为恶劣社会影响。鉴于本案系因家庭矛盾引发,被害人在争吵时先拿刀要砍被告人丁某某,对双方矛盾的激化有一定的责任,本院酌情对被告人丁某某从轻

---

① 宋某某故意伤害案,北京市第一中级人民法院刑事附带民事判决书(2008)一中刑初字第1974号。
② 代某某强奸案,重庆市黔江区人民法院刑事判决书(2006)黔刑初字第2号。
③ 梁某某强奸案,甘肃省夏河县人民法院刑事判决书(2010)夏刑初字第27号。
④ 房某某强奸案,山东省沂源县人民法院(2010)沂刑初字第52号刑事判决。
⑤ 梁某某等重婚案,广东省广州市中级人民法院刑事裁定书(2008)穗中法刑一终字第376号。
⑥ 晋某某故意杀人案,宁夏回族自治区自治区高级人民法院刑事判决书(2010)宁刑终字第5号。

处罚，故上述辩护意见成立，本院予以采纳"①"本案中，被害人何某某虽然对被告人傅某某表示谅解，要求对其从轻处罚，判处缓刑，但是，被告人傅某某驾驶无牌照二轮摩托车在危险系数较低的平直路段与被害人相撞发生交通事故，致被害人何某某五级伤残，给被害人及其家属带来了严重的经济损失和心理创伤，且在事故发生后被告人傅某某为逃避法律追究而逃逸，即无避让他人的交通安全意识，亦无勇于承担责任的基本道德观念，情节较为恶劣，在法庭审理过程中对被害人及自身行为也无任何悔过表现，综合全案情况，考虑到此类交通肇事行为对公共安全的巨大危害性，本院认为，被告人傅某某不符合缓刑适用条件"②"被告人刘某某不思恪尽孝道，回报父母养育之恩，反而故意伤害生母身体健康，致人重伤，该行为不仅违背人伦道德，更为法律所不容许，其行为已构成故意伤害罪，依法应予处罚。被告人刘某某能自行到案并如实供述主要犯罪事实，依法可认定其具有自首情节，但综合考量本案事实与其他情节，对被告人刘某某不予从轻或减轻处罚"③"被告人吉某某不顾人伦道德，强奸身体残疾且患有癫痫疾病的儿媳，其行为性质恶劣，可酌情从重处罚"④"被告人吕某某以非法获利为目的，出卖不满十四周岁的亲生儿子，其行为严重侵犯了儿童的人格权和生存权，完全丧失了作为母亲所应当具有的基本道德，情节恶劣，其行为已构成拐卖儿童

---

① 丁某某故意杀人案，广东省广州市中级人民法院刑事判决书（2009）穗中法刑一初字第94号。该判决书未对前述从重的情节如何考量作明确的表述。

② 傅某某交通肇事案，重庆市万盛区人民法院刑事判决书（2010）盛法刑初字第175号。

③ 刘某某故意伤害案，上海市宝山区人民法院刑事判决书（2012）宝刑初字第730号。

④ 吉某某强奸案，甘肃省武威市凉州区人民法院刑事判决书（2013）凉刑初字第176号。

罪"①"被告人庞某某身为教师，与受害人张某存在特殊的临时监护关系，但其丧失职业道德，违背社会公德，对还处于幼女阶段的张某实施性侵害，给受害人的身心造成极大伤害，社会影响极坏，犯罪情节恶劣，依法应予以严惩"②。

四是作为不作为义务来源的具体情形。例如，"原审被告人李某某上诉及其辩护人辩护提出'恋爱关系不是法律行为，上诉人不负有救助项某某的刑法上的特定义务，如以公序良俗的要求来认定上诉人有罪，势必将无限扩大特定义务的范围，导致客观归罪的情形'的意见，经查认为，不作为犯罪的义务是一种特殊的义务，且特殊义务是针对特定人的，并且附有某种条件的义务。如是包含着道德义务的法律义务，则毫无疑问地会产生不作为犯罪的问题，故不作为在违反义务这一点上便可认为违反公序良俗。原审被告人李某某具有与项某某发生性关系致其怀孕的行为，其对项某某及腹中胎儿所负有的不仅是道德意义上的义务，更有在项某某喝农药后处于危险状态，其在场的施救义务而不履行，造成项某某死亡的严重后果，故原审被告人李某某负有对此法律事实而产生的特定法律义务，并应承担法律责任，故李某某上诉及其辩护人所提出的意见及理由，与本案的事实及法律规定不符，本院不予采纳"③。

五是作为犯罪原因的具体内容，例如，"被告人范某犯罪的原因是：1. 无正确的理想和道德观念，无明确的人生目标，世界观、人生观、价值观错位。文化水平较低，不懂法不学法，不讲法制，贪图好处；2. 其幼年丧父，母亲改嫁后其没能随母生活，过早辍学流入社会无人管教。不注重自身素质的提高，交友不当，良莠

---

① 吕某某等拐卖儿童案，河南省新野县人民法院 2011 年 8 月 22 日作出（2011）新刑初字第 130 号刑事判决。
② 庞某某强奸案，陕西省神木县人民法院刑事判决书（2013）神刑初字第 00419 号。
③ 李某某不作为故意杀人案，浙江省金华市中级人民法院刑事附带民事裁定书（2000）金中刑终字第 90 号。

不分,分辨是非对错能力和抵制不良习气能力差"[1]。

二、道德话语的言说处所

为加强审判业务建设,提高法院诉讼文书质量,改进和规范法院诉讼文书的内容要素与格式,最高人民法院于1987年6月决定研究制定法院诉讼文书样式。经过四年多的调查研究,反复征求意见和修改,1992年6月2日,最高人民法院印发了《法院诉讼文书样式(试行)》(共分14类314种),并决定从1993年1月1日起在全国法院试行。[2] 为了总结经验,进一步提高制作法院诉讼文书铁石裁判文书的水平,从整体上提高诉讼文书质量和办案质量,加强法院业务建设,最高人民法院决定立足"以修改后的刑事诉讼法、刑法和有关司法解释为根据,以提高诉讼文书质量和办案质量、体现司法公正为目的,以强化对判决事实的叙述和证据的分析、认证,增强判决的说理性为重点,以规范诉讼文书的制作为主要内容,高标准、严要求,为全面实施刑事诉讼法和刑法,推行控辩式的审理方式,提高合法、规范、标准、适用的文书样式"的指导思想,从1996年10月起对《法院诉讼文书样式(试行)》中的刑事部分的样式进行修改,并于1999年4月6日通过了《法院刑事诉讼文书样式(样本)》(共9类164种,自1999年7月1日起施行)。[3] 应当说,这些裁判文书样式为法官制作具体裁判文书提供了重要的参考,但是,并非每份裁判文书均严格地与相应的裁判文书样式——对应,而是法官间或基于个人的写作风格、案件特点等因素的考虑作出某些调整,特别是一些

---

[1] 赵某甲等绑架、窝藏案,河南省驻马店市中级人民法院刑事附带民事判决书(2003)驻刑少初字第11号。
[2] 最高人民法院办公厅编:《法院诉讼文书样式(试行)》,吉林人民出版社1992年版,说明第1页。
[3] 最高人民法院办公厅编:《法院刑事诉讼文书样式(样本)》,人民法院出版社1999年版,说明第1页。

地方在司法改革探索中，对裁判文书的内容与形式进行了改革。

现行刑事裁判文书的道德话语主要存在于下列情形：一是在"控辩主张"部分，例如，"原审被告人李某某上诉及其辩护人辩护提出，1.上诉人与项某某的恋爱关系不是一种法律行为，故上诉人不负有救助项某以防其死亡的刑法上的特定义务。2.上诉人虽有致项某某怀孕的行为，但不会致使项某某生命权处于危险状态，项某某本身性格固执、任性，家庭缺少温暖也是其自杀的因素，故上诉人提出分手与项某某的服毒自杀无必然的因果关系。3.原审以上诉人与项某某的恋爱关系并怀孕视为特定的关系，以公序良俗的要求来认定上诉人有罪，势必将无限扩大特定义务的范围，导致客观归罪的情形。综上，上诉人对项某某的死亡是有不可推卸的责任，有见死不救的表现，只应受社会道德、良知的谴责，不属刑法所调整的范畴。请二审法院依法撤销原判，宣告上诉人无罪"①。

二是在"经审理查明"部分（庭外调查的内容），例如，"根据最高人民法院《关于审理未成年人刑事案件的若干规定》的规定，在法庭审理过程中，本院了解到被告人赵某某在上初中时，不好好学习，成绩较差，有逃学现象，经常打游戏，看黄色录像，其父母均忙于做生意，对其缺乏管教。其父既使管教，也是采用打骂体罚的方法，加之学校的法治教育、思想道德教育薄弱和社会上的一些不健康因素等多方面的影响，使被告人走向了犯罪道路。通过庭审教育，被告人赵某某认识到自己的行为给社会造成了危害，表示吸取教训，改过自新，重新做人。其父亲希望法庭给孩子一个重新做人和继续接受教育的机会"②。

三是在"本院认为"部分作为对案件事实的评价，例如，"法院认为，被告人陈某某无视国法，违背人伦道德，为泄私愤，故

---

① 李某某不作为故意杀人案，浙江省金华市中级人民法院刑事附带民事裁定书（2000）金中刑终字第90号。

② 赵某某强奸案，河南省泌阳县人民法院刑事判决书（2003）泌刑初字第63号。

意放火危害公共安全,造成一死一重伤、财产毁坏较大的严重后果,依法应以放火罪追究其刑事责任"①。再如,"法院认为,被告人刘某某不思恪尽孝道,回报父母养育之恩,反而故意伤害生母身体健康,致人重伤,该行为不仅违背人伦道德,更为法律所不容许,其行为已构成故意伤害罪,依法应予处罚"②。

四是在"本院认为"部分作为定罪或者量刑的说理与论证,例如,"罗某某的行为给杨某造成痛苦属于道德评判范畴,不属于法律意义上的过错,故杨某的辩护人提出"本案被害人在本案中有一定过错"的意见,本院不予支持"③。又如,"被告人吉某某不顾人伦道德,强奸身体残疾且患有癫痫疾病的儿媳,其行为性质恶劣,可酌情从重处罚"④。再如,"案发后,虽经单位组织出面及司法机关多次协调,双方仍互不让步,息事宁人,试图将本案的危害后果和社会影响扩大、加深,其做法和动机与社会主义公民思想道德建设要求不符,更与政法干警的职业操守和政治觉悟背离。同时,刑罚除惩罚犯罪外,还具有挽救、教育犯罪者及修补、弥合社会关系的功能,具体体现在本轻伤案件的处理中,对上诉人孙某某施以刑事处罚,不仅不能惩罚犯罪,反而会进一步破坏社会关系,扩大本案的危害后果。故原审法院根据上诉人孙某某的犯罪事实、情节以及赔偿经济损失的情况,对孙某某免予刑事

---

① 陈某某放火案,甘肃省张掖市中级人民法院刑事附带民事判决书(2011)张中刑初字第10号。该判决书在"经审理查明"部分指出,"2007年,被告人陈某某与妻弟孙某甲之妻杨某在新疆务工期间发生了两性关系,并保持至案发前"。

② 刘某某故意伤害案,上海市宝山区人民法院刑事判决书(2012)宝刑初字第730号。该判决书在"经审理查明"部分指出,"被告人刘某某与被害人杨某某系母子关系,被告人刘某某在得知杨某某分得并入住上海市宝山区某地住房后,为迫使杨某某卖掉该套房产,多次以断水、电、煤等方式干扰其母亲杨某某的正常生活"。

③ 杨某故意杀人案,新疆维吾尔自治区高级人民法院刑事裁定书(2013)新刑二核字第23号。

④ 吉某某强奸案,甘肃省武威市凉州区人民法院刑事判决书(2013)凉刑初字第176号。

处罚是正确和适当的"①。

五是在"本院认为"部分作为"法官后语",例如,"本院希望被告人蔡某某能充分认识自己犯罪行为给社会、家庭所造成的危害,从中吸取教训,认罪服法,同时努力学习法律知识,加强法制教育,彻底改造自己的世界观、人生观、价值观,勇敢走出犯罪的阴影,以实际行动做一名有理想、有道德、有文化、守纪律的合格公民"②。

六是在裁判文书尾部之后作为"法官寄语",例如,"二审法院根据事实和法律,全面审查原判认定事实是否清楚,证据是否确实充分,定罪量刑是否适当。有错必纠,无错维持。你们年轻力壮,不思劳动收获,违背道德良知,侵害百姓,危害治安,获赃而耻,丢失自尊。罪不可恕,刑罚有度,期待悔悟。劳动生活,堂堂正正做事,问心无愧做人"③。再如,"两情相悦,成婚十载,感情和睦,儿女双全,家境优裕。岂料一朝胡菁隐疾发作,夫妻竟做天地之隔;一双儿女,恩爱顿失,此案刺青,令人扼腕叹息"④。

三、道德话语的言说功能

道德话语⑤不仅在不同类型的裁判文书中发挥着不同的功能,

---

① 孙某某故意伤害案,岳阳市中级人民法院刑事附带民事裁定书(2010)岳中刑一终字第67号。
② 蔡某某盗窃案,莆田市城厢区人民法院刑事判决书(2010)城刑初字第257号。
③ 吴甲等盗窃、掩饰、隐瞒犯所得案,上海市第二中级人民法院刑事判决书(2011)沪二中刑终字第20号。
④ 张建昌:《判决书中的"骨"感"肉"韵》,载《人民法院报》2011年7月5日。
⑤ 有学者将裁判文书中的"道德性话语"归纳为"判决依据型""辅助说理型""道德教化型"和"情感宣泄型"(周春容:《后司法公开时代司法裁判的道德之维——论道德性语言在裁判文书中的运用》,载《裁判文书语言与说理研讨会》(2014年8月西宁会议),第244—245页)。显然,不同类型的道德话语起着不同的功能。

同时在裁判文书中的不同部分也发挥着不同的功能。就前者而言，道德（规范）可以作为民事裁判的依据，而在实行罪刑法定原则前提下的刑事裁判不能以其作为裁判依据。1986年4月12日，《民法通则》第4条规定，民事活动应当遵循自愿、公平、等价有偿、诚实信用的原则；第7条规定，民事活动应当尊重社会公德，不得损害社会公共利益，破坏国家经济计划，扰乱社会经济秩序；第58条规定，违反法律或者社会公共利益的民事行为无效。实践中有个案就是以这些规定作为判决依据的，例如，"遗嘱人黄某某将遗产赠给与其婚外同居的第三者张某某，有违公序良俗，属于违反社会公德的行为。此类行为不具有合法性，不合法的遗嘱应属无效遗嘱，不受法律保护"[1]。就后者而言，道德话语在刑事裁判文书中主要发挥着以下功能：一是犯罪构成要件的定型功能。如前述有关作为个罪故意具体内容的道德话语。[2] 无论是按照四要件犯罪论体系还是三阶层犯罪论体系，犯罪故意是具体构成要件的定型要素。同时，前述作为不作为义务来源的具体情形，则直接属于犯罪行为要素的定型化。[3] 二是犯罪本质的解释功能。如前述有关作为个罪法益具体内容的道德话语。[4] 法益具有多方面的机能，其中包括对解释具体犯罪构成要件的指引功能。三是犯罪构成要件事实之外的反映社会危害性大小或者人身危险性高低的事实的评价功能。如前述作为有关量刑情节的"道德话语"，均属于对具体犯罪构成要件事实之外的量刑事实（从重或者从宽，法定或者酌定）进行的道德与刑法双重评价。[5] 前述作为犯罪原因的道德话语，在某种意义上也会影响量刑，但相比于前述作为量刑情

---

[1] 张某某诉蒋某某遗赠纠纷案，四川省泸州市中级人民法院民事判决书（2001）泸民一终字第621号。
[2] 见前述刘某某寻衅滋事案。
[3] 见前述李某某不作为故意杀人案。
[4] 见前述顾某某等容留卖淫、组织淫秽表演案；陈某寻衅滋事案；季某等聚众斗殴案。
[5] 见前述詹某某故意杀人案、宋某某故意伤害案。

节的道德话语而言显得没那样直接。① 四是具体案件事实的评价功能。具体案件事实具体可分为定罪事实、量刑事实和不影响定罪量刑的事实。前述部分道德话语属于对那些不影响定罪量刑事实的道德评价，而不属于具有刑法意义的规范评价。② 五是强化说理效果的功能。作为修辞术的说理本身包括三个组成部分，即逻辑（logos）、信誉（ethos）、情绪（pathos），其中，情绪是"存在于听众那里的东西"③。无论是裁判文书说理还是其他说理，合理的运用道德话语，动之以情，自然会影响说理的效果。④ 例如，"为弘扬高尚道德情操，促进社会和谐，本院对被害人之母梁女士的行为予以肯定，对其意见予以采纳"，使得法院"对被告人宋某某酌予从轻处罚"的依据更为充足。⑤ 再如，"其做法和动机与社会主义公民思想道德建设要求不符，更与政法干警的职业操守和政治觉悟背离"，使得法院更有理由认为"对孙某某免予刑事处罚是正确和适当的"，⑥ 等等。

---

① 见前述赵某甲等绑架、窝藏案。
② 见前述陈某某放火案。
③ 徐贲：《明亮的对话——公共说理十八讲》，中信出版社2014年版，第39—41页。
④ 此种借助道德话语来强化说理效果的情形，也见诸于民事裁判文书，例如，"中华民族自古以来就有'百善孝为先'的优良传统，儒家经典《孝经》甚至把'孝'誉为'天之经，地之义，人之行，德之本'。由此可见，'孝'是一种普遍认同的传统道德规范。这种美德，在当前社会也应提倡，为人子女，不仅应赡养，更应善待父母，不因私利而妄言、而反目"。参见北京东城区法院：《〈孝经〉入判决，尝试引热议》，载《人民日报》2010年6月10日。
⑤ 宋某某故意伤害案，北京市第一中级人民法院刑事附带民事判决书（2008）一中刑初字第1974号。
⑥ 孙某某故意伤害案，岳阳市中级人民法院刑事附带民事裁定书（2010）岳中刑一终字第67号。

四、道德话语的言说规诫

道德话语在刑事裁判文书中的合理运用，自然会对说理的效果起积极促进作用；但是，若运用不合理，自然也会损害裁判文书说理的效果和妨碍裁判文书功能的发挥。为此，有必要进一步研究道德话语在刑事裁判文书中运用的具体规则。

一是刑法评价优位性原则。从国家和社会整体规范体系而言，道德规范调控或者评价先行于刑法规范，"刑法是最后的手段"，"刑法是最低限度的道德"。但是，就刑事裁判文书说理而言，无论是对具体案件事实的评价，还是推理（包括实质推理）依据的寻求，刑法应优位于道德。也就是说，刑法规范性话语优先于道德性话语，前者直接关联于裁判的定罪与量刑，后者永远处在辅助的地位。例如，"法院认为，被告人刘某某不思恪尽孝道，回报父母养育之恩，反而故意伤害生母身体健康，致人重伤，该行为不仅违背人伦道德，更为法律所不容许，其行为已构成故意伤害罪，依法应予处罚"[①]。

二是道德话语必要性原则。前述作为具体个罪法益、主观故意、不作为义务来源、量刑情节等方面的道德话语的运用是必要的。但是，前述那些单纯地对不影响定罪量刑的事实的道德评价并非必要，例如，"法院认为，被告人陈某某无视国法，违背人伦道德，为泄私愤，故意放火危害公共安全，造成一死一重伤、财产毁坏较大的严重后果，依法应以放火罪追究其刑事责任"[②]。其中，"违背人伦道德"的事实不影响被告人放火罪的刑事责任的大小，至多表明了法官对这部分案件事实所反映的被告人行为的道德评价。还有些判决书中的道德话语甚至根本就没有对应的案件事实，属于明显的彰显法官道德感受的"大词"，例如，"法院

---

① 刘某某故意伤害案，上海市宝山区人民法院刑事判决书（2012）宝刑初字第730号。
② 见前述陈某某放火案。

认为，被告人杜某某无视国法，胆大妄为，道德败坏，为了达到强奸妇女的目的，冒充公安民警以'查验'身份为由，驾车将被害人带至无人之处进行强奸，其行为分别构成招摇撞骗罪和强奸罪"①。

　　三是道德话语适当性原则。近年来，随着司法改革工作的整体推进，裁判文书改革的举措也间或出来。其一，最高人民法院对未成年人刑事案件的审理提出了法庭外调查未成年人成长环境及品性等内容的要求，与之相适应，未成年案件的刑事裁判文书形式有了些变化，即在"经审理查明"部分后增写庭外调查的情况，例如，"根据最高人民法院《关于审理未成年人刑事案件的若干规定》的规定，在法庭审理过程中，本院了解到被告人陈某虽然在初中二年级上学，但思考问题简单，遇事盲目，加之学校未进行法治教育及思想道德教育。其父亲忙于农活，无暇对其进行管教。被告人陈某经过庭审愿从中吸收教训，并决心好好学习，希望法庭给其一个悔过的机会。被告人陈某甲的母亲长期有病，父亲忙于农活及家务，对其缺乏管教，其父表示通过这次教育，今后对孩子严加管教，望法庭给予孩子一个继续上学的机会。被告人陈某乙认识到自己年幼考虑问题简单，不计后果，实施了上述行为；决心从中吸取教训，好好上学；希望法庭给一个改过自新、重新做人和继续接受教育的机会"②。显然，此种庭外调查往往会涉及未成年人道德品性方面，因而自然地会出现相应的道德话语。其二，部分地方法院在裁判文书中间或者后面增写"法官

---

　　① 杜某某强奸、招摇撞骗案，甘肃省武山县人民法院刑事判决书（2013）武刑初字第6号。
　　② 陈某等抢劫案，河南省泌阳县人民法院刑事判决书（2003）泌刑初字第57号。

寄语"或者"法官后语"。① 此种做法引发了争议，有的认为，"其非正规亦非职业，无法形成统一，且'德治'倾向较严重，有损法律的权威和效力，影响国家法治的确立"②；有的认为，其"不仅能够填补裁判文书规范化的不足，还能充分发挥其亲情感化功能，拉近法律和当事人之间的距离"③。在笔者看来，刑事裁判文书作为人民法院代表国家行使刑事审判权对被告人的行为进行审理进而作出最终裁判结果的书面载体，所有的话语言说要围绕被告人行为的定性（有罪与无罪、一罪与数罪、单犯与共犯、犯罪停止形态）以及量刑（轻刑与重刑、单罚与并罚、实刑与缓刑，等等）来进行，因而，"法官寄语"或者"法官后语"不宜出现在刑事裁判文书之中。当然，这些"法官寄语"或者"法官后语"可以其他的形式或者载体而存在。

---

① "法官寄语"或者"法官后语"同样出现在民事裁判文书中，例如，"父慈子孝、兄友弟恭是千百年来中华民族引以为豪的传统家庭美德，也是我们每个人都心向往之的美好愿景。然本案中的当事人，死者已逝，生者尚存，亲着为死者之财产而起纷争，死者在九泉之下何以瞑目？亲情和金钱，哪个更重要？双方当自省。今天你为了金钱和欲望而狠心置亲情于不顾，当有一天你想要寻找和挽回的时候，不知道它是否还能要得回来。"参见周春容：《后司法公开时代司法裁判的道德之维——论道德性语言在裁判文书中的运用》，载《裁判文书语言与说理研讨会》（2014 年 8 月西宁会议），第 244—245 页。

② 米健：《司法改革的创新与统一——"法官后语"可否缓行》，载《法制日报》2003 年 3 月 13 日。

③ 李新亮：《"法官寄语"体现"刚柔并济"》，载《人民法院报》2011 年 11 月 6 日；杨宝杰：《新沂法院"法官寄语"感动失足少年》，载《人民法院报》2008 年 7 月 8 日。

第九讲

裁判文书说理的少数意见公开^{*}

自2000年广州海事法院在一起损害赔偿纠纷的判决书①中公开少数意见②以来，历经18年的实践，公开少数意见的裁判文书仍是屈指可数。裁判文书公开少数意见，这种对以统一的裁判观点为传统的裁判文书说理的突破做法，仍局限于发挥法治宣传作用，③其运行的制度环境、正负效果、操作规范等并未得到应有的重视。随着新一轮司法体制改革尤其是司法责任制的全面落实，这一问题又引发了学界和实务界的讨论。

司法责任制改革强调"让审理者裁判，由裁判者负责"。最高人民法院出台的司法改革文件针对合议庭审理的案件，作出了"在审判权运行上按具体角色区分职责，在责任承担上由合议庭共同负责"的顶层设计。④在具体的角色分工上，裁判文书的撰写由承办法官负责；在案件质量的承担上，合议庭作为整体共同对案件的事实认定和法律适用负责。然而，从审判实践来看，合议

---

* 此部分系与姜源合作而成，曾以《司法责任制全面落实背景下裁判文书少数意见公开的再思考》为题，载《法律适用》2019年第11期。

① 广州海事法院民事判决书（2000）广海法商字第109号。

② 少数意见是指合议出现意见不一致时，和多数意见不一致的"并存意见"和"反对意见"。

③ 2000年起各地法院零星有将少数意见载入裁判文书的实践，但直到2015年新闻媒体报道北京知识产权法院在判决中载明少数意见时，仍采用"少数意见首次入写判决书"的新闻标题。

④ 详见最高人民法院《关于完善人民法院司法责任制的若干意见》中"明确司法人员职责和权限"的相关规定。

庭对案件采用少数服从多数的原则 2012 年修正的《刑事诉讼法》第 179 条规定："合议庭进行评议的时候，如果意见分歧，应当按照多数人的意见作出决定，但是少数人的意见应当写入笔录。评议笔录由合议庭的组成人员签名。"

2017 年修正的《民事诉讼法》第 42 条规定："合议庭评议案件，实行少数服从多数的原则。评议应当制作笔录，由合议庭成员签名。评议中的不同意见，必须如实记入笔录。"2017 年修正的《行政诉讼法》第 101 条规定："人民法院审理行政案件……本法没有规定的，适用《中华人民共和国民事诉讼法》的相关规定。"作出决定，合议庭的意见并非始终处于一致；尤其是，合议庭意见分歧较大的案件，亦可能通过法定程序被提交审判委员会讨论，审判委员会作出的决定与合议庭意见亦不一定一致。显然，在这种分工与责任配置的模式下，从权责统一的角度看，需要对案件质量共同负责的合议庭少数意见持有者或者需要对本人发表的意见负责的审判委员会成员应当有权要求在裁判文书中公开少数意见，以展现合议庭意见的全貌。

而从现行法律规定看，法律既未明确规定裁判文书应当公开合议庭或者审判委员会的少数意见，亦未禁止在裁判文书中公开少数意见，而是予以留白，交由审判实践自行探索。但是在审判实践中，在裁判文书中公开少数意见极为罕见，其理论价值亦存在利弊之争。[①] 在裁判文书中公开少数意见如何在推进司法责任制全面落实的视野下予以价值挖掘并改进都有待在实证分析基础上予以检视。

---

① 杨月萍：《论合议庭少数意见的公开》，载《河南大学学报（社会科学版）》2017 年第 6 期，第 44—49 页；孙笑侠、诸国健：《判决的权威与异议——论法官"不同意见书"制度》，载《中国法学》2009 年第 5 期，第 162—171 页；张泽涛：《判决书公布少数意见之利弊及其规范》，载《中国法学》2006 年第 2 期，第 183—191 页；陈璐琼：《判决书公布少数意见的哈姆雷特难题》，北京大学 2007 年硕士学位论文。

一、少数意见公开的样本分析

在前期样本收集时,笔者在中国裁判文书网以"少数意见""少数人意见""个别意见"分别为关键词,不设定裁判时间和地域限制,共收集到97份裁判文书,通过逐一筛查,剔除重复和无关样本,仅剩余25份裁判文书为有效样本。①

25份裁判文书呈现出以民商事案由为主,刑事、行政案由为特例以及一、二审程序比例相当的总体特征,具体情况如下:

表1

案件类型 意见来源	刑事 二审案件	刑事 一审案件	行政 二审案件	行政 一审案件	民商事 二审案件	民商事 一审案件
审委会少数意见	0	0	1	0	1	4
合议庭少数意见	0	1	0	1	11	6

可以看出,样本裁判文书中,少数意见的主体呈现出以合议庭为主、以审判委员会为辅的特点,两者分别占样本裁判文书的76%和24%。此外,样本裁判文书中,一般不指明少数意见的持有人,仅有3份裁判文书在论述少数意见时明示了持有少数意见的具体法官,且在该三件案件中,持有少数意见的法官为审判长。②

同时深入考察样本裁判文书,还发现存在以下四大问题:

1. 多数意见和少数意见的分歧焦点类型繁杂

样本裁判文书中,合议庭或者审判委员会发生意见分歧的焦点具体类型如下:

---

① 样本收集时,以"少数意见""少数人意见""个别意见"为关键词分别收集到54、33、10份裁判文书,排除重复和无效样本后,共剩余25份有效样本。

② 三份裁判文书案号为(2017)苏04民终2389、2391、2393号。

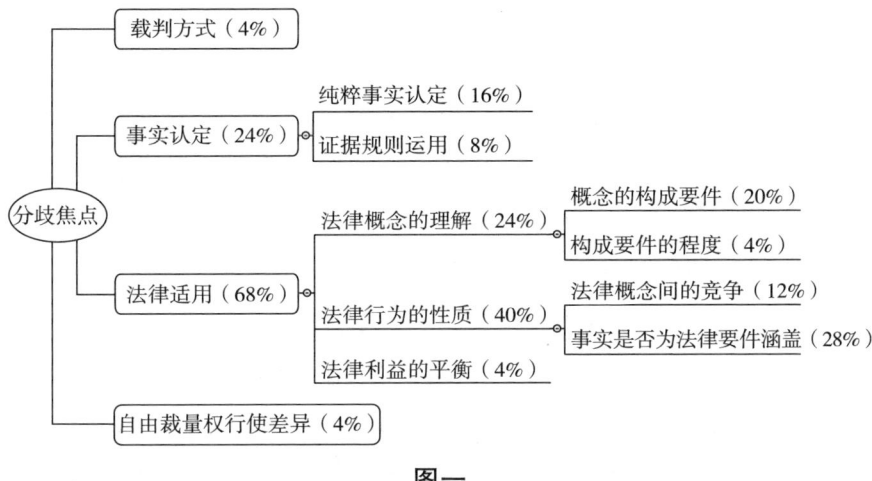

图一

从图一可以看出,产生意见分歧的焦点类型繁多,包含事实认定、法律适用、自由裁量权的行使及具体裁判方式的选择等裁判过程的方方面面,其中细分类项以事实是否为法律要件涵盖、概念的构成要件理解、纯粹事实认定为最常见类型,分别占比28%、20%、16%,但这三者亦无绝对优势。

2. 多数意见和少数意见的表达顺序不一致

在样本裁判文书中,多数意见和少数意见的行文与论证顺序具体如下:

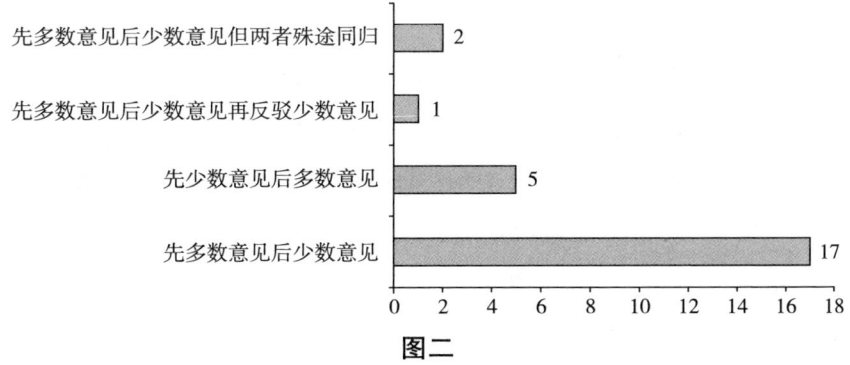

图二

从图二可以看出,在论证顺序上,主要以先论证多数意见再论证少数意见为主，仅有 5 份裁判文书系先载明少数意见再阐述多数意见；在论证模式上，以两种意见并行论证为主，只有 3 份裁判文书在写明多数意见和少数意见后，对少数意见再次予以简要批驳或者对两种意见予以整体论述，剩余裁判文书均仅罗列多数意见和少数意见，且两者之间并无交锋与回应，致使裁判文书的论理变成两种意见的简单铺陈。

3. 部分裁判结论的推理过程不清晰

在样本裁判文书中，部分裁判文书在载明多数意见和少数意见后，分别在多数意见和少数意见的理由后载明适用该意见指向的具体裁判结果，但并未强调最终裁判结论，致使裁判文书产生多种裁判结果的错觉。具体类型如下：

表 2

具体类型	具体示例
完整式	合议庭多数意见 + 引用法条 + 裁判主义 + 诉费分配；合议庭少数意见 + 引用法条 + 裁判主义 + 诉费分配
部分完整式	合议庭多数意见 + 裁判主义；合议庭少数意见 + 裁判主义
意见在先式	合议庭多数意见结论 + 理由；合议庭少数意见 + 理由

表 2 中三种类型的共同之处在于，多数意见和少数意见的结论形式相同，同时在分别论述后戛然而止，直接署名。在传统裁判文书以裁判主文为行文结尾的惯性思维下，极易产生误解，以致把少数意见当成结论性意见。

4. 部分裁判文书论理的比例失调

样本裁判文书中，多数意见与少数意见论证篇幅（字数）比如图三：

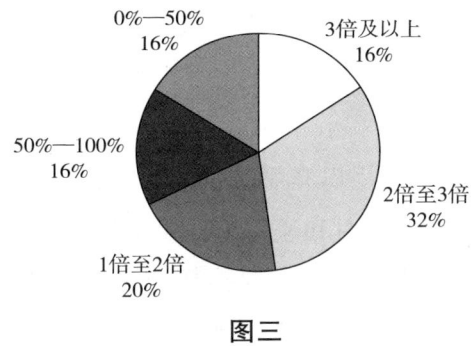

图三

从图三可以看出，32%（16%+16%）的裁判文书对少数意见的论证多于多数意见，在论证篇幅上比例失调，致使裁判文书说理出现轻重不分的问题。

上述四个方面问题的存在，至少受到以下因素的影响：

1. 理论认识尚不到位

从法理而言，裁判文书能否公开少数意见，为何要公开少数意见，如何公开少数意见等，均值得进一步研究，例如在裁判文书中公开少数意见的主体类型、具体形式、焦点类型均需要体系性思考。在某种程度上，正是基于缺乏深厚的法理支撑，实践中有些地方法院自发地进行的改革探索往往一时赢得法治宣传效应后黯然退场。裁判文书中少数意见的载明更多的是一种为存在而存在，也可以说，少数意见的公开变成纯粹的摆设，甚至显得格格不入，往往删除少数意见对于"本院认为"的论述并无影响，反而会增强裁判文书的说理性。

2. 传统路径依赖

我国缺乏在裁判文书中公开少数意见的传统，无论是法律还是最高人民法院规范性文件也均未作出制度层面的规定。从目前既有的裁判文书样式看，少数意见的载明并不在考量范围。以民事裁判文书样式为例，在新版民事裁判文书样式中，裁判文书的体例仍采用"当事人身份信息—诉辩意见—争议证据认证—事实认定—本院认为"五大部分。采用"本院认为"行文开头内含法院观点的统一,给了裁判者只书写统一观点的心理暗示。在这种统一样式下,撰写少数意见成为一种不顺畅的选择,需要裁判者打破常规,发挥个人智慧。①

3. 外在压力依存与内在动力不足

目前法律规定的空白和法官工作量的饱和,使得裁判者并无撰写少数意见的动力。对于主要执笔裁判文书的承办法官而言,在裁判文书中撰写少数意见是一种负累,只要裁判文书的裁判主文是正确的,适当的论述就可以达到定分止争的目标,过多的论述反而容易在不经意间产生错误,成为当事人攻击的把柄,带来当事人上诉率、再审申请率增加的负面作用。对于合议庭少数意见持有人来说,只要在合议中持少数意见就可以免责,是否在裁判文书中公开少数意见对于工作量的计算亦无实益。而且一旦投入精力撰写少数意见,不仅会减少自身承办的案件时间和精力的投入,也不利于同事之间的和谐。

二、少数意见公开的改革语境

司法责任制作为本轮司法体制四项基础性改革的核心和"牛鼻子",已经得到有效落实。②但是,在司法责任制全面深化过程中,受到经济社会形势发展、法律立改废释频率的加快、人民群众法治意识提升和司法需求增多、立案登记制的推出等多重因素的影响,人民法院收案量大幅度增加,案多人少矛盾凸显,使得作为基本审判组织的合议庭的"合议"有形式化、虚置化的倾

---

① 对此,部分裁判文书系采用"本院认为……合议庭多数意见认为……合议庭少数意见认为……"的表述形式;部分裁判文书采用了"本院认为……但是合议庭存在意见分歧,少数意见认为……"的论述形式。

② 周强:《关于人民法院全面深化司法改革情况的报告》,载最高人民法院网 2017 年 11 月 1 日,http://www.court.gov.cn/zixun-xiangqing-66802.html。

向;①审判委员会的职责功能定位包括对于具体案件的讨论范围均有继续调整和规范的空间;新类型案件的涌现要求人民法院对新型法律问题予以准确回应,等等。面对这些新一轮司法体制改革背景下的现实难题,裁判文书公开少数意见的价值功能日趋重要。

(一)少数意见公开之于合议制度的规范价值

合议制度是我国审判的核心制度之一,但目前由于人民法院收案量的大幅增加、"难办案件"②"公案"③的增多、"信访不信法"等司法外在环境仍有待改变等的影响,使得作为"理性人"的法院院长和法官主动或被动地规避刚性法律规定,进而使得合议的规范性受到严重削弱。从司法责任制改革的"让审理者裁判,由裁判者负责"目标追求看,在让审判权归位于合议庭的同时,更要切实让合议庭成员担起审理之重担,避免合议者逃避责任。裁判文书公开少数意见无疑可以压缩避责空间,促进有效合议。

1. 压缩避责空间

从违法审判责任追究的角度看,合议时提出少数意见,能够使得少数意见持有者在合议博弈过程中保持免责的优势地位。以一审案件为例,作为合议庭少数意见的持有者,如果案件在二审程序中被改判或者发回,因少数意见持有者提出的意见并非定案意见,故在责任追究过程中无须承担责任;④如果案件被判决维持并生效,则因案件不会出现被定为错案的情况,少数意见的持有者亦无被追究责任的风险。而对于审判专业人士而言,少数意见

---

① 左卫民、吴卫军:《"形合实独":中国合议制度的困境与出路》,载《法制与社会发展》2002年第2期。
② 苏力:《法条主义、民意与难办案件》,载《中外法学》2009年第1期。
③ 顾培东:《公众判意的法理解析——对许霆案的延伸思考》,载《中国法学》2008年第4期。
④ 最高人民法院《关于完善人民法院司法责任制的若干意见》规定,进行违法审判责任追究时,根据合议庭成员是否存在违法审判行为、情节、合议庭成员发表意见的情况和过错程度合理确定各自责任。

的提出并不困难，审判过程中任一环节都有提出少数意见的空间。虽然司法责任制明确要求拟作出裁判结果的理由是所有合议庭成员在发表意见时应当予以重点说明的内容，①但是鉴于合议是不公开进行的，且少数意见依据的理由亦不需要公之于众，即使理由不充分，也不影响意见发表者坚持少数意见，进而成为司法责任制推进下的避责者。

司法责任制的全面落实要求不给裁判者留下懈怠的安全区。裁判文书公开少数意见，可以起到限缩责任安全区的作用；同时，少数意见在裁判文书中公开的心理预期，可以阻却为反对而反对者，让意见的提出更加谨慎、理性，减少为避责而提出少数意见的情形发生，让合议从形式化重新向实质化发展，让裁判结果所依据的每一个意见和理由都扎实可靠。

2. 促进有效合议

就合议而言，对在裁判文书中公开少数意见曾存有一种批评及担忧，即在裁判文书中公开少数意见违反了合议秘密原则；②还有主张因担心少数意见被公开，反而会使得少数意见的提出变得不易，打消案件审理者提出少数意见的积极性，致使合议庭审理的案件离真正的合议更远。③

在司法责任制全面落实的语境中，合议追求的并非各类意见的泛泛而谈，而是对于核心问题的有的放矢。少数意见在裁判文书中公开，只会起到有效筛选作用，增强合议的实效。一方面，

---

① 《最高人民法院司法责任制实施意见（试行）》规定："所有合议庭成员均应对事实认定、法律适用发表意见，重点说明证据采信情况及拟作出裁判结果的理由。合议庭成员发表最终处理意见时，应当按法官资历由低到高的顺序进行。"

② 《人民法院工作人员处分条例》第42条规定："故意泄露合议庭、审判委员会评议、讨论案件的具体情况或者其他审判执行工作秘密，给予记过或者记大过处分；情节较重的，给予降级或者撤职处分；情节严重的，给予开除处分。"

③ 朱峰：《浅议合议庭少数意见的公开》，载《重庆科技学院学报（社会科学版）》2010年第14期。

对于秉持负责态度的法官而言，在裁判文书中公开少数意见的要求并不会导致其放弃己见，反而因为对自身所持少数意见及理由公开的合理预期会增加其寻求支撑自身意见依据的动力，并在合议时有理有据地阐述意见；另一方面，对于多数意见持有者，迫于少数意见公开带来的裁判理由相互竞争的压力，其在合议中也必须正视少数意见的裁判理由，用更严谨的论证去回应。这样自然会使得裁判文书的公正性有了更强的保障。

另外，合议秘密原则的产生本是为了保护合议庭独立审理案件，防止合议庭受不当干预，其关注的时间点是合议决定作出之前。① 裁判文书公开少数意见时，合议庭的决议已经作出，此时对于个案而言，合议庭独立公正审判的目标已经实现，接下来更应关注的是如何将公正审理的裁判结果以有说服力的方式加以呈现。

（二）少数意见公开之于审判委员会运行的规范价值②

司法责任制落实的一项重要内容，就是完善审判委员会制度，即通过明确审判委员会讨论案件的类型、流程等，让审判委员会规范运行，同时实现案件尽可能留在合议庭的目标。但是，对于审判委员会讨论案件所设定的疑难、重大、复杂的标准仍难以从正面统一规定，存在较大的弹性空间；而在裁判文书中公开少数意见，则可以起到反向监督审判委员会对个案的指导与提高公信力的作用。

1. 反向监督审判委员会的个案指导

司法责任制全面落实要求审判委员会限缩对个案的具体处理，转向统一裁判尺度、类案研究等方面的宏观指导。从审判实践来看，除了从正面对审判委员会讨论决定个案的范围予以设定标准与类型界定外，裁判文书公开审判委员会的少数意见亦能够起到

---

① 张泽涛:《判决书公布少数意见之利弊及其规范》，载《中国法学》2006 年第 2 期。

② 公开审判委员会少数意见对于审判委员会合议的规范价值与合议制度部分相同，不再赘述。

反向监督的作用。

从审判委员会讨论的案件类型看,审判委员会只讨论重大、疑难、复杂案件的法律适用问题,特别是对于合议庭提请审判委员会讨论的案件,应当是在法律适用上具有理论与实践争议的问题。此时,审委会委员在审判委员会上发表的法律意见通常是具有研究价值的观点与意见。而从审判委员会的人数构成上看,其一般在五人以上。人数较多的审判委员会要对重大、疑难、复杂案件形成一致意见难度远远大于普通合议庭,少数意见的存在是一种常态。如果裁判文书显示并无少数意见,在一定意义上说明该个案以及未来的类似个案就不宜提请审判委员会讨论决定,而应由合议庭合议处理。

2. 提高审判委员会的公信力

在落实司法责任制的过程中,审判委员会之于民众而言仍有着某种程度的神秘性。鉴于审判委员会并不直接开庭、阅卷审理案件,审判委员会委员对讨论的个案难以具有亲历性,人民群众始终对审判委员会存在一种天然的陌生感,甚而存有几分非正当性的质疑。而在裁判文书中公开审判委员会委员的少数意见,实际上创设了审判委员会与当事人之间对话的一种方式,自然地有利于揭开审判委员会的神秘面纱,降低神秘感引发的当事人及公众的不信任。同时,审判委员会对案件的讨论存在少数意见乃是一种正常状态,裁判文书公开少数意见无疑展示了人民法院正视此种常态的鲜明态度,必将有助于提高审判委员会的公信力。

(三)少数意见公开之于推进法律体系完善的反思价值

随着立案登记制的全面落实和社会发展的快速变化,人民法院受理的新类型案件逐渐增多。此类案件的法律适用问题并非都能直接在条文中找到一一对应,有的还属于"无法可司"[①]的情

---

① 孙海龙:《"无法可司"下的裁判说理》,载《人民法院报》2018年10月9日。

形，法官需要运用适当的法律解释方法和法律论证方法予以妥善处理。[①]而在裁判文书中公开少数意见，特别是公开少数意见背后的理由，并形成少数意见与多数意见的依据及理由的理性竞争，可以为法律体系的完善提供反思的素材。

1. 正视多元观点

传统上反对在裁判文书中公开少数意见的理由之一就是少数意见的公开会扰乱法的安定性，将少数意见公开在阳光下，会暴露法院本身认识的不统一，损害司法权威。[②]显然，少数意见是一种客观存在，并不会因不公开而消失，反而会累积成对法院裁判不信任的"定时炸弹"，间或成为指责法院考虑不周、宣泄心中不满的借口。特别是针对争议的法律问题，各方当事人向法院提供类案裁判文书作为参考已是常态，同类型案件本来就可能因为细节差异产生不同的裁判结果。如果裁判者刻意回避本就存在的少数意见，更容易引起当事人对案件是否得到公正审理产生怀疑；而如果能在裁判文书中公开少数意见，反而可以显示出法院考虑的周全与司法自信。

2. 增进法律认知

法律从来不是一成不变的，无论是立法者还是司法者抑或其他主体对法律的认知也是随着社会生活的变迁而不断增进的渐进过程。在某种程度上说，法律的变化亦是法律理性和认知累积的产物。裁判文书公开少数意见可以起到促进理性提升的功能，具体包括：一是在裁判文书中公开少数意见可以形成理性竞争，为多数意见带来不同角度的思考，增进裁判共识，提高裁判文书的

[①] 最高人民法院《关于加强和规范裁判文书释法说理的指导意见》第7条规定："民事案件没有明确的法律规定作为裁判直接依据的，法官应当首先寻找最相类似的法律规定作出裁判；如果没有最相类似的法律规定，法官可以依据习惯、法律原则、立法目的等作出裁判，并合理运用法律方法对裁判依据进行充分论证和说理。"

[②] 吴庆宝：《裁判的理念与方法》，人民法院出版社2004年版，第146页。

说理性;二是少数意见的公开可以为法律职业共同体提供研究素材,并在共同体中形成思想、学术和理论共识。新类型等疑难案件裁判理由的充分论证,既能促进法官法律适用能力的提升,也能促进法教义学和法律适用方法论[①]的丰富,还能为法律规范的发展和法律体系的完善提供坚实的实践素材。

三、少数意见公开的操作规制

尽管由于定位不明、缺乏传统、动力不足等因素的影响,目前实践中极少在裁判文书中公开少数意见,且实际公开少数意见的裁判文书亦存在种种问题,但是相较于在裁判文书中公开少数意见对于司法责任制全面落实的价值功能而言,这些困难和问题并非不可克服。此处以推进司法责任制全面落实为目标指引,在明确裁判文书少数意见公开的总体原则的基础上,提出"三进三退"的具体操作方案。

(一)总体原则:目标指引与传统理念的平衡

正如前文所述,裁判文书中少数意见公开在全面落实司法责任制的视角下具有规范合议制度、规范审判委员会运行及提供法律体系完善素材等多方面的价值功能,对在裁判文书中公开少数意见的完善就必须着眼于上述目标的实现,但是纯粹的目标指引不一定能实现价值最大化,目标的实现还依赖于少数意见公开的有效落实。故在少数意见公开的具体推进过程中,应正视我国裁判文书的传统理念与习惯,在目标指引与传统理念之间寻求纳什均衡,实现价值最大化。

---

① [德]马蒂亚斯·耶施泰特:《法理论有什么用?》,雷磊译,中国政法大学出版社2018年版,第57页。

（二）裁判文书中少数意见公开的"进"路

1. 明确少数意见公开的推进计划

以审判委员会少数意见的公开为原则，以合议庭少数意见的公开为自由选择。在推进司法责任制全面落实的目标下，在裁判文书中公开审判委员会的少数意见具有合理性和可行性。合理性在于审判委员会的决定只涉及法律适用问题；对于本就存在重大争议的法律问题，在裁判文书中公开少数意见是对此争议的正视和重视，可接受度更高，亦能彰显司法的严谨与自信。可行性在于随着司法责任制的全面推进落实，审判委员会决定的个案数量有限，工作量的增加不会成为法官难以负荷的重任。

相较于审判委员会讨论的案件，目前要全面推进合议庭少数意见的公开仍然不具有成熟的土壤。一方面，在裁判文书中公开少数意见要求法官充分把握争议，一旦论证不当则有削弱裁判文书说理性的可能，全面公开社会风险过大；另一方面，全面公开少数意见，对目前的法官工作量是一种巨大负担，因而较为稳妥的做法是在审判委员会少数意见公开运行较为成熟以后再逐步推进合议庭少数意见的公开。

2. 规范少数意见公开的载明方式

以"多数意见——少数意见——多数意见对少数意见"的回应为路径。在少数意见的公开方式上，以美国为首的英美法系国家采用后附式，[①]理由是少数意见并非裁判的依据，不适宜置于裁判文书正文中。[②]而采用大陆法系的日本在公开最高法院判决少数意见时则将少数意见置于裁判文书正文的理由部分，叙述于多数

[①] 孙笑侠、诸国健：《判决的权威与异议——论法官"不同意见书"制度》，载《中国法学》2009 年第 5 期。

[②] 杨月萍：《论合议庭少数意见的公开》，载《河南大学学报（社会科学版）》2017 年第 6 期。

意见之后。①

从当下来看,这两种公开形式均不适合我国裁判文书的制作传统和少数意见公开的定位。对于前者,后附式少数意见与我国裁判文书的制作传统差距过大,且我国少数意见的公开目标并不在于彰显法官的个性,而是通过少数意见理由的公开实现对合议制度的有效、审判委员会运行的规范以及法律体系的完善等方面的体现,直接借鉴缺乏基础和需求;对于后者,由于日本裁判文书系采用主文——理由的论述结构,少数意见在理由中置于多数意见之后并不会产生裁判结果混乱的错觉,而我国系采用"理由——主文"的论述结构,若予以全面借鉴,则有裁判主文的理据不清晰的风险。

最早开始探索这项改革的广州海事法院采取如下做法:合议庭成员意见一致的,表述为"合议庭认为……"合议庭意见不一致的,多数意见合写,具体列明"审判长(员)×××、审判员×××认为……""审判员×××认为……"以体现合议庭负责和审判公开。在遵循本部分说理的基本顺序的前提下,合议庭一致意见写在前,不同意见写在后;多数意见写在前,少数意见写在后。②最早公开少数意见的裁判文书有如下表述:"审判长×××、代理审判员×××认为:……原告的证据5所涉12份原告为承运人的提单均为'运费到付'提单,即运费应由收货人支付,并且除HK98-SII2-0411提单外,记载的收货人均为被告。因此,根据提单中托运人与承运人约定的运费支付方式,该11份提单被告有义务向原告支付运费。尽管HK98-SH2-0411是到付运费提单,但原告未能证明该提单的收货人是被告,故被告没有义务支付该提单项下的运费……代理审判员×××认为:对于证据5所涉12份提单,原告未能证明其与托运人约定运费由收货人即本案被告支

---

① 刘风景:《不同意见写入判决书的根据与方式——以日本的少数意见制为背景》,载《环球法律评论》2007年第2期。

② 《广州海事法院关于使用统一样式制作判决书的通知》(2000年10月9日)。

付,原告依据该12份提单请求被告支付运费及该款项的逾期付款违约金,不予支持。原告依据证据6的8份提单请求被告支付运费及违约金,但原告未能证明被告委托其办理该8份提单项下的货物运输,对原告的该项请求,不予支持。综上,应驳回原告的诉讼请求。根据合议庭多数意见,依照《中华人民共和国海商法》第六十九条第二款、第七十八条的规定,判决如下:……"

笔者认为,从更好地融合和适应现有的裁判文书传统来看,目前对少数意见公开的方式宜采用"本院认为内化式",即以"多数意见——少数意见——多数意见对少数意见"的回应为叙述思路,将少数意见内化为裁判文书说理的有机组成部分。在最终对少数意见的回应中,应当阐明多数意见与少数意见的分歧之所在及多数意见的考量角度,通过挖掘两者差异的理据来增强裁判文书的说理性。

3. 提升少数意见公开动力

与司法责任制错案追究挂钩。目前司法责任制错案追究是以合议时发表的意见为依据的,通过审查合议笔录以确定案件相关人员的责任承担,是否在裁判文书中公开少数意见对责任承担没有影响。如果对于应当公开的少数意见,不再以合议笔录作为司法责任制错案追究的依据,而是以裁判文书载明的意见为主要依据,则可以为推进少数意见公开提供制度保障。这一进路并非要求公开少数意见的具体持有人,而是将裁判文书公开的少数意见与合议笔录及责任追究形成互相对应的一体,对于应当公开但未公开的少数意见,即使合议笔录中存在少数意见,亦因未在裁判文书中公开不予采信,从而有效地开展司法监督。

(三)裁判文书中少数意见公开的"退"路

1. 规范少数意见公开的内容:公开少数意见理由,不公开少数意见指向的裁判主文

从司法责任制全面落实的目标看,在裁判文书中公开少数意

见指向的裁判主文并无必要，反而与我国裁判文书的传统行文思路产生冲突，造成裁判结果不唯一的错觉，故应当避免实践中部分裁判文书采用的载明少数意见后写明依据少数意见指向的裁判主文的做法，明确禁止写明少数意见指向的主文，保障裁判主文唯一性、确定性和权威性。

2. 明确少数意见公开的限度：公开少数意见，不公开少数意见持有人

我国宪法及法律规定，法院依法独立行使审判权，并不像西方法治国家强调法官的个体独立。[①] 即使是在司法责任制全面落实的情况下，亦不应当公开少数意见持有人。这主要基于以下考虑：一方面，不公开少数意见持有人可以保障法官个体不会因为少数意见的提出而遭受不应承担的社会责难；另一方面，少数意见公开的目的是规范合议和审判委员会的运行，并为法律体系的完善提供有理有据的反思，这些目标价值并不需要以公开少数意见的持有人为前提。故在裁判文书中公开少数意见应当以具体意见和理由为限，不宜公开少数意见持有人。

3. 限制少数意见公开的类型：不公开纯粹事实认定、自由裁量权行使、事实是否为法律要件所涵盖、裁判方式类争议

裁判文书公开少数意见是对传统裁判文书的突破，实有必要采取渐进的方式。与常规的限定少数意见公开的级别法院、案件

---

① 《宪法》第 126 条规定："人民法院依照法律规定独立行使审判权，不受行政机关、社会团体和个人的干涉"；2006 年修正的《人民法院组织法》第 4 条规定："人民法院依照法律规定独立行使审判权，不受行政机关、社会团体和个人的干涉"；2012 年修正的《刑事诉讼法》第 5 条规定："人民法院依照法律规定独立行使审判权，人民检察院依照法律规定独立行使检察权，不受行政机关、社会团体和个人的干涉"；2017 年修正的《民事诉讼法》第 6 条规定："民事案件的审判权由人民法院行使。人民法院依照法律规定对民事案件独立进行审判，不受行政机关、社会团体和个人的干涉"；2017 年修正的《行政诉讼法》第 4 条规定："人民法院对行政案件独立行使审判权，不受行政机关、社会团体和个人的干涉。人民法院设行政审判庭，审理行政案件。"

类型路径与思路不同，更为可行的是对少数意见的聚焦点予以类型化，限定公开焦点类型。以前述审判实践累积的公开类型看，不应当公开纯粹事实认定、自由裁量权行使、事实是否为法律要件所涵盖、具体裁判方式方面的少数意见。理由是，单纯的事实意见争议对于法律的反思并无意义，且容易引发个案当事人的情绪不满；具体裁判方式、自由裁量权行使方面的争议亦往往无客观衡量的标准，少数意见的公开更容易异化为无法调和的各持己见；事实是否为法律要件所涵盖的问题，其实质是在法律规范与法律事实之间的来回穿梭，更多的是法律规范在个案中的运用，围绕此争议点形成的多数意见与少数意见之间很难形成有价值的竞争，故不应当公开；对于法律概念的理解争议、法律概念间的竞争、法律利益的平衡以及证据规则的理解与运用争议，则具有普遍性价值，这些方面的少数意见应当一律予以公开。

在推进司法责任制全面落实的进程中，裁判文书公开少数意见实有再讨论的必要。综上，当下的主要问题，已不是应否公开少数意见，而是如何公开少数意见。特别是，随着裁判文书上网公开、裁判文书释法说理加强和规范、案件繁简分流、多元纠纷解决机制、法官专业化和职业化等综合配套机制改革的推进，既为裁判文书公开少数意见奠定基础，也为裁判文书公开少数意见带来压力。我们要立足于传统和国情，采取渐进的方式逐步地推进少数意见在裁判文书中的公开。

第十讲

裁判文书说理的"依据·理由"辨析[*]

在中国司法语境中,"以事实为依据,以法律为准绳"实乃耳熟能详的司法原则或者司法政策,但是,该原则或者政策在裁判文书特别是裁判说理中的具体化或者实践化仍衍生了诸多具有"中国特色"的争论性问题,例如,此文要论及的"裁判理由"与"裁判依据"两个范畴的内涵如何界定,究竟是何种关系,即种属关系、并列关系还是其他关系?宪法条款和指导性案例在裁判文书中的效力究竟如何定位,即只能作为裁判理由还是亦可以作为裁判依据?等等。

一、问题的提出

2009年11月4日施行的最高人民法院《关于裁判文书引用法律、法规等规范性法律文件的规定》(法释〔2009〕14号,以下简称《规定》)第1条规定,人民法院的裁判文书应当依法引用相关法律、法规等规范性法律文件作为裁判依据,第6条规定,"对于本规定第三条、第四条、第五条规定之外的规范性文件,根据审理案件的需要,经审查认定为合法有效的,可以作为裁判说理的依据"。2018年6月13日施行的最高人民法院《关于加强和规范裁判文书释法说理的指导意见》(法发〔2018〕10号,以下

---

[*] 此部分曾以《"裁判依据"与"裁判理由"的法理之辨及其实践样态》为题,载《法治现代化研究》2020年第3期。

简称《意见》)第13条规定:"除依据法律法规、司法解释的规定外,法官可以运用下列论据论证裁判理由,以提高裁判结论的正当性和可接受性:最高人民法院发布的指导性案例;最高人民法院发布的非司法解释类审判业务规范性文件;公理、情理、经验法则、交易惯例、民间规约、职业伦理;立法说明等立法材料;采取历史、体系、比较等法律解释方法时使用的材料;法理及通行学术观点;与法律、司法解释等规范性文件不相冲突的其他论据。"《规定》提出了"裁判依据"和"裁判说理的依据"范畴,《意见》提出了"论证裁判理由的论据"范畴。概念乃是解决法律问题所必不可少的工具。没有限定严格的专门概念,我们便不能清楚和理智地思考法律问题,[①]这些司法文件所提出的上述范畴是有其法理依据还是存有随意使用之嫌疑,进而有无必要从法理层面进行辨析,并为裁判文书中宪法条款和指导性案例的效力定位即裁判理由抑或裁判依据的争论提供统一的话语基础,可以说就是本讲所要论及的问题之所在。

二、"裁判依据"与"裁判理由"的法理之辨

(一)什么是裁判依据[②]

2007年4月1日施行的最高人民法院《关于司法解释工作的规定》第27条规定:"司法解释施行后,人民法院作为裁判依据的,应当在司法文书中援引。人民法院同时引用法律和司法解释

---

① [美]E.博登海默:《法理学:法律哲学与法律方法》,邓正来译,中国政法大学出版社1999年版,第486页。

② 与之类似的表述还有"判决依据""审判依据""裁决依据""规范依据""论证依据""理论依据"。

作为裁判依据的,应当先援引法律,后援引司法解释。"①2009年11月4日施行的《规定》将"裁判依据"(第1条)和"裁判说理的依据"(第6条)并列;2013年1月1日施行的最高人民法院《关于适用〈中华人民共和国刑事诉讼法〉的解释》第246条规定:"裁判文书应当写明裁判依据,阐释裁判理由,反映控辩双方的意见并说明采纳或者不予采纳的理由",则将"裁判依据"和"裁判理由"并列。但是,上述司法解释或者非司法解释类规范性文件既未对这些范畴作进一步的细化与明确,也未对这些范畴的关系予以澄清。其实,无论是这些范畴的内涵界定,还是其关系辨析,均存有细究的必要。

就裁判依据而言,近期有学者认为,裁判依据是司法裁判推理论证最终作出决定的规范基础。根据最高人民法院发布的一系列裁判文书制作规范的相关规定,裁判依据在判决书中应以"依照……之规定,判决如下"的格式出现,且所援用条文一般须源于法律、法规等规范性文件。②有学者认为,裁判依据是有效裁判得以作出的规范基础,是依法裁判之"法"的载体,通常情况下,法官只需在裁判文书中指明裁判所依据之法律规范的出处,即相关的制定法名称及其条款号即可。③有学者认为,裁判依据首先指法律条文、司法解释等规范和法院认定的案件事实及相应的有真实性的证据,再延伸到包括指导性案例、学界的通说或主流学说、

---

① 1997年7月1日施行的最高人民法院《关于司法解释工作的若干规定》(法发〔1997〕15号)第14条规定:"司法解释与有关法律规定一并作为人民法院判决或者裁定的依据时,应当在司法文书中援引。援引司法解释作为判决或者裁定的依据,应当先引用适用的法律条款,再引用适用的司法解释条款。"

② 余军等:《中国宪法司法适用之实证研究》,中国政法大学出版社2018年版,第147页。

③ 雷磊:《从"看得见的正义"到"说得出的正义"——基于最高人民法院〈关于加强和规范裁判文书释法说理的指导意见〉的解读与反思》,载《法学》2019年第1期。

商业惯例等。① 有学者认为，裁判依据既包括事实依据，也包括法律规则依据。② 上述观点至少可以引发如下几点思考：一是裁判依据是仅限于规范依据，还是同时包括事实依据和规则依据；二是作为裁判依据的"规范基础"相对于裁判结论而言，是限于最终论证环节的，还是同时包括整过论证过程的；三是从论证层次而言，裁判依据是限于第一层次，还是同时延伸到第一层次以下的其他层次；四是裁判依据的外延宽于还是窄于裁判理由；五是裁判理由是仅指静态的推理理由，还是同时包括静态的推理理由和动态的推理过程。

综上，裁判依据在不同的语境中有不同的界定，实乃正常。此处着重指出以下几点：

1. 从审判／诉讼原则而言，裁判依据包括事实依据和法律依据，就是"以事实为根据，以法律为准绳"。2017年修正的《民事诉讼法》第7条规定："人民法院审理民事案件，以事实为根据，以法律为准绳。"2017年修正的《行政诉讼法》第5条规定："人民法院审理行政案件，以事实为根据，以法律为准绳。"2018年修正的《刑事诉讼法》第6条规定："人民法院、人民检察院和公安机关进行刑事诉讼，必须依靠群众，必须以事实为根据，以法律为准绳。"2018年修订的《人民法院组织法》第6条规定："人民法院坚持司法公正，以事实为根据，以法律为准绳，遵守法定程序，依法保护个人和组织的诉讼权利和其他合法权益，尊重和

---

① 此系清华大学法学院王亚新教授通过微信（2018年11月13日18:52）对笔者提出的"'裁判依据'定义如何下？如何与'裁判理由'区分？"的回复。他同时认为，裁判理由是运用这些依据进行的论证说理，是对法官推论的结构层次和逻辑的表述。

② 此系吉林大学法学院宋显忠教授通过微信（2018年11月13日21:34）对笔者提出的"'裁判依据'定义如何下？如何与'裁判理由'区分？"的回复。他同时认为，裁判理由则是裁判推理的根据，除了事实和法律依据之外，还包括法官意见（即法官对证据和规则的选择、解释与判断）和法官的推理过程。裁判理由要比裁判依据范围大且宽泛，可以说裁判理由是对裁判依据的补充。

保障人权。"

2. 从裁判文书样式而言，裁判依据是限于裁判结论所依据的最终的规范基础，即目前裁判文书样式中"依照（参照）……作出如下判决"中的省略号所指的内容。① 民事、行政、刑事裁判的"最终的规范基础"② 是有所区别的。2017年全国人大通过的《民法总则》第10条规定："处理民事纠纷，应当依照法律；法律没有规定的，可以适用习惯，但是不得违背公序良俗。" 2018年6月13日施行的《意见》第7条规定："民事案件没有明确的法律规定作为裁判直接依据的，法官应当首先寻找最相类似的法律规定作出裁判；如果没有最相类似的法律规定，法官可以依据习惯、法律原则、立法目的等作出裁判，并合理运用法律方法对裁判依据进行充分论证和说理。" 受"依法行政"的影响，行政裁判的"最终规范基础"不完全等同于民事裁判的"最终规范基础"。2017年修正的《行政诉讼法》第63条规定："人民法院审理行政案件，以法律和行政法规、地方性法规为依据。地方性法规适用于本行政区域内发生的行政案件。人民法院审理民族自治地方的行政案件，并以该民族自治地方的自治条例和单行条例为依据。

---

① 2009年11月4日施行的《规定》第3条、第4条、第5条对刑事裁判文书、民事裁判文书、行政裁判文书引用法律规范性文件作为裁判依据进行了明确规定。第3条规定："刑事裁判文书应当引用法律、法律解释或者司法解释。刑事附带民事诉讼裁判文书引用规范性法律文件，同时适用本规定第四条规定"；第4条规定："民事裁判文书应当引用法律、法律解释或者司法解释。对于应当适用的行政法规、地方性法规或者自治条例和单行条例，可以直接引用"；第5条规定："行政裁判文书应当引用法律、法律解释、行政法规或者司法解释。对于应当适用的地方性法规、自治条例和单行条例、国务院或者国务院授权的部门公布的行政法规解释或者行政规章，可以直接引用。"

② 法理学界哈特和德沃金的著名论战中的一个核心问题就是疑难案件的最终裁判依据问题，德沃金反对哈特的实证主义规则模式论，主张"规则—政策—原则模式论"，即在疑难案件审判中不仅依照规则，而且依照原则（即公平、正义的要求或者其他道德层面的要求）和政策（即关于社会的某些经济、政治或者社会问题的改善）。

人民法院审理行政案件,参照规章。"若行政诉讼个案没有这些规范性文件作为最终规范基础时,法院完全可以参照前述民事裁判的做法。而刑事裁判则受罪刑法定原则和现代刑事司法理念的约束,最终的规范基础只能是现行有效的刑法规范(就定罪而言,必须存在刑法分则性规范)。

3. 从裁判文书说理而言,裁判依据存有多层次的划分。裁判文书说理是独任法官或者合议庭在制作裁判文书过程中围绕审查判断证据、认定案件事实、法律适用等方面的争议焦点、裁判论点和推理过程,论证裁判主文的合法性和正当性的活动。① 此定义具体概括为以下几个方面:(1)裁判文书主要立足四个方面或者环节进行说理,即"审查判断证据—认定案件事实—法律适用—行使自由裁量权";(2)裁判文书重点聚焦两个中心进行说理:争议焦点和裁判论点;(3)裁判文书着重围绕两个方面内容进行说理:推理过程和合法性和正当性的理由。"裁判文书说理"既不同于裁判说理、庭审说理、判后说理,也不同于裁判论证、裁判解释,更不同于"裁判理由"和"裁判文书说理部分"。裁判文书说理具体包括审查证据判断说理、认定案件事实说理、法律适用说

---

① 2018年6月13日施行的《意见》第1条规定,"裁判文书释法说理的目的是通过阐明裁判结论的形成过程和正当性理由,提高裁判的可接受性,实现法律效果和社会效果的有机统一",间接地涉及了"裁判文书说理"的部分内涵。

理和自由裁量权说理四种类型或者四个方面内容。① 从裁判文书说理论证的层次来说，裁判文书最终的结论证成是奠基于系列不同层次论证的结果（论据、论证、论点或结论）之上的，即始端的论证服务于中端的论证，最后共同服务于终端的论证。此种论证贯穿于审查判断证据、认定案件事实和法律适用三个环节，例如，当事人提出某个关键或者争议证据，法官经过审查判断后得出是否采纳的结论，其中证据规则属于论据的范畴，审查判断过程属于论证，关于证据是否采纳的结论属于论点；法官运用证据证明和认定案件事实中，采信的证据属于论据，遵循案件事实的规则与方法来认定事实的过程属于论证，关于事实是否认定的结论属于论点；法官针对已认定的事实来适用法律中，已认定的事实和找到的法律规范属于论据，不断拉近和耦合案件事实和法律规范的过程属于论证，得出的裁判结果属于论点。既然裁判文书说理是一个（就简单案件而言）或者多个层次（就疑难案件而言）论证裁判主文的过程，那么，在裁判主文的得出奠基于第二层次甚

---

① 此处"认定案件事实说理"与"适用法律说理"的划分仅具有相对的意义，因为，正如中外学者所言，"认定案件事实"与"适用法律"是不可切分的"往返"和"互动"过程。德国学者指出，法的适用是一个将事实与规范类比的过程，在此过程中，法律规范和案件事实相互诠释，通过对案件事实的分析，得出一个具体化了的"犯罪构成"，通过对法律规范的解释，案件事实接近类型事实；比较的对象是"意义"（法的意义），在此意义中，犯罪构成与案件事实相互"适应"，法律规范才能被适用（[德]考夫曼：《法哲学的问题史》，载[德]考夫曼、哈斯默尔主编：《当代法哲学和法律理论导论》，郑永流译，法律出版社2002年版，第186页）。我国学者也认为，"事实归类与寻找、解释法律规范这两个步骤不是各自独立且严格二分的两个行为，而是一个互相关联、不断比对的互动过程"（任彦君：《刑事疑案适用法律方法研究》，中国人民大学出版社2016年版，第66页）；"案件事实的确认和法律规范的解释是交互进行的，即以事实为依据确定规范的意义，以规范为依据认定和筛选案件事实"（任彦君：《刑事疑案适用法律方法研究》，中国人民大学出版社2016年版，第39—40页）；"判断主体的目光不断流连往返于案件事实与法律规范之间，以规范为依据去筛选事实，以事实为依据去诠释或解释规范，以期能够使规范与事实相匹配"（任彦君：《刑事疑案适用法律方法研究》，中国人民大学出版社2016年版，第109页）。

至第三层次（有时还有更多层次）的裁判论点之际，裁判依据也同样存在多个层次的划分，显然不能限定于最终的规范基础。

（二）什么是裁判理由

裁判文书说理即裁判文书载明裁判理由①，是经历了一个历史发展过程的。据考在西欧，法官有在判决书上写明理由的义务只是在19世纪才出现的。在十七八世纪，法国和日耳曼国家的法院都不写明判决理由，其理论根据是：（1）他们是经君主授权从事审判的；（2）直到18世纪中叶，日耳曼法律援引罗马法的传统，拒绝把判决理由告诉当事人。18世纪的法国人约斯（Jousse）甚至劝告法官不要说明理由，以免败诉当事人的挑剔导致讼争的重起，所以当时的判决只有主文（dictun）。理由空洞到了只有一句话——"考虑了应考虑的各点之后"②。进入现代民主法治时代，裁判文书说理乃是普遍性的司法样态，③只是各国司法说理要求、说理方式等有所不同而已。

裁判文书说理是现代司法的本质属性所决定的。司法相对于其他纠纷解决机制例如调解、仲裁、决斗、抓阄等而言，最主要特点就是法院、法官遵循诉讼程序，以国家强制力为保障，居中作出裁判。"正当程序要求在强制方式下形成的结论，必须说明理由——即说服决定者主观思想的东西以及说服其他人的那些东

---

① 与此类似的表述还有"判决理由"和"法律理由"。例如，"现代司法制度要求法官作出裁判时必须阐明判决理由"（陈林林《法律方法比较研究——以法律解释为基点的考察》，浙江大学出版社2014年版，第213页）；法律格言"法律的理由是其灵魂所在"（Tatio legis est anima legis），"法律理由消失，法律本身也不存在"（Cessante ratione legis cessat et ipsa lex）。

② 沈达明：《比较民事诉讼法初论》（下册），中信出版社1991年版，第245页。

③ 当然，如今也存有这样的法律谚语，即"我愿给法官一个建议：在判决书里绝不要附理由。因为你的判决可能正确，但理由一定会弄错"（陈新民：《公法学札记》，法律出版社2010年版，第357页），这也多少表明裁判文书说理的不易。

西。"① "司法'定分止争'功能的发挥,离不开相应的司法机制,包括程序的感染力、判词的说理论证。"② 司法权相对于立法权、行政权而言,③ 是一种判断权,但司法又并非一种纯粹的判断,按照菲特丽丝(Eveline Feteris)的观点,"任何提出法律命题的人都被期待提出论据去支持它"④,因而,司法裁判是一种举出理由支持某种主张或判断的活动,⑤ 是一种法律推理(legal reasoning)或法律论证(legal argumentation)的过程。可以说,作为"依(据)法裁判"⑥的司法裁判也是一种依(据)法裁判的论证活动。⑦ 我国学者同样认为,作为追求个案正义的司法裁判大体上具备以下三大要素:一是要具备规范基础,即法官的论证绝不能只是纯粹的道德论证或者价值诉求,而必须在现有的法律体系内寻找规范基础(如一般法律原则)作为这种价值的支撑;二是要运用法学方法,即通过运用法律人共同体所普遍承认的法学方法,保证裁判结论与主流价值或道德保持一致;三是要承担论证负担,即法

---

① 孙笑侠:《法的现象与观念——中国法的两仪相对关系》(修订四版),光明日报出版社2018年版,第144页。

② 孙笑侠:《法的现象与观念——中国法的两仪相对关系》(修订四版),光明日报出版社2018年版,第255页。

③ 在现代法治社会,无论是立法还是行政,都需要说明理由,只是说理要求、说理内容、说理方式等方面会表现出差异,行政官僚色彩最浓、程序传统最淡漠的法国,1979年汲取行政程序法之精髓——说明理由的行政程序,制定了《行政行为说明理由和改善行政机关和公民关系法》,该法规定,对当事人不利和对一般原则作出例外规定的具体行政处理必须说明理由。

④ 雷磊:《从"看得见的正义"到"说得出的正义"——基于最高人民法院〈关于加强和规范裁判文书释法说理的指导意见〉的解读与反思》,载《法学》2019年第1期。

⑤ 颜厥安:《法、理性、论证——Robert Alxey 的法论证理论》,载颜厥安:《法与实践理性》,台湾允晨文化实业股份有限公司出版社2003年版,第98页。

⑥ [美]庞德:《法理学》(第2卷),邓正来译,中国政法大学出版社2007年版,第134页。

⑦ 泮伟江:《当代中国法治的分析与建构》,中国法制出版社2012年版,第35页。

官在超越依法裁判的层次去追求个案正义时，负有义务来证立其所采取的价值判断①具备规范基础，此种证立可以通过理性的论证来展开，从而使价值判断符合宪法和社会主流价值且可以适用于个案。②

就当下立法例而言，一些国家的宪法（基本法）和诉讼法专门对裁判说理进行了详略不一的规定。例如，《土耳其共和国宪法》第141条规定："所有法院判决一律以书面形式作出，并附理由说明。"《比利时联邦宪法》第149条规定："所有判决均须说明理由。"《荷兰王国宪法》第121条规定："除议会法令规定的情形外，审判应公开进行，判决应说明其所依据的理由并向社会公布。"《西班牙王国宪法》第120条规定："判决必须包含判决理由，并公开宣判。"《希腊宪法》第93条规定："每一法院判决必须详细地和完整地说明理由并且必须公开宣判。"《巴西联邦共和国宪法》第93条规定："司法机构的判决均应公开进行，所有判决必须理由充分，否则无效。"《苏里兰共和国宪法》第136条规定："所有判决都应陈述其所依据的理由，刑事案件的判决还应写明作出处罚所依据的法律条文。"《德国民事诉讼法典》第313条规定："1.判决书应记载：……（4）判决主文；（5）事实；（6）裁判理由。……3.裁判理由项下，应简略地、扼要地记载从事实

---

① 正如有学者所言，"在多样化和多元化的社会背景下，法律适用不再是田园诗般的静态的逻辑推演，而必须加入多样化的社会价值的考量"（孔祥俊：《论法律效果与社会效果的统一——一项基本司法政策的法理分析》，载《法律适用》2005年第1期）。此种"加入多元化的社会价值的考量"无疑是最高人民法院提出的司法政策"坚持法律效果和社会效果（法律效果、政治效果、社会效果）有机统一"的本质要求，只是随之裁判论证负担会加重。

② 舒国滢、王夏昊、雷磊：《法学方法论》，中国政法大学出版社2018年版，第174—175页。

和法律两方面作出裁判所依据的论据。"①《日本民事诉讼法》第253条规定:"判决书应记载下列事项:主文、事实、理由、口头辩论的终结日期、当事人及法定代理人、法院"。《日本刑事诉讼法典》第44条规定:"裁判,应当附具理由。"《韩国民事诉讼法》第208条规定:"1.判决书应记载下列事项:……(2)主文;(3)请求的主旨及上诉的主旨;(4)理由;…… 2.判决书的理由应记载对当事人的主张以及其他攻击、防御方法作出的判断,以致可以将主文认定为正当的程度……"《韩国刑事诉讼法》第39条规定:"裁判应明示理由。但是,不允许上诉的决定或者命令除外";第323条规定:"宣告刑罚的,应在判决理由记载构成犯罪的事实、证据的要旨及法律的适用。"《俄罗斯联邦刑事诉讼法典》②第303条规定:"刑事判决用法庭审理时使用的语言制作,由开始部分、叙事和理由部分及结论部分组成";第305条规定:"无罪判决书的叙事和理由部分应该叙述以下内容:(1)所提出指控的实质;(2)法庭所确认的刑事案件情节;(3)宣告受审人无罪的根据和证明这些根据的证据;(4)法院推翻指控方所提交的证据的理由;(5)对附带民事诉讼作出判决的理由";第307条规定:"有罪判决书的叙事和理由部分应该包括:(1)描述法庭认为得到证明的犯罪行为,并指出实施犯罪的地点、时间和方式,罪过的形式,犯罪的动机、目的和后果;(2)法庭据以对受审人做出

---

① 据我国学者介绍,德国的判决书分为前文、主文、事实说明、判决理由、法官的签名,其中,"事实说明"要简单地叙述双方当事人同意的事实、当事人主张的事实以及法院调查到的证据提要,"判决理由"包括法院评论证据的价值,指出判决所依据的法律理由。参见沈达明:《比较民事诉讼法初论》(上册),中信出版社1991年版,第185—186页。

② 其第297条规定:"1.刑事判决应该是合法的、根据充分的和公正的。2.刑事判决的做出如果依照本法典的要求并正确适用刑事法律,刑事判决被认为是合法的、根据充分的和公正的。"与之对应的,是修改之前的《俄罗斯联邦刑事诉讼法典》第301条规定:"法院的刑事判决必须是合法的和有根据的。法院必须将刑事判决建立在审判庭已经审查过的证据的基础之上。法院的刑事判决必须是说明理由的。"

结论的证据,以及法庭推翻其他证据的理由;(3)指出减轻和加重刑罚的情节,而如果认为某一部分的指控证据不足或者确认定罪不正确,则还要说明变更指控的根据和理由;(4)解决所有与判处刑罚、免除刑罚或免于服刑、适用其他感化措施有关的问题的理由;(5)说明解决本法典第299条所列其他问题的根据。"我国《民事诉讼法》第152条规定:"判决书应当写明判决结果和作出该判决的理由。判决书内容包括:(一)案由、诉讼请求、争议的事实和理由;(二)判决认定的事实和理由、适用的法律和理由;(三)判决结果和诉讼费用的负担;(四)上诉期间和上诉的法院";第154条第3款规定:"裁定书应当写明裁定结果和作出该裁定的理由。"

结合上述各国诉讼法的规定来看,裁判理由可作不同的分类。一是按照裁判理由的说服受众来分,即德国学者埃塞尔的观点,判决的理由这一术语可作两种解释:其一,指判决所根据的理由(begründung);其二,指判决的心理动机(motivation)。比利时学者班来门认为,两者是不能等同的,前者是客观的,指怎样说服其他人,后者是主观的,指什么东西说服了法官。[①] 二是按照裁判理由的属性来分,裁判理由包括裁判事实性理由和裁判规范性理由。司法裁判的结论建立在恰当的法律规范和被正确陈述的案件事实(亦即证据事实)的基础之上,因此,裁判事实性理由就是裁判依据证据所认定的案件事实及其根据和理由,裁判规范性理由既包括裁判所依据的法律规范,也包括适用法律规范的理由(例如类推适用所依据的法律理由或立法理由、学界围绕相关条款的适用所提出的法教义学观点,尤其是通说),等等。三是按照裁判理由在裁判论证中的位阶层次来分,包括最终结论的裁判理由和论证最终裁判理由的理由。以裁判规范性理由为例,从法律规范的证立而言,具体可分为权威理由和实质理由两类,前

---

① 沈达明:《比较民事诉讼法初论》(下册),中信出版社1991年版,第245页。

者是指因其他条件而非其内容来支持某个法律命题的理由（例如，法律渊源是最重要的权威理由），为法律命题及依据法律命题得出的裁判结论提供权威性和合法性，后者是一种通过其内容来支持某个法律命题的理由，增强司法裁判的说服力和裁判结论的正当性。① 显然，此处的"权威理由"有的是最终结论的裁判规范性理由（裁判文书样式中"依照……作出如下判决"中的省略号表述内容，亦即作为最终的裁判规范性依据的规范性文件），有的是论证最终裁判理由的理由（亦即裁判说理部分所援引的规范性法律文件），而实质理由往往就是论证最终裁判理由的理由。此种二分法，不仅仅与法律论证的内部证成（按照司法三段论，经由大前提、小前提推理出结论）和外部证成（证明大、小前提的成立）相契合，更是与当下司法哲学从严格规则主义向司法能动主义（或者自由裁量主义）、② 从形式公正向实质公正、③ 从形式理性向实质理性转变相呼应。

（三）"裁判依据"和"裁判理由"的关系框定

综上，"裁判依据"和"裁判理由"的关系，应在同一的语境中来加以框定，否则会得出似是而非的、经不起推敲和追问的结论。2009年7月13日《规定》第1条和第6条分别使用了"裁判依据"和"裁判说理依据"的表述，这种不同只有从裁判结论

---

① 雷磊：《从"看得见的正义"到"说得出的正义"——基于最高人民法院〈关于加强和规范裁判文书释法说理的指导意见〉的解读与反思》，载《法学》2019年第1期。

② 孙笑侠：《法的现象与观念——中国法的两仪相对关系》（修订四版），光明日报出版社2018年版，第212页以下。

③ 美国学者昂格尔分析当代"后自由主义社会"中"福利国家"和"合作国家"的发展对法治的影响主要表现为以下三种趋势：一是在立法、行政、审判中，迅速地扩张使用无固定内容的标准和一般性条款；二是从形式主义向目的性或政策导向的法律推理的转变，从关注形式公正向关心程序公正或实质公正转变；三是私法与公法界限的消除，出现了社会法。参见[美]昂格尔：《现代社会中的法律》，吴玉章、周汉华译，中国政法大学出版社1994年版，第181页。

的"最终的规范基础"（最终的裁判规范性理由）及"最终的裁判理由的理由"的区分角度而言有一定的合理性，若不作此种限定而笼统地理解，就会显示出不妥之处，理由是，无论是"裁判依据"还是"裁判说理的依据"相对于"裁判结论"而言应该都是"裁判理由"（"裁判结论的论据"或者"裁判结论的说理依据"）。因为从论证的层次来说，裁判文书最终的结论证成是奠基于系列不同层次论证的结果（论据、论证、论点或结论）之上的，即始端的论证服务于中端的论证，最后共同服务于终端的论证。此种论证贯穿于"审查判断证据""认定案件事实"和"法律适用"三个环节，例如，当事人提出某个关键或者争议证据，法官经过审查判断后得出是否采纳的结论，其中证据规则属于论据的范畴，审查判断过程属于论证，关于证据是否采纳的结论属于论点；法官运用证据证明和认定案件事实中，采信的证据属于论据，遵循案件事实的规则与方法来认定事实的过程属于论证，关于事实是否认定的结论属于论点；法官针对已认定的事实来适用法律中，已认定的事实和找到的法律规范属于论据，不断拉近和耦合案件事实和法律规范的过程属于论证，得出的裁判结果属于论点。

综上，就裁判文书中"裁判依据"和"裁判理由"的关系框定而言，具体应注意以下几点：一是要区分事实性依据/理由和规范性依据/理由。二是要注意不同论证层次[①]的裁判依据/理由，具体分为最终的裁判理由和强化或者补强最终裁判理由的理

---

① 例如，麦考密克的"一阶—二阶证成"模型（即一阶证成是指法官如何依据某条法律来证明判决结论的正确性，这往往是一个形式推理的过程；二阶证成是指在判决依据的选择上，法官如何证明自己的选择是正确的）。参见陈林林：《法律方法比较研究——以法律解释为基点的考察》，浙江大学出版社2014年版，第207页。

由。① 据此，裁判文书样式中"依照……作出如下判决"②中省略号表述内容仅限于"最终的规范性理由"，即得出裁判结论最终的规范基础。

三、宪法条款与指导性案例的"理由·依据"定位

（一）裁判文书中宪法条款的效力定位：裁判理由抑或裁判依据

就宪法审查制度而言，域外主要存在两种模式：一是以普通法院为审查机关的美国式分散审查模式；二是以宪法法院为审查机关的欧陆式集中审查模式。在我国，党的十八届三中全会《关于全面深化改革若干重大问题的决定》和十八届四中全会《关于全面推进依法治国若干重大问题的决定》分别提出的改革部署即"要进一步健全宪法实施监督机制和程序，把全面贯彻实施宪法提高到一个新水平"，"完善全国人大及其常委会宪法监督制度，健全宪法解释程序机制。加强备案审查制度和能力建设，把所有规

---

① 有学者将作为判决结果的依据称为判决理由中的第一性依据，将作为援引、选择这些依据的依据称为判决理由的第二性依据。陈林林:《裁判的进路与方法》，中国政法大学出版社2007年版，第9页；陈林林:《法律方法比较研究——以法律解释为基点的考察》，浙江大学出版社2014年版，第69页。

② 此处"依照……"不同于《宪法》第131条"人民法院依照法律规定独立行使审判权"中的"依照法律"。按照宪法学者的观点，此处"依照法律"是"狭义的，具体是指《宪法》《人民法院组织法》《刑事诉讼法》《民事诉讼法》和《行政诉讼法》等。它包含两个方面含义：一是法院的独立审判权依法取得，并依法获得保障；二是要对独立审判权作出限制或干涉，也应有法律的规定（蔡定剑:《宪法精解》（第2版），法律出版社2006年版，第441页）。也就是说，此处"依照法律"指的是法院审判权的来源为法律授权，而不是法院依据法律、法规作出个案裁判（余军等:《中国宪法司法适用之实证研究》，中国政法大学出版社2018年版，第119页）。

范性文件纳入备案审查范围，依法撤销和纠正违宪违法的规范性文件，禁止地方制发带有立法性质的文件"的具体方案出台之前，当下宪法实施仍是政治实施主导，法律实施并存的双轨制。

宪法在个案裁判中的具体适用呈现出两个鲜明特点。一是最高人民法院总体上坚持个案裁判不得援引宪法作为裁判依据的立场，这直接或者间接地表现在几个规范性文件的规定之中：

1. 1955年7月30日最高人民法院针对新疆维吾尔自治区高级人民法院请示作出的《关于在刑事判决中不宜援引宪法作论罪科刑的依据的复函》指出，"中华人民共和国宪法是我国国家的根本法，也是一切法律的'母法'……在刑事方面，它并不规定如何论罪科刑的问题，据此，我们同意你院的意见，在刑事判决中，宪法不宜引为论罪科刑的依据"。

2. 1986年10月28日最高人民法院针对江苏省高级人民法院的请示作出的《关于人民法院制作法律文书如何引用法律规范性文件的批复》指出，"人民法院在依法审理民事和经济纠纷案件制作法律文书时，对于全国人民代表大会及其常务委员会制定的法律，国务院制定的行政法规，均可引用……凡与宪法、法律、行政法规不相抵触的，可在办案时参照执行，但不要引用。最高人民法院提出的贯彻执行各种法律的意见以及批复等，应当贯彻执行，但也不宜直接引用"，此《批复》回避了"全国人民代表大会及其常务委员会制定的法律"是否包括宪法以及宪法能否被引用作为裁判依据的问题。

3. 1988年最高人民法院《关于雇工合同"工伤概不负责"是否有效的批复》规定，对劳动者实行劳动保护，在我国宪法中已有明文规定，这是劳动者所享有的权利。"工伤概不负责"的行为，既不符合宪法和有关法律的规定，也严重违反了社会主义公德，应属于无效的民事行为。此《批复》意味着法院可以引用宪法作为说理依据。

4. 2009年11月4日施行的《规定》第1条"人民法院的裁判文书应当依法引用相关法律、法规等规范性文件作为裁判依据"，同样未对作为裁判依据的"相关法律、法规等规范性文件"是否包括宪法作出明确界定。

5. 2016年8月1日施行的《人民法院民事裁判文书制作规范》"裁判依据"部分则明确提出,"裁判文书不得引用宪法和各级人民法院关于审判工作的指导性文件、会议纪要、各审判业务庭的答复意见以及人民法院与有关部门联合下发的文件作为裁判依据,但其体现的原则和精神可以在说理部分予以阐述"。

二是地方各级法院在部分民事、刑事、行政案件裁判文书中援引宪法,具体表现为以下几种情形。

第一种是将宪法作为裁判理由援引,具体又细分为两种情况。

其一是"非解释性适用",即在裁判理由中援引宪法,但未对相关的宪法规定进行任何解释或阐释或者无法识别出其所具体援引的宪法条款,具体包括以下情形:

1. 直接列明所援引的宪法条款,例如,潘某某、李某某非法拘禁案,其裁判文书援引《宪法》第37条之规定后表述:"具体到本案,虽然被告人闫某某是为了索要其合法债务而对被害人采取的非法拘禁行为,不同于一般纯粹的限制被害人人身自由为目的的非法拘禁,但即使被害人作为担保人未履行担保还款义务,被告人也不应采取上述犯罪行为,而应当用合法的手段和途径维护其合法权益。"

2. 单单出现"宪法"一词,且能合理推知其所援引的宪法条款,例如,博兴县锦秋街道菜园设区居民委员会与盖某璇侵害集体经济组织成员权益案的裁判文书表述:"不应对村集体成员给予差别待遇,故盖某璇基于其村集体成员资格请求村委会给予其无差别的福利待遇的请求符合民法的公平原则和宪法的人权原则,本院予以支持。"蔡某峰诉常某军等五人名誉权纠纷案的裁判文书表述:"被告常某军、宋某军、吕某红、常某林、李某锁以维护自身合法权益为由,通过向县纪委、县检察院递交控告书的形式反映问题,其行为符合我国《宪法》的规定,属于合法范畴";范某秀诉樊城区人民政府拆迁行为违法及行政赔偿案的裁判文书表述:"根据《中华人民共和国宪法》《中华人民共和国物权法》等相关法律规定,公民合法的私有财产受法律保护。上诉人范某秀位于襄阳市樊城区××街××××号的房屋依法办理了土地使用证和房屋所有权证,其房屋所有权和使用权受法律保护。"

3. 单单出现"宪法"一词,且无法识别出其所具体援引的宪法条款,例如,邵某贤与苏某科等财产损害赔偿案的裁判文书表述:"本案系道路交通事故引发的财产损害赔偿纠纷。根据我国宪法、民事法律的有关规定,因故意或过失造成他人人身、身体或其他权益损害的,赔偿义务人对损害后果应依法承担相应的赔偿责任。"

其二是"解释性适用",即在裁判理由中援引宪法规定,并对其进行一定程度的解释或者阐释(包括文义解释、体系解释和目的解释),具体表现包括:

1. 裁判文书作了简略的文义解释,例如,顾某某、吴某某等与南通市商务局不履行法定职责案的裁判文书表述:"本院认为,我国宪法规定,公民享有广泛的权利,包括公民批评权、建议权、控告权、检举权等权利。举报权利是对检举权、控告权的进一步发展,是公民依法向有关专门机关检举揭发违纪、违法或犯罪行为的权利。检举、举报人的权利包括选择受理机关的权利、决定是否实名举报的权利、获得保护的权利、查询结果和申请复议的权利,等等。因此,检举、举报权利实际上是一种民主监督权利……并非一种实体法意义上的权利。"

2. 裁判文书作了适当的体系解释,例如,曹某某与颜某某赡养纠纷案的裁判文书表述:"羊有跪乳之恩,鸦有反哺之义。中国是礼仪之邦,尊老、敬老、爱老是中华民族的传统美德。每个人都会有老去的时候,赡养老人不仅是道德规范的要求,更是法律规定每个公民应当履行的义务。我国从《宪法》《老年人权益保障法》《婚姻法》《刑法》等多个法律规定了子女对老人的赡养义务。而且法律规定的完整的赡养义务不仅包括物质供养,还包括精神慰籍和生活照料。子女应当妥善安排好老年人的住房,不得强迫老年人迁居条件低劣的房屋,更不得让老年人流离失所。子女不仅要赡养父母,而且要尊敬父母、关心父母,在家庭生活中的各个方面给予父母扶持、照顾。赡养父母是一项法定义务,任何人不得以任何理由拒绝履行赡养义务。"

3. 裁判文书作了详细的目的解释,例如,吉林某公司与九台市西营城街道办事处杨家岗村村民委员会合同纠纷案的裁判文书表述:"法院认为:一、我国征地制度分为土地征收和土地征用。2004年,全国人大对《宪法》相关内容修改前,国家因建设需要使用农村集体土地,无论是将农村集体土地所有权收归国有,还是短期使用,一直都统称为征用。2004年3月,全国人大对《宪法》作了修改,将《宪法》原第十条'国家为了公共利益需要,可以依照法律规定对土地实行征用',修改为'国家为了公共利益的需要,可以依照法律规定对土地实行征收或者征用并给予补偿'。根据《中华人民共和国宪法修正案》,同年十届人大常委会第十一次会议对《中华人民共和国土地管理法》的相关条款也进行了相应的修正。在第十届全国人民代表大会第二次会议上,王兆国副委员长所作的关于《中华人民共和国宪法修正案(草案)》第十条修改说明为,'这样修改,主要的考虑是:征收和征用既有共同之处,又有不同之处。共同之处在于,都是为了公共利益需要,都要经过法定程序,都要依法给予补偿。不同之处在于,征收主要是所有权的改变,征用只是使用权的改变。宪法第十条第三款关于土地征用的规定,以及根据这一规定的土地管理法,没有区分上述两种情形,统称征用。从实际内容看,土地管理法既规定了农村集体所有的土地转为国有土地的情形,实质上是征收;又规定了临时用地的情形,实质上是征用。为了理顺市场经济条件下因征收、征用而发生的不同的财产关系,区分征收和征用两种不同情形是必要的'。2007年10月1日开始实施的《中华人民共和国物权法》(本案发生在该法实施之前)第四十二条规定,'为了公共利益需要,依照法律规定的权限和程序可以征收集体所有的土地和单位、个人的房屋及其不动产'。该法第四十四条规定,'因抢险、救灾等紧急需要,依照法律规定的权限和程序可以征用单位、个人的不动产或动产。被征用的不动产或者动产使用后,应当返还被征用人'。二、对'公共利益需要'之界定。土地征收和征用都是为了公共利益需要。但目前法律没有对公共利益作出定义性规定。2011年1月21日公布实施的《国有土地上房屋征收与补偿条例》第八条对哪些情形属于'公共利益需要'作了列举式规定,'为了保障国家安全,促进国民经济和社会发展等公共利益的需要,有下列情形之一,确需征收房屋,由市、县级人民政府作出房屋征收决定:(一)国防和外交需要;(二)由政府组织实施的能源、交通、水利等基础设施建设的需要;(三)由政府组织实施的科技、教育、文化、卫生、体育、环境和资源保护、防灾减灾、文物保护、社会福利、市政公用等公共事业的需要;(四)由政府组织实施的保障性安居工程建设的需要;(五)由政府依照城乡规划法有关规定组织实施的对危害集中、基础设施落后等地段进行旧城区改建的需要;(六)法律、行政法规规定的其他公共利益的需要'。上述规定所适用的对象只是针对国有土地上的房屋征收的行政行为,但该立法精神可以在处理农村土地征收和征用纠纷时予以参考。"

第二种是将宪法作为裁判依据援引。援用宪法作为裁判依据对当事人所形成之客观拘束力自然强于在裁判说理部分中援引宪法的效力。从实践个案来看,援引宪法作为裁判依据的情形具体包括:1.单独援引宪法条款作为裁判依据,例如,黄某高诉李某财买卖合同纠纷案,法院单独以《宪法》第10条为依据认定系争合同无效。2.同时援引宪法条款和非法律规范(如党的政策)作为裁判依据,例如,怀安县左卫镇冀家庄村民委员会与李某某土地承包合同纠纷案,法院援引《宪法》第10条,同时参照1985年中共中央一号文件,作出驳回原告解除承包户同的诉讼请求的判决。3.同时援引宪法条款和其他法律规范作为裁判依据,例如陈某某与佛山市顺德区乐从镇荷村村资产管理办公室侵害集体经济组织成员权益纠纷案,法院援引《宪法》第13条和《民法通则》相关条款，认定任何人不得违法侵犯原告在股份社的股份分红和量化分红的合法财产，作出相应判决。

第三种是将宪法作为诉求与回应的载体，即当事人在诉讼进程中主动援引宪法作为诉讼主张的理由，法院在裁判说理部分对其作出相应的回应。从实践个案来看，既有当事人一方援引的，也有当事人双方援引的，还有当事人三方（包括诉讼第三人）援引的；从法院对此的回应来看，具体分为予以回应和未予回应两种情形。其中，予以回应的情形又具体包括：

1. 直接回应型，即直接围绕当事人之涉宪诉求作出符合逻辑的论证和结论，例如魏某德、魏某龙与魏某华土地租赁合同纠纷案，被上诉人（原审原告）魏某华辩称，"《宪法》规定土地使用权可以依照法律的规定转让，本案诉争土地属于农村土地，应当按照《农村土地承包法》的规定转让"，法院认为，"根据《中华人民共和国宪法》第十条规定：'农村和城市郊区的土地，除由法律规定属于国家所有的以外，属于集体所有；宅基地和自留地、自留山，也属于集体所有'，《中华人民共和国农村土地承包法》第二条规定：'本法所称农村土地，是指农民集体所有和国家所有依法由农民集体使用的耕地、林地、草地，以及其他依法用于农业的土地'，因此，魏某德、魏某龙认为本案诉争土地是先辈遗留下来的宅基地、滩涂及沙洲不属于《中华人民共和国农村土地承包法》的调整对象于法无据，本院不予支持"。

2. 间接回应型，即通过回避或者径行确认受质疑法律规范的合宪性，抑或简单、粗略地认定其不属于案件受诉范围或审理范围，从而模糊地回应当事人。例如，孙某某、胡某某与长沙市芙蓉区民政局不履行婚姻登记法定职责案，二审法院认为："根据起诉状，本案孙某某、胡某某的诉讼请求是请求判令芙蓉区民政局为其办理结婚登记。根据《婚姻法》第二条、第五条、第八条等相关规定，办理结婚登记的必须是男女双方。两上诉人均为男性，明显不符合法律规定的办理结婚登记的条件，其要求判令被上诉人为其办理结婚登记，理由不成立……上诉人提出刑法中聚众淫乱罪的处罚对象包括同性，婚姻登记也应该涵盖同性，婚姻法中的'男女平等'应当解释为男女可以平等地和男方结婚，也可以平等地和女方结婚等，其理解明显超出婚姻法相关规定中'男女'的文义范围，属于曲解法律，不予采信。上诉人认为根据宪法等关于平等和人权的要求，婚姻登记排除同性是歧视，对同性申请婚姻登记应予办理，该主张系否认法律的效力，理由不成立，不予支持。"

正如有学者通过实证分析所得出的结论认为，司法个案裁判文书援引宪法呈现出以下几个特征：一是法院对宪法的适用、援引在形式上呈现出十分明显的非解释性、简约化现象。二是宪法文本中基本国策条款、基本权利条款、社会权条款、宪法义务条款在解释适用过程中未能区别对待。三是基本权利条款"私法化"适用，即法官大多并不区分宪法基本权利（公法上的权利）和民法权利（私法上的权利）所能适用的法律关系与拘束对象的不同。四是法院在民事案件中以宪法为依据或者以宪法和其他法律规范为共同依据作出"违宪"判断，导致违宪主体的泛化。① 基于此种"两极"现象（即最高人民法院的"谨慎立场"和地方法院的"积极引用"）的存在，再加上具体个案裁判文书中援引宪法条款作为裁判理由有无必要（是否存在"戴宪法高帽"的嫌疑）、援引宪法特定条款作为裁判依据是否合适的争论，② 笔者认为，最高人民法院确有必要出台规范性文件，一方面从正面统一规范和指引各级法院援引宪法作为裁判说理依据（即论证裁判结论最终理由的理由），包括援引宪法的表述方式、解释宪法的方法，等等。另一方面从反面规定不得无必要地援引宪法作为裁判依据（即裁判结论的最终规范基础）。

---

① 余军等：《中国宪法司法适用之实证研究》，中国政法大学出版社2018年版，第206页。

② 余军等：《中国宪法司法适用之实证研究》，中国政法大学出版社2018年版，第127页。

（二）裁判文书中指导性案例的效力定位：裁判理由抑或裁判依据

2015年5月13日施行的《〈最高人民法院关于案例指导工作的规定〉实施细则》第10条规定："各级人民法院审理类似案件参照指导性案例的，应当将指导性案例作为裁判理由引述，但不作为裁判依据引用。"2016年8月1日施行的《人民法院民事裁判文书制作规范》"裁判依据"部分仍然强调，指导性案例不作为裁判依据引用。①这两个司法文件同样提出了"裁判依据"和"裁判理由"的范畴，并对指导性案例在裁判文书中的效力与功能作了官方的正式表达。

近期，实务界代表人士对此有了认识上的变化，即：曾经认为指导性案例的裁判要点可以作为裁判说理依据引用，不宜作为裁判依据引用，理由是，如果说指导性案例的裁判要点可以作为裁判依据引用，容易产生把指导性案例当作类似于英美法系国家判例的误解；②现在则认为指导性案例的裁判要点既可以作为说理的依据引用，也可以作为裁判的依据引用，理由是指导性案例是最高人民法院审判委员会讨论确定的，其裁判要点是最高人民法院审判委员会总结出来的审判经验和裁判规则，可以视为与司法解释具有相似的效力。同时主张，指导性案例的裁判要点像司法解释一样可以在裁判文书中引用，引用的顺序可以放在引用法律、行政法规和司法解释之后。比如，某人民法院审结一起国家

---

① 此种定位也得到了学界的认同，例如，王利明教授认为，"参照的含义首先意味着其（即指导性案例——引者注）不是法律渊源，不能直接作为裁判依据"，"参照的含义还表现在，法官可以在说理部分直接援引指导性案例。……从这个意义上讲，指导性案例可以成为说理的理由"。参见王利明：《法律解释学导论——以民法为视角》（第2版），法律出版社2018年版，第753页。

② 2015年最高人民法院发布的《〈关于案例指导工作的规定〉实施细则》第10条规定，各级人民法院审理类似案件参照指导性案例的，应当将指导性案例作为裁判理由引述，但不作为裁判依据引用。

工作人员受贿案件,其裁判文书在引用刑法和司法解释相关条文后,认为有必要参照最高人民法院第3号指导性案例的,就可以这样表述:"依照《中华人民共和国刑法》第三百八十五条,《最高人民法院最高人民检察院关于办理贪污贿赂刑事案件若干问题的解释》第一条,参照最高人民法院第3号指导性案例,判决如下……"①

在笔者看来,上述认识的变化仍值得从"裁判理由"和"裁判依据"的关系框定角度加以申论。②

其一,"裁判理由"和"裁判依据"的区分必须严格限定在同一语境中,不宜笼统地、大而化之地宣称指导性案例只可作为裁判说理依据(裁判理由),不宜作为裁判依据。理由是,正如前文所论述的,在此语境中,"裁判理由"和"裁判依据"均是裁判结论的"裁判理由",而在彼语境中,"裁判依据"仅是指裁判结论的最终的规范性理由,而"裁判理由"同时包括裁判结论的最终的理由以及最终理由的证成理由。

其二,要"类型化"地看待指导性案例的裁判要点的功能。从最高人民法院目前公布的指导性案例来看,裁判要点具体包括三种:

1. 裁判规则型,例如,王某某等非法买卖、储存危险物质案的裁判要点:"'非法买卖'毒害性物质,是指违反法律和国家主管部门规定,未经有关主管部门批准许可,擅自购买或者出售毒害性物质的行为,并不需要兼有买进和卖出的行为";杨某某等贪污案的裁判要点:"贪污罪中的'利用职务上的便利',是指利

---

① 胡云腾:《关于参照指导性案例的几个问题》,载《人民法院报》2018年8月1日。
② 需指出的是,在德国,"先例之所以值得适用,主要是因为先例的说理论证能力而非形式拘束力"(陈林林:《法律方法比较研究——以法律解释为基点的考察》,浙江大学出版社2014年版,第180页),因此,此种延伸思考只有立足于我国当下立法权与审判权的宪法定位及各种国家权力具体运行的现实语境,方有其意义。

用职务上主管、管理、经手公共财物的权力及方便条件,既包括利用本人职务上主管、管理公共财物的职务便利,也包括利用职务上有隶属关系的其他国家工作人员的职务便利"。

2. 裁判理念型,例如,李某某故意杀人案的裁判要点:"对于因民间矛盾引发的故意杀人案件,被告人犯罪手段残忍,且系累犯,论罪应当判处死刑,但被告人亲属主动协助公安机关将其抓捕归案,并积极赔偿的,人民法院根据案件具体情节,从尽量化解社会矛盾角度考虑,可以依法判处被告人死刑,缓期二年执行,同时决定限制减刑";王某某故意杀人案的裁判要点:"因恋爱、婚姻矛盾激化引发的故意杀人案件,被告人犯罪手段残忍,论罪应当判处死刑,但被告人具有坦白悔罪、积极赔偿等从轻处罚情节,同时被害人亲属要求严惩的,人民法院根据案件性质、犯罪情节、危害后果和被告人的主观恶性及人身危险性,可以依法判处被告人死刑,缓期二年执行,同时决定限制减刑,以有效化解社会矛盾,促进社会和谐";董某某、宋某某抢劫案的裁判要点:"对判处管制或者宣告缓刑的未成年被告人,可以根据其犯罪的具体情况以及禁止事项与所犯罪行的关联程度,对其适用'禁止令'。对于未成年人因上网诱发犯罪的,可以禁止其在一定期限内进入网吧等特定场所"。

3. 裁判方法型,例如,潘某某、陈某某贿案的裁判要点:"受贿数额按照交易时当地市场价格与实际支付价格的差额计算。"

正如胡云腾大法官所指出的,"指导性案例的裁判要点本质上属于对法律法规条文或者法律规范的一种解释,通常是对法律法规进行一定程度的细化、明确或补充,而不是修改或新立,故一般不能独立作为司法裁判的规则或者准据"①,即使属于裁判规则型的裁判要点,一般不能作为裁判结论的最终的规范性理由,但若其例外地属于造法性解释(民事审判领域),则完全可以作为裁

---

① 胡云腾:《关于参照指导性案例的几个问题》,载《人民法院报》2018年8月1日。

判结论的最终的规范性理由。当然，大多情形要依附于具体的蕴含法律后果的法渊源或法规范。例如，贾某某诉某餐厅人身伤害纠纷案①，海淀区法院采用填补法律漏洞②的方法，弥补了《民法通则》第119条侵害健康权并没有规定精神损害赔偿的缺失，形成了"侵害健康权的，可以判处精神损害赔偿"的裁判规则，此先例就可与《民法通则》第119条（在立法没有作出补充完善之际）共同成为判决此类案件的裁判依据。

综上，无论是最高司法机关制定的司法解释及非司法解释类规范性文件，还是学界针对宪法条款和指导性案例在裁判文书中的实践效力的讨论，均存在对裁判理由和裁判依据的混淆理解和泛化使用，进而导致实务界、理论界以及实务界与理论界之间存有无谓争论或"片面正确"。可以说，此种因不同学者基于不同的视角或者语境各自提出"新论断""新观点""新命题"，随之基于相互之间的非同一语境或者视角进行"商榷"或者"争鸣"，造成一番学术热闹景象，绝非此一例，例如，刑法学界的"形式解

---

① 案情及判决情况：1995年3月8日19时许，原告贾某某与家人及邻居在被告××餐厅聚餐，在就餐期间，××餐厅使用的石油气气罐发生爆炸，致贾某某面部、双手烧伤。贾某某向法院提起诉讼，要求气罐的生产者气雾剂公司和厨房用具厂以及××餐厅承担赔偿责任。海淀区人民法院认为，事故发生时，贾某某尚未成年，但身心发育正常。烧伤造成的片状疤痕对其容貌产生了明显影响，并使之劳动能力部分受限，严重地妨碍了她的学习、生活和健康。除肉体痛苦外，无可置疑地给其精神造成了终身悔憾与痛苦，甚至可能导致其心理情感、思想行为的变异，其精神损害是显而易见的，必须给予抚慰与补偿。参见最高人民法院中国应用法学研究所编：《人民法院案例选》（总第21辑），人民法院出版社1997年版。

② 法律漏洞的填补又称法律补充或法律续造，是指在存在法律漏洞的情况下，由法官根据一定的标准和程序，针对特定的待决案件，寻找妥当的法律规则，并据此进行相关的案件裁判。法律漏洞填补的方法包括：类推适用、目的性扩张、目的性限缩、基于习惯法的填补漏洞、基于比较法的填补漏洞、基于法律原则的填补漏洞。参见王利明：《法律解释学导论——以民法为视角》，法律出版社2018年版，第563—566页。

释论"与"实质解释论"之争①、法理学界的"形式法治"与"实质法治"之争②、"法治反对解释"与"法治不反对解释"之争③、诉讼法学界"客观真实"与"法律真实"之争④、"职权主义"与"当事人主义"之争⑤,等等,均多少存在非同一语境的争论。显然,此实乃需要学术界和实务界共同努力来避免的不良现象。

---

① 刘树德:《司法改革:热问题与冷思考》,人民法院出版社2013年版,第165页以下。
② 夏勇:《法治是什么?——渊源、规诫与价值》,载《中国社会科学》1999年第4期。
③ 范进学:《"法治反对解释"吗?——与陈金钊教授商榷》,载《法制与社会发展》2008年第1期;陈金钊:《对"法治反对解释"命题的诠释——答范进学教授的质疑》,载《法制与社会发展》2008年第1期。
④ 陈瑞华:《刑事证据法》(第三版),北京大学出版社2018年版。
⑤ 陈瑞华:《刑事诉讼的前沿问题》(第四版),中国人民大学出版社2013年版。

第十一讲

裁判文书说理的责任制度构建*

责任,似乎与裁判文书说理不相关;再谈说理责任制度,似乎更不可思议。可是,立足于当下司法改革的"牛鼻子"——司法责任制来看,裁判文书说理责任制度问题,以及包括裁判文书说理责任在内的裁判文书说理乃至法律文书说理的系列相关问题,已然成为近些年理论界和实务界的关注重点。的确,说理责任到了一个迫切需要通过健全制度予以规范的关键时期,而且当下催生制度的法治环境也非常优越。不仅因为党的十八届三中、四中全会对法律文书说理的前所未有的规定和重视,也不仅因为最高人民法院对裁判文书说理的前所未有的规定和重视,从更深远的背景看,全社会在呼唤更多更好的具有说服力的裁判文书。基于此,裁判文书说理的充分性和公正性,作为一个倒逼司法公正的无可替代的技术性问题,当然有其自身独有的规律性需要去认识、理解和尊重。其中,一个非常重要的方面就是说理责任。以法治思维和法治方式,从制度的路径来探究说理责任,乃是从制度层面普遍性地解决裁判文书说理存在的诸多问题的有效切口。

"法官依法履行审判职责受法律保护。法官有权对案件事实认定和法律适用独立发表意见。非因法定事由,非经法定程序,法官依法履职行为不受追究。"[①] 裁判文书说理,既是法官的审判

---

* 此部分系与赵朝琴合作而成,曾以《裁判文书说理的责任制度建构》为题,载《法律适用》2017年第23期。

① 最高人民法院《关于完善人民法院司法责任制的若干意见》(法发〔2015〕13号)第3条。

权力，也是一种司法责任。研究裁判文书说理规律性，是从内部视角进行的审视；探索裁判文书说理责任，是从外部视角进行的审视。裁判文书说理的制度建设固然需要尊重裁判文书说理规律性，这是说理制度的根本内容；但是，说理规律性无法自动转化为良好的说理效果，这就需要通过明确说理责任，即必须建立将说理规律性外化为良好说理效果的外部机制，这是说理制度的必要保障。

需要明确的是，基于人的认识能力的局限，裁判结论的得出具有相对性，更具体地说，裁判文书对事实的确认如此，对法律的适用也是如此。诚如黑格尔所言，对事实构成作出判断所应达到的是确信，而不是更高意义的真理。[①] 同时，从时间顺序看，"裁判理由形成在法庭"[②]，裁判文书说理肯定晚于庭审过程中裁判理由的形成，故裁判文书说理肯定存在天然的局限性，必须以具体案件的庭审说理为限制条件，因而不可能有超越庭审说理实质性内容的裁判文书说理。不过，这并不影响对裁判文书说理责任的制度探究。现实中的裁判文书说理责任，恰恰以此为基础才能产生，研究受制于庭审说理的裁判文书说理责任才是一个真问题。这一理论预设，也是符合裁判文书说理的基本属性与价值目标的。本讲以最高人民法院《关于完善人民法院司法责任制的若干意见》（法发〔2015〕13号）（以下简称《司法责任制意见》）为背景，以体现具有中国特色的司法改革的内在需求为目标，以说理责任为对象，以说理责任的制度探索为路径，从裁判文书说理责任的制度理性、制度现状、制度设计、制度实施等角度进行分析，尝

[①] ［德］黑格尔：《法哲学原理》，范扬、张企泰译，商务印书馆1961年版，第205页。

[②] 《最高人民法院司法责任制实施意见（试行）》第33条规定："合议庭开庭审判案件应当严格按照法律规定的诉讼程序进行，充分发挥庭审在查明事实、认定证据、保护诉权、公正裁判中的决定性作用，确保诉讼证据出示在法庭、案件事实查明在法庭、诉辩意见发表在法庭、裁判理由形成在法庭。"

试拟定裁判文书说理责任的制度条文,供最高司法机关制定裁判文书说理规范性文件时参考。

一、裁判文书说理责任的制度理性

追问裁判文书说理责任的制度理性,是研究说理责任制度的一个基础性问题。裁判文书说理责任的制度理性,应该受到裁判文书说理属性的决定和制约。裁判文书说理具有法律和写作双重属性,法律属性是其根本属性,写作属性对法律属性具有反作用。其中,法律属性又分为实体法律属性与程序法律属性两个方面。[①] 从内容上看,裁判文书说理的三大主要方面,即证据分析、事实分析、法律分析,须臾离不开诉讼程序的推进。换句话说,说理内容需要借助一定的程序才能现身。可见,程序法律属性是裁判文书说理法律属性的基础性和决定性因素,程序价值是裁判文书说理的核心价值,程序价值实现是裁判文书说理效果实现的必不可少的路径。从说理价值实现的角度看,"正义",对裁判文书说理责任制度而言,是一个需要重点体现的价值追求。虽然裁判理由形成在法庭,裁判文书说理内容受庭审制约,但无论受到何种制约,都还需要将这种受到制约的裁判文书说理的内容在裁判文书中如实、充分地表达出来。正义(包含实体正义与程序正义)是裁判文书说理的核心价值追求,裁判文书说理正义价值的实现,主要体现为平等回应诉辩意见、证据评断确实、事实认定清楚、法律适用准确等方面,这些方面的说理责任的制度规范,应当成为裁判文书说理责任制度的核心内容。

由上可见,裁判文书说理责任的制度理性的关键,就在于其程序法律属性,我们将其称之为裁判文书说理的"程序理性"。毋庸置疑,这种程序理性对裁判文书说理责任制度而言,是一个必

---

① 杜福磊、赵朝琴主编:《法律文书写作教程》,高等教育出版社2013年版,第7—9页。

须要尊重的规律。必须强调，应该以程序理性来解构公信难题，保证改革适度的良性发展。① 程序理性，既是认识、理解裁判文书说理责任制度的核心和关键，也是补充、完善裁判文书说理责任制度的核心和关键。党的十八届三中、四中全会要求"增强法律文书说理性""加强法律文书释法说理"，从程序理性的角度，体现对法律文书（包含裁判文书）属性这一基本规律的尊重，凸显对裁判文书说理公信力的重视。②

二、裁判文书说理责任制度的现状

裁判文书说理责任的已有制度规范，概括地说，既有优势，也有不足。从规范的层级分析可以发现，法律与司法解释、最高人民法院制度性文件、地方各级法院制度性文件中，不乏裁判文书说理责任的相关规定，实践中，它们也发挥了非常积极的作用。上述三个层级的规定，前两个层级的内容对于本讲的研究具有重要的指导意义，地方各级法院制度性文件的规定对于本讲的研究具有重要的参考价值。

考察相关法律和司法解释，不难发现，刑事、民事和行政三大诉讼法及其司法解释中均有关于裁判文书署名的规定，这是裁判文书说理责任承担的重要根据。民事诉讼法、行政诉讼法还都有裁判文书说理的规定，例如，《民事诉讼法》第152条规定，裁判文书应当写明作出判决、裁定的理由。③ 此处用"应当"一词，就是要求判决书、裁定书必须写明理由。《行政诉讼法》第43条，

---

① 姚志坚、陈传胜：《用程序理性解构公信难题》，载《法制日报》2013年7月3日。

② 《中共中央关于全面深化改革若干重大问题的决定》明确提出，要增强法律文书说理性，推动公开法院生效裁判文书。《中共中央关于全面推进依法治国若干重大问题的决定》明确指出，要加强法律文书释法说理。

③ 《民事诉讼法》第152条规定，判决书"应当"写明"作出该判决的理由"；第154条规定，裁定书"应当"写明"作出该裁定的理由"。

有两处针对证据说理的明确规定，要求无论证据是否采纳，都应当在裁判文书中说明理由，这里也用了"应当"一词。①《刑事诉讼法》没有类似规定，但是在刑事诉讼法司法解释中有相关的表述。②该司法解释不仅释明裁判文书"应当"说理，还对刑事裁判文书正面说理、针对控辩意见的针对性说理予以明确要求。足见，无论是诉讼法还是司法解释，都明确规定应当说理、必须说理，或者规定如何署名等内容，其法律规制的层级很高，拘束力很强，是承担说理责任必须依照的根据。

最高人民法院的相关制度性文件也是重要的考察对象，最为我们熟知的是最高人民法院审判委员会通过的诉讼文书样式。现行样式主要包括：2015年6月29日最高人民法院发布的《行政诉讼文书样式》；2016年8月1日最高人民法院实施的《人民法院民事裁判文书制作规范》和《民事诉讼文书样式》；据悉，刑事诉讼文书样式正在紧锣密鼓地进行修订。法院诉讼文书样式对裁判文书说理的模式、要素、写作要求等予以规范，是裁判文书说理需要遵循的系统化的文书样本，一直在发挥着重要的、普遍的指导和示范作用。

还必须重点提及的，就是《司法责任制意见》。根据该意见的规定，法官（包含审判委员会委员）依法在裁判文书、审判委员会会议记录中进行说理的行为是其应尽的职责。该意见明确指出：案件提交审判委员会讨论决定的，合议庭对其汇报的事实负责，审判委员会委员对其本人发表的意见及最终表决负责；审判委员会的决定，合议庭应当执行；所有参加讨论和表决的委员应当在

---

① 《行政诉讼法》第43条规定，一是对未采纳的证据应当在裁判文书中说明理由，二是以非法手段取得的证据，不得作为认定案件事实的根据。这就意味着，这种以非法手段取得的证据不会被法院采纳，也应当在裁判文书中说明理由。

② 《最高人民法院关于适用〈中华人民共和国刑事诉讼法〉的解释》第246条规定："裁判文书应当写明裁判依据，阐释裁判理由，反映控辩双方的意见并说明采纳或者不予采纳的理由。"

审判委员会会议记录上签名。

综上分析，三大诉讼法及其司法解释中，裁判文书说理责任的相关规定层级虽高，但是不够平衡和系统，特别是由于缺乏保障机制的内容，实施效果会受到一定影响。诉讼文书样式作为最高人民法院的重要制度性文件，其优势与不足也都很明显。优势在于系统、具体、可操作性强，不足在于缺乏强制性。相对而言，虽然《司法责任制意见》对裁判文书说理责任的制度构建至关重要，但其关于裁判文书说理责任的规定，仅仅是局部的规范，而不是专门的规范，自然就难以全面满足裁判文书说理责任的制度需求。是否存在这样一种可能：将上述制度中关于裁判文书说理责任的内容进行归纳和整合，以说理责任的制度理性为红线，兼顾对说理责任共性规律和个性特征的尊重，进而体现裁判文书说理责任的内在要求和外部保障的双重要求——这是一个比较理想化的目标，也是下文要重点探索的领域。

三、裁判文书说理责任制度的"双核"

说理责任，就是指说理主体的责任。就说理责任的承担主体而言，包括认定事实责任、适用法律责任、综合责任等责任承担主体的不同情形，需要区分不同情况做具体的理解。总体上看，未来最高人民法院关于裁判文书说理的规范性意见中，应当明确和系统规制裁判文书说理责任的相关内容。在设计说理责任的制度条款时，需要同时考虑以下问题：说理责任究竟是谁的责任？说理责任标准如何界定？其关键是制度的双核心——最高目标责任与最低目标责任。

这里需要重点明确的是，《司法责任制意见》出台以前，审判委员会也在讨论案件，但是缺乏对应的责任制度方面的规定，使得审判委员会成为一种隐在的诉讼角色。[①] 要想理解案件是如何处

---

① 赵朝琴：《诉讼角色的沟通与传递》，载《江苏社会科学》2012年第1期。

理的,我们必须仔细研究案件的社会结构。①《司法责任制意见》出台以后,说理的责任主体,既包括裁判文书上署名的审判人员,也包括对案件发表意见的审判委员会委员。各国间不同的法律制度,体现了不同的法律文化,这些制度的确立,都体现了人类在长期的法律实践活动中的一些文化积累和经验。②在制度层面确认这样的责任主体构成,是将司法实践中说理责任主体的现实经验在制度层面的凝练与肯定,体现出我国说理责任主体的鲜明特色,也是制度设计需要重点反映的必备元素。

《司法责任制意见》的相关表述是确定说理责任主体的直接根据。根据该意见第 31 条的规定,案件经审判委员会讨论的,构成违法审判责任追究情形时,根据审判委员会委员是否故意曲解法律发表意见的情况,合理确定委员责任。③此条规定不仅非常明确地指出了审判委员会委员的说理责任主体地位,同时也对承办法官乃至其他审判人员的主体责任内涵作了说明和解释。在仅仅由承办法官或者合议庭审理决定的案件中,说理责任主体就是裁判文书中署名的审判人员;在合议庭审理的案件中,要具体分析审判人员的责任承担;在案件经过审判委员会讨论决定的情况下,说理责任主体还包括审判委员会委员。

就说理责任的界定而言,应当区分最低限度的说理责任和最高目标的说理责任,这就是说理责任的双重核心。最低限度的说理责任,是指说理程序价值目标而言的责任,满足说理程序价值

---

① [美]唐·布莱克:《社会学视野中的司法》,郭星华等译,法律出版社 2002 年版,第 104 页。

② 刘作翔:《法律文化理论》,商务印书馆 1999 年版,第 141 页。

③ 《司法责任制意见》第 31 条规定,审判委员会改变合议庭意见导致裁判错误的,由持多数意见的委员共同承担责任,合议庭不承担责任。审判委员会维持合议庭意见导致裁判错误的,由合议庭和持多数意见的委员共同承担责任。合议庭汇报案件时,故意隐瞒主要证据或者重要情节,或者故意提供虚假情况,导致审判委员会作出错误决定的,由合议庭成员承担责任,审判委员会委员根据具体情况承担部分责任或者不承担责任。审判委员会讨论案件违反民主集中制原则,导致审判委员会决定错误的,主持人应当承担主要责任。

目标,展示司法裁判的程序正义,是裁判文书说理的底线要求,即最低目标责任。最高目标的说理责任,是指说理实体价值目标而言的责任,追求说理实体价值目标,无限接近司法裁判的实体正义,是裁判文书说理的内在要求,即最高目标责任。无论从理论上分析,还是从实践中观察,裁判文书说理均需要围绕双重核心进行:其一,裁判文书需要围绕"裁判结论"——最高目标责任——进行说理,实践中容易达成共识,也早已达成共识;其二,裁判文书需要围绕"争议焦点"——最低目标责任——进行说理。最高人民法院"四五改革纲要"对此已经有了具体的规定,越来越成为法官普遍、自觉的行动。双重核心对应的是说理责任的底线要求和最高追求。其中,围绕"裁判结论"进行说理,对应的是说理责任中的实体正义目标,是说理的最高追求;围绕"争议焦点"进行说理,对应的是说理责任中的程序正义目标,是说理的底线要求。正如有学者指出的,对于越权说理、错误说理、失实说理的现象,应该从责任法定的原则出发追究法官的说理责任。[①] 美国联邦司法中心所编《法官裁判文书写作指南》认为,"裁判文书只应讨论对案件起决定作用的争点"[②],这说明在美国也要求裁判文书针对争点进行说理。就我国当下司法实践而言,法官遵守程序法更显必要。理由是,受立法指导理念和立法技术等影响,实体法的标准实际上经常处于模糊状态,而合理的程序设置以及完善的说理机制与标准,恰恰可以保证法官运用自己的法律智慧和法律知识公正而不是偏私地处理案件。[③] 说理目标的达成,既要论证裁判结果何以如此得出,又要论证诉辩意见是否成立、是否应予采纳。因而,无论是底线要求、最低标准,还是终

---

① 庄绪龙:《裁判文书"说理难"的现实语境与制度理性》,载《法律适用》2015年第11期。
② [美]美国联邦司法中心编:《法官裁判文书写作指南》,何帆译,中国民主法制出版社2016年版,第36页。
③ 葛洪义:《法官的权力——中国法官权力约束制度研究》,载《中国法学》2003年第4期。

极目标、最高标准，都属于说理责任的必要组成部分，都应该在说理责任条款中予以体现。

四、裁判文书说理责任制度的保障

单纯从裁判文书说理责任本身进行观察，孤立地探索裁判文书说理改革，肯定难以实现良好的效果。正如人民法院"四五改革纲要"所言，要完善裁判文书说理的刚性约束机制和激励机制，建立裁判文书说理的评价体系，将裁判文书的说理水平作为法官业绩评价和晋级、选升的重要因素。裁判文书说理责任的外部机制，是保障裁判文书说理责任落到实处、见到实效的必要制度，主要包括以下几个方面。

第一，制度设计应当以说理公开保障说理责任到位。司法改革要求"推进审判公开"，裁判文书公开是审判公开的重要内容，说理公开是裁判文书公开的实质和灵魂。说理公开，包括事实认定、证据评断、法律适用的公开等核心要素。证据评断的公开是基础，在实践中是一个比较薄弱的环节。"认证公开，尤其是认证结果的公开，要求法官们在裁判文书中对证据的取舍及心证过程进行说明，有利于防止由于法官判决的任意性导致对当事人诉讼权利的损害。"[1]《最高人民法院关于人民法院在互联网公布裁判文书的规定》（法释〔2016〕19号）第7条规定："发生法律效力的裁判文书，应当在裁判文书生效之日起七个工作日内在互联网公布。依法提起抗诉或者上诉的一审判决书、裁定书，应当在二审裁判生效后七个工作日内在互联网公布。"在互联网上依法公开的裁判文书，承载着说理的实质内容，可有效规范和限制法官的自由裁量权，阻断权力干预，是评价说理责任的重要尺度。还需要指出的是，裁判文书说理内容的公开，不应仅限于公布于互联网的裁判文书，而应在裁判文书说理制度中对裁判文书公开说理作

---

[1] 何家弘、刘品新：《证据法学》，法律出版社2013年版，第91页。

出全面要求。

第二，制度设计应当以说理权力促进说理主体有为。《司法责任制意见》的相关规定，既明确了不同情形下法官（包含审判委员会委员）依法作出裁判的职责，也赋予其签署裁判文书或者在裁判文书、审判委员会会议记录上签名的权力。① 在案件提交审判委员会讨论决定的情况下，说理权力可以划分为合议庭的权力与审判委员会的权力，也就是说，合议庭成员和审判委员会委员都有说理的职责和权力。虽然裁判文书上只有合议庭成员的签名，但是合议庭成员仅对其汇报的事实负责；虽然裁判文书上没有审判委员会委员的签名，但是审判委员会讨论记录上有其签名，审判委员会委员应对其本人发表的意见及最终表决负责。裁判文书说理权力的制度设计应当体现《司法责任制意见》上述规定的精神，同时还要站在说理主体的角度，明确说理责任边界，促使相关主体积极履行说理责任。②

第三，制度设计应当以说理目标、标准条款提升说理整体水平。裁判文书说理的实体正义目标，不是一般正义，而是个别正义，是指程序运行中的实体正义，又称为"结果正义"或"结果公正"。③ 这一标准衔接审判阶段的现实情况，对说理标准的要求不是孤立的问题。说理实体正义目标，与具体的证据评断标准、事实认定标准和法律适用标准有直接联系。从实体正义角度审视裁判文书说理，可以将"如实"作为具体的说理标准。裁判文书说理程序正义的目标，就是要再现庭审举证、质证、认证等程序

---

① 《司法责任制意见》第15条规定，"法官独任审理案件时，应当履行以下审判职责：……（2）主持案件开庭、调解，依法作出裁判，制作裁判文书或者指导法官助理起草裁判文书，并直接签发裁判文书"；第17条规定，"合议庭审理案件时，合议庭其他法官应当认真履行审判职责，共同参与阅卷、庭审、评议等审判活动，独立发表意见，复核并在裁判文书上签名"。

② 有学者呼吁，法官应在刑事裁判文书中对判决理由进行说理性论证，包括对辩护律师的辩护意见采纳、部分采纳或者不采纳的理由。参见陈卫东：《以审判为中心：当代中国刑事司法改革的基点》，载《法学家》2016年第4期。

③ 樊崇义主编：《诉讼原理》，法律出版社2003年版，第177页。

进程，充分表达对诉辩各方（二审、再审案件还包括原审法院）关于证据、事实、适用法律不同意见的分析意见等各项说理要素。裁判文书说理的程序正义标准，与庭审程序进程的再现和说理要素的充分表达息息相关，是尊重说理程序法律属性的应有之义，是说理的底线要求。制度设计体现"双核"目标要求，才能为整体提升说理水平奠定基础，才能为全面提高说理质量提供保障。

第四，制度设计应当以考核激励措施调动说理积极性。有观点认为，刑事司法考评过程中更多关注案件处理的数量与结果，而很少在意案件的处理过程。①裁判文书说理质量是衡量审判质量的重要标准，裁判文书说理的考核肯定需要重点关注说理的过程。将裁判文书说理作为法官的业绩考核标准，应当明确具体的要素。可以结合说理的实体义务与程序义务来设计考核的基础标准，将说理责任的制度理性体现在考核激励措施的整个过程中。具体指标和权重需要专门设计、广泛调研，试点试验，逐步推广。至于说理的程度、影响力、社会评价等，可以作为评选优秀裁判文书说理的标准，而不宜将其作为考核说理义务的基础标准。优秀裁判文书评选已经是各级人民法院的一项常规和重要的工作，裁判文书说理制度应当予以合理吸纳，并计入法院审判工作考核指标体系，以发挥优秀裁判文书的辐射带动作用，引领和普及理性、规范、充分说理的理念的养成。

第五，制度设计应当以内、外部评价体系促进说理效果实现。构建裁判文书说理评价制度，是一项更加具体的任务，应当兼顾内部评价制度与外部评价制度的同步建设，实现裁判文书说理在当事人（尤其是败诉方当事人及其代理人）、法院、法律共同体内部、社会不同层面中广泛的可接受性。裁判文书说理评价制度，建议由最高人民法院另行专门制定，以发挥对裁判文书说理行为普遍的指导作用。地方各级法院应当以最高人民法院说理评价体

---

① 郭松：《组织理性、程序理性与刑事司法绩效考评制度》，载《政法论坛》2013年第4期。

系为指引，进一步在内部明确不同性质、不同类型裁判文书说理的程序义务与实体义务，在外部与法官绩效考核、奖惩制度有机衔接。地方各级法院内部评价制度应当与上级法院监督评价、第三方评价制度等有机结合，合理设计具体项目和权重。

五、裁判文书说理责任制度的设计

（一）关于说理公开责任的制度条文及简要说明

第 × 条 说理公开。裁判文书应当公开裁判结论何以成立的具体理由以及对诉辩各方异议的分析处理意见。

简要说明：审判公开有三个要素：一是审判过程的公开；二是裁判结果的公开；三是裁判理由的公开。[1] 裁判文书公开是司法公开四大平台之一，中国裁判文书网已经成为世界上最大的裁判文书网。之前，裁判文书中只能见到"本案经审判委员会讨论"的表述，而见不到审判委员会成员的署名。《司法责任制意见》实施以后，意味着审判委员会委员讨论案件时，所有参加讨论和表决的委员在审判委员会会议记录上签名，成为一种重要的公开形式。公开裁判文书的形式条件越来越完善，迫切需要与之相匹配的内容的公开，其核心就是裁判文书说理内容的公开，这不仅体现了裁判文书说理保障制度与本体制度的有机对接，也有益于说理公开制度"碎片"的整合和完善。因而，说理公开责任的制度设计是必要的，有助于促进尊重裁判文书说理规律与实现裁判文书说理效果之间的协调和一致，有助于构建以说理公开的技术措施倒逼司法改革的良性互动机制。

（二）关于说理权利保障的制度条文及简要说明

第 × 条 说理权利。法官（包含审判委员会委员）依法在裁判文书、审判委员会会议记录中进行说理的行为受法律保护。

---

[1] 陈瑞华：《法律人的思维方式》，法律出版社2007年版，第27页。

未提请审判委员会讨论的案件，独任审理案件、合议庭审理案件的法官有权在裁判文书中就证据评断、事实认定和法律适用独立发表意见。

提请审判委员会讨论的案件，独任审理案件、合议庭审理案件的法官有权就证据评断和事实认定发表意见，审判委员会委员有权就法律适用发表意见。

简要说明：法官（审判委员会委员）依法有权在裁判文书、审判委员会会议记录中进行说理，这是法官、审判委员会委员履行审判职责的一个重要体现，是应当受到法律保护的行为。说理权利同时意味着说理的责任，赋予法官（包含审判委员会委员）的说理权利，既有助于支持法官（包含审判委员会委员）依法说理，也有助于督促法官（包含审判委员会委员）履行说理责任。

（三）关于说理目标、标准的制度条文及简要说明

第×条　说理的实体正义目标。裁判文书说理应当做到证据评断有力、事实认定清楚、法律适用准确。

第×条　说理的实体正义标准。裁判文书说理的实体正义标准，与庭审的实体性内容息息相关。法官在裁判文书中如实阐述对案件证据、事实和适用法律的具体意见，即应认定法官履行了实体意义上的说理义务，符合裁判文书说理的实体正义标准。

第×条　说理的程序正义目标。裁判文书说理应当做到再现庭审程序进程，充分表达各项说理要素。

第×条　说理的程序正义标准。裁判文书说理的程序正义标准，与庭审程序进程的再现和说理要素的充分表达息息相关。法官没有如实再现裁判结论何以得出的程序和依次写明说理要素，即应当认定没有尽到程序意义上的说理义务，没有达到裁判文书说理的程序正义标准。

简要说明：正义是裁判文书说理的根本目标追求。裁判文书说理的正义目标，既包括实体正义目标，又包括程序正义目标。裁判文书说理正义目标标准，既包括实体正义标准，又包括程序

正义标准。刑事、民事和行政案件裁判文书,以及裁判文书中的法院意见和各方意见的说理要素,甚至类型化案件的说理,还应有更加具体的目标和标准。

(四)关于说理考核激励措施条文及简要说明

第×条 业绩考核。裁判文书说理质量是审判质量的重要构成要素。各级人民法院应当依照裁判文书说理标准,将裁判文书说理作为法官业绩考核的必要条件,设置合理权重,计入法官业绩考核档案。

简要说明:就说理的实体义务而言,考核标准在于如实反映庭审过程中关于证据评断、事实认定、法律适用的具体意见;就说理的程序义务而言,考核标准在于全面再现证据评断、事实认定、法律适用的说理要素及其产生过程。上述标准都是基础的标准,是法官应当完成的基本任务。

第×条 说理激励。最高人民法院定期举办全国性的优秀裁判文书评选活动,并将其作为考核地方各级人民法院审判工作的重要指标。地方各级人民法院应当将优秀裁判文书评选作为一项常规性工作,通过评选优秀裁判文书,倡导理性说理、充分说理的理念。

简要说明:优秀裁判文书评选是一种行之有效的鼓励、激励法官重视裁判文书说理的举措,可由最高人民法院组织全国性的优秀裁判文书评选活动,地方各级法院组织各自区域内的评选活动。

(五)关于说理内外部评价体系的制度条文及简要说明

第×条 说理评价。最高人民法院建立符合裁判文书说理规律的裁判文书质量评估体系和评价机制,指导裁判文书说理行为,实现裁判文书说理良好的法律效果与社会效果。

第×条 自我评价。地方各级人民法院应当建立裁判文书说理的自我评价体系。

第 × 条 上级人民法院评价。上级人民法院应当建立对下级人民法院裁判文书说理的监督评价体系。"

第 × 条 第三方评价。倡导和推动建立法院以外的裁判文书说理第三方评价体系。

简要说明：裁判文书说理质量是裁判文书质量的核心要素，最高人民法院建立裁判文书质量评估体系和评价机制时，应当将说理规律包括说理的双重核心、双重义务、三大要素、说理方法、说理规则等具有指导性和共性的内容合理纳入评估体系，同时又要为展示说理个性、彰显说理特色留足空间。构建说理评价体系时，应当兼顾内部评价与外部评价两个方面，尤其是在法院案多人少、工作压力繁重的情况下，外部评价的优势将会进一步凸显，应当鼓励地方各级法院探索各具特色的外部评价方法与机制。

总之，裁判文书说理是一种社会事实，裁判文书说理责任的制度建设需要在全面深化改革的社会大背景中进行。虽然不断出现诸如史上"最牛""最有温度""最红"等说理出色、效果显著的优秀判决书，但都是作为个例出现的，并不能由此说明裁判文书说理效果都是如此。依法治国，良法善治，仅靠个别优秀案件裁判文书的充分说理无法真正实现，而迫切需要说理实现应有的、普遍的、良好的法律效果与社会效果。目前关于裁判文书说理责任的本体制度规范比较丰富，但是比较分散、可执行性不够强；关于裁判文书说理责任的保障制度规范则比较缺乏，难以实现预期的良好说理效果。

法律论证的目的，"是把法官的结论和判决与某些更高原则或具有首要合法性的某机构或制度联系起来。"[①] 裁判文书的说理涉及多方面的受众，包括说服自己、说服法官同仁、说服当事人、说服法律职业共同体、说服社会公众等方面。无论是本体制度，

[①] [美]劳伦斯·M.弗里德曼：《法律制度——从社会科学角度观察》（第一版），李琼英、林欣译，中国政法大学出版社2004年版，第276页。

还是保障制度，得到法官的认同、支持和拥护，说理效果被当事人和社会所接受，才能有生命力。① 现有制度中显然不乏说理责任的规定，但在完整性、拘束力、实施效果诸方面都有需要完善和改进的地方。例如，不说理的裁判文书是否有效、三大诉讼法及相关司法解释中有关说理责任内容是否需要统一协调、补充修改等，都需要在尊重说理规律的基础上，结合多方面因素，进行综合评估与整体设计。

需要警惕的是，说理责任的制度条款需要与其他制度配套实施才能实现良好效果，要避免因为制度过于超前或者孤立而导致的负面影响。有关说理责任承担的规制程度要适宜，要考虑当下社会背景和现有法律制度的体系。既要体现说理价值与说理导向，又要起到激励作用，着力营造促进说理效果实现的良好氛围。基于裁判文书说理责任对促进科学、普遍、均衡说理的重要意义，建议裁判文书说理责任的制度条款以最高人民法院司法解释具体条文的形式予以规范，并在该规范性意见中予以全方位体现，以助力说理主体坚守说理底线、追求说理目标，切实发挥裁判文书说理的应有功能，并通过严格说理责任，进一步规范说理行为，逐步形成良好的说理新风尚，点滴推进司法改革进程，托举起裁判文书说理的时代责任。

---

① 刘树德：《增强裁判说理的当下意义》，载《人民法院报》2013 年 12 月 27 日。

第十二讲

裁判文书说理的制度体系重塑*

裁判文书是诉讼程序的一个重要节点,说理是裁判文书的实质和灵魂部分。改革开放四十多年来,最高人民法院和各级人民法院一直没有停止探索和完善裁判文书说理制度的脚步。尤其是近年来,裁判文书说理制度作为全面深化司法改革的一个关键节点,引起了从中央到地方前所未有的重视,走向快速完善的轨道。党的十八届三中全会提出,要增强法律文书说理性,推动公开法院生效裁判文书。党的十八届四中全会提出,要加强法律文书释法说理,建立生效法律文书统一上网和公开查询制度。党的十九大报告指出,要深化依法治国实践,深化司法体制综合配套改革,全面落实司法责任制,努力让人民群众在每一个案件中感受到公平正义。

考察现行诉讼法律制度,可以发现,三大诉讼法、相关司法解释、证据规则等,都有对裁判文书说理的规定,虽然角度不尽一致,内容比较分散,但已成为裁判文书说理研究与说理实践的重要指导。尤其是近几年,最高人民法院发布实施的《关于全面深化改革的意见》《关于进一步推进案件繁简分流优化司法资源配置的若干意见》《关于完善人民法院司法责任制的若干意见》中,都有关于裁判文书说理的具体规定和要求。最高人民法院制定的

---

* 此部分系与赵朝琴合作而成,曾以《裁判文书说理制度体系的构建与完善——法发〔2018〕10号引发的思考》(赵朝琴、邵新)为题,载《法律适用》2018年第21期。

各类诉讼文书样式,对裁判文书说理的规定则比较集中和具体,虽然拘束力有限,但作为法官制作裁判文书的重要依据,一直发挥着积极的作用。①最高人民法院《关于人民法院在互联网公布裁判文书的规定》,即将于 2018 年 9 月 1 日起施行的最高人民法院《关于通过互联网公开审判流程信息的规定》等制度,都有推动裁判文书说理公开的具体内容。②

尤其需要关注的是,在司法改革深入推进、裁判文书普遍上网的背景之下,2018 年 6 月 13 日,一个系统化的说理制度开始实施,即最高人民法院《关于加强和规范裁判文书释法说理的指导意见》(以下简称《意见》),《意见》的标志性意义体现在,"以制度回应社会关切,循规律规范释法说理"③。《意见》将裁判文书说理带入一个新时期,推动《意见》落实的过程,既是解决裁判文书说理问题的过程,也是细化充实裁判文书说理制度的过程。有观点认为,现行民事诉讼法的司法解释并没有规定落实判决书说理的细节,判决书说理仍然可能回归到过去那种司法政策督促、学者、法官以及当事人呼吁的状况之下。④ 概括而言,在《意见》出台以前,裁判文书说理的制度性规定虽然越来越多,但其碎片化特征依然比较明显;说理制度内容的可操作性还不够强,制度条款虚置的脸谱化特征比较明显;说理制度的效力高低不一,制度效力整体偏弱的特征比较明显。《意见》对裁判文书说理实践的

---

① 现行诉讼文书样式主要包括 2015 年 6 月 29 日发布的《行政诉讼文书样式》,2016 年 8 月 1 日发布的《人民法院民事裁判文书制作规范》和《民事诉讼文书样式》,刑事诉讼文书样式正在进行修订。作为裁判文书说理制度体系的重要组成部分,应该被说理制度体系接纳,与之做好衔接,使之在新的制度体系中发挥更大的作用。

② 最高人民法院《关于通过互联网公开审判流程信息的规定》,2018 年 9 月 1 日起施行。

③ 赵朝琴:《以制度回应社会关切 循规律规范释法说理》,载《人民法院报》2018 年 6 月 30 日。

④ 熊德中、韩丹:《判决书充分说理的条件及其应用》,载《甘肃政法学院学报》2017 年第 1 期。

重要价值毋庸置疑,但是《意见》毕竟只是从总体上对裁判文书说理进行规制,《意见》的贯彻实施需要配套制度的衔接与完善。因此,有必要以《意见》出台为契机,依据《意见》规定对裁判文书说理制度的内容进行具体梳理,以尊重裁判文书说理基本理论和关照当前裁判文书说理实践为参照系,完善说理制度的内外部机制,为说理实践提供制度支撑和技术指引,使《意见》等说理制度倒逼司法改革这一重要功能得以更好实现。

一、裁判文书说理制度的程序理性

法律精神与写作理念是裁判文书说理的双重属性,程序理性是裁判文书说理制度的本质特征。通过制度规范裁判文书说理,根本原因在于,裁判文书是程序的有机组成部分,具有重要的程序价值。重塑裁判文书说理制度体系,应当尊重裁判文书说理的根本属性,应当反映裁判文书说理制度的本质特征。说理根本属性与说理制度本质特征息息相关,重塑说理制度体系的过程,就是尊重说理基本规律、体现说理制度程序理性的过程。认识说理制度体系的本质特征,首先需要理解裁判文书说理的属性。裁判文书说理具有法律与写作双重属性。其中,法律属性是说理属性的决定性方面,是说理的根本属性;写作属性对法律属性具有反作用。[1]

将裁判文书说理放在程序背景中进行观察,不难发现,裁判文书说理从来就不是孤立的存在,而是诉讼进程的有机组成部分,且是其中一个重要的、必不可少的、无可替代的环节。"民众正是借助判决理由来了解法官判决的","法官必须就他们所做的判决说明理由,而不能仅仅将结果列出"。[2] 脱离开法律属性去研究裁

---

[1] 赵朝琴:《法律精神与写作理念——浅议司法文书学的根本属性》,载《河南大学学报》1998年第6期。

[2] 王申:《法官的理性与说理的判决》,载《政治与法律》2011年第12期。

判文书说理，就容易迷失方向，就容易落入为说理而说理的窠臼，也会严重偏离裁判文书说理的内在要求。

将裁判文书说理放在审判过程纵向的时间轴上进行考察，不难发现，裁判文书说理一定是在案件审理终结、裁判结论得出之后才能进行；如果案件未经审理而得出结论，或者虽经审理但尚未得出结论就制作完成裁判文书（自然包含说理部分），就不仅是写作方面出了问题，更是法律层面发生了错误，有关人员将要承担相应的法律责任。换句话说，裁判文书说理一定是在案件经过审理并得出裁判结论之后才能展开。这也意味着，案件审理质量对后续裁判文书说理质量有着决定性影响。实践中不可能出现案件审理有瑕疵、有错误，而裁判文书说理很完美、质量很高的情形——这是由裁判文书说理法律属性决定的。与此同时，完全有可能出现案件审理质量没有问题，而裁判文书说理出现问题的情形——这是由裁判文书说理写作属性决定的。这意味着，说理写作属性对法律属性的反作用虽然存在，但不起决定性作用。裁判文书说理是一个过程，是展示裁判结果（包含证据、事实、法律适用的阶段性结果）何以得出的过程。这一过程的展示，需要运用恰当的写作方法，需要法官具备一定的写作能力。

裁判文书具有法律和写作的双重属性，法律属性的内在要求是规范性，而写作属性的要求中少不了灵活性。重塑裁判文书说理制度体系就应该以反映裁判文书属性为依据和指导，就应该将说理内容、要素、方法、规则、评价等问题放在反映裁判文书属性的高度和地位去进行规范，去提出明确的要求。以此为前提，可以对《意见》的实施效果进行观察，对裁判文书说理的效果进行检视。裁判文书说理包括实体层面的说理，也包括程序层面的说理。实体层面的说理体现在案件事实、证据及其法律适用等方面，程序层面的说理体现在程序性的内容表述中，是裁判文书中常见的说理事项。实体与程序层面的说理都体现着说理的本质属性，如果裁判文书说理出现当事人姓名、性别、地址、申诉事项等错误，表面上是文字表达问题和写作问题，实质上是涉及司法公平正义的基础性问题。出现这些问题，就不能将其简单理解为属于写作方面的瑕疵而轻易放过，而应该与裁判文书属性和说理基本要求相结合进行检视，从根本上解决问题，不能将裁判文书与其说理的法律属性割裂开来。

裁判文书说理需要围绕双重核心进行：一方面要围绕裁判结论进行说理，目的是论证裁判结论为何成立，体现司法的公正与权威；另一方面要围绕争点进行说理，目的是论证争议问题如何解决，体现司法的公开与透明。此处裁判结论，即判决或者裁定的结果，既有实体方面的，也有程序方面的。之所以要围绕裁判结论进行说理，是因为裁判结论尤其是实体性的判决结论，是对案件如何处理、纠纷如何解决所做的实体性判断，其要害是展示实体正义价值，体现裁判说理的结果正当性。此处争点，是指当事人争议的焦点，争点不一定都是对裁判结论具有决定意义的争议焦点，有的争点对裁判结论具有决定性影响，有的则没有。之所以要围绕争点进行说理，固然是因为争点与裁判结论的直接相关性，更是因为针对争点的说理，其要害是展示程序正义价值，体现裁判说理的程序法律属性。

裁判结论和争点作为裁判文书说理的双重核心，两者同样重要，不可偏废。说理双重核心之间具有内在的联系，裁判结论这一核心具有决定性作用，争点的确定须以裁判结论为判断依据。重塑裁判文书说理制度，应该反映说理双重核心、明示说理双核定位，这不仅是一个必然的选择，也是裁判文书说理制度的鲜明特色。

以双重核心为特色的说理制度，还要体现刑事裁判文书与民事、行政裁判文书在说理核心标准上的区别。刑事裁判文书说理的核心标准是"罪"与"非罪"，民事、行政裁判文书说理的核心标准是"是"与"非"。刑事裁判文书中，以有罪的刑事裁判文书为例，说理围绕的核心，首要是刑事案件裁判结论认定的罪名以及适用的刑罚；民事、行政案件说理围绕的核心，首要是民事、行政案件裁判结论对诉辩各方是非责任的划分与决定。在这一核心指导下,说理材料(包含证据、事实、法律材料)的选择,要以具体案件所涉罪名构成要件或者法律关系构成要件为指导,进行针对性的选择与取舍,裁判文书说理内容要素与结构搭建,要以论证裁判结论何以成立的事实(证据)依据与法律依据为主线。同时,无论是刑事案件,还是民事、行政案件,裁判文书说理需要围绕的另一个核心是争点。争点既然属于说理的核心,理所应当成为说理的重点,围绕争点进行说理,就应当充分分析和评判诉辩各方存在争议的证据、事实和适用法律的意见。对于诉辩各方没有争议的部分,因为不属于说理的核心问题,也就不是说理的重点。

《意见》对释法说理的规定具有鲜明的系统性特征。既有总体目标,又有具体标准;既有内容要求,又有方法指引;既建立内部机制,又建立外部机制;既有对释法说理本身的规定,又有与释法说理相关事项的衔接。① 以此为基础,重塑裁判文书说理制度体系,应当将裁判文书说理双重核心的基本理论外化在制度的具体内容中。在设计说理制度结构时,需要围绕说理双重核心,将刑事、民事、行政裁判文书说理中具有共性的部分进行归纳,予以总体性和规范化的表述;将其个性化的部分进行分类,予以针对性和个别化的表述。说理制度体系中,既要有适合所有诉讼案件说理的共性规则,又要有针对不同类型案件说理的个性要求。无论是围绕裁判结论的制度设计,还是围绕争点的制度设计,裁判文书说理双重核心的基本定位是同质的,都源于裁判文书说理的根本属性,因而也是可以相互支撑和呼应的。

二、裁判文书说理内部机制的重塑

裁判文书说理内部机制的重塑,具体包括以下方面:

---

① 赵朝琴:《以制度回应社会关切 循规律规范释法说理》,载《人民法院报》2018年6月30日。

（一）具体阐释裁判文书说理的内涵和特征

裁判文书说理，是指法官在制作裁判文书时，就裁判论点为何成立、争议焦点是否支持进行的阐释和说明。裁判文书说理的主体是法官。案件性质不同，审判程序不同，裁判文书说理针对的对象也会不同。裁判文书说理的对象，广义上讲，包括当事人、代理人、法院、社会公众、上级机关、新闻媒体等不同受众；狭义上讲，主要是指当事人、代理人和法院。就说理针对的当事人、法院而言，一审程序针对诉（控）方和辩方；二审程序针对原审法院、上诉人、被上诉人；再审程序针对原一审、二审法院和申请（申诉）人、被申请（申诉）人等。

裁判文书说理具有鲜明的法律性。法律性是裁判文书法律属性的外化。裁判文书说理反映法律精神，包括实体法精神和程序法精神。裁判文书说理反映法律精神的方式，可以是直接反映，也可以是间接反映，还可以是两者兼有。无论是直接反映，还是间接反映，裁判文书说理都离不开裁判结论这一核心，也离不开诉辩各方争议焦点。围绕裁判结论进行说理，旨在论证裁判结论的准确性，体现说理的实体性价值；围绕争议焦点进行说理，旨在展示裁判文书说理的博弈性，体现说理的程序性价值。

共性个性相统一是裁判文书说理的另一显著特征。说理个性特征，是指裁判文书说理要针对具体案情、适用具体法律进行说理，不能千人一面、千案一理。说理共性特征，是指裁判文书说理要反映说理的规范性要求即共性，将具体案件的说理放在规范的诉讼程序当中进行。没有不受审判程序约束的裁判文书个性化说理。共性特征是说理的底线和规范性要求，个性特征是说理的目标和个性化要求，两者互为补充、相辅相成，是彼此依存、辩证统一的关系。

（二）明确细化裁判文书说理正义价值及说理标准的规定

《意见》明确要求，各级人民法院可以根据本指导意见，结合实际制定刑事、民事、行政、国家赔偿、执行等裁判文书释法说理的实施细则。[①] 实施《意见》，有必要对裁判文书说理的正义价值及其标准作出具体而细致的要求。

正义是裁判文书说理的根本目标追求。裁判文书说理的正义目标，既包括实体正义目标，又包括程序正义目标。裁判文书说理正义的目标标准，既包括实体正义标准，又包括程序正义标准。刑事、民事和行政案件裁判文书，以及裁判文书中的法院意见和各方意见的说理要素，甚至类型化案件的说理，具有更加具体的正义目标和标准。对说理正义价值与目标标准，应当分层设计，可以先在说理制度体系中予以概括性表述，然后在实施细则中予以明确要求，并与说理效果评价和绩效考评体系有机对接。

裁判文书说理的实体正义目标与说理标准。裁判文书说理的实体正义目标，是指诉讼程序运行中说理的实体正义，又称为"结果正义"或"结果公正"。[②] 具体体现在"证据评断""事实认定""法律适用"等部分，最终体现在"裁判结论"部分。说理实体正义目标，与具体的证据评断标准、事实认定标准和法律适用标准有直接联系，要求做到证据评断有力、事实认定清楚、法律适用准确。裁判文书说理的实体正义标准，与庭审的实体性内容息息相关。从实体正义角度审视裁判文书说理，可以将"如实"作为具体的说理标准，即要求法官只要能够"如实"再现审判阶段对案件证据、事实和适用法律的具体意见，就认为是履行了实体意义上的说理义务，符合裁判文书说理的实体正义标准。

裁判文书说理的程序正义目标与说理标准。裁判文书说理程

[①]《最高人民法院关于加强和规范裁判文书释法说理的指导意见》第20条。

[②] 樊崇义主编：《诉讼原理》，法律出版社2003年版，第177页。

序正义目标、标准不同于实体正义目标、标准，是确保说理程序正义得以实现的必要条件，而非充分条件，是最低限度程序正义标准。正因为这些标准是最低的，才可以被人们普遍地接受和采纳。一项刑事审判程序即使坚持了这些最低标准，也不能完全抑制不公正的现象发生。但如果法官的刑事审判不符合这些标准中的任何一个，那么审判程序都是不公正的、不合理的。① 裁判文书说理实体正义目标必须借助裁判文书说理程序正义目标的实现才能达成，这是由程序正义的内在价值所决定的。实现裁判文书说理程序正义的目标，就是要再现庭审举证、质证、认证等程序进程，充分表达对诉辩各方（二审、再审案件还包括原审法院）关于证据、事实、适用法律不同意见的分析意见等各项说理要素。

说理本身是一种义务。认为说明理由是纠纷裁判者的一种义务，是基于近代民事诉讼法律关系理论。判决书、裁决书是否公平，能否具有说服力，不能靠泛泛引用法律，必须具体回答当事人的主张。② 裁判文书说理的程序正义标准，与庭审程序进程的再现和说理要素的充分表达息息相关，是尊重说理程序法律属性的应有之义，是说理的底线要求。这一标准势必对裁判文书说理制度体系提出如下基本的要求，即要求法官必须如实再现裁判结论何以得出的程序进程与充分表达说理要素。如果法官没有如实再现裁判结论何以得出的程序进程和充分表达说理要素，即应当认定没有尽到程序意义上的说理义务，没有达到裁判文书说理的程序正义标准。

（三）全面具体地规定裁判文书说理的内容

裁判文书说理的内容可以分为三个方面——事实分析、证据分析、法律分析（包含实体法分析与程序法分析）。裁判文书说理具有规律性，一个很重要的标志就在于说理的基本领域相对固定，

---

① 陈瑞华：《刑事审判程序价值论》，载《政法论坛》1995年第5期。
② 该理论由德国学者标罗于1868年首次提出。在大陆法系国家和我国的民事诉讼法学理论体系中占有重要地位。参见张建华：《关于说明理由义务》，载《北京仲裁》2011年第2期。

离不开事实分析、证据分析、法律分析三大方面，形成了说理内容的三大支撑，说理制度应当围绕此领域进行具体的建构。

在裁判文书说理结构的内部，存在三个基本要素。这三个要素按照应然层面的表述，其先后次序为：证据评断、事实认定、法律适用。相应的，裁判文书的说理规则，应当包括证据评断环节的说理规则、事实认定环节的说理规则和法律适用环节的说理规则。需要说明的是，上述说理规则只是最基本的说理规则，没有排除也不应该排除其他说理规则，如情理分析等。同时，还要注意区分一审、二审、再审裁判文书说理规则的差异性。一审裁判文书的说理规则是最基本的，二审、再审文书的说理规则以一审说理规则为基础，各自具有特色。

具体案件的裁判文书说理，应当在依照上述说理规则的前提下，坚持从实际情况出发，说明法理、事理、情理、文理等理由，展示说理应有的个性色彩。要注意刑事、民事、行政案件说理规则的不同。对于刑事案件，需要围绕犯罪嫌疑人（被告人等）的行为是否构成犯罪、构成何种性质的犯罪、有无影响量刑的情节及控辩双方各自的意见是否正确等方面，进行有针对性的分析论证；对于民事、行政案件，需要围绕当事人争执的焦点和诉讼请求、诉辩意见是否有理等方面，逐一进行分析和评述。还要注意区分一审、二审、再审裁判文书说理要素的不同。一审裁判文书的说理要素是最基本的，依次包括证据评断、事实认定和法律适用三个基本要素。二审、再审裁判文书的说理要素以一审裁判文书为基础，结合二审、再审程序特点，在写明上述三个基本要素的基础之上，还要写明对原审法院评断证据、认定事实、适用法律等作出分析评判的内容。

（四）解释裁判文书说理的基本模式

重塑裁判文书说理制度体系，一个绕不过去的问题，就是对说理基本模式的解释。应当以司法三段论为基本公式解释裁判文书说理基本模式，既要肯定三段论方法的不可或缺，同时要说明其他说理（法律）方法的重要作用。

如果说裁判文书说理的属性、核心、价值、原则、内容等构成说理制度大厦中枢神经和框架结构的话，那么裁判文书说理的方法则构成说理制度大厦的建筑方式。从裁判文书说理的根本属性——法律属性——出发进行观察，裁判文书说理的过程也是法官进行法律推理的过程，蕴含形式逻辑的三段论公式。如果将裁判文书作为一篇论说文的话，可以发现说理的基本模式就是三段论推理。裁判适用的法律是大前提，认定的事实（证据）是小前提，裁判结论是推论。梁慧星教授把三段论称为"法官裁判案件的逻辑公式"。这个公式表述了将法律规则适用于具体案件事实得出判决的逻辑推论过程，也是检验、鉴别、衡量判决在形式上是否合格的标准，大前提、小前提、结论，少了任何一部分，都不叫判决。① 并非所有的推理都是法律推理，法律推理并不是指任何推理在法律领域中的运用，它仅意味着只要是法律推理，其大前提就应当是法律。②

裁判文书说理虽然离不开三段论的推理模式，但是其属于不完整的司法三段论。言其"不完整"，是因为司法三段论大前提（法律规定）、小前提（事实证据）的推出不一定为"真"。但无论如何，三段论推理模式作为建构裁判文书说理的基本公式，其基础地位和重要性是不言而喻的。需要注意的是，要肯定三段论式的法律推理的正确性，也要承认三段论式的法律推理具有机械性。克服机械性，可以运用各种方法去建构大小前提，即使事实一般化、使规范具体化。③ 但是一定要明确，克服法律推理形式的机械性不能改变法律推理的基本公式。

---

① 梁慧星：《裁判的方法》，法律出版社2003年版，第5页。
② 陈金钊：《司法过程中的法律方法论》，载《法制与社会发展》2006年第4期。
③ 郑永流：《法律判断大小前提的建构及其方法》，载《法学研究》2006年第4期。

（五）明晰裁判文书说理的基本架构

依照裁判文书说理属性认知说理双重核心，进而要求法官围绕裁判结论、争议焦点进行说理，就必然使裁判文书说理形成主次分明的复线形态结构。裁判文书说理既有主线，也有辅线，主线辅线之间存在内在的关联性并相互作用，共同塑造了裁判文书说理的结构形态。说理主线围绕裁判结论进行，其论据是法院确认的事实（证据）和适用的法律。说理辅线主要是指针对诉辩双方争议焦点进行的说理线索，二审、再审案件裁判文书还包括针对原审法院意见进行说理的线索。主线说理对应的是裁判结论何以得出这一核心，辅线说理对应的是争议焦点能否成立这一核心。主线说理旨在阐明裁判结论的准确性，辅线说理旨在阐明诉辩意见谁对谁错、谁是谁非。主线说理是标尺、是根本，辅线说理以主线说理为根据展开。

在裁判文书说理复线形态结构之内，需要厘定裁判文书说理的证据评断、事实认定、法律适用三个要素，理性认知三者之间内在的逻辑关系，即案件事实的认定离不开证据的评断，事实的认定离不开法律的适用，法律的适用又需要以事实为基础。也就是意味着，应将每条说理线索的内容分解为三个最基本的说理要素——证据评断、事实认定、法律适用，这也是说理论证的基础逻辑单元。具体来看，无论是围绕裁判结论的说理，还是针对争议焦点的说理，都离不开证据评断、事实认定、法律适用。无论是简单案件的说理，还是复杂案件的说理，都可以将案件按照一定方法分解为某一诉讼角色或者具体问题的说理过程，这些说理线索都蕴含证据评断、事实认定、法律适用三个要素，通过评断证据、认定事实、适用法律，说理各要素及其关系得以阐释，说理主线、辅线及其关系得以展现，说理方法、规则得以运用，说理目标得以实现。

在说理结构的内部流程中，证据评断、事实认定、法律适用就这样反复纠缠、往返观照、彼此流连地缠结在一起，并以主辅线并进、诉辩审线索相互交织运行的方式，共同展现了裁判的具体过程，并作为一个不可分离的整体体现在裁判文书之中，进而生成为司法实践中千变万化的说理样态。可以发现，裁判文书说理属性决定了说理的双重核心，说理的双重核心决定了说理的复线形态，说理的复线形态决定了说理制度的结构要素及其关系，说理的基本要素及其关系决定了说理的基本模式——三段论推理——尽管其属于不完整的司法三段论，而说理的司法三段论又成为重塑说理制度内部机制的基本逻辑公式。说理上述根本属性、双重核心、三大要素、三段论推理具有内在的逻辑关系，同时又作为说理基础知识有机融合在一起，共同构筑起裁判文书说理的核心知识理念体系与立体多元表述架构，是重塑裁判文书说理制度的结构钢梁。

三、裁判文书说理外部机制的重塑

重塑说理制度的外部规范，具体包括以下方面：

（一）完善裁判文书说理的公开机制

司法改革作为政治体制改革的重要组成部分，对推进国家治理体系和治理能力现代化具有重要意义。司法改革要求推进审判公开，裁判文书公开是审判公开的重要内容，说理公开是裁判文书公开的实质和灵魂。公开性作为裁判文书说理的一项基本原则，业经党的纲领性文件、诉讼法及其司法解释、裁判文书上网的司法解释、"四五改革纲要"等予以明示。重塑裁判文书说理制度体系结构的外部规范，首先应当进一步完善责、权、利相统一的裁判文书公开说理机制。需要深入研究裁判文书说理公开性、裁判文书署名与说理主体统一性、审判委员会的地位与表述等问题。

最高人民法院一直非常重视裁判文书公开问题，2016年10

月 1 日修订后的最高人民法院《关于人民法院在互联网公布裁判文书的规定》（法释〔2016〕19 号）施行。在互联网上依法公开的裁判文书，承载着说理的实质内容，可有效规范和限制法官的自由裁量权，阻断权力干预，是司法公开效果能否真正达成的前提和关键。最高人民法院发布的最高人民法院《关于全面深化人民法院改革的意见》即《人民法院第四个五年改革纲要（2014—2018）》（法发〔2015〕3 号）明确提出，依托裁判文书公开平台，发挥案件质量评估体系对人民法院公正司法的服务、研判和导向作用。

　　裁判文书在互联网的公开作为一种制度性的要求，无疑会对裁判文书说理内容的公开产生倒逼作用，有助于裁判文书说理效果的全面实现。还需要注意的是，与裁判文书在互联网公开在内涵上不完全一致，裁判文书说理内容的公开，不应仅限于公布于互联网的裁判文书。应当在裁判文书说理制度中对裁判文书公开说理作出全面要求，明确裁判文书应当公开裁判结论何以成立的具体理由，应当阐释对诉辩各方异议的分析处理意见。

　　这样的制度设计不仅非常必要，而且为裁判文书说理效果实现搭建起一个开放式的公开平台，是重塑裁判文书说理结构的必要方式和外在保障。这一平台具有以下重要功能：一是对最高人民法院《关于人民法院在互联网公布裁判文书的规定》（法释〔2016〕19 号）具有内在支撑作用，实现裁判文书从形式到内容的双向公开。而且，裁判文书说理内容的公开是普遍的要求。二是实现裁判文书说理保障制度与本体制度的有机对接，有益于说理公开制度碎片的整合和完善，进一步促进尊重裁判文书说理规律与实现裁判文书说理效果的协调和一致。①三是促进司法公开在裁判文书说理层面的全面落实,有助于构建以说理公开的技术措施倒逼司法改革的良性互动机制。

(二)完善裁判文书说理的权利保障制度

法官(包含审判委员会委员)依法在裁判文书、审判委员会会议记录中进行说理的行为应当受到法律保护,已经有相关制度规定予以支撑。法官(审判委员会委员)依法有权在裁判文书、审判委员会会议记录中进行说理,这是法官、审判委员会委员履行审判职责的一个重要体现,是应当受到法律保护的行为。②在最高人民法院《关于完善人民法院司法责任制的若干意见》第五部分"加强法官的履职保障"中还有更加具体的规定。相关规定既明确了不同情形下法官(包含审判委员会委员)依法作出裁判的职责,也赋予了其签署裁判文书或者在裁判文书、审判委员会会议记录上签名的权利。

---

① 说理公开的内涵,随着制度的不断完善而更加丰富。之前,裁判文书中只能见到"本案经审判委员会讨论"的表述,而见不到审判委员会成员的署名。现在,最高人民法院《关于完善人民法院司法责任制的若干意见》(法发〔2015〕13号)第11条明确规定,"审判委员会委员讨论案件时应当充分发表意见,按照法官等级由低到高确定表决顺序,主持人最后表决。审判委员会评议实行全程留痕,录音、录像,作出会议记录。审判委员会的决定,合议庭应当执行。所有参加讨论和表决的委员应当在审判委员会会议记录上签名"。这里规定的审判委员会的签名,就是一种重要的公开形式。关于少数意见是否应当在裁判文书中公开的问题,理论上虽然还在讨论,实践中已经有了积极的尝试。有观点认为,在司法公开的背景之下,更应当认识到少数意见制度对于完善裁判文书说理的价值。因为对于一次完整的审判而言,多数意见与少数意见是共生的,二者共同构成了完整的裁判说理。参见贺荣主编:《司法体制改革与民商事法律适用问题研究》,人民法院出版社2015年年版,第427页。

② 最高人民法院《关于完善人民法院司法责任制的若干意见》(法发〔2015〕13号)第3条中明确规定:"法官依法履行审判职责受法律保护。法官有权对案件事实认定和法律适用独立发表意见。非因法定事由,非经法定程序,法官依法履职行为不受追究。"

根据最高人民法院《关于完善人民法院司法责任制的若干意见》，独任审理案件的法官应当依法作出裁判、制作裁判文书并直接签发裁判文书；合议庭审理案件的法官应当共同参与阅卷、庭审、评议等审判活动，独立发表意见，复核并在裁判文书上签名。案件提交审判委员会讨论决定的，合议庭对其汇报的事实负责，审判委员会委员对其本人发表的意见及最终表决负责。审判委员会的决定，合议庭应当执行。所有参加讨论和表决的委员应当在审判委员会会议记录上签名。

法官（包含审判委员会委员）依法说理的情形分两大类，一是未提请审判委员会讨论的案件，独任审理案件、合议庭审理案件的法官，有权在裁判文书中就证据评断、事实认定和法律适用独立发表意见。二是提请审判委员会讨论的案件，需要区分独任审理案件、合议庭审理案件法官与审判委员会委员的不同情况。具体来说，独任审理案件、合议庭审理案件的法官有权就证据评断和事实认定发表意见，审判委员会委员有权就法律适用发表意见。

（三）完善裁判文书说理的考核激励制度

人民法院"四五改革纲要"明确提出：完善案件质量评估体系；建立科学合理的案件质量评估体系；废止违反司法规律的考评指标和措施，取消仟何形式的排名排序做法。裁判文书说理质量是审判质量的重要构成要素。应当将裁判文书说理作为法官业绩考核的必要指标项目，明确说理的具体标准和要求。从说理的实体义务而言，考核标准在于，裁判文书说理有没有如实反映庭审过程中关于证据评断、事实认定、法律适用的具体意见；从说理的程序义务而言，考核标准在于，裁判文书说理有没有全面再现证据评断、事实认定、法律适用的说理要素及其产生过程。至于具体指标和权重，需要专门设计、广泛调研，试点试验，逐步推广。

说理质量是审判质量的重要构成要素，绩效考评制度是司法机关内部重要的管理制度，说理标准与要求是进行法官业绩考核的重要依据。应当将裁判文书说理质量纳入法官业绩考评项目。[①]如果只是要求重视说理，而不注重对说理绩效考评的话，可能会直接影响说理程序理性的展示与说理改革目标的实现。从组织理性的角度研究说理质量评价与绩效考评问题，需要理论界与实务部门倾注更多的精力。在设计裁判文书说理业绩考核制度时，须以裁判文书说理基本理论基础知识为指导，设置合理考核权重，并计入法官业绩考核档案。

优秀裁判文书评选已是各级人民法院一项常规和重要的工作，裁判文书说理制度应当予以合理吸纳，并计入法院审判工作考核指标体系，发挥优秀裁判文书的辐射带动作用，引领和普及理性、规范、充分说理的理念。

（四）建立裁判文书说理的评价制度

构建裁判文书说理评价制度，是一项更加具体的任务。应当兼顾内部评价制度与外部评价制度的同步建设，实现裁判文书说理在当事人（尤其是败诉方当事人及其代理人）、法院、法律共同体内部、社会不同层面中广泛的可接受性。一方面，要注意衔接相关制度规定。最高人民法院《关于完善人民法院司法责任制的若干意见》（法发〔2015〕13号）第12条指出，建立符合司法规律的案件质量评估体系和评价机制。审判管理和审判监督机构应当定期分析审判质量运行态势，通过常规抽查、重点评查、专项评查等方式对案件质量进行专业评价。另一方面，要注意总结和吸收各级法院的成功经验，将上级法院评价、法院自我评价、第三方评价等评价方式有机结合、有效使用，综合发挥各级各类评价方式的优势和效果。

[①] 绩效考评制度与刑事程序法治化并非格格不入，完全可以有机统一。郭松：《组织理性、程序理性与刑事司法绩效考评制度》，载《政法论坛》2013年第4期。

裁判文书说理评价的基本制度,建议最高人民法院以《意见》为基础制定,以实现裁判文书说理良好的法律效果与社会效果为目标,科学设计裁判文书质量评估体系,明确裁判文书的具体评价指标及其标准,建立行之有效的评价机制,发挥对裁判文书说理行为普遍的指导作用。地方法院可以根据实际情况细化评价指标体系,采用多元评价方式评价裁判文书说理,应当及时总结经验,做好跟踪评估,建立说理长效评价机制。

在内部评价机制建设方面,判决书与裁定书应有不同的说理标准,普通程序与简易程序应有不同的说理原则,初审、终审、再审法院应有差别化的评价方法。最高人民法院应当适时制定裁判文书说理的评价体系,并注意区分民事、刑事、行政裁判文书的不同特点,区分不同性质、不同审级、不同类型裁判文书的说理评价指标。地方法院应当以最高法院说理评价体系为指引,进一步明确不同性质、不同类型裁判文书说理的程序义务与实体义务,并上报上一级法院备案。上级人民法院应当建立对下级人民法院裁判文书说理的监督评价体系。应当细化裁判文书说理的评价指标体系,合理设计具体项目和权重,与法官绩效考核、奖惩制度有机衔接,注意与相关法律、制度配套衔接。

在说理外部评价制度方面,应当适时引进法院外的第三方评价,制定科学合理的裁判文书外部评价指标体系。各级人民法院应当按照制度要求,定期委托第三方进行评价,并公布评价结果。①

建立裁判文书说理刚柔并济的评价体系是裁判文书说理改革的重点,也是难点。②总体上看,建立规制裁判文书说理本体制

---

① 肖宏、潘巧慧:《成都高新区法院委托第三方评鉴"三项精品"——孰优孰劣不再自说自话》,载《人民法院报》2018年1月1日。

② 最高人民法院《关于全面深化人民法院改革的意见》即《人民法院第四个五年改革纲要(2014—2018)》(法发〔2015〕3号)第34条指出,完善裁判文书说理的刚性约束机制和激励机制,建立裁判文书说理的评价体系,将裁判文书的说理水平作为法官业绩评价和晋级、选升的重要因素。

度是本次司法改革的一个显著特点，需要尊重裁判文书说理规律，需要从跨学科的角度进行梳理；而规制裁判文书说理保障制度，则需要结合司法改革大背景乃至经济社会发展大环境，针对法官队伍现状与未来发展，考虑不同案件、不同审级、不同地域法院裁判文书说理的现状，进行科学评估、综合考量，使之实现文书说理的普法功能与良好效果。要使其真正成为法官业绩评价和晋级、选升的重要因素，让说理主体和说理受众都能够认同这一评价体系，肯定是一项比较复杂和艰巨的任务。

需要注意的是，裁判文书说理质量是裁判文书质量的核心要素，最高人民法院建立裁判文书质量评估体系和评价机制时，应把尊重说理规律作为一项基本原则，将包括说理的双重核心、双重义务、三大要素、说理方法、说理规则等具有指导性和共性的内容合理纳入评估体系。同时，应把说理共性个性协调一致作为一项基本原则，为展示说理个性、彰显说理特色留足空间。构建说理评价体系时，应当兼顾内部评价与外部评价两个方面，尤其是在法院案多人少、工作压力繁重的情况下，外部评价的优势将会进一步凸显，应当鼓励地方各级法院探索各具特色的外部评价方法与机制。

四、裁判文书说理制度体系的结构层级与效力设定

裁判文书说理制度体系的结构，既要有尊重裁判文书说理基本规律、方法、技巧、规则的内在机制的元素，还要有规定说理义务、责任承担、评价标准、奖惩措施的外部机制的元素。现有制度中，法律、司法解释中有裁判文书说理相关的规定，制度性、规范性文件中也有裁判文书说理相关的规定，裁判文书格式、样本中有裁判文书说理的要求。这些都是关于裁判文书说理制度的重要规范，有着鲜明的层级和一定的拘束力，裁判文书说理应

当遵照执行。相比较国外的诉讼法律制度，我们的诉讼法及其司法解释对说理内容的完整性与实施效果等方面都有需要完善和改进的地方。例如，不说理的裁判文书是否有效、三大诉讼法及相关司法解释中，有关说理内容是否需要统一协调修改等，都需要在尊重说理规律的基础上，结合多方面因素进行综合分析评估与整体设计。

理论上讲，裁判文书进行释法说理，离不开事理、法理、情理、文理等方面的分析论证，以系统性的制度来固定说理内容、规则、方法、考评等内容，既是对说理规律的尊重，也是对法官说理能力的要求。《意见》从事理、法理、情理、文理四个维度分别就释法说理作出具体规定，为法官说理提供了系统性的释法说理指南，为提升法官说理素质提供依据、明确规则、细化方法、制定指引、倡导开展质量评查和质量评价，构建了裁判文书释法说理的内外部机制和基本结构体系。紧接着需要讨论的一个问题是，怎么看待裁判文书说理制度的层级，笔者曾经建议由最高人民法院制定出台裁判文书说理的规范性文件，并且建议将该文件的层级确定为"司法解释"。①

之所以建议以司法解释的方式系统规定裁判文书说理相关内容，一个重要的依据，是来自刑事、民事、行政诉讼法及其相关司法解释和制度性文件中关于说理问题的规定。尽管这些规定在内容上并不十分系统和深入——其实在诉讼法和司法解释的体系内也无法系统和深入，但是这些规定明白无误地显示，裁判文书说理的制度性内容已经通过诉讼法和司法解释规范的方式予以规定。只不过基于裁判文书说理涉及法学、写作学、逻辑学等交叉学科的知识这一客观因素，无法在诉讼法和司法解释中予以完整和系统的规范。但是，这又恰恰说明，对裁判文书说理进行专门、完整、系统的规范，用司法解释的方式是有根据的，是可行的。

---

① 赵朝琴、刘树德：《关于裁判文书说理责任制度构建的思考》，载《法律适用》2017年第23期。

说理制度的司法解释出台后，与现行法律制度非但没有冲突，而且是其必要的补充。相关诉讼法和司法解释不需要因此而进行修改，裁判文书格式样本不需要推倒重来，内容表述也不存在障碍，施行起来十分方便，具有较强的可操作性。

重构裁判文书说理制度，单就立法完善而言，问题似乎不难解决，要害是抓住裁判文书说理的法律属性，关键是厘清说理标准和评价体系，还要注意与现行法律制度做好衔接配套。但这只是走了第一步，更艰巨的工作还在后面。特别需要强调的是，重构裁判文书说理制度，发布系统和具有可操作性的裁判文书说理司法解释，是为了助推裁判文书说理走向更加符合规律、更加规范和良性的轨道，是为了更好地发挥裁判文书说理普遍而良好的法律效果与社会效果，是为了让社会公众通过裁判文书说理感受到司法的公平、公开和公正。

第十三讲

裁判文书说理中但书适用实证分析*

1997年《刑法》第13条但书规定被认为是我国刑法总则中一项具有特色的规定，理论界对其争议从未停止过，但其在司法实践中一直被作为出罪依据适用。最早为人所熟知的是"中国安乐死第一案"，陕西省汉中市中级人民法院依据1979年《刑法》第10条之规定，以"情节显著轻微危害不大"为由宣告被告人蒲连升、王明成无罪，①而后比较典型的案例有南昌市西湖区人民法院判决的文某盗窃案②、上海市静安区人民法院判决的张某华伪造居民身份证案③。特别是，《刑法修正案（八）》增设危险驾驶罪以后，围绕醉驾是否一律入刑再一次对但书规定展开了持续讨论。2018年，最高人民法院以顾某军等人虚报注册资金"情节显著轻微危害不大"为由，撤销原判对顾某军等人虚报注册资金罪的判决款项。④顾某军再审一案的裁判文书在适用但书规定的说理上作出了很好的示范，但不可否认，司法实践中，但书规定的适用

---

* 此部分系与潘自强合作而成，曾以《裁判说理视野下的"但书"研究——基于1份无罪裁判文书的分析》为题，载《中国应用法学研究》2020年第1期。

① 王鸿鳞：《关于我国首例"安乐死"案件》，载《人民司法》1990年第9期。

② 最高人民法院刑事审判庭主编：《刑事审判参考》第13辑，法律出版社2001年版，第24—29页。

③ 最高人民法院办公厅编：《中华人民共和国最高人民法院公报》（2004年卷），人民法院出版社2005年版，第347—350页。

④ 最高人民法院（2018）最高法刑再4号刑事判决书。

仍存在一定的混乱。本讲通过回溯"但书"规定的基本蕴涵，在梳理司法实践中适用《刑法》第13条后半段但书规定进行出罪的裁判文书的基础上，分析但书规定的适用现状及存在问题，以裁判文书说理为视角，对裁判文书援引但书条款如何释法说理作进一步研究。

一、但书适用的理论争点

此处通过梳理但书规定的立法渊源，考察其基本法理及内涵，以便于在案件审理中更加准确地理解和判断"情节显著轻微"与"危害不大"，进而确保但书规定的适用说理更加充分、论证到位。

（一）立法沿革

但书规定是我国刑法关于犯罪的法定概念的一部分，只有结合犯罪的法定概念才能对但书规定作出正确的解读，而犯罪的概念又经历了形式概念、实质概念和混合概念三个演变过程。

1. 犯罪的形式概念

犯罪的形式概念是被资产阶级近代刑事立法确定的，仅仅是对犯罪法律特征的描述，主要表现形式是从形式方面界定，以此来表现其刑事违法性。[①] 但是，由于犯罪的形式概念未能在刑法中规定具有实体内容的犯罪一般概念，自然就不存在具有出罪功能的但书规定。

---

① 如1810年《法国刑法典》第1条规定："法律以违警刑处罚之犯罪，称违警罪；法律以惩治刑处罚之犯罪，称轻罪；法律以身体刑或者名誉刑处罚之犯罪，称重罪。"《法国刑法典》只是以所受刑罚为标准将犯罪分为重罪、轻罪和违警罪，并没有对犯罪的实体内容作出定义性的规定；1871年《德国刑法典》也将犯罪分为重罪、轻罪和违警罪；1937年《瑞士刑法典》将犯罪表述为"法律作禁止，且受刑罚制裁的行为"。

2. 犯罪的实质概念

犯罪的实质概念主要体现在《苏俄刑法典》中,① 苏联在建国初期,为有效地打击犯罪,对犯罪概念进行了实质规定,在《苏俄刑法典》中抛弃了罪刑法定原则,进而规定了类推制度。犯罪的实质概念因为类推制度而具有强大的入罪功能,由此,以社会危害性为根基的但书规定随之而生,但书规定将轻微违法行为或者未发生危害结果的行为予以出罪。

3. 犯罪的混合概念

随着法律虚无主义思想受到清算,犯罪实质概念逐渐被废弃,1958年《苏联和各加盟共和国刑事立法纲要》首次确立了犯罪的混合概念,② 同时揭示了犯罪的社会危害性和刑事违法性。后来,1962年《苏俄刑法典》③ 以及苏联解体后的《俄罗斯联邦刑法典》均采用了犯罪的混合概念,但书规定也一直保留下来了。④

很长一段时期,我国刑法学处于临摹和消化苏联刑法学阶段,⑤ 学习苏联的立法模式、精神实质等,故而,我国刑法关于犯

---

① 1919年《苏俄刑法指导原则》第6条规定:"犯罪是危害某种社会关系的作为或不作为。"1922年《苏俄刑法典》第6条规定:"威胁苏维埃制度基础及工农政权在向共产主义制度过渡期所建立的法律秩序的一切危害社会的作为或不作为,都被认为是犯罪。"

② 1958年《苏联和各加盟共和国刑事立法纲要》第7条第1款规定:"凡是刑事法律规定的危害苏维埃社会制度或国家制度,破坏社会主义经济体系和侵犯社会主义所有制,侵犯公民的人身、政治权利、劳动权利、财产权利和其他权利的危害社会的行为,以及刑事法律规定的违反社会主义法律秩序的其他危害社会的行为,都是犯罪。"

③ 1962年《苏俄刑法典》第7条规定:"形式上虽然符合本法典分则所规定的某种行为的要件,但是由于显著轻微而对社会并没有危害性的作为或者不作为,都不认为是犯罪。"

④ 《俄罗斯联邦刑法典》第14条第2款规定:"行为虽然在形式上具有本法典规定的某行为要件,但由于情节显著轻微而不具有社会危害性的,不是犯罪。"

⑤ 陈兴良、周光权:《刑法学的现代展开》,中国人民大学出版社2006年版,第726页。

罪的法定概念，无论是1979年《刑法》第10条还是1997年《刑法》第13条，均表述"犯罪＋但书"的混合概念。

（二）理论争辩

如前所述，犯罪实质概念为类推制度提供了理论根基，而但书规定正是对犯罪实质概念的救济，其逻辑基础是社会危害性理论。经考察相关文献，刑法学界对但书的争议具体表现为以下几个方面：

1. 但书规定与罪刑法定原则

对但书规定与罪刑法定原则的关系，理论上主要有"矛盾说"和"符合说"。"矛盾说"的主要理由：一是罪刑法定原则要求刑法对个罪构成的规定要具体、确定，而但书规定则使刑法各罪的罪与非罪的标准永远处于一个不确定的状态；[①] 二是但书规定要求司法者依据行为的社会危害性及其程度大小判断成立犯罪与否，但社会危害性本身具有不确定性，导致"但书"的适用如同类推制度一样漂泊不定；[②] 三是但书的价值判断与罪刑法定的形式合理性相违背。[③] "符合说"的主要理由：一是我国刑法罪刑法定原则缺少人权保障功能，与经典罪刑法定原则不符，但书规定补缺这一功能；[④] 二是但书规定符合罪刑法定要求的形式合理性与实质合理性的统一；[⑤] 三是罪刑法定原则应当是形式与实质的统一，但书

[①] 王尚新:《关于刑法情节显著轻微规定的思考》，载《法学研究》2001年第5期。

[②] 樊文:《罪刑法定与社会危害性的冲突——兼析新刑法第13条关于犯罪的概念》，载《法律科学》1998年第1期。

[③] 田宏杰:《中国刑法现代化研究》，中国方正出版社2001年版，第359页。

[④] 储槐植、张永红:《刑法第13条但书的价值蕴涵》，载《江苏警官学院学报》2003年第2期；王政勋:《定量因素在犯罪成立条件中的地位——兼论犯罪构成理论的完善》，载《政法论坛》2007年第4期。

[⑤] 黎宏:《罪刑法定原则下犯罪的概念及其特征——犯罪概念新解》，载《法学评论》2002年第4期。

规定是法律的形式规定与犯罪构成的实质内涵的统一。①

笔者认为,但书规定并不违反罪刑法定原则,但书规定的价值取向、存在方式、内在含义均契合罪刑法定原则要求的形式与实质的统一。尽管在司法实践中但书规定存在一定的滥用和错用。但正如陈兴良教授所言,但书规定被善意滥用的根源在于"出罪须有法律规定"的思想在作祟。如果树立起"出罪无须法定"的理念,但书规定或者可以作为提示性规定而存在,或者只限于那些确属情节显著轻微危害不大的行为的出罪根据。②

2."但书"规定与刑事违法性

王尚新认为,但书规定直接对抗的是刑事法律对犯罪的规定,对抗的是刑事违法性。根据对但书规定的理解,刑法分则规定的应受刑罚惩罚的行为还不都是犯罪,最后,还要司法机关用社会危害性这一把尺子量一量才能算数。③张明楷教授认为,构成要件符合性与刑事违法性不能简单地认为是形式与实质的关系,构成要件所描述的事实不是价值中立的事实,符合性的判断也并非仅事实判断,同时也包含有价值判断,刑事违法性的判断亦然。④

笔者认为,但书规定并不排斥刑事违法性的标准。从立法上说,由于立法是一种规范的构造,社会危害性在刑事立法中对界定罪与非罪具有决定性的作用,因而可以说社会危害性决定刑事违法性;从司法上说,由于面对的是具有法律效力的规范和具体案件,因而某一行为是否具有刑事违法性就成为认定犯罪的唯一标准,因此,"司法活动中,对于认定犯罪来说,社会危害性的标准应当让位于刑事违法性的标准",而"让位"并不等于"排

---

① 唐稷尧:《罪刑法定视野下犯罪成立要件的实质化》,载《现代法学》2004年第3期。

② 陈兴良:《但书规定的法理考察》,载《法学家》2014年第4期。

③ 王尚新:《关于刑法情节显著轻微规定的思考》,载《法学研究》2001年第5期。

④ 张明楷:《刑法学》(第五版),法律出版社2016年版,第127—129页。

斥"。①总之，司法实践中应先考虑刑事违法性的形式标准，而不是先考虑社会危害性的实质标准，刑事违法性制约着社会危害性，即使行为具有社会危害性但不具有刑事违法性的，司法者不能认定为犯罪；同时，社会危害性决定并修正着刑事违法性，即使行为具有刑事违法性但不具有社会危害性的，司法者也不能认定为犯罪。

3. 但书规定与罪状定量模式

"在犯罪中蕴含定量因素是我国刑法的创新"②，这样使得但书规定成为了判断行为社会危害性程度的尺子，我国刑法分则中的罪状设置也采取了定量模式，并且定量化日益突出。1997年刑法分则修改的目标之一就是"在刑法分则条款里既体现犯罪的定性因素，又包含犯罪的定量因素，使刑法在实践中具备可操作性"③。

针对我国刑法分则罪状定量模式，不少学者指出，立法定量的思路应作出适度的修正与调整，即减少数额数量犯的出现率及其直接与法定刑挂钩的情形，以便适应社会发展水平和国家管理需要；④同时，立法定性才是严密设计刑法条文（包括法定刑规范）的核心思路，因为定性因素对事物有较强的涵盖力，以此保证将法定的犯罪行为纳入司法过程。⑤当然，通过立法一体性地将犯罪概念的定性因素和定量因素明确起来，事实上是不可能的，以这种期望来进行立法是思维误区，必然导致立法者负担太重，

---

① 刘树德：《论刑法第十三条"但书"规定》，载《华东刑事司法评论》（第七卷），法律出版社2004年版，第93页。
② 储槐植：《我国刑法犯罪概念的定量因素》，载《法学研究》1998年第2期。
③ 陈兴良主编：《刑事法评论》（第3卷），中国政法大学出版社1999年版，第10页。
④ 储槐植：《我国刑法犯罪概念的定量因素》，载《法学研究》1998年第2期。
⑤ 周光权：《法定刑配置研究》，中国人民大学1999年博士学位论文。

使尽浑身解数，终觉难以全面、准确地订立法律条款。①我国刑法分则罪状定量因素的存在具有制度语境合理性，即我国刑法分则中的具体犯罪定量因素与刑法总则的一般犯罪但书的规定具有契合性。②

笔者认为，但书规定将"情节显著轻微危害不大的"的危害行为排除在犯罪之外，受刑法总则制约的刑法分则自然就不能只着眼于具体犯罪构成要件的定性因素，特别是那些根据刑事政策的需要，只将达到应受刑罚惩罚程度的社会危害行为才犯罪化的情形，否则势必将所有符合具体构成要件定性因素的社会危害行为都纳入犯罪范畴中，而导致总则"一般犯罪"与分则"具体犯罪"的冲突。

（三）内涵界定

对但书的基本内涵，学者们的批评主要集中在其适用范围及具体内容的把握上。

一是但书规定的适用范围的不明确，实践中易产生错用但书规定出罪。王尚新从刑法分则的具体规定分析，认为刑法总则的但书规定不能完全适用刑法分则的全部条款。③高铭暄教授指出，刑法分则中犯罪性质特别严重、犯罪后果特别严重的犯罪不能简单适用但书规定，如故意杀人、放火、爆炸、强奸等。④陈兴良教授指出，立法机关已经对定罪标准作了规定的，不应在法律规定的犯罪标准之上，再去适用但书的规定。⑤

二是但书规定是一个模糊的概念，使得实践中滥用但书规

---

① 陈兴良主编：《刑事法评论》（第3卷），中国政法大学出版社1999年版，第7—8页。
② 陈兴良：《社会危害性理论》，载《法学研究》2000年第1期。
③ 王尚新：《关于刑法情节显著轻微规定的思考》，载《法学研究》2001年第5期。
④ 高铭暄主编：《刑法学原理》，中国人民大学出版社1993年版，第391页。
⑤ 陈兴良："但书"规定的规范考察》，载《法学杂志》2015年第8期。

定出罪。虽然立法者对文字反复推敲，力图描述这种情节的程度之轻微。但是面对复杂的司法实践，仍然不能划出一个清楚的界限。[1]首先，但书规定中的"情节"是否特指犯罪行为的情节，还是包括行为人的犯罪前、犯罪后情节？是特指法定情节，还是包括酌定情节？其次，"显著轻微"是但书规定中对"情节"的定量要素，如何准确判断情节是否属于"显著轻微"？再次，"危害不大"并不是指没有发生结果，而是说这种结果的危害不是很大，判断"危害不大"的标准又如何确定？最后，"不认为是犯罪"与"不是犯罪"存在根本的区别，"不认为是犯罪"的前提是行为人实施的行为符合刑法规定的构成要件，只是因为行为的社会危害性没有达到刑罚处罚的程度，不作为犯罪处理，但是不排除违法责任、民事责任的适用。

笔者认为，"情节"应当是与犯罪有关的情节。包括行为人的主观要素，比如走私珍贵动物制品不以牟利为目的、[2]误以为休息数小时或者隔夜之后醒酒了、[3]非自愿参加黑社会性质组织且参加后没有实施违法犯罪活动[4]等；行为的客观要素，比如近亲盗窃情况下所窃取的财物系家庭财物或近亲属财物、[5]已满16周岁不满18周岁的人盗窃未遂或者中止、已满14周岁不满16周岁的未成年人与幼女偶尔发生性行为[6]等；不应当包括行为后的情节，

---

[1] 王尚新:《关于刑法情节显著轻微规定的思考》，载《法学研究》2001年第5期。

[2] 黑龙江省林区中级人民法院（2014）黑林刑终字第40号刑事判决书。

[3] 新疆维吾尔自治区哈密地区中级人民法院（2016）新22刑终113号刑事判决书。

[4] 湖北省武汉市洪山区人民法院（2001）洪刑初字第163号刑事判决书。

[5] 最高人民法院刑事审判庭主编:《刑事审判参考》第13辑，法律出版社2001年版，第24—29页。

[6] 最高人民法院《关于审理未成年人刑事案件具体应用法律若干问题的解释》（法释〔2006〕1号）。

如积极退赔、被害人谅解、全部退赃。但与犯罪无关的情节,比如行为人的一贯表现、前科等,可以和犯罪有关情节进行综合考虑,用于论证说理的补强理由。

二、但书适用说理的实证分析

笔者在中国裁判文书网上以"《中华人民共和国刑法》第十三条"为关键词,①在刑事案由中进行搜索,共搜得裁判文书289篇,其中一审裁判文书176篇、二审裁判文书86篇、再审裁判文书27篇。经过仔细查阅,将仅在文书中提及"《中华人民共和国刑法》第十三条",而未作为裁判理由或裁判依据的文书进行排除。之后,得到有效一审裁判文书148篇、二审裁判文书82篇、再审裁判文书26篇,累计裁判文书256篇。

(一)但书规定适用的整体描述

从司法实践的适用现状看,法院直接援引"但书"规定作出无罪判决属于较为普遍的现象,在所得的样本中,法院作无罪裁判的判决有157份,即无罪率高达61.33%;②定罪免处的判决有21份;定罪处罚的判决有78份。

---

① 以"《中华人民共和国刑法》第十三条"为关键词是为了更精准地获取适用但书规定的裁判文书,若以"情节显著轻微"或"危害不大"为关键词进行搜索,再根据所得样本找出适用但书规定的裁判文书无异于大海捞针。

② 由于本讲数据选取时已将辩护人提出"情节显著轻微危害不大",但法院未根据《刑法》第13条予以出罪的裁判排除在外,故造成适用但书规定出罪的无罪率偏高。

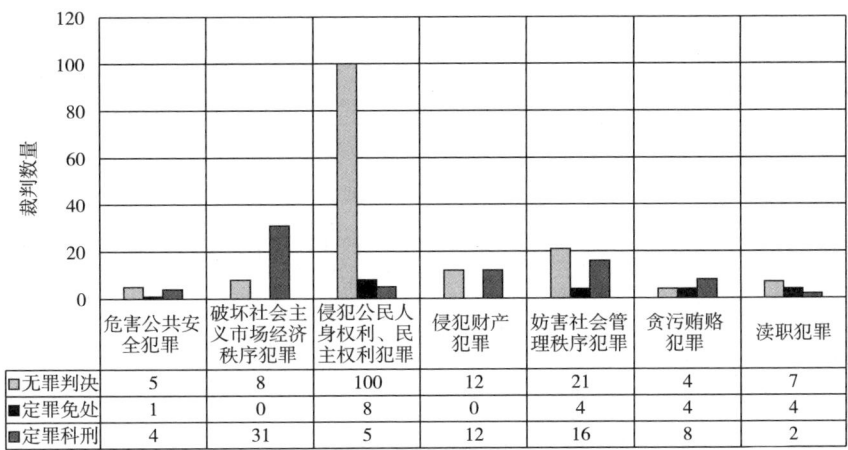

注：侵犯公民人身权利、民主权利犯罪中74份无罪判决系故意伤害罪。

图一 涉"但书"规定的文书裁判情况

从涉及的案由来看，或者说从司法实践中但书规定的适用范围来看，256篇裁判文书中既含有放火罪、故意杀人罪、强奸罪、抢夺罪等传统意义上的重罪，也包括诸如非法侵入住宅罪、侮辱罪、寻衅滋事、强迫交易罪等一般意义上的轻罪。经统计，运用但书规定进行出罪的包含七大类44个罪名157份裁判文书（详见表1）。

表1 无罪裁判文书统计情况

罪名类别	具体罪名	入罪是否有罪量限制	文书数量	文书数量小计
危害公共安全犯罪	非法制造爆炸物	无	1	5
	交通肇事	有	3	
	危险驾驶	无	1	
破坏社会主义经济秩序犯罪	销售假药	无	1	8
	生产销售有毒有害食品	无	2	
	非法经营同类营业	有	1	
	信用卡诈骗	有	2	
	侵犯著作权	有	2	

续表

罪名类别	具体罪名	入罪是否有罪量限制	文书数量	文书数量小计
侵犯公民人身权利、民主权利犯罪	故意杀人	无	1	100
	故意伤害	无	74	
	非法拘禁	无	4	
	诬告陷害	无	1	
	非法搜查	无	1	
	非法侵入住宅	无	5	
	侮辱	有	3	
	诽谤	有	2	
	重婚	无	2	
	虐待	有	2	
	遗弃	有	4	
	组织未成年人违反治安管理活动	有	1	
侵犯财产犯罪	诈骗	有	2	12
	挪用资金	有	3	
	故意毁坏财物	有	5	
	破坏生产经营	无	2	
妨害社会管理秩序犯罪	招摇撞骗	无	1	21
	伪造国家机关证件	无	1	
	伪造事业单位印章	无	1	
	伪造居民身份证	无	1	
	聚众扰乱社会秩序	有	2	
	聚众斗殴	有	1	
	寻衅滋事	有	4	
	利用邪教组织破坏法律实施	无	1	
	开设赌场	无	1	
	妨害作证	无	1	
	帮助毁灭、伪造证据	有	1	
	掩饰、隐瞒犯罪所得	无	2	
	非法运输珍贵、濒危野生动物	无	1	
	非法占用农用地	有	1	
	滥伐林木	有	2	

续表

罪名类别	具体罪名	入罪是否有罪量限制	文书数量	文书数量小计
贪污贿赂犯罪	贪污	无	3	4
	挪用公款	有	1	
渎职犯罪	滥用职权	有	4	7
	玩忽职守	有	2	
	徇私枉法	无	1	

从审判阶段和审判程序来看，一审援引但书规定进行出罪的有77件（其中自诉案件52件，公诉案件25件），占全部的30.08%；二审适用但书规定进行出罪的有59件（其中维持一审无罪判决的案件有44件，改判无罪的案件有15件），占全部的23.05%；再审适用但书规定出罪的有21件，占全部的8.2%。

考察从入罪是否有罪量要素限制[①]来判断是否有适用但书规定的空间，笔者对157份无罪裁判文书进一步统计，其中罪状中具有罪量要素规定的犯罪有48份，涉及21个罪名；没有罪量要素规定，但性质严重的犯罪有2份，分别是非法制造爆炸物和利用邪教组织破坏法律实施；没有罪量要素规定，但性质较轻的犯罪有107份，涉及21个罪名。

从无罪判决中评价的具体内容来看，评价主体要素而适用但书规定出罪的判决有53份，基本是评价行为人的主观恶性、没有犯罪故意等；评价行为要素而适用但书规定出罪的判决有57份，主要评价故意伤害案件中被害人对结果的发生存在一定的过错、行为人出于正当目的但行为不当；评价结果要素而适用但书出罪的判决有79件，大多评价没有危害结果或者危害结果未达到个罪的入罪标准、行为人积极赔偿、被害人谅解等，评价结果要素的裁判文书约占判决书总数的56.05%；未进行说理或说理不清

---

① 本讲仅讨论我国刑法条文的罪量因素，在总则中，体现在刑法第13条的但书规定，在分则中，则表现为刑法明文规定的、体现行为程度、作为犯罪成立必要条件的"数额较大""情节严重""造成严重后果"等类似内容。

而直接适用但书规定出罪的判决有 73 份，约占无罪判决书总数的 46.5%（详见表 2）。

表 2　无罪判决中评价要素统计

要素类型	具体情节	出现频次
主体要素	主观恶性小	23
	缺乏目的、动机	6
	缺乏违法性认识	4
	没有犯罪故意	14
	与被害人近亲属关系	6
行为要素	目的正当，行为不妥	9
	履职不规范	2
	挪用时间短	1
	双方均有过错	42
	行为未遂	3
结果要素	被害人谅解	8
	因果关系不明确	24
	积极承担民事责任	18
	全部退赃或积极退赔	6
	危害结果未达到入罪标准	18
	没有危害结果发生	23
未进行说理或说理不清		73

（二）但书规定适用的说理分析

但书规定在司法实践中的出罪功能应当充分肯定，经样本分析发现，但书规定在司法实践中存在大量错用、滥用，说理不清或不进行说理等问题。

1. 但书规定的错用

但书的错用，是指行为不符合犯罪构成要件（或形式上不符合刑事违法性），却运用但书规定进行出罪。如王某某非法拘禁一案[①]，法院认为被告人王某某邀约蔡某某向李某某索要债务，既没有非法拘禁他人的主观故意，也没有限制他人人身自由的客观行为，却错误援引但书规定宣告王某某无罪。这不仅是法律援引的错误，更重要的是真正的出罪理由不能得到彰显，同时也降低了裁判文书的说理性。究其原因，是目前出罪体系的建构方面不足，司法者只有将这种出罪的理由诉诸《刑法》第13条但书规定，因而造成了但书被错用。

错用一：运用但书规定评价行为主体身份。

行为主体是否适格直接关系犯罪构成，一般只存在"有无"判断，难以进行程度"大小"的判断，运用但书规定对行为主体身份进行评价，属于但书规定的明显错用。如崔某某非法进行节育手术案中，巴彦淖尔盟中级人民法院认为，被告人崔某某有副主任医师的专业技术资格，其个人诊所在开业时，也曾取得过医疗机构执业许可证，且工商部门又为其换发营业执照，对崔某某不能完全等同于"未取得医生执业资格的人"看待，其行为不符合非法进行节育手术罪的要件，构不成犯罪。最后却依照《刑事诉讼法》第189条第2款和《刑法》第13条，撤销一审刑事判决部分，改判被告人崔某某无罪。[②] 文书通过评价上诉人崔某某主体资格"显著轻微"而不认为是犯罪，其实完全可以因不具备犯罪构成要件中的主体要件而直接出罪，没有必要适用但书规定出罪。

错用二：运用但书规定评价因果关系。

因果关系或者客观归责，主要是解决危害后果是否归属于行为的判断过程，而且因果关系也主要是"有无"判断，与但书规定的程度判断不可等同。如范某某自诉张某故意伤害刑事附带民事案，一审法院认为，被告人张某主观上没有伤害自诉人范某某

---

① 湖北省武汉市蔡甸区人民法院（2013）鄂蔡甸刑初字第00226号刑事判决书。

② 内蒙古自治区巴彦淖尔中级人民法院（2000）巴刑终字第25号刑事附带民事判决书。

的故意，客观上自诉人范某某的伤情并非被告人张某殴打所致，加之考虑自诉人的年龄、体质及受伤后就医诊断结果，不能认定自诉人伤害的结果由被告人行为直接造成，二者之间没有因果关系，张某的行为不构成故意伤害罪。依照《刑法》第 13 条之规定，判决被告人张某无罪。[①] 又如曾某某玩忽职守再审一案，再审法院认为，被告人曾某某不依法正确履职的行为是桥南市场特大火灾的原因之一，其履职行为与案件事实、危害后果之间的关联性较低，应认定情节显著轻微，不构成犯罪。依据《刑法》第 13 条和《刑事诉讼法》第 206 条、第 187 条第 2 款之规定，认定原审被告人曾某某无罪。[②] 对于此类案件，可直接通过因果关系理论或者客观归责理论即可判断，无须再援引但书规定出罪。

错用三：新法优于旧法，错引但书规定出罪。

根据从旧兼从轻原则可以不认为是犯罪的，可直接依据该原则出罪，不需要运用但书规定进行评价其行为的情节是否显著轻微。如 2018 年 12 月 1 日起施行的最高人民法院、最高人民检察院《关于办理妨害信用卡管理刑事案件具体应用法律若干问题的解释》中规定，恶意透支数额在 5 万元以上不满 50 万元的应认定为数额较大。在杨某某信用卡诈骗一案中，杨某某恶意透支数额为 17514 元，依照该司法解释，未达到信用卡诈骗罪的构罪标准。深州市人民法院依照《刑法》第 13 条和《刑事诉讼法》第 16 条、第 200 条第 2 项之规定，判决被告人杨某某无罪。[③] 又如句某某等人故意伤害一案中，新的人体损伤鉴定标准于 2014 年 1 月 1 日正式施行，存在根据新旧不同标准所鉴定的损伤程度不一致的情形，根据新的鉴定标准达不到轻伤以上，可直接通过损伤结果不构成轻伤以上予以出罪。吉林省延吉市人民法院可根据新的人体损伤鉴定标准下作出的法医损伤检验鉴定书，认定被害人顾某甲的损

---

① 宁夏回族自治区银川市金凤区人民法院（2017）宁 0106 刑初 63 号刑事附带民事判决书。

② 湖南省常宁市人民法院（2010）常刑再字第 4 号刑事判决书。

③ 河北省深州市人民法院（2018）冀 1182 刑初 434 号刑事判决书。

伤系轻微伤，不应追究被告人包某甲、王某甲的刑事责任。但无罪的理由上，延吉市人民法院还是依据但书规定，认为"指控被告人包某甲、王某甲故意伤害他人的情节显著轻微，危害不大，应依法宣告被告人无罪"，最终根据《刑法》第13条判决被告人包某甲、王某甲无罪。①

此外，还有诸如缺乏犯罪客体，而援引但书规定出罪的。如黄某某作为一人公司法定代表人，其挪用资金的行为并不损害其他股东利益，也不存在其他社会危害性，无须运用但书规定评价其情节是否"显著轻微"、危害大小。②又如郭某某、鲁某某非法生产有毒有害食品一案中，没有证据证明二被告人在豆芽上喷洒的物质对人体能造成何种危害，喷洒物质的安全性尚不清楚，本可以证据不足宣告无罪的，却强行运用但书规定评价其行为"情节显著轻微"而出罪。③

2. 但书规定的滥用

"但书"的滥用是指，在行为符合犯罪构成要件（或形式上符合刑事违法性），本不该出罪却随意运用但书规定进行出罪。在这种情形中，但书规定难免会沦为任意出罪的工具，不利于维护司法的稳定性和权威性，因此，但书规定急需稳定的适用规则以规范司法者的自由裁量权。裁量倘若过于宽泛，正义就面临专断或不平等之虞。④

不可否认，但书规定是对抽象危险犯进行适用性限制的唯一根据，但司法实践中，运用但书规定对没有危险结果发生的抽象危险犯进行出罪，易存在滥用之嫌。抽象危险犯与具体危险犯不同，只要行为人实施了刑法规定的犯罪行为，即具有产生某种后

---

① 吉林省延吉市人民法院（2015）延刑初字第786号刑事判决书。
② 河北省清河县人民法院（2015）清刑初字第38号刑事判决书。
③ 辽宁省葫芦岛市连山区人民法院（2015）连刑初字第00114号刑事判决书。
④ 王华伟：《中国刑法第13条但书实证研究——基于120份判决书的理论反思》，载《法学家》2015年第6期。

果的危险,并不要求在具体案件中出现作为结果的危险。以醉驾型危险驾驶罪为例,行为人在酒精的作用下对自己行为的认识能力和控制能力明显减弱,此时醉酒驾驶机动车对道路交通安全造成了普遍的风险,即使行为人在个案中没有造成任何损害,只要酒精量检测出了行为人的酒精含量超出一定标准,即被认为醉酒驾驶行为具有可罚性。

司法实践中,还存在风险阙如情况下,援引但书规定进行出罪的情形。例如新疆哈密中院改判岳某某无罪一案,岳某某隔夜醉驾,其并未意识到自己还处于醉驾的状态,且第二天在交警的指挥下短距离低速挪动车辆,交警亦未发现其处于醉酒状态,岳某某不存在危险驾驶的主观故意;虽然岳某某血液中的乙醇含量刚刚超过危险驾驶罪的标准,但其在交警指挥下短距离挪车行为的危险性已经大大降低,符合情节显著轻微危害不大的情形,可不认为是犯罪。①

由于抽象危险犯行为的危险性是立法者拟制的,如果行为人没有证据证明实际上不存在任何风险,不应运用但书规定进行出罪,否则就有但书滥用之嫌。如赵某某盗窃一案,天津市宝坻区人民法院认定,赵某某酒后采取将车驾离的手段实施盗窃,在其将车发动并驶向路面时,已经摆脱车辆所有人的控制,其盗窃行为应认定为既遂,之后其驾驶车辆短距离行驶的行为,应视为其盗窃手段行为的自然延伸,且案发时为凌晨 3 时许,路面车辆、行人稀少,驾驶距离较短,对公共安全所构成的危害不大,因此不宜以危险驾驶罪定罪处罚,但宝坻区人民法院最后依照的却是《刑法》第 264 条、第 13 条之规定,判处被告人赵某某犯盗窃罪,判处拘役六个月,并处罚金人民币四千元。②

---

① 新疆维吾尔自治区哈密地区中级人民法院(2016)新 22 刑终 113 号刑事判决书。

② 天津市宝坻区人民法院(2015)宝刑初字第 246 号刑事判决书。

3. 但书规定说理不清或不说理

《刑法》第 13 条本身规定的比较笼统，已经受到理论界的质疑和批评，如果再不展开说理，难免令人质疑裁判结论形成的正当性。经统计，援引但书规定出罪，但未进行说理或说理不清的有 73 件，约占无罪判决书总数的 46.5%。如木某某自诉何某某故意伤害刑事附带民事一案①中，法院认定自诉人木某某在吵打过程中，被何某某用烟筒打伤，经鉴定自诉人木某某的损伤构成轻伤二级，而在"本院认为"部分，仅"自诉人木某某控诉被告人何某某犯故意伤害罪，其情节显著轻微，应宣告被告人何某某无罪"一句话，没有作进一步深入、具体的展开分析。经统计，收集到的故意伤害自诉案件均援引但书条款宣告无罪。在故意伤害罪的二审案件中，也存在判决书中简单描述伤情（如简单描述：被告人存在故意伤害的行为，伤情鉴定为轻伤），而后直接援引但书规定作出无罪判决，未进行进一步分析说理的现象。

三、但书适用说理的规则构建

从规范和谨慎行使出罪裁量权的角度来说，笔者主张先由司法者作出构成要件的客观判断，再援引《刑法》第 13 条的但书规定作出整体判断，若确属"情节显著轻微，危害不大"，则直接援引但书规定宣告无罪，但必须遵循以下有关但书规定适用说理的具体规则。

（一）前提判断：是否存在"但书"规定的适用空间

尽管刑法总则指导刑法分则，分则所有规定都适用总则的规定，但是由于立法机关对分则中具体的罪名已考虑社会危害性程度，因此，总则的但书规定有相当一部分条文是不适用的。从刑

---

① 云南省寻甸回族彝族自治县人民法院（2016）云 0129 刑初 192 号刑事附带民事判决书。

法分则条文的罪状规范考察，可分为以下几类：

第一类是有罪量要素限定的罪状，没有但书适用空间。一是罪状中直接规定了数量限制，多数为数额犯，如盗窃罪、合同诈骗等经济犯罪，数额犯的社会危害性主要是通过数量反映的，立法者一般都会提出数额或数量要求；二是罪状中直接写明"情节恶劣""情节严重""造成严重后果"等入罪条件限制，即通常所说的情节犯，如非法经营罪。

第二类是严重危害国家、社会安全的犯罪，一般没有但书适用空间。这些罪状中虽未直接进行定量限制，如杀人等，但因侵害的利益重要或特殊，或因其行为本身具有严重的社会危害性，立法者未再对其社会危害性作特殊的量的限制，只是对情节较轻的，作了量刑上的减轻处罚。

第三类是没有罪量要素的罪状（包括司法解释、立案标准等有规定数额、后果、情节的犯罪），可以有但书的适用空间。如《刑法》第127条中，"盗窃、抢夺枪支、弹药、爆炸物的，或者盗窃、抢夺毒害性、放射性、传染病病原体等物质，危害公共安全的"，虽然在罪状中没有规定定量限制，但是通过司法解释的形式予以定量限制。可以看出，诸如非法制造爆炸物的行为形式上符合犯罪构成要件，但因其未达到刑罚的程度，人民法院也可根据但书将其宣告无罪。

（二）逻辑位阶：社会危害性让位于刑事违法性

德国学者宾丁言："规范处于优先地位，法益只是附体于规范并支持其规范理论的一个概念；犯罪的本质是侵害法益，形式上违反规范，但是这对规范本身的权威没有削弱，因为规范先于法益而存在，受制于立法机关主观上的决定。"[①] 大陆法系中的"规范"相当于我国刑法理论中的"刑事违法性"，"法益侵害"则相

---

① 丁泽芸：《刑法学说论略》，载《刑事法学要论》，法律出版社1998年版，第281页。

当于"社会危害性"。

在立法阶段,社会危害性决定刑事违法性,同时也修正着刑事违法性。从《刑法》第13条对犯罪概念的规定来看,前半段是对犯罪概念一般性、类型化和积极成立面的判断;后半段但书规定则是对犯罪概念具体性、个别化和消极阻却面的判断。前半段的逻辑重心是刑事违法性的形式判断,但书规定则是阻却犯罪成立的社会危害性的实质判断。

在司法阶段,社会危害性必须让位于刑事违法性。如果行为具有一定的社会危害性,但不符合刑事违法性的形式标准,当然不能认定为犯罪,这是罪刑法定原则的基本要求;如果行为符合刑事违法性的形式标准但不具有社会危害性,也不能认定为犯罪。一般情况下,司法者只要进行完刑事违法性的符合性判断就意味着实质判断的完成,因为大多数案件事实都停留在犯罪类型的核心范畴。但是仍有少数案件位列犯罪类型核心范畴之外,需要进一步的实质判断来检验先前的形式判断。也就是说,只有行为符合刑事违法性的形式标准,才需考虑行为社会危害性的实质标准。

实践层面如何操作,应该具体问题具体分析,根据个罪的具体类型分别加以考虑:(1)不含定量要素的罪状。若一行为客观上符合具体犯罪构成要件的部分要素时,应先形式判断此行为是否符合犯罪构成要件,再进行实质判断行为是否具有刑罚处罚的社会危害性,而后决定是否援引但书规定出罪。(2)含有定量要素的罪状。如果处在临界点或者略微超出一点,但综合考虑行为(人)主客观等情节显著轻微且危害不大,也可援引但书规定作无罪处理。

值得注意的是,运用但书规定进行出罪不能机械化,应当对"情节显著轻微危害不大"进行整体把握,综合考虑犯罪的时空环境、主观状态、双方关系、手段工具、实际危害、是否具有替代刑罚处罚措施等问题。

（三）"二阶"说理：情节要素的整体评价和社会危害性的实质判断

第一，但书规定中"情节显著轻微"和"危害不大"的关系不是并列关系，而是递进关系，必须同时具备，方可"不认为是犯罪"。如果仅仅情节显著轻微或者仅仅危害不大，则不能运用但书规定出罪，因为但书规定的适用是一个整体，而且情节显著轻微、危害不大是一种综合判断。

第二，"显著轻微"的判断应当坚持整体评价。首先，应绝对排除具有个罪罪状规定的从重处罚情节；其次，一般需要同时满足两个以上的主客观情节轻微。以醉驾为例，一方面，行为人不应当具有《关于办理醉酒驾驶机动车刑事案件适用法律若干问题的意见》第2条规定的从重处罚情形，另一方面，从主客观两个方面综合考虑醉驾行为是否属于情节显著轻微。主观方面包括：行为人的目的动机，如为治病救人无法及时联系代驾和救护车；行为人的主观故意，如酒后经过长时间的休息，对自己处于醉酒状态并不知晓；行为人的犯罪态度，如是否主动停止醉驾，是否认罪认罚。客观方面包括：醉酒程度，如行为人血液中的酒精含量刚超过80mg/100ml的醉酒标准；行为人驾驶车辆的速度、时长、距离、空间等，如低速驾驶、短时间驾驶、驾驶距离较短、驾驶路面人烟稀少，等等。

第三，"危害不大"的标准应当高于个罪构成要件所预设的危险，但必须低于犯罪未遂的危险。因为如果行为所造成的危险低于个罪构成要件所预设的危险，则可以在刑事违法性判断环节直接予以排除，再通过行政处罚或者民事赔偿予以惩处，这也是刑法谦抑性的要求；如果行为所造成的危险高于未遂犯罪的危险，则会造成许多有预谋的犯罪获得出罪的可能空间。实践中，应当结合具体案情，回归个罪立法本意进行实质性判断行为的社会危害性。对有罪量要素的罪状来说，如情节犯、数额犯，虽然立法者已经将"危害不大"通过情节限定、数额限定的方式排除出犯罪圈了，但仍有适用的可能，如文某盗窃案[①]的裁判理由指出，盗窃自己家庭和近亲属的财物行为的社会危害范围和程度是有限的，与社会上盗窃的案件有实质性的区别。如果未成年人盗窃自己家的财物，数额较大，即便认定为达到盗窃罪所预设的危险，也不符合一般社会人的判断。对没有罪量要素的罪状来说，则需要实质判断，认定行为的社会危害程度在此区间之内，充分阐述裁判理由，以符合一般社会人对相当危险性的判断。如张某某伪造居民身份证案[②]的裁判理由指出，张某某伪造并使用伪造居民身份证的目的，是解决身份证遗失后无法补办，日常生活带来不便，而且仅将此证用于正常的个人生活。张某某使用的身份证虽然是伪造的，但上面记载的姓名、住址、身份证编号等信息却是真实的，不存在因使用该证实施违法行为后无法查找违法人的可能。由此判断张某某的行为属于情节显著轻微危害不大。作为典型的抽象危险犯醉酒驾驶行为也存在"危害不大"的情形，如酒后在小区车库挪正车辆、隔夜醉酒在交警指挥下挪动车辆等行为所造成的危险远远低于在一般道路上的酒驾行为所造成的危险，即使挪车过程造成轻微物损，也可以通过民事赔偿进行解决，不必科处刑罚。

裁判文书说理，总体上应当立足事理、严守法理、辅以学理、佐以情理、善用文理。[③]裁判文书适用但书规定（涉及情节要素的整体评价和社会危害性的实质判断）的说理，具体可以从行为的性质、代替刑罚的手段、处罚的公正性、处罚的目的与效果等方面进行展开。评价一行为是否构成犯罪还必须考虑是否会导致禁止对社会有利的行为，是否会破坏公民的法感情、降低刑法的权威性，是否具有预防或抑止该行为的效果。以非法侵入住宅罪为例，其立法目的是保护公民的住宅安全和生活安宁，但并非任何

---

① 最高人民法院刑事审判庭主编：《刑事审判参考》第13辑，法律出版社2001年版，第24—29页。

② 最高人民法院办公厅编：《中华人民共和国最高人民法院公报》（2004年卷），人民法院出版社2005年版，第347—350页。

③ 胡云腾：《论裁判文书的说理》，载《法律适用》2009年第3期。

未经法定机关批准或主人同意,强行侵入他人住宅的行为均构成犯罪。在郝欣非法侵入他人住宅一案[①]中,如果能在裁判文书中对"情节显著轻微危害不大"展开说理,则更能体现裁判的正当性。例如:(1)被告人郝某出于好意将房屋借予同事暂住,其动机是善良的,而后来郝某之所以将张某屋内的物品移出,是基于与同事王某商量未果,且自认为对该房屋具有使用权的情况作出的,且未造成张某物品的损失,可认定为情节显著轻微;(2)被告人郝某在张某不在的时候,擅自进入张某未上锁的屋子,处置张某个人物品的行为,对张某来说既没有造成人身上的伤害,也没有造成较大的财产损失,亦没有对张某的生活安宁产生严重影响,可认为郝某的行为社会危害性不大;(3)对介于民事纠纷和刑事犯罪之间的行为,可以通过其他民事途径解决的,没有必要动用刑法手段,这也是刑法谦抑性的体现;(4)判决社会效果的考量。如果将郝某后期的不当行为认定为犯罪,则间接地否定了郝某先前善意的借房行为,这样的裁判结果将会损害热心助人的善良风俗,造成负面的社会效果。

总之,但书规定对于司法实践的意义不仅体现在宏观的理念指导上,也体现在微观的个案裁判中。司法实践直接援引但书规定并不违背罪刑法定原则,但是但书规定的适用应具备一定的条件、遵循一定的逻辑、统一判断的标准。具体办案法官应当高度重视适用但书规定宣告无罪案件的裁判文书说理工作,结合行为人的主观方面、客观行为以及可能造成的危害结果等因素,根据案件的实际情况综合对情节是否显著轻微、客观危害结果的大小作出评价,将是否适用但书规定的事实依据、证据依据、法律依据、政策依据、情理依据说清楚、讲明白,通过阐明裁判结论的形成过程和正当性理由,提高裁判的可接受性,实现法律效果和社会效果的有机统一,努力让人民群众在每一个司法案件中感受到公平正义。

---

① 北京市宣武区人民法院(2009)宣刑初字第64号刑事判决书。

下 编
文本诠释

第十四讲

裁判文书说理的价值功能与基本遵循

最高人民法院1999年10月20日发布的《人民法院五年改革纲要》、2009年3月17日发布的《人民法院第三个五年改革纲要（2009—2013）》均对裁判文书改革作了安排。但从实际效果来看，裁判文书说理性不强、说理不充分、论证不到位等问题仍未得到较好地解决，进而使得一些案件不时地成为热点敏感案件，严重损害司法公信力。为此，2013年11月12日，党的十八届三中全会通过的《中共中央关于全面深化改革若干重大问题的决定》在"推进法治中国建设"之"健全司法权力运行机制"中提出，"增强法律文书说理性，推动公开法院生效裁判文书"；2014年10月23日，党的十八届四中全会通过的《中共中央关于全面推进依法治国若干重大问题的决定》在"保证公正司法，提高司法公信力"之"保障人民群众参与司法"中提出，"加强法律文书释法说理，建立生效法律文书统一上网和公开查询制度"。两个决定的前述内容为人民法院裁判文书说理改革提出了更高要求和新的动力。

2015年2月4日修订后发布的《关于全面深化人民法院改革的意见——人民法院第四个五年改革纲要（2014—2018）》除在"完善民事诉讼证明规则""强化审级监督""健全主审法官、合议庭办案机制"中涉及有关裁判文书改革的内容外，又专列"推动裁判文书说理改革"条目，即"根据不同审级和案件类型，实现裁判文书的繁简分流，加强对当事人争议较大、法律关系复杂、社会关注度较高的一审案件，以及所有的二审案件、再审案件、审判委员会讨论决定案件裁判文书的说理性。对事实清楚、证据确实充分、被告人认罪的一审轻微刑事案件，使用简化的裁判文书，通过填充要素、简化格式，提高裁判效率。重视律师辩护代理意见，对于律师依法提出的辩护代理意见未予采纳的，应当在裁判文书中说明理由。完善裁判文书说理的刚性约束机制和激励机制，建立裁判文书说理的评价体系，将裁判文书的说理水平作为法官业绩评价和晋级、选升的重要因素。"

裁判文书说理改革涉及不同的诉讼领域、众多的文书种类、系列的配套机制建设等方方面面的理论与实践问题，可以说是司法改革项目中一块"难啃的骨头"。按照最高人民法院"四五改革纲要分工方案"，最高人民法院司改办牵头负责承担此项改革任务。司改办专门成立调研起草小组，制订周延的调研方案，向河南省高院、浙江省高院、上海闵行区法院发出协助起草通知，先后在江苏徐州中院、上海闵行区法院、湖南长沙县法院、陕西西安中院、广东深圳中院、青海省高院进行实地调研或者召开座谈会。2016年11月，起草小组在充分调研、吸收三家委托单位分别起草的关于民事、行政、刑事裁判文书说理文稿意见、征求专家意见的基础上，数易其稿，形成最高人民法院关于人民法院《裁判文书说理的若干规定（征求意见稿）》，12月，就此稿向全国各高级法院和院内相关部门征求修改意见。2017年8月，起草小组在充分吸收各高院和院内相关部门意见的基础上修改形成最高人民法院《关于人民法院裁判文书说理若干问题的意见（征求意见稿）》，9月，就此稿再次征求院内相关部门意见；2017年10月16日，最高人民法院办公厅向中央政法委办公室、全国人大法工委办公室、中国法学会办公室发出就《〈关于人民法院裁判文书说理若干问题的意见（稿）〉征求意见的函》（法办函〔2017〕786号）。起草小组在充分吸收上述三家单位和最高人民法院相关部门意见的基础上，形成最高人民法院《关于人民法院裁判文书说理若干问题的意见（送审稿）》，并分别于2017年12月22日、2018年1月9日召开专家论证会和法官座谈会征求意见，最后修改形成最高人民法院《关于加强和规范裁判文书释法说理的指导意见（提交审委会讨论稿）》。2018年2月26日，最高人民法院审判委员会就此稿进行了讨论。按照审委会讨论意见，司改办又修改形成最高人民法院《关于加强和规范裁判文书释法说理的指导意见（提交党组讨论稿）》。2018年6月1日，最高人民法院《关于加强和规范裁判文书释法说理的指导意见》（以下简称《意见》）发布。从本讲开始，笔者立足《意见》的起草、论证经过，从裁判文书说理的价值功能、基本遵循、具体内容、规范技术、保障机制等多个维度对《意见》文本作一诠释和解读。

一、裁判文书说理的价值功能

《意见》第1条就裁判文书释法说理的目的和价值功能作了规定，即"裁判文书释法说理的目的是通过阐明裁判结论的形成过程和正当性理由，提高裁判的可接受性，实现法律效果和社会效果的有机统一；其主要价值体现在增强裁判行为公正度、透明度，规范审判权行使，提升司法公信力和司法权威，发挥裁判的定分止争和价值引领作用，弘扬社会主义核心价值观，努力让人民群众在每一个司法案件中感受到公平正义，切实维护诉讼当事人合法权益，促进社会和谐稳定。"

裁判文书是人民法院依照法律规定独立行使审判权，审理民事、刑事、行政等案件过程中制作的法律文书，记录裁判过程、公开裁判理由，是彰显司法公正、弘扬法治精神、维护社会公平正义的载体。裁判文书释法说理是独任法官或者合议庭在制作裁判文书过程中围绕审查判断证据、认定案件事实、法律适用等方面的争议焦点、裁判论点和推理过程，论证裁判主文的合法性和正当性的活动。裁判文书释法说理的目的就是提高裁判文书的可接受性，实现法律效果和社会效果的统一。

裁判文书释法说理的价值功能主要体现在以下几个方面：

(一)裁判文书释法说理是深化依法治国实践和提升国家治理能力的基础工程

党的十八届三中全会提出,全面深化改革的总目标是完善和发展中国特色社会主义制度,推进国家治理体系和治理能力现代化。党的十八届四中全会强调,法治建设还存在许多不适应、不符合的问题,执法司法不规范、不严格、不透明、不文明现象较为突出。无论是深化依法治国实践还是提升国家治理能力,均离不开严格司法,离不开公正、高效、权威的社会主义司法制度的强有力支撑。裁判文书释法说理,事关审判权的严格规范行使,事关司法责任制的全面落实,事关裁判文书定分止争功能的发挥,事关司法公信力的不断提升。裁判文书的说理,在某种程度上是检测全面深化司法改革最终成效的重要指数,是助推人民法院审判能力现代化的重要切口,是促进国家治理能力现代化的重要途径。

(二)裁判文书释法说理是展示法院公正形象的载体工程

党的十八届四中全会决定强调,公正是法治的生命线。司法公正对社会公正具有重要引领作用,司法不公对社会公正具有致命破坏作用。习近平总书记指出,司法是维护社会公平正义的最后一道防线。按照中央的部署,为确保法院依法独立公正行使审判权,此轮司法体制改革中推出的系列举措,例如,建立领导干部干预司法活动、插手具体案件处理的记录、通报和责任追究制度,建立健全司法人员履行法定职责保护机制等,着重从外围建立确保司法公正的"防火墙"。司法公正不仅要实现,而且要以看得见的方式实现,裁判文书释法说理则是人民法院从内部增加的倒逼司法公正的"加压器",是以让人感觉到的方式来呈现司法公正的重要环节和关键载体。

（三）裁判文书释法说理是提高司法产品质量和审判效率的优化工程

当前世界主要法治国家均面临一个共同的现实问题，即民众既要求严格司法，实现正义，又要求快速审判，提高效率，节约成本。随着经济社会的发展和人民群众法治意识、权利意识的增强，全国法院案件数量近年来持续大幅增长，始终保持高位运行。特别是随着立案登记制的实施和行政诉讼法等许多法律的修改或制定，案多人少矛盾在部分地区和法院愈发凸显。裁判文书释法说理专门提出"繁简适度"的要求，不仅强调法官应当根据案情是否重大复杂、诉讼各方争议程度、审判程序类型、案件社会影响大小、文书种类等不同情况进行繁简适度的说理，而且详细列举了"应当加强说理"和"可以简化说理"的情形，确保"简案快审、繁案精审""该繁则繁，当简则简，繁简适度"原则在裁判文书制作和说理环节的落实，从而更好地实现更高层次的司法公正与效率的有机统一。如果把公正的判决比作一份合格的司法产品，那么裁判文书释法说理在很大程度上决定着这份产品的质量和性价比。人民法院通过建立健全积极引导法官"愿说理""敢说理""说好理"的机制，不断地优化裁判文书释法说理，必将为人民群众提供优质、高效的司法产品。

（四）裁判文书释法说理是推进司法公开的升华工程

审判公开作为我国《宪法》规定的一项重要原则，是社会主义司法民主政治的要求，是司法文明的标志，是司法公正的保障。党的十八届四中全会强调，构建开放、动态、透明、便民的阳光司法机制，推进审判公开、检务公开、警务公开、狱务公开，依法及时公开执法司法依据、程序、流程、结果和生效法律文书，杜绝暗箱操作。加强法律文书释法说理，建立生效法律文书统一上网和公开查询制度。最高人民法院近年来以此为动力，以上率下，统筹谋划，一体部署，强有力地采取了系列深化司法公开制度改革的工作举措，包括推进审判流程公开、庭审活动公开、裁判文书公开、执行信息公开四大平台建设，开通最高人民法院英文网站、法院政务网站、12368诉讼服务平台、法院微博、微信、移动新闻客户端的建设与升级，等等，使得我国的司法公开水平迅速地迈入世界先进行列。司法公开是一面镜子，是一块试金石，更是一缕阳光。《意见》强调的裁判文书释法说理公开、审判委员会讨论案件适用法律的理由公开、裁判文书释法说理如实反映庭审过程，等等，必将促进司法的实质化公开迈上新台阶。

（五）裁判文书释法说理是改善人民群众公平正义获得感的民生工程

在司法权运行的各个环节中，裁判文书全景展现司法裁判的内容，直接影响当事人和社会公众对公平正义的感受。司法个案的案情不同，难易有别，具体当事人自然会存在不同的需求。对于简单案件，当事人对诉讼程序的需求更偏重于及时、便捷、低成本、高效益，不希望因为程序复杂导致诉讼拖延；而对于复杂程序，当事人往往更愿意法院严格适用普通程序进行实质化或者优质化审理，更期待法官进行精准到位的裁判文书释法说理，切实发挥司法裁判定分止争的功能。当前，一些法院的审判工作存在繁简不分、简案办不快、难案办不精等突出问题，不能充分满足人民群众的不同司法需求。《意见》深入贯彻以人民为中心的发展思想，充分关注有限司法资源与多元司法需求的冲突，根据案件的不同情形合理配置司法资源，即"说理支出"不是广撒"胡椒面"，而是有重点地"聚焦"，真正地把需要说的理说透讲明，不需要说的理绝不"无病呻吟"，不断地提升裁判文书对不同受众的说服效果，切实地让人民群众在每一个司法案件中感受到公平正义。

二、裁判文书说理的基本遵循

最高人民法院《关于加强和规范裁判文书释法说理的指导意

见（提交审委会讨论稿）》（以下简称《意见（提交审委会讨论稿）》或提交审委会讨论稿）第 2 条规定："裁判文书说理应当符合逻辑，依据法理，遵守合法性、正当性、针对性和必要性原则。"[①]《意见》第 3 条规定："裁判文书释法说理，要立场正确、内容合法、程序正当，符合社会主义核心价值观的精神和要求；要围绕证据审查判断、事实认定、法律适用进行说理，反映推理过程，做到层次分明；要针对诉讼主张和诉讼争点、结合庭审情况进行说理，做到有的放矢；要根据案件社会影响、审判程序、诉讼阶段等不同情况进行繁简适度的说理，简案略说，繁案精说，力求恰到好处。"据此，裁判文书说理具体要做到这五个方面的基本遵循：

（一）符合逻辑

"符合逻辑"具体包括以下几个层次：一是裁判文书说理应遵循一般意义上的形式逻辑和非形式逻辑；二是裁判文书说理应遵循法律逻辑；三是裁判文书说理应遵循诉讼逻辑和审判逻辑；四是不同审判领域的裁判文书说理应各自遵循民事诉讼逻辑、刑事诉讼逻辑和行政诉讼逻辑。例如，刑事裁判文书说理主要包括定罪说理和量刑说理，其中定罪说理就要在犯罪构成理论（如德国、日本为代表的三阶层犯罪论体系，俄罗斯、中国为代表的四要件犯罪构成理论，美国为代表的双层次犯罪结构理论）的指导下，遵循客观判断优先于主观判断、形式判断优先于实质判断、事实判断优先于价值判断的思维逻辑，方能科学准确地、可反复检测地得出是否构成犯罪、构成轻罪还是构成重罪、构成单数罪还是构成复数罪、构成单独犯罪还是共同犯罪、构成既遂罪还是构成未完成形态罪（犯罪预备、犯罪未遂、犯罪中止）。民事裁判文书往往以请求权为出发点，以要件分析为基础，以民事权利和义务

[①] 此条曾规定为"裁判文书说理应当遵循合法性原则、针对性原则、差异性原则、充分性原则和逻辑性原则"。中国社会科学院大学王新清教授提出了"符合逻辑，遵循司法规律"的建议，四川大学龙宗智教授提出了"符合逻辑，依据法理"的建议。

为核心,重点围绕民事行为的性质、民事责任的承担进行说理,而行政裁判文书往往在遵循全面审查行政行为和回应当事人诉讼请求的双重原则前提下,重点围绕职权依据、事实认定、法律适用、行政程序以及合理适当性等方面审查被诉行政行为而展开说理,显然,民事裁判文书和行政裁判文书的说理所应遵循的逻辑必然会因各自审判的重点、方法、路径等的不同而有别。

(二)依据法理

此处"法理"包括两个方面:一是事物条理层面的法理;二是法学层面的法理。裁判文书同时具有法律属性和写作属性,裁判文书说理应同时遵循法律和语文维度的具体规律。裁判文书是法官记录和反映审理民事、刑事、行政等案件过程和裁判结果的载体,法官的裁判文书制作和说理,始终离不开实体法学、程序法学、证据法学等众多法学学科基本理论(即法理)的指导。

(三)合法性原则

此处"合法性"是指"合法律性""合法律规范性",有别于"合法秩序性",简言之,即我国社会主义法制原则四句话中的"有法必依",亦即党的十八届三中全会所强调的"推进严格司法。坚持以事实为根据、以法律为准绳,健全事实认定符合客观真相、办案结果符合实体公正、办案过程符合程序公正的法律制度"。"合法性"中的"法"包括实体法和程序法。[①] 裁判文书说理"合法性"要求同时贯穿审查判断证据、认定案件事实、法律适用和

[①] 凯尔森认为:"法院通常要受决定它们的程序与判决内容的一般规范的约束……在每一个司法判决里,程序法的一般规范要由一个人,而且也只有这个人被授权作为法官来行为并自由裁量或根据实体法一般规范来判决案件。正是这一程序法的一般规范,司法权力才被委托给法院。没有这一规范,也就不可能承认判决具体案件的那个人是'法官',是法律共同体的一个机关,不可能承认他的判决是法律,是一个属于构成法律共同体活动法律程序的有拘束力的规范。"参见[奥]凯尔森:《法与国家的一般理论》,沈宗灵译,中国大百科全书出版社1996年版,第163页。

行使自由裁量权等方面,而不仅仅是"法律适用说理"要遵循合法性原则。裁判文书说理同时要遵循证据法、程序法和实体法。①

(四)正当性原则

此处"正当性"包括以下层面:一是合理性,裁判文书说理内容要正当合理,例如,说理的价值取向符合社会主义核心价值观;二是平等性,裁判文书说理应平等对待诉讼各方,回应诉讼各方的意见;三是程序正当性,裁判文书说理应符合正当程序原理和程序正义的基本要求和内在精神。

(五)针对性原则

此处的"针对性"就是有的放矢,具体包括以下几个方面:一是裁判文书说理应针对诉讼各方的主张来进行,既包括原告的起诉主张和被告的答辩主张,控方的指控意见和辩方的答辩意见,也包括起诉阶段的诉讼主张和庭审阶段的庭审主张,等等。二是裁判文书说理应针对诉讼各方的争点来进行,包括诉讼各方对证据"三性"(真实性、关联性、合法性)的争论、事实认定方面的争论、法律适用方面的争论、自由裁量权方面的争论。三是裁判文书说理应针对不同的受众来进行。按照学界的观点,说理包括说理主体、说理内容和载体、说理受众三个方面。② 裁判文书说理的受众主要包括以下几类:案件当事人;与案件程序流转相关的法官;法律职业共同体;社会普通大众。这些不同的受众均会

---

① 起草过程中,有专家提出增加"合理性原则"。"合法性"有别于"合理性",但两者之间又有着联系。正如有学者所言:"合法性总是以合理性为内在根据,合理性则必须以合法性为其正当性检验标准。在此意义上,只有内在具有合理性的事物才有可能具有真正的合法性,而不具有内在合理性的事物即使一时表面上获得了社会的基本认同,也会因其内在的根本缺陷而丧失存在的根据。"参见魏治勋:《法律解释的原理与方法体系》,北京大学出版社2017年版,第91页。

② 袁力、邵新:《德国民事裁判文书结构与说理的关联分析》,载《法律适用》2017年第1期。

或多或少地直接或者间接地影响法官的裁判文书说理,尤其是当下我国仍处于并将长期处于社会主义初级阶段的基本国情没有变,我国是世界最大发展中国家的国际地位没有变,社会主义法治中国建设尚处在不断推进过程中,案件当事人对司法(包括裁判文书说理)的需求明显有别于西方法治国家,呈现出诸多的"中国特色",自然地会对法官的各种能力(庭审驾驭能力、制作裁判文书能力、做群众工作能力等)提出更高的要求。

(六)必要性原则

此处的"必要性"就是区别对待和适可而止,具体包括以下几个方面:一是法官应根据案件难易、讼争事实、庭审情况的不同进行繁简适度的说理。简单案件往往意味着双方当事人没有争论或者争论不大,庭审过程更多地呈现出程式化,缺少对抗性,因而可以简化说理;繁难案件往往意味着当事人争论大,庭审过程对抗性强,证据采信、事实认定或者法律适用三个环节或部分或全部存在难点,因而需要强化说理。二是法官在判决书、裁定书、调解书、决定书中的说理应存有差别。实体类的判决书、裁定书要求说理的程度较高,程序类的裁定书和决定书一般说理要求不高,调解书因双方当事人的合意处分因素自然会减少说理的必要性。三是从协同性、配套性角度来说,不同的诉讼程序往往需要不同的裁判文书样式,其中就包括对裁判说理作出不同的安排,普通程序需要制作"要式裁判文书",简易程序需要制作"简式裁判文书"。[①]以刑事审判为例,随着刑事法治建设的逐步推进,刑事审判程序已呈现多元化特色,2012年修订的《刑事诉讼法》规定有一审程序、二审程序、死刑复核程序、审判监督程序、特别程序,其中,一审程序又有公诉案件的审判程序和自诉案件的

---

① 所谓要式裁判文书,是指"法律上有明确要求的、格式上要素齐全、内容上释法说理充分的裁判文书";简式裁判文书是指"格式简便、释法说理简化的裁判文书"。参见王新清:《刑事裁判文书繁简分流问题研究》,载《法学家》2017年第5期。

审判程序、普通程序和简易程序之分，普通程序又有当事人达成和解的一审程序与当事人没有达成和解的一审程序之分；2014年6月27日，十二届全国人大常委会第九次会议通过决定授权"两高"在北京、天津、上海、重庆等18个城市开展刑事案件速裁程序的试点工作；2016年9月3日，全国人大常委会通过决定授权"两高"在部分地区开展刑事案件认罪认罚从宽制度试点工作。不同的刑事审判程序根据不同的刑事案件而设立，自然需要反映其特点的法律文书，其中当然会包括说理方面的不同要求，例如，二审程序裁判文书的说理不同于一审程序裁判文书的，普通程序裁判文书的说理不同于简易程序、速裁程序、和解程序裁判文书的说理，等等。四是从不同层级法院功能的角度而言，四级法院制作的裁判文书的说理理应有别。党的十八届四中全会提出，完善审级制度，一审重在解决事实认定和法律适用，二审重在解决事实法律争议、实现二审终审，再审重在解决依法纠错、维护裁判权威。也就是说，一审案件的审理重在解决纠纷，二审案件和再审案件的审理除解决争议外，还往往起着统一辖区裁判尺度和形成裁判规则的功能。基层法院仅审理一审案件，中级法院、高级法院、最高法院除审理一审案件外，还要审理二审案件、再审案件。按照前述一审、二审、再审功能定位，单纯审理一审案件的基层法院的裁判文书说理要求有别于中级、高级、最高法院制作的裁判文书，同时中级、高级、最高法院各自制作的一审裁判文书的说理要求也有别于二审、再审裁判文书。不同层级法院需要对其制作的裁判文书的说理有着不同要求和准确定位，方能最大程度地发挥各自的应有功能。五是裁判文书说理应注意"度"的把握。一方面，从论点和论据的关系而言，既要求整个裁判文书的论据对于最终的裁判结论而言是充分的，也要求裁判文书中的每个论点均有充分的论据；另一方面，从具体标准而言，裁判文书既不能说理不到位、有欠缺，也不能烦琐说理、啰唆说理、"表演式"说理，而要谨守"中庸之道"，力争"恰到好处"。

第十五讲

裁判文书说理的具体内容与类型

《意见》第 2 条对裁判文书释法说理的基本内容和要求作了规定，即"裁判文书释法说理，要阐明事理，说明裁判所认定的案件事实及其根据和理由，展示案件事实认定的客观性、公正性和准确性；要释明法理，说明裁判所依据的法律规范以及适用法律规范的理由；要讲明情理，体现法理情相协调，符合社会主流价值观；要讲究文理，语言规范，表达准确，逻辑清晰，合理运用说理技巧，增强说理效果。"

一、裁判文书说理的具体内容

裁判文书说理，具体包括以下几个方面：

（一）阐明事理

此处"事理"就是案件的来龙去脉、本来面目和前因后果。阐明事理，就是说明裁判所认定的案件事实及其根据和理由。显然，经审判查明和认定的事实不是纯本源意义上的客观事实，而是经由各诉讼参与人和法官的系列诉讼活动加工和"重塑"而成的法律事实。考虑到法律事实只能无限地趋近于客观事实，阐明事理必须展示案件事实认定的客观性、公正性和准确性。

（二）释明法理

此处"法理"就是法律根据，即裁判所依凭的法律、行政法规、司法解释、地方性法规等。释明法理就是要说明裁判所依据的法律规范以及适用法律规范的理由。就法律适用简单的案件而言，仅需列明所适用的法律就可；而针对实践中的以下几种情况而言，既需说明裁判所依据的法律规范，而且需要适用法律规范的理由。一是法律条文里规定了多种情形，如果案件只符合其中的一种情形，裁判文书就必须说明本案符合该种情形，不能简单地引用条文了事。二是法律规定了很多种处罚方法，法官如果只选择其中的一种处罚方法，裁判文书必须说明为什么只选择其中的一种处罚方法。例如，如果一个刑法条文规定的犯罪有死刑、无期徒刑和有期徒刑，法官选择了死刑，裁判文书就必须说明判决选择死刑而不选择其他刑罚方法的理由。三是法律条文本身模糊和抽象，甚至包容多种含义，而判决选择的是其中的一种理解或含义，在这种情况下，裁判文书就必须说清为何这样而不那样解释法律的道理，以告诉当事人采纳该种理解的理由。四是法律条文存在冲突或者竞合的情形，裁判文书就要说明裁判所选择的法律规范及其选择理由。五是法律存在漏洞的情形，裁判文书就要说明采用填补漏洞等法律方法所"发现"和最终适用的法律规范，并通过法律论证来确保裁判的正当性和可接受性。

（三）讲明情理

从理的普遍性看，事理、法理与情理都是相通的，任何道理都是通人情的。中国人是情感最发达的民族，中国传统法律是最讲人情的。现代中国的立法和司法都不能排斥人情。讲情理的裁判文书，更能打动人、说服人。裁判文书讲明情理，要体现法理情相协调，符合社会主流价值观。裁判文书对情理的运用，应注意两点：一是情理能否被法律所包容。凡是已被法律包容或者能为法律所包容的人情，裁判文书就应当把法律所包容或者与法律相协调的人情阐发出来，以展示法律的可亲可近之情；凡是不为法律所包容的人情，就不能以情废法。二是要区分集体人情、大众人情和极少数人的人情。集体人情、大众人情就是社情和民情，裁判文书释法说理时应当予以格外的尊重，不得伤害正当的民情；当民情的舆论取向与判决的结论不一致时，更要注重说理方式，有效引导和化解不当或者错误的民情。

（四）讲究文理

此处"文理"主要指说理的语言、形式和技巧，其往往反映一个人的说理能力特别是文字能力、思维能力、逻辑能力等。裁判文书讲究文理，既要做到语言规范、表达准确、逻辑清晰，也要合理运用说理技巧，增强说理效果。其中，逻辑清晰、严密方面的要求，主要包括以下三个方面内容：

其一，裁判文书释法说理应遵循形式逻辑和非形式逻辑。形式逻辑要求裁判文书以案件事实和法律适用为基础，严格按照逻辑学三段论的推理规则进行说理，充分论证和阐明法律规范与案件事实之间的内在联系，使事实、理由和判决结果相互联系，思路清晰，层次分明，做到理由与事实一致，理由与判决结果一致。形式逻辑的基本原理包括同一律、矛盾律、排中律和充足理由律。同一律要求在论证过程中，实际证明的判断要和需要证明的判断同一；矛盾律要求裁判文书释法说理不能前后矛盾；排中律要求法官的判决要观点鲜明，是非明确，不能观点含糊，模棱两可；充足理由律要求每一个判断都要有充足的理由。非形式逻辑是逻辑的一个分支，其任务是讲述日常生活中分析、解释、评价、批评和论证建构的非形式标准、尺度和程序。非形式逻辑要求裁判文书释法说理不可以违背日常经验法则、常识判断等，在依据法律、司法解释规定外，法官可以运用公理、情理、经验法则、交易习惯、职业伦理等论据论证裁判理由，以提高裁判结论的正当性和可接受性。

其二，裁判文书释法说理应遵循法律逻辑。法律逻辑要求裁判文书释法说理在形式上遵守裁判文书制作规范；语言表述上符合法律规范、严谨科学；在证据审查和认定事实的过程中严格遵守证据规则；在法律适用和形成裁判结论过程中进行法律解释和法律推理。

其三，裁判文书释法说理应遵循诉讼逻辑和审判逻辑。诉讼逻辑要求裁判文书对诉讼各阶段全面反映和记录，对诉讼各方在法庭辩论中的主张与抗辩、举证与质证、论证与反驳等进行回应，并阐明理由。不同审判领域的裁判文书释法说理各自应当遵循民事诉讼逻辑、刑事诉讼逻辑和行政诉讼逻辑。审判逻辑要求裁判文书释法说理过程必须全面反映人民法院的审理过程和结果，不得遗漏案件审理的程序性事项、诉讼各方的诉讼主张、公诉及辩护意见等。

二、裁判文书说理的具体类型

《意见〈提交审委会讨论稿〉》第1条规定："裁判文书是人民法院依照法律规定独立行使审判权，审理民事、刑事、行政等案件过程中制作的法律文书。法官应当依法履行裁判文书说理职责，围绕审查判断证据、认定案件事实、适用法律等方面的争议焦点、裁判论点和推理过程进行说理，以论证裁判主文的合法性和正当性。"此条主要包括以下三点：其一，明确本意见对裁判文书的界定，即"裁判文书是人民法院依照法律规定独立行使审判权，审理民事、刑事、行政等案件过程中制作的法律文书。"此处明确法律文书的效力承载主体是"人民法院"，照应了此意见的标题。其二，结合全面落实司法责任制的改革要求，突出法官的依法履行裁判文书说理责任。尽管我国生效的裁判文书均应加盖人民法院印章，表明人民法院代表国家行使审判权，而有别于西方大多数国家法官独立司法的做法，但是，党的十八届三中全会提出的"完善主审法官、合议庭办案责任制，让审理者裁判、由裁判者负责"，十八届四中全会提出的"明确各类司法人员工作职责、工作流程、工作标准，实行办案质量终身负责制和错案责任倒查问责制，确保案件处理经得起法律和历史检验"，意味着具体负责审理案件的法官个人的"责权利"将更加凸显，改变既往的"审者不判、判者不审""人人有责、无法追责"等"行政化""吃大锅饭"现象。其三，为统辖整个提交审委会讨论稿的结构，此处给出"裁判文书说理"的定义①对其作如下界定：即独任法官或者合议庭在制作裁判文书过程中围绕审查判断证据、认定案件事实、法律适用等方面的争议焦点、裁判论点和推理过程，论证裁判主文的合法性和正当性的活动，具体概括为以下方面：（1）裁判文书主要立足4个方面或者环节进行说理："审查判断证据"——"认定案件事实"——"法律适用"——"行使自由裁量权"；（2）裁判文书重点聚焦两个中心进行说理："争议焦点"和"裁判论点"；（3）裁判文书着重围绕两个方面内容进行说理：推理过程和合法性和正当性的理由。裁判文书说理既不同于裁判说理、庭审说理、判后说理，也不同于裁判论证、裁判解释。裁判文书说理具体包括审查证据判断说理、认定案件事实说理、法律适用说理和自由裁量权说理四种类型或者四个方面内容。

尽管《意见》对提交审委会讨论稿的上述规定作了修改，但上述关于裁判文书说理的定义界定和类型划分仍直接或者间接地

---

① 笔者曾于2016年8月11日凌晨4点对"裁判文书说理"作了如下定义，"独任制或合议制法官通过裁判文书表达在证据采信、事实认定和法律适用过程中进行的命题至结论或者论据至论题的论证，增强程序性和实体性裁判结果正当性和可接受性的活动。"随后在地铁上又将其修改为："独任制或合议制法官为增强裁判文书程序性或实体性裁判结果的正当性和可接受性，在证据采信、事实认定及法律适用中进行论据至论题的单一或系列论证予以书面表达的诉讼活动。" 7点半前后将其发至专家学者征求意见，杨贝副教授（对外经济贸易大学法学院，8月11日8时34分）回复意见为："独任制或合议制法官为增强裁判文书程序性或实体性裁判结果的正当性和可接受性，就证据采信、事实认定、法律适用中作出的判断进行论证的诉讼活动。"宋北平教授（北京政法学院，8月11日8时57分）回复意见为："你的定义好，比较深奥，建议直白地修改为'说明、解释、论述裁判结论的理由'，避免是法官说理还是法院说理的纠结，同时为界定论证是说理的一种方式做好铺垫。"张骐教授（北京大学法学院，8月14日8时35分）回复意见为："独任制或合议制法官为增强裁判文书程序性或实体性裁判结果的合法性、正当性和可接受性，对证据采信、事实认定、法律适用中进行单一或系列论证并予以书面表达的诉讼活动。"

体现在《意见》的有关条款之中,例如,第1条"裁判文书释法说理的目的是通过阐明裁判结论的形成过程和正当性理由,提高裁判的可接受性"的表述就间接地涉及裁判文书说理的界定,第4条和第5条规定审查判断证据说理,第6条规定认定案件事实说理,第7条规定适用法律说理和行使自由裁量权说理。①

---

① 关于行使自由裁量权说理,提交审委会讨论稿曾专门规定为一条,而《意见》将其内容移至第七条法律适用说理之中。此种变动主要是基于技术层面的考虑,即避免触发公众对当下法官自由裁量权行使的焦虑;从学理层面而言,欠缺合理性,因为行使自由裁量权并不仅仅体现在法律适用环节,同样也存在于审查判断证据和认定案件事实之中。

第十六讲

审查判断证据说理

一、审查判断证据说理的界定

《意见〈提交审委会讨论稿〉》第 3 条规定:"法官应当结合诉讼各方举证、质证及法庭调查核实证据等情况,根据证据规则,运用逻辑推理和经验法则,必要时使用推定和司法认知等方法,围绕证据的关联性、合法性和真实性进行全面、客观、公正的审查判断,确定其有无证据能力和证明力大小,阐明证据是否采纳的理由。法官应当在审查分析单一证据的基础上,综合判断数个证据对同一事实的证明力以及全案证据是否充分,并说明理由。审查证据涉及举证责任或证明标准争议的,法官应当说明理由。当事人及其辩护人、诉讼代理人提出排除非法证据申请的,法官应当说明是否对证据收集的合法性进行调查、证据是否排除及其理由。"《意见》第 4 条规定:"裁判文书中对证据的认定,应当结合诉讼各方举证质证以及法庭调查核实证据等情况,根据证据规则,运用逻辑推理和经验法则,必要时使用推定和司法认知等方法,围绕证据的关联性、合法性和真实性进行全面、客观、公正的审查判断,阐明证据采纳和采信的理由。"

从法的适用阶段而言,审查判断证据是第一道环节。俗语"打官司就是打证据",说明了证据在审判中的重要性。围绕证据采纳的说理,具体包括:

(1)举证、质证和法庭调查核实证据的情况。

（2）根据证据规则，运用逻辑推理、经验法则[①]、司法推定、司法认知等方法的情况。具体来说，其一，证据规则。证据规则与证据原则、证据制度既有区别，又紧密联系。证据原则，是有关证据的收集与运用的基本原理和一般准则是确立证据规则的前提和基础；证据制度，是一个国家法律体系中与证据有关的规定和规则的总称，是证据原则的具体化；证据规则，是以法律形式规范司法证明行为的准则。证据规则根据不同的标准，可作如下分类：第一，根据调整对象不同，分为取证规则、举证规则、质证规则和认证规则；第二，根据性质不同，分为实体性规则和程序性规则；第三，根据内容不同，分为权利性规则和义务性规则；第四，根据形式不同，分为规范性规则和标准性规则；第五，根据功能不同，分为调整性规则和构成性规则；第六，根据严格程度不同，分为刚性规则和柔性规则；第七，根据制定的依据或者理由不同，分为公理性规则和政策性规则。[②] 其二，逻辑推理。所谓逻辑推理，是指从已知的事实或判断出发，按照一定的逻辑规则和经验法则推导出新的关于事实的认识或判断的思维过程和活动。推理方法主要有演绎推理、归纳推理、类比推

[①] 学界关于其内涵界定存在四种代表性观点：其一认为，经验法则是指人类以经验归纳所获得有关事物因果关系或性质状态之法则或知识，既包括属于日常生活上一般人之常识，也包括属于科学、技术、艺术等专门学问方面之知识（[日]兼子一、竹下守夫：《民事诉讼法》，白绿铉译，法律出版社1995年版，第102页）；其二认为，经验法则是从经验中归纳出来的有关事物的知识或法则，包括从一般的生活常识到关于一定职业技术或科学专业上的法则（[日]三月章：《日本民事诉讼法》，汪一凡等译，台湾五南图书出版有限公司1997年版，第422页）；其三认为，在证据法意义上，经验法则是法官依照日常生活中所形成的反映事物之间内在必然联系的事理作为认定待证事实的根据的有关法则（毕玉谦：《试论民事诉讼中的经验法则》，载《中国法学》2000年第6期）；其四认为，经验法则是根据已知事实来推导未知事实时能够作为前提的任何一般的知识、经验、常识、法则（王亚新：《社会变革中的民事诉讼》，中国法制出版社2001年版，第321页）。

[②] 何家弘、刘品新：《证据法学》（第五版），法律出版社2013年版，第341—344页。

理、辩证推理。任何一个推理的结论要真实，必须同时满足两个条件：一是前提要真实，二是推理形式要有效。逻辑推理在法领域的具体化即法律推理，也就是根据已知的法律命题，运用逻辑思维方法推论出新的判断，即把已知的案件事实和相应的法律命题作为前提，运用逻辑推理的方法作出判决或裁决。[1]其三，经验法则。经验法则又称为经验则。从词源的角度看，它来自大陆法的传统，德语表述为 Erfahrungsätze，日本和我国台湾地区诉讼法学沿用了这一术语；在英美法系的著述中，一般用 common sense，experience，general knowledge 表述与其近似的含义。我国最高人民法院在《关于民事诉讼证据的若干规定》和《关于行政诉讼证据的若干规定》采用了"生活经验""日常生活经验法则"的表述，其与经验法则有着相似的含义。其四，司法推定。推定是以推理为桥梁对未知事实的间接认定。推定根据成立的基础不同，分为立法推定（又叫法律上的推定或法律推定，即由立法机关在有关法律中明确规定的推定）和司法推定（又称诉讼中的推定或事实上的推定，即由司法机关通过解释法律和创设判例等方式确立的推定。根据推定事项主题的不同，分为事态推定（即在人、物、事等认识客体的内容、性质、特征或状态不够明确的情况下，根据一定的基础事实对上述事态作出的推定）、权利推定（即在某种权利之归属不够明确的情况下，根据一定的基础事实对该权利之归属作出的推定）、行为推定（即在某行为是否存在以及行为的对象、性质或特征不够明确的情况下，根据一定的基础事实对上述事项作出的推定）、原因推定（即在某种结果事实产生之原因不够明确的情况下，根据因果关系来确认某事实为原因的推定）、过错推定（即在侵权责任人是否存在主观过错的情况不明确时，根据一定的基础事实确认其具有主观过错的推定）、意思推定（即在行为人意思表示不够明确的情况下，根据一定的基础事实确认其意思表示的推定）、明知推定（即在刑事诉讼被

---

[1] 曾庆敏等：《精编法学辞典》，上海辞书出版社 2000 年版，第 746 页。

告人对某些犯罪构成要件的主观认知状态不够明确的情况下，根据一定的基础事实来确认其明知的推定）、目的推定（主要是指在刑事诉讼被告人是否具有"非法占有目的"的情况不够明确时，根据一定的基础事实来确认其有此目的的推定）。[①] 其五，司法认知。其一般是指法官对于待认定的事实，在审判中不待当事人举证，而直接予以确认作为判决的依据。2001年最高人民法院《关于民事诉讼证据的若干规定》第9条规定："下列事实，当事人无须举证证明：（一）众所周知的事实；（二）自然规律及定理；……（四）已为人民法院发生法律效力的裁判所确认的事实；（五）已为仲裁机构的生效裁决所确认的事实；（六）已为有效公证文书所证明的事实。"

（3）围绕证据的关联性、合法性、真实性进行全面、客观、公正的审查判断，确定证据有无能力（即证据资格）、证明力及其大小。此处的真实性，亦称客观性，是指证据应该具有客观存在的属性，或者说，证据应该是客观存在的东西，具体包括两个方面：第一，证据的内容必须具有一定的客观性，必须是对客观事物的反映；第二，证据必须具备客观存在的形式，必须是人们可以通过某种方式感知的东西。关联性，亦称证明性，是指证据必须与需要证明的案件事实或其他争议事实具有一定的联系，亦即证据必须对证明案件事实具有实质性的意义或者帮助。[②] 2001年最高人民法院《关于民事诉讼证据的若干规定》第66条规定："审判人员对案件的全部证据，应当从各证据与案件事实的关联程度、各证据之间的联系等方面进行综合审查判断。"合法性，亦称合法律性，具体包括三个方面：第一，证据的调查主体必须符合有关法律的规定；第二，证据的形式必须符合有关法律的规定；第三，证据的收集程

[①] 何家弘、刘品新：《证据法学》（第五版），法律出版社2013年版，第259—268页。

[②] 何家弘、刘品新：《证据法学》（第五版），法律出版社2013年版，第113页。

序或提取方法必须符合有关法律的规定。①证据资格，亦称可采性、证据能力、证据的采纳标准，简言之就是什么样的证据可以被采纳。②证明力，是指证据的可靠性和充分性，证据的可靠性具体包括证据来源的真实可靠性和证据内容的真实可靠性，证据的充分性具体由证据与待证事实之间的关联形式和性质所决定。证据证明力的主要内容是真实性和证明价值。证明力的审查评断不仅针对单个证据，而且要针对一组证据乃至全案证据。③司法实践中，不同种类证据证明力审查判断的机制和着重点应有所区别，例如，直接证据证明力的审查判断机制不同于间接证据证明力的审查判断机制；诉讼法规定的数种法定证据的证明力审查判断的具体内容自然也呈现出差别。④证明力大小，反映证据的可靠性和充分性程度。司法实践中，不同种类证据的证明力大小有别，例如，原始证据的证明力大于复制或者二手证据，人品健全证人证言证明力大于品格瑕疵证据，等等。认证，即法官在审判过程中对诉讼各方提供的证据，或者自行收集的证据，进行审查评断，确认其证据能力和证明力的活动。⑤这方面的具体规定，已见诸下列相关司法解释之中：《刑事诉讼法解释》第104条规定："对证据的真实性，应当综合全案证据进行审查。对证据的证明力，应当根据具体情况，从证据与待证事实的关联程度、证据之间的联系等方面进行审查判断。证据之间具有内在联系，共同指向同一待证事实，不存在无法排除的矛盾和无法解释的疑问的，才能作为定案的根据。"《民事诉讼证据规定》

---

① 何家弘、刘品新：《证据法学》（第五版），法律出版社2013年版，第115—116页。

② 何家弘、刘品新：《证据法学》（第五版），法律出版社2013年版，第111—112页。

③ 何家弘、刘品新：《证据法学》（第五版），法律出版社2013年版，第372页。

④ 何家弘、刘品新：《证据法学》（第五版），法律出版社2013年版，第380页以下。

⑤ 何家弘、刘品新：《证据法学》（第五版），法律出版社2013年版，第243页。

第 64 条规定:"审判人员应当依照法定程序,全面、客观地审核证据,依据法律的规定,遵循法官职业道德,运用逻辑推理和日常生活经验,对证据有无证明力和证明力大小独立进行判断,并公开判断的理由和结果。"《行政诉讼证据规定》第 54 条规定:"法庭应当对经过庭审质证的证据和无需质证的证据进行逐一审查和对全部证据综合审查,遵循法官职业道德,运用逻辑推理和生活经验,进行全面、客观和公正地分析判断,确定证据材料与案件事实之间的证明关系,排除不具有关联性的证据材料,准确认定案件事实。"

(4)阐明是否采纳证据及其理由。《民事诉讼证据规定》第 79 条规定:"人民法院应当在裁判文书中阐明证据是否采纳的理由。对当事人无争议的证据,是否采纳的理由可以不在裁判文书中表述。"《行政诉讼证据规定》第 72 条第 2 款规定:"人民法院应当在裁判文书中阐明证据是否采纳的理由。"

二、审查判断证据说理的重点

(一)针对同一事实的数个证据的证明力和全案证据的充分性的说理

《民事诉讼证据规定》第 77 条规定:"人民法院就数个证据对同一事实的证明力,可以依照下列原则认定:(一)国家机关、社会团体依职权制作的公文书证的证明力一般大于其他书证;(二)物证、档案、鉴定结论、勘验笔录或者经过公证、登记的书证,其证明力一般大于其他书证、视听资料和证人证言;(三)原始证据的证明力一般大于传来证据;(四)直接证据的证明力一般大于间接证据;(五)证人提供的对与其有亲属或者其他密切关系的当事人有利的证言,其证明力一般小于其他证人证言。"《行政诉讼证据规定》第 63 条规定:"证明同一事实的数个证据,其证明效力一般可以按照下列情形分别认定:(一)国家机关以及其他职能部门依职权制作的公文书证优于其他书证;(二)鉴定结论、现场笔录、勘验笔录、档案材料以及经过公证或者登记的书证优于其他书证、视听资料和证人证言;(三)原件、原物优于复制件、复制品;(四)法定鉴定部门的鉴定结论优于其他鉴定部门的鉴定结论;(五)法庭主持勘验所制作的勘验笔录优于其他部门主持勘验所制作的勘验笔录;(六)原始证据优于传来证据;(七)其他证人证言优于与当事人有亲属关系或者其他密切关系的证人提供的对该当事人有利的证言;(八)出庭作证的证人证言优于未出庭作证的证人证言;(九)数个种类不同、内容一致的证据优于一个孤立的证据。"《民事诉讼证据规定》第66条规定:"审判人员对案件的全部证据,应当从各证据与案件事实的关联程度、各证据之间的联系等方面进行综合审查判断。"

(二)围绕举证责任或证明标准的说理

《意见》第5条规定:"民事、行政案件涉及举证责任分配或者证明标准争议的,裁判文书应当说明理由。"此处强调只在出现争议时,应当说明理由。关于举证责任与证明责任是何种关系,学界存在分歧:有的认为,两者完全等同;有的认为,两者必须严格区分;有的主张统一使用证明责任的概念;有的主张一律使用举证责任。① 其实,两者在不同的语境下有所侧重,严格地说,举证责任只是举出证据的责任,证明责任则是运用证据证明案件事实的责任。此处不予严格区分。我国2012年修订《刑事诉讼法》和2017年修订《行政诉讼法》均使用举证责任的概念,即前者第49条规定:"公诉案件中被告人有罪的举证责任由人民检察院承担,自诉案件中被告人有罪的举证责任由自诉人承担。后者第34条第1款规定:"被告对作出的行政行为负有举证责任,应当提供作出该行政行为的证据和所依据的规范性文件。"2017年修订《民事诉讼法》第64条第1款规定:"当事人对自己提出的主张,有责任提供证据",未使用举证责任的表述。

---

① 何家弘、刘品新:《证据法学》(第五版),法律出版社2013年版,第282—283页。

所谓举证责任或者证明责任,是指诉讼各方在审判中向法庭提供证据,证明其主张之案件事实的责任。不同诉讼实行不同的证明责任分配规则。刑事诉讼证明责任分配的一般规则为无罪推定原则,即证明责任由人民检察院或自诉人承担,同时存在若干特殊规则,如证明责任的转移、证明责任的倒置;民事诉讼证明责任分配一般贯彻"谁主张,谁举证"的原则,同时存有若干特殊规则,如证明责任的转移、证明责任的倒置、证明责任的司法裁量;行政诉讼证明责任分配原则包括谁主张谁举证原则和公平原则。

证明标准,是指司法证明必须达到的程度和水平,具体概括为用证据证明具体案件所要求明确的法律事实,即达到法律意义上的真实。[1] 我国三大诉讼法没有关于证明标准的明确规定,但是下列条款均有所涉及。2012年修订《刑事诉讼法》第195条规定:"在被告人最后陈述后,审判长宣布休庭,合议庭进行评议,根据已经查明的事实、证据和有关的法律规定,分别作出以下判决:(一)案件事实清楚,证据确实、充分,依据法律认定被告人有罪的,应当作出有罪判决;(二)依据法律认定被告人无罪的,应当作出无罪判决;(三)证据不足,不能认定被告人有罪的,应当作出证据不足、指控的犯罪不能成立的无罪判决。"这意味着刑事诉讼的证明标准是"案件事实清楚,证据确实、充分"。2017年修订《民事诉讼法》第170条规定:"第二审人民法院对上诉案件,经过审理,按照下列情形,分别处理:(一)原判决、裁定认定事实清楚,适用法律正确的,以判决、裁定方式驳回上诉,维持原判决、裁定;(二)原判决、裁定认定事实错误或者适用法律错误的,以判决、裁定方式依法改判、撤销或者变更;(三)原判决认定基本事实不清的,裁定撤销原判决,发回原审人民法院重审,或者查清事实后改判;(四)原判决遗漏当事人或者违法缺席

---

[1] 何家弘、刘品新:《证据法学》(第五版),法律出版社2013年版,第320—321页。

判决等严重违反法定程序的，裁定撤销原判决，发回原审人民法院重审。原审人民法院对发回重审的案件作出判决后，当事人提起上诉的，第二审人民法院不得再次发回重审。"这里采取否定表述方式规定民事诉讼的证明标准为事实清楚，证据充分。2017年《行政诉讼法》第69条规定："行政行为证据确凿，适用法律、法规正确，符合法定程序的，或者原告申请被告履行法定职责或者给付义务理由不成立的，人民法院判决驳回原告的诉讼请求。"第89条第1款规定："人民法院审理上诉案件，按照下列情形，分别处理：（一）原判决、裁定认定事实清楚，适用法律、法规正确的，判决或者裁定驳回上诉，维持原判决、裁定；……（三）原判决认定基本事实不清、证据不足的，发回原审人民法院重审，或者查清事实后改判……"这从正反两方面阐述了行政诉讼的证明标准案件事实清楚，证据确凿（实）、充分。有学者认为，上述诉讼法规定的案件事实清楚，证据确实、充分的证明标准主要存在两方面的缺陷：一是"事实清楚"未能明确是指客观真实（即司法活动中人们对案件事实的认识完全符合客观的实际情况，亦即符合客观事实的真实）还是法律真实（即司法活动中人们对案件事实的认识符合法律所规定或认可的真实，亦即在具体案件中达到法律标准的真实或者法律意义上的真实）、绝对真实（即司法证明所确认的案件事实完全符合客观发生或存在的事实）还是相对真实（即司法证明所确认的案件事实只是在一定程度上符合客观发生或存在的事实）、实质真实（即司法证明活动的结果在实质上符合客观事实，是实质内容的真实）还是形式真实（即司法证明活动的过程和形式符合证明规律的要求，是形式所表现的真实）；二是三大诉讼的证明标准一元化不符合司法规律，例如美国存有排除合理怀疑、明晰可信、证据优势的多元化标准，英国存有超出合理怀疑和盖然性占优势两种证明标准。①

---

① 何家弘、刘品新：《证据法学》（第五版），法律出版社2013年版，第329—330页。

三、排除非法证据的说理

《意见》第5条规定:"刑事被告人及其辩护人提出排除非法证据申请的,裁判文书应当说明是否对证据收集的合法性进行调查、证据是否排除及其理由。"2012年修正的《刑事诉讼法》第54条规定:"采用刑讯逼供等非法方法收集的犯罪嫌疑人、被告人供述和采用暴力、威胁等非法方法收集的证人证言、被害人陈述,应当予以排除。收集物证、书证不符合法定程序,可能严重影响司法公正的,应当予以补正或者作出合理解释;不能补正或者作出合理解释的,对该证据应当予以排除。在侦查、审查起诉、审判时发现有应当排除的证据的,应当依法予以排除,不得作为起诉意见、起诉决定和判决的依据。"《刑事诉讼法解释》第99条规定:"开庭审理前,当事人及其辩护人、诉讼代理人申请排除非法证据,人民法院经审查,对证据收集的合法性有疑问的,应当依照刑事诉讼法第一百八十二条第二款的规定召开庭前会议,就非法证据排除等问题了解情况,听取意见。"第100条规定:"法庭审理过程中,当事人及其辩护人、诉讼代理人申请排除非法证据的,法庭应当进行审查。经审查,对证据收集的合法性有疑问的,应当进行调查;没有疑问的,应当当庭说明情况和理由,继续法庭审理。"第102条规定:"经审理,确认或者不能排除存在刑事诉讼法第五十四条规定的以非法方法收集证据情形的,对有关证据应当排除。"[①]

[①] 民事诉讼和行政诉讼中的类似规定,《民事诉讼证据规定》第68条规定:"以侵害他人合法权益或者违反法律禁止性规定的方法取得的证据,不能作为认定案件事实的依据。"《行政诉讼证据规定》第57条规定:"下列证据材料不能作为定案依据:(一)严重违反法定程序收集的证据材料。(二)以偷拍、偷录、窃听等手段获取侵害他人合法权益的证据材料;(三)以利诱、欺诈、胁迫、暴力等不正当手段获取的证据材料……"第58条规定:"以违反法律禁止性规定或者侵犯他人合法权益的方法取得的证据,不能作为认定案件事实的依据。"

第十七讲
认定案件事实说理

《意见〈提交审委会讨论稿〉》第4条规定:"法官应当在审查判断证据的基础上认定案件事实。针对主要事实或者争议事实,应当结合庭审举证、质证、法庭辩论以及法庭调查核实证据等情况,予以认定并说明理由。依据间接证据认定事实时,应当围绕间接证据之间是否存在印证关系、是否能够形成完整的证明体系等进行说理。采用推定方法认定事实时,应当说明推定启动的原因、反驳的事实和理由,阐释裁断的形成过程。"《意见》第6条规定:"裁判文书应当结合庭审举证、质证、法庭辩论以及法庭调查核实证据等情况,重点针对裁判认定的事实或者事实争点进行释法说理。依据间接证据认定事实时,应当围绕间接证据之间是否存在印证关系、是否能够形成完整的证明体系等进行说理。采用推定方法认定事实时,应当说明推定启动的原因、反驳的事实和理由,阐释裁断的形成过程。"

一、认定案件事实说理的界定

认定案件事实是法的适用过程中承上启下的环节,审查判断证据的目的就是为了认定事实,同时,事实认定又是法律适用的前提。具体来说:一是要准确把握案件事实的内涵。无论是理论界还是实务界,均基于不同的语境或者视角对案件事实作出不同的界定,例如,有的将案件的真实情况即实际发生的客观事实(或称事件)称为案件事实;有的将有司法判决依据的,被法官认定的事实称为案件事实。[①] 本讲开篇两条规定中的"（案件）事实"是指法官在诉讼过程中基于审查判断后所采信的证据而认定的有关案件的具有法律意义的事实。案件事实是法律意义上的事实，是一种法律事实，即根据法律规定具有法律意义、能够引起法律关系产生、发展、变更的行为和事件。

二、认定案件事实说理的重点

（一）认定主要事实和争议事实的说理

"主要事实"是相对于"次要事实"而言的，区分主要还是次要关键是看事实对裁判结论所起的作用大小。主要事实与案件事实的区分又是相对的，要结合具体案件来进行区分，同一事实在此案中是主要事实，而在彼案中可能是次要事实。"（有）争议事实"是相对于"无争议事实"而言的，此处的有无争议只能立足于诉讼过程中处在对抗立场的不同当事人角度来论述，而在法官最后的认定里是不存在所谓争议的（双方上法庭就是希望法官来解决争议，法官的存在价值和权威依凭恰恰也就在于"我说了算"）。《意见》第6条强调应当结合庭审举证、质证、法庭辩论、法庭调查核实证据等情况，说明认定主要事实或争议事实的依据和理由，可以说抓住了主要矛盾或者矛盾的主要方面，突出从主要事实和争议事实的认定说理方面来提升裁判文书说理水平。这款规定吸收了2016年2月22日最高人民法院通过的《人民法院民事裁判文书制作规范》的如下规定，并有所发展，即"召开庭前会议时或者在庭审时归纳争议焦点的，应当写明争议焦点。争议焦点的摆放位置，可以根据争议的内容处理。争议焦点中有证据和事实内容的，可以在当事人诉辩意见之后在当事人争议的证据和事实中写明""对有争议的证据，应当写明争议的证据名称及

[①] 郭华:《案件事实认定方法》，中国人民公安大学出版社2009年版，第34—35页。

人民法院对争议证据认定的意见和理由；对有争议的事实，应当写明事实认定意见和理由""对于人民法院调取的证据、鉴定意见，经庭审质证后，按照当事人是否有争议分别写明。对逾期提交的证据、非法证据等不予采纳的，应当说明理由""认定的事实，应当重点围绕当事人争议的事实展开"。

（二）依据间接证据认定案件事实的说理

　　间接证据是指不能单独证明而需要与其他证据结合才能证明案件主要事实的证据。① 间接证据推论案件事实，应符合以下基本要求：第一，每一个间接证据都必须查证属实，未经查证核实的，应予排除，不能纳入证据体系中作为定案的根据；第二，间接证据必须与案件事实存在客观的联系；第三，案件的各个间接证据结合起来，必须能够构成一个完整的证据体系，亦即对所有待证的案件事实和情节，均有相应的、确实的间接证据加以证明；第四，间接证据之间，间接证据与案件事实之间必须协调一致，没有矛盾，或者发现的矛盾已经得到合理解决；第五，依据间接证据所构成的证明体系进行逻辑推理，得出的结论只能是唯一的。② 此处之所以强调应当围绕间接证据相互存在印证关系和能够形成完整的证明体系等进行说理，是基于司法实践中间接证据推论案件事实方法相比于直接证据确认案件事实的方法而言，更需要严密的说理论证，方能确保事实认定的准确。

（三）采用推定方法认定事实的说理

　　依据直接证据确认案件事实或者利用间接证据推论案件事实是案件事实认定的主要方法，既是证据裁判主义在案件事实认定中的集中体现，也是诉讼通过证据来进行案件事实认定的基本方

---

　　① 郭华：《案件事实认定方法》，中国人民公安大学出版社2009年版，第270页。
　　② 陈光中、徐静村主编：《刑事诉讼法学》，中国政法大学出版社2002年版，第151页。

式。案件事实认定除这两种主要方法外，还有两种辅助方法即司法推定和司法认知。① 我国相关司法解释对司法推定作了规定，例如，《民事诉讼证据规定》第9条第1款规定："下列事实，当事人无需举证证明：……（三）根据法律规定或者已知事实和日常生活经验法则，能推定出的另一事实……"第75条规定："有证据证明一方当事人持有证据无正当理由拒不提供，如果对方当事人主张该证据不利于证据持有人，可以推定该主张成立。"《行政诉讼证据规定》第69条规定："原告确有证据证明被告持有的证据对原告有利，被告无正当事由拒不提供的，可以推定原告的主张成立。"

司法推定作为案件事实认定的一种辅助性方法，至少必须符合以下要求：第一，基础事实（basic fact，即推定的前提事实）必须是被证据证明为真的事实；第二，推定事实（inferred fact）应属于案件事实的一部分；第三，推定的根据应当是基础事实与推定事实之间存在常态联系或者普遍的共存关系；第四，凡符合法律规定条件的，法官就得认定，无须自由裁量；第五，推定的事实与案件发生的事实之间具有高度盖然性。②

我国现行法律未对司法推定的适用程序作出任何规定，从法理上讲，其大体包括以下三个阶段：一是启动阶段，首先应当由法官作出，然后向双方当事人宣告，同时应允许不利一方当事人提出反证。一旦提出足够有效的反证，推定就应该撤销。二是反驳阶段，无论是当事人提请的还是法官自主决定的，法官均应当给予该推定的不利方当事人进行反驳的机会，认真听取反驳意见。三是裁定阶段，若不利方当事人不进行反驳的，法官可以直接作出适用该推定的裁定；若不利方当事人进行了反驳，法官就要审查评断该反驳是否有效，是否足以阻却该推定的适用，并在

---

① 郭华：《案件事实认定方法》，中国人民公安大学出版社2009年版，第270页。

② 郭华：《案件事实认定方法》，中国人民公安大学出版社2009年版，第296—298页。

综合评断意见的基础上作出是否适用该推定的裁定。[①] 司法推定往往是对无法查明或者难以查明案件事实无须证明而设立的合法性认定方法，直接影响当事人的实体权利，因而，法律不可随意规定，审判不可滥用。此处之所以强调应当说明推定启动的原因、反驳的事实和理由，阐释裁断的形成过程，就是为了规制法官谨慎稳妥准确地利用推定方法来认定案件事实。

[①] 何家弘、刘品新：《证据法学》（第五版），法律出版社2013年版，第270页。

第十八讲

适用法律说理

《意见》第7条规定:"诉讼各方对案件法律适用无争议且法律含义不需要阐明的,裁判文书应当集中围绕裁判内容和尺度进行释法说理。诉讼各方对案件法律适用存有争议或者法律含义需要阐明的,法官应当逐项回应法律争议焦点并说明理由。法律适用存在法律规范竞合或者冲突的,裁判文书应当说明选择的理由。民事案件没有明确的法律规定作为裁判直接依据的,法官应当首先寻找最相类似的法律规定作出裁判;如果没有最相类似的法律规定,法官可以依据习惯、法律原则、立法目的等作出裁判,并合理运用法律方法对裁判依据进行充分论证和说理。"

一、适用法律说理的界定

法律适用是法的适用过程中的最后环节,一方面其须以已认定的事实为前提,另一方面又会反过来作用于事实的认定。按照现代法诠释学的观点,个案法官总是在事实和规范之间来回穿梭和目光往返,不断地发现规范来裁剪和调适事实,最后达至事实与规范的耦合,进而形成裁判结论。法律适用环节具体又包括两方面:一是"找法",即为已认定的事实找到合适的法律规范(假定条件、行为模式和法律后果),其中,简单案件的找法可能一次就能完成,疑难案件的找法可能需要多个回合;二是"用法",即根据司法三段论,在大前提(法律规范)和小前提(案件事实)

的基础上推理形成裁判结论,其中,有的案件不需要法官行使自由裁量权,可以直接得出裁判结论,而有的案件则需要法官行使自由裁量权,方可得出裁判结论。对于简单案件而言,"找法"和"用法"均简单,规范的寻找和事实的归类(涵摄)都不复杂,运用演绎推理方法即可得出正确的裁判结论(内部证成);对于疑难案件,"找法"和"用法"均不简单,规范的寻找和事实的涵摄均需不断耦合和数次往返,除演绎推理外,往往还需要借助其他法律论证方法来论证裁判结论的正当性(内部证成和外部证成)。

二、适用法律说理的重点

(一)关于法律适用中存有争议的说理

法律适用争议在实践中具体表现为以下情形:第一,就已查明的事实所适用的法律(例如,合同法还是侵权责任法,刑法还是民法,外国法还是本国法,等等)存有争议;第二,就已查明认定的事实所适用的具体法律条款(A条还是B条,A条的a款还是b款,等等)存有争议;第三,就已查明认定的事实所适用的具体法律条款的具体含义及其解释(形式解释还是实质解释,客观解释还是主观解释,文理解释还是论理解释,限缩解释还是扩张解释抑或类推解释,等等)存有争议;第四,就已查明事实所适用的具体法律条款所形成的裁判结论(如赔偿数额,刑罚量,等等)存有争议;等等。《意见》在形成过程中吸收了最高人民法院2016年2月22日通过的《人民法院民事裁判文书制作规范》如下规定:"召开庭前会议时或者在庭审时归纳争议焦点的,应当写明争议焦点。争议焦点的摆放位置,可以根据争议的内容处理……争议焦点主要是法律适用问题的,可以在本院认为部分,先写明争议焦点""说理应当围绕争议焦点展开,逐一进行分析论证,层次明确。对争议的法律适用问题,应当根据案件的性质、争议的法律关系、认定的事实,依照法律、司法解释规定的法律适用规则进行分析,作出认定,阐明支持或不予支持的理由""争议焦点之外,涉及当事人诉讼请求能否成立或者与本案裁判结果有关的问题,也应在说理部分一并进行分析论证"。这里针对两种情况,提出不同的说理要求:第一,诉讼各方对案件法律适用无争议的,法官可以简化说理,直接援引相关法律规则作出裁判;第二,诉讼各方对案件法律适用存有争议或者法律含义需要阐明的,法官应当阐明法律含义及法律适用的理由,尤其是作为法律职业共同体人员的律师和检察官(公诉人、公益诉讼人)提出的法律适用意见,法官应当逐一回应并说明理由。①

(二)关于法律适用中存在竞合或者冲突的说理

因受法律规范属性和立法技术等方面的影响,司法实践中存在法律竞合或者法律冲突实乃正常。无论是法律竞合还是法律冲突,在不同的法领域均有不同的表现形式和解决原则。以法律竞合为例,民法中更多地表现为法条竞合,而刑法中除法条竞合外,还有想象竞合,等等。就法律冲突而言,国际私法领域的法冲突既不同于国际公法领域的法冲突,也不同于国内部门法领域的法冲突,上下位阶法的冲突既不同于同一位阶法的冲突,也不同于同一法律内部法条的冲突,特殊法与普通法冲突既不同于法时间效力的冲突,也不同于法空间效力的冲突,等等。从法理而言,这些竞合或者冲突的适用原则往往也呈现出差别,例如,刑法中法条竞合大多适用特殊法优于普通法原则,但间或也采行重法优于轻法原则,不同位阶法的冲突采行位阶高优于位阶低原则,新旧法冲突采行新法优于旧法原则,等等。同时,我国相关立法

---

① 最高人民法院研究室《〈关于案例指导工作的规定〉实施细则》第11条规定了法官应当对律师关于参照相应指导性案例的意见有所回应。最高人民法院指导性案例3号、11号、27号和63号均在裁判理由中对辩护意见有所回应,其他大多数指导性案例的裁判理由部分未对辩护意见予以回应。参见孙光宁:《法律解释方法在指导性案例中的运用及其完善》,载《中国法学》2018年第1期。

对法律竞合或者冲突作了规定，例如，2017年3月15日全国人大通过的《民法总则》第11条规定了"特别法优于普通法"原则，"其他法律对民事关系有特别规定的，依照其规定"。1999年3月15日全国人大通过的《合同法》第122条规定了"责任竞合"，即"因当事人一方的违约行为，侵害对方人身、财产权益的，受损害方有权选择依照本法要求其承担违约责任或者依照其他法律要求其承担侵权责任"。1997年3月14日全国人大修订的《刑法》第101条规定了"特别法优于普通法"原则，即"本法总则适用于其他有刑罚规定的法律，但是其他法律有特别规定的除外"；第147条规定了"重法优于轻法"原则，即"生产、销售本节第141条至第148条所列产品，构成各该条规定的犯罪，同时又构成本节第140条规定之罪的，依照处罚较重的规定定罪处罚"。2015年3月14日全国人大修正的《立法法》第五章"适用与备案审查"不仅在第87条至第91条对"法的效力、位阶"作了规定。其第87条："宪法具有最高的法律效力，一切法律、行政法规、地方性法规、自治条例和单行条例、规章都不得同宪法相抵触"；第88条："法律的效力高于行政法规、地方性法规、规章。行政法规的效力高于地方性法规、规章"；第89条："地方性法规的效力高于本级和下级地方政府规章。省、自治区的人民政府制定的规章的效力高于本行政区域内的设区的市、自治州的人民政府制定的规章"；第90条："自治条例和单行条例依法对法律、行政法规、地方性法规作变通规定的，在本自治地方适用自治条例和单行条例的规定。经济特区法规根据授权对法律、行政法规、地方性法规作变通规定的，在本经济特区适用经济特区法规的规定"；第91条："部门规章之间、部门规章与地方政府规章之间具有同等效力，在各自的权限范围内施行。"第92条至第94条规定了若干法的适用原则。第92条："同一机关制定的法律、行政法规、地方性法规、自治条例和单行条例、规章，特别规定与一般规定不一致的，适用特别规定；新的规定与旧的规定不一致的，适用新的规定"；第93条："法律、行政法规、地方性法规、自治条例和单行条例、规章不溯及既往，但为了更好地保护公民、法人和其他组织的权利和利益而作的特别规定除外"；第94条："法律之间对同一事项的新的一般规定与旧的特别规定不一致，不能确定如何适用时，由全国人民代表大会常务委员会裁决。行政法规之间对同一事项的新的一般规定与旧的特别规定不一致，不能确定如何适用时，由国务院裁决。"

《意见〈提交审委会讨论稿〉》第6条专门针对法律适用中存在法律规范竞合或者冲突的说理作出规定。一是强调法官应依法作出规范选择，这里的"依法"主要是立足于法官的审判职责定位来考虑的，具体就是必须做的，充分做到位；不许做的，坚决不越位。例如，《立法法》在第95条至第97条明确赋予有关机关的权限。其第95条："地方性法规、规章之间不一致时，由有关机关依照下列规定的权限作出裁决：（一）同一机关制定的新的一般规定与旧的特别规定不一致时，由制定机关裁决；（二）地方性法规与部门规章之间对同一事项的规定不一致，不能确定如何适用时，由国务院提出意见，国务院认为应当适用地方性法规的，应当决定在该地方适用地方性法规的规定；认为应当适用部门规章的，应当提请全国人民代表大会常务委员会裁决；（三）部门规章之间、部门规章与地方政府规章之间对同一事项的规定不一致时，由国务院裁决。根据授权制定的法规与法律规定不一致，不能确定如何适用时，由全国人民代表大会常务委员会裁决"；第96条："法律、行政法规、地方性法规、自治条例和单行条例、规章有下列情形之一的，由有关机关依照本法第九十七条规定的权限予以改变或者撤销：（一）超越权限的；（二）下位法违反上位法规定的；（三）规章之间对同一事项的规定不一致，经裁决应当改变或者撤销一方的规定的；（四）规章的规定被认为不适当，应当予以改变或者撤销的；（五）违背法定程序的"；第97条："改变或者撤销法律、行政法规、地方性法规、自治条例和单行条例、规章的权限是：（一）全国人民代表大会有权改变或者撤销它的常务委员会制定的不适当的法律，有权撤销全国人民代表大会常务委员会批准的违背宪法和本法第七十五条第二款规定的自治条例和单行条例;(二)全国人民代表大会常务委员会有权撤销同宪法和法律相抵触的行政法规,有权撤销同宪法、法律和行政法规相抵触的地方性法规,有权撤销省、自治区、直辖市的人民代表大会常务委员会批准的违背宪法和本法第七十五条第二款规定的自治条例和单行条例;(三)国务院有权改变或者撤销不适当的部门规章和地方政府规章;(四)省、自治区、直辖市的人民代表大会有权改变或者撤销它的常务委员会制定的和批准的不适当的地方性法规;(五)地方人民代表大会常务委员会有权撤销本级人民政府制定的不适当的规章;(六)省、自治区的人民政府有权改变或者撤销下一级人民政府制定的不适当的规章;(七)授权机关有权撤销被授权机关制定的超越授权范围或者违背授权目的的法规,必要时可以撤销授权。"法官在办案中遇到相关法律冲突问题时就应严格遵循程序,等有关机关作出相应裁决后,方可作出裁判。2009年7月13日最高人民法院通过的《关于裁判文书引用法律、法规等规范性法律文件的规定》第7条规定:"人民法院制作裁判文书确需引用的规范性法律文件之间存在冲突,根据立法法等有关法律规定无法选择适用的,应当依法提请有决定权的机关做出裁决,不得自行在裁判文书中认定相关规范性法律文件的效力。"二是强调"说明选择的理由",即法官应重点围绕解决法律竞合或者冲突的原则和具体选择进行说理。

(三)关于案件事实没有明确的法律规则可予适用时的说理

《宪法》第126条、2006年10月31日修正的《人民法院组织法》第4条均规定,人民法院依照法律规定独立行使审判权,不受行政机关、社会团体和个人的干涉。2017年9月1日全国人大常委会修正的《法官法》第2条规定,法官是依法行使国家审判权的审判人员。具体就不同诉讼案件类型的审理而言,基于立法滞后、立法过时、立法漏洞等主客观因素的影响,间或会遇到没有明确的法律规则可资用于裁判依据的情形。①

表1

规则局限的种类	表现形式	司法技巧
规则模糊	能找到单一规则,但规则语义不清楚,内容模糊	裁判解释
规则冲突	能找到数个规则,语义清楚,但内容互相冲突	规则识别与选择
规则悖反	能找到单一规则,语义清楚,内容清楚但不良	推翻与重构
规则漏洞	找不到相应规则	类推或者法律决断

对此,三大诉讼各自有相应的应对方略。②

表2

案件类型	规范状况	司法技术	判决依据	判决理由
常规案件	规则确定	文义解释,司法三段论	规则	
疑难案件	规则模糊	裁判解释	规则	原则等
疑难案件	规则冲突	裁判解释	规则	原则等
疑难案件	规则悖反	规范识别、选择、解释	规则	原则等
疑难案件	规则漏洞	类推	规则(含制定法规则和习惯规则)	原则等
疑难案件	规则空白	法外续造	原则	法律精神、立法目的、社会伦理等

《意见》形成过程中,曾规定民事、刑事、行政案件的审判不存在直接的法律规则可资适用时的说理。关于民事案件规定:法

---

① 胡君:《原则裁判论——基于当代中国司法实践的理论反思》,中国政法大学出版社2012年版,第142页。

② 陈林林:《裁判的进路与方法》,中国政法大学出版社2007年版,第81页;胡君:《原则裁判论——基于当代中国司法实践的理论反思》,中国政法大学出版社2012年版,第144页。

官遇到民事案件空缺裁判规范时，应当首先寻找最相类似的法律规定作出裁判；其次，可以依据习惯、法律原则、立法目的等作出裁判，但必须合理运用法律方法①对裁判依据进行充分论证和说理。②关于行政案件规定：法官遇到行政案件空缺裁判规范时，参照民事案件的相关做法，并应当保护行政相对人的合理预期。关于刑事案件规定：刑事法官在遇到刑事案件被告人的行为没有明确的刑法分则规定作为裁判依据时，应当直接依照罪刑法定原则作出无罪判决。《意见》第7条仅对民事案件没有明确的法律规定作为裁判直接依据时的说理作了规定。

1. 民事案件没有明确的法律规定作为裁判直接依据

在民事审判中，主要采用以下应对方式：

（1）寻找最相类似的法律规定作出裁判。《奥地利民法典》第7条规定："民事案件不能依法律的条文而为裁判时，得类推适用其他法律，无其他法律可类推适用时，则依自然法律原则处理。"1945年《意大利民法典》规定："如果一条明确的规定不足以解决争议，可以适用解决同类案件或相似案件的规定。"《泰国民法典》第14条规定："诉讼事件，无可适用之法律或习惯时，

---

① 法律方法包括利益衡量、漏洞补充、目的性扩张与限缩，等等。每种法律方法均有各自的思维步骤和适用规则。例如，利益衡量，亦称法益衡量，是指在疑难案件所涉及的各种利益相互冲突或矛盾时，由法官对冲突的各种利益进行比较、权衡与取舍的活动（胡玉鸿：《关于"利益衡量"的几个法理问题》，载《现代法学》2001年第4期）。利益衡量的思维步骤包括：第一，分析案件所涉及的各种利益关系；第二，运用法律知识、司法经验、常识、经济分析方法以及价值判断等方法，确定初步结论；第三，论证与修正初步结论；第四，赋予结论的形式理由（任彦君：《刑事疑案适用法律方法研究》，中国人民大学出版社2016年版，第44—45页）。

② 为了更好地发挥指导性案例的功效，有学者建议在裁判理由部分采用直接表达的方式表明论理解释的方法，例如体系解释在确定存在法律漏洞时，可以表述为"经过对相关法律规范进行收集和整理后，仍然缺失直接规定该问题的法条"；运用目的解释明确法条含义时，可以表述为"根据××法（或者××法××条）所追求的目的"，等等。参见孙光宁：《法律解释方法在指导性案例中的运用及其完善》，载《中国法学》2018年第1期。

依其最类似之规定类推之……"

（2）依据习惯作出裁判。2017年3月15日《民法总则》第10条规定："处理民事纠纷，应当依照法律；法律没有规定的，可以适用习惯，但是不得违背公序良俗。"

从司法实践来看，司法裁判中运用习惯已成为一个不可否认的客观事实。① 例如原告曾某某与被告肖某某离婚纠纷案表述："经审查，原、被告于2005年2月6日经人介绍相识，此后，原告与被告订婚，原告按照风俗习惯给付了被告聘礼、聘金……经本院主持调解，双方当事人自愿达成如下协议……"② 王某某交通肇事案表述："……本院认为，根据维吾尔族办理丧葬事宜的风俗习惯，附带民事诉讼原告人所主张的误工费合情、合理，本院予以支持。"③ 杨某某非法制造、买卖、储存枪支、爆炸物案表述："辩护人提出的：1. 被告人认罪态度好，坦白交代其犯罪事实；2. 制造的枪支是用于农闲时上山打鸟，非法储存的黑火药准备按本地的风俗习惯在办理红、白事时放铁炮使用的辩护意见，符合本地实际，本院予以采信。"④ 山西某集团有限责任公司与国家工商行政管理总局商标评审委员会等注册商标无效宣告请求行政纠纷上诉案表述："虽然争议商标核定使用的酒类商品可能是引证商标核定使用的服务所提供的商品之一，但按照商业惯例，引证商标核定使用的餐馆等服务的提供者通常并不会生产争议商标核定使用的酒类，故一般情况下即便在上述商品或服务上使用了相同或近似商标，相关公众亦不会认为争议商标核定使用的酒类商品与引证商标核定使用的餐馆等服务来源于同一经营主体。"⑤

---

① 高其才：《民法典编纂与民事习惯研究》，中国政法大学出版社2017年版，第57—59页。
② 湖南省邵阳市武冈市人民法院民事调解书（2009）武法民初字第485号。
③ 新疆维吾尔自治区尉犁县一审刑事附带民事判决书（2015）尉刑初字第71号。
④ 贵州省榕江县人民法院刑事判决书（2015）榕刑初字第79号。
⑤ 北京市高级人民法院行政判决书（2015）高行知终字第2914号。

（3）依据法律原则作出裁判。关于适用法律原则作为裁判规范的时机，要遵循以下几点：第一，法官必须优先适用既定法律之中的法律规则和法律原则，而不能首先在实在法之外寻找法律适用的根据，如法理、公共政策或国家政策、道德信念、社会倾向等。① 第二，法官必须遵循"禁止向一般条款逃逸"的原则，即依据规则能够妥当解决纠纷之际，不能转而适用原则，亦即"穷尽法律规则，方得适用法律原则""法律原则不得径行适用，除非旨在实现个案正义"。② 第三，基于"禁止法律的软化"，③ 要求类推适用等法律漏洞的补充方法优先于法律原则的直接适用。第四，适当的习惯（法）应优先于法律原则的直接适用。④ 关于法律原则的具体化步骤，有学者认为，其具体包括：先确定哪个法律原则是个案应予适用的规范；再寻找这些有待适用之法律原则的下位原则；接着依据法律原则，提出更强理由宣告相应的法律规则无效，同时构建新的法律规则或提出原法律规则的例外规则；最后，法官考量受裁判之个案的具体情况，对建构的新法律规则或例外规则再作进一步的解释，形成"个案规范"即"技术意义上的法条"。⑤

（4）依据立法目的作出裁判。立法目的的寻找路径主要包括：第一，法律文本的开头或中间明确规定了立法目的；第

---

① 舒国滢：《法律原则适用的困境——方法论视角的四个追问》，载《苏州大学学报》2005年第1期。

② 舒国滢：《法律原则适用的难题何在》，载《苏州大学学报》2004年第6期。

③ 指对于某一案情，虽无法律规定，但能依类推适用等补充方法予以补充时，即使其所得结果与适用法律原则所获得的结论相反，亦应依类推适用等方法补充法律漏洞，而不得优先适用法律原则。参见梁慧星：《民法解释学》，中国政法大学出版社1995年版，第313页。

④ 胡君：《原则裁判论——基于当代中国司法实践的理论反思》，中国政法大学出版社2012年版，第165—171页。

⑤ 舒国滢：《法律原则适用中的难题所在》，载《苏州大学学报》2004年第6期。

二，从立法准备资料中找到立法目的；第三，从法律具体条款中推导出立法目的；第四，从立法的外部辅助资料中推导出立法目的。①

（5）依据国家政策等作出裁判。除前述实证法外，民事案件审判还可能在实证法以外寻找裁判依据。正如有学者指出的，无论是齐佩利乌斯的"通行的正义观"，还是比德林斯基的"有主导性的法伦理原则"，抑或是科殷的"超越时代的价值内容"，无不试图在实证法以外寻找正当裁判的客观依据。②域外有将"法理"作为法源③的立法例，例如《泰国民法典》第14条规定，诉讼事件，无可适用之法律或习惯时，依一般法理决定之。《日本裁判事务须知》第3条规定，民事之裁判无习惯者，应推考条理裁判之。④

2. 刑事案件被告人行为没有刑法分则依据

在刑事审判中，1997年3月14日修订《刑法》第3条规定："法律明文规定为犯罪行为的，依照法律定罪处刑；法律没有明文规定为犯罪行为的，不得定罪处刑。"基于此条规定的罪刑法定原则，刑事案件被告人的行为没有明确法律分则规定作为裁判依据的，应直接宣告无罪。

---

① 张燕玲、白帮武：《简论目的解释及其应用》，载《东岳论丛》2005年第3期。

② 胡君：《原则裁判论——基于当代中国司法实践的理论反思》，中国政法大学出版社2012年版，第99—100页。

③ 我国学者建议未来民法典将"法理"作为补充渊源，即法官审理民事案件，有法律的适用法律，无法律的，依次适用如下补充渊源：1.习惯；2.事理之性质；3.法理；4.同法族的外国法（徐国栋：《绿色民法典草案》，社会科学文献出版社2004年版，第4页）。此外，个别地方法院在规范性文件中也论及了"法理"的运用，例如江苏省高级人民法院《关于深化裁判文书改革的意见（试行）》（苏高法审委〔2004〕7号）第11条规定，对新类型、疑难复杂案件，没有明确法律规定的，应根据立法精神、法学理论和相关政策文件的法理基础，对法律原则和精神及其与案件事实的内在联系进行阐释。

④ 杨日然：《法理学》，三民书局2005年版，第151页。

3. 行政案件没有明确的裁判（法律）依据

在行政审判中，2017年6月27日修正的《行政诉讼法》第5条规定："人民法院审理行政案件，以事实为根据，以法律为准绳"；第6条规定："人民法院审理行政案件，对行政行为是否合法进行审查"；第63条规定："人民法院审理行政案件，以法律和行政法规、地方性法规为依据。地方性法规适用于本行政区域内发生的行政案件。人民法院审理民族自治地方的行政案件，并以该民族自治地方的自治条例和单行条例为依据。人民法院审理行政案件，参照规章。"2004年5月18日，最高人民法院印发的《关于审理行政案件适用法律规范问题的座谈会纪要》对行政案件的审判依据又提出如下意见："根据立法法、行政法规制定程序条例和规章制定程序条例关于法律、行政法规和规章的解释的规定，全国人大常委会的法律解释，国务院或者国务院授权的部门公布的行政法规解释，人民法院作为审理行政案件的法律依据；规章制定机关作出的与规章具有同等效力的规章解释，人民法院审理行政案件时参照适用。"同时，《行政诉讼法》第75条、第70条针对行政行为没有明确的依据（意味着法院审查行政行为的合法性也没有依据）的情形显性或者隐性地作出了规定，即第75条规定："行政行为有实施主体不具有行政主体资格或者没有依据等重大且明显违法情形，原告申请确认行政行为无效的，人民法院判决确认无效"，第70条规定："行政行为有下列情形之一的，人民法院判决撤销或者部分撤销，并可以判决被告重新作出行政行为：……（四）超越职权的；（五）滥用职权的；（六）明显不当的"，这其中"超越职权""滥用职权""明显不当"情形中均可能蕴含着没有法依据的情形。

（四）关于审判委员会决定案件的说理

2006年10月31日修正的《人民法院组织法》第10条规定："各级人民法院设立审判委员会，实行民主集中制。审判委员会的任务是总结审判经验,讨论重大的或者疑难的案件和其他有关审判工作的问题。"2015年9月21日最高人民法院发布的《关于完善人民法院司法责任制的若干意见》对审判委员会运行机制进行了规定,明确审判委员会统一本院裁判标准的职能,依法合理确定审判委员会讨论案件的范围。审判委员会只讨论涉及国家外交、安全和社会稳定的重大复杂案件,以及重大、疑难、复杂案件的法律适用问题。强化审判委员会总结审判经验、讨论决定审判工作重大事项的宏观指导职能;合议庭认为案件需要提交审判委员会讨论决定的,应当提出并列明需要审判委员会讨论决定的法律适用问题,并归纳不同的意见和理由;案件需要提交审判委员会讨论决定的,审判委员会委员应当事先审阅合议庭提请讨论的材料,了解合议庭对法律适用问题的不同意见和理由,根据需要调阅庭审音频视频或者查阅案卷。《意见〈提交审委会讨论稿〉》第8条专门规定经审判委员会讨论决定案件的说理,即法官"应当写明'经本院审判委员会讨论决定',并完整叙述审判委员会适用法律的理由"。某公司诉商标局案① 判决书有如下表述:"关于《新增服务商标的通知》第四条关于过渡期的规定是否合法,本院审判委员会认为:对于《新增服务商标的通知》第四条关于过渡期的规定是否合法应当着重从下述四个方面进行审查:1.商标局是否制定《新增服务商标的通知》第四条关于过渡期的规定的合法主体;2.商标局制定《新增服务商标的通知》第四条关于过渡期的规定是否超越法定权限;3.《新增服务商标的通知》第四条关于过渡期的规定在内容上是否合法;4.《新增服务商标的通知》第四条关于过渡期的规定在制定时是否履行了法定程序或者遵循了正当程序的要求。由于原告××公司明确表示对于《新增服务商标的通知》的制定程序的合法性不持异议,因此,对《新增服务商标的通知》第四条关于过渡期的规定是否合法的审查重点在于:商标局是否制定《新增服务商标的通知》第四条关于过渡期的规

---

① 北京知识产权法院(2015)京知行初字第177号行政判决书。

定的合法主体、商标局制定《新增服务商标的通知》第四条关于过渡期的规定是否超越法定权限、《新增服务商标的通知》第四条关于过渡期的规定在内容上是否合法。……还应指出的是，商标局制定《新增服务商标的通知》第四条关于过渡期的规定，将申请在先原则与维护在先使用人的利益相结合作为特定时间内确定商标注册的规则，体现了其对实质正义的追求与力求实现商标申请有序状态的美好愿景，在一定程度上可保护在先使用人的利益，其动机和目的是正当的，在制度设计上具有一定的合理性。但是，合理性不能等同或者替代合法性，实质正义的真正实现也必须以程序正义的实现为依托，否则，法律的安定性、确定性和权威性将会受到损害。综上，商标局是制定《新增服务商标的通知》第四条关于过渡期的规定的形式意义上的合法主体，但其制定《新增服务商标的通知》第四条关于过渡期的规定超越了其法定权限，该规定在内容上也不符合《商标法》第三十一条的规定。鉴于此，本院审判委员会作出如下决议：《新增服务商标的通知》第四条关于过渡期的规定不合法。"

此处附带论及行使自由裁量权的说理。提交审委会讨论稿第9条规定："法官在审查判断证据、认定案件事实、适用法律、形成裁判结论中行使自由裁量权的，应当坚持合法、合理、公正和审慎的原则，充分论证运用自由裁量权的依据和阐明自由裁量所考虑的相关因素。"《意见》第7条规定："法官行使自由裁量权处理案件时，应当坚持合法、合理、公正和审慎的原则，充分论证运用自由裁量权的依据，并阐明自由裁量所考虑的相关因素。"立法的一般性、抽象性、概括性、滞后性等特点，立法权与司法权的合理分工，司法判断权行使的实践性等属性，等等，均决定了自由裁量主义相比于严格规则主义更能反映司法活动的内在规律。①从司法实践来看，自由裁量权必然存在于审查判断证据、认定案件事实、适用法律、形成裁判结论等各个环节，因此，《意见》不是否定或者排斥自由裁量权，而是规定法官行使自由裁量权要"坚持合法、合理、公正和审慎的原则"，同时要"充分论证运用自由裁量权的依据和阐明自由裁量所考虑的相关因素"。

---

① 萨维尼认为，导源于严格的科学方法的确定性，必将一切自由裁量权排除在外（[德]弗里德里希·卡尔·冯·萨维尼：《论立法与法学的当代使命》，许章润译，中国法制出版社2001年版，第96页）。以德国法律实证主义为代表的概念法学认为，整个法律体系都是由一个最基本的概念推理而来的，从这过最基础性的概念进行推演，就可以派生出第二级的法律概念，由此不断地推演并派生下去，则一个法律体系的概念金字塔就形成了，这样的概念金字塔式的法律体系是不可能有任何漏洞的，法官因此也无须任何的自由裁量权，而只需机械地将法律事实涵摄于法律规则之下，就可以逻辑地得出正确的判决（魏治勋：《民间法思维》，中国政法大学出版社2010年版，第267—268页）。

第十九讲

裁判文书释法说理的繁简分流

《意见》第3条、第8条至第10条对裁判文书说理的"繁"与"简"作出规定。

一、裁判文书说理的繁简适度

《意见〈提交审委会讨论稿〉》第10条规定："法官制作裁判文书，应当根据案情是否重大复杂、诉讼各方争议程度、审判程序类型、案件社会影响大小、文书种类等不同情况进行繁简适度的说理。"《意见》第3条规定："要根据案件社会影响、审判程序、诉讼阶段等不同情况进行繁简适度的说理，简案略说，繁案精说，力求恰到好处。"裁判文书说理的繁简适度，既符合司法审判规律，也符合成本—效率规律。无论从法理还是实务而言，个案本身要求说理的繁简程度是有别的，而非千篇一律，要么均要详细说理，要么均可简化说理。从司法成本来看，在司法资源总量有限和案多人少矛盾未能根本缓解的情况下，合理配置资源往往成为提高司法资源效能和司法生产力的不二手段。简案简化说理，繁案强化说理，就是在裁判文书说理环节合理配置和投入司法资源。从司法为民来看，无论人民群众还是具体当事人，往往对每一个司法案件的公平正义的感受和司法需求存在差别，对每份裁判文书的说理要求也会不同。

关于庭审对裁判文书说理繁简的影响，提交审委会讨论稿第

11条规定:"裁判文书说理应当与诉讼各方的诉讼主张、举证、质证、法庭辩论等情况相对应。针对庭审争议事项,法官应当围绕所归纳的诉讼各方关于证据、事实和法律适用方面的争议焦点强化说理;针对庭审无争议事项,法官可以简化说理或者直接认定事实和适用法律。"此条具体包括两层意思。

一是裁判文书的说理应全面真实地反映诉讼各方的诉讼主张、举证质证、法庭辩论等情况。2016年2月22日最高人民法院《人民法院民事裁判文书制作规范》提出,理由部分的核心内容是针对当事人的诉讼请求,根据认定的案件事实,依照法律规定,明确当事人争议的法律关系,阐述原告请求权是否成立,依法应当如何处理。

此款之所以强调裁判文书说理应与诉讼各方的诉讼主张、举证、质证、法庭辩论等情况相对应,主要是考虑到如下三个方面:第一,从司法论证来看,无论是裁判过程的推进还是裁判结论的形成,均是诉讼参与人和法官共同参与诉讼论证的结果,而非法官"独断"的结果,裁判文书说理理当回应诉讼当事人的主张;第二,从司法公正廉洁来看,裁判文书说理与"诉讼各方的诉讼主张、举证、质证、法庭辩论等情况相对应",就是要发挥诉讼内和法律职业共同体之间的监督制约作用。正如德国学者所言,"只有当案件事实能够根据犯罪案卷中可信、'确凿的'信息而自我重构,量刑理由的有效性才能得到审查。如果量刑理由只是对总体案件事实的内在过程或状况进行评价或作全面观察,那么对这种量刑理由显然是无法进行审查的"[①]。第三,从司法公开来看,裁判文书说理与"诉讼各方的诉讼主张、举证、质证、法庭辩论等情况相对应",更能促进司法审判的实质公开。关于审判公开原则,世界许多国家的宪法均作了明文规定,例如,《土

[①] [德]汉斯·约格·阿尔布莱希特:《重罪量刑:关于刑量确立与刑量阐释的比较性理论与实证研究》,熊琦等译,法律出版社2017年版,第459页。

耳其共和国宪法》第141条规定:"法院审判一律公开。全部或者部分审判得基于公共道德或公共安全的绝对需要而决定秘密进行";《比利时联邦宪法》第149条规定:"判决公开进行宣读";《荷兰王国宪法》第121条规定:"除议会法令规定的情形外,审判应公开进行,判决应说明其所依据的理由并向社会公布";《西班牙王国宪法》第120条规定:"司法程序公开,程序法有特别规定的除外……判决必须包含判决理由,并公开宣判";《希腊宪法》第93条规定:"每一法院判决必须详细地和完整地说明理由并且必须公开宣判";《巴西联邦共和国宪法》第93条规定:"司法机构的判决均应公开进行……但在涉及利益相关人隐私的案件中,以不影响公共信息利益为前提,法律可以将特定场合的出席人员限定于当事人及其律师,或仅限于后者";《苏里兰共和国宪法》第136条规定:"除法律规定例外情况外,案件审理应公开进行……宣判应公开进行。"我国在不同位阶的法规范文本中均对审判公开作了有关规定,例如,《宪法》第125条规定:"人民法院审理案件,除法律规定的特别情况外,一律公开进行。"2006年修正的《人民法院组织法》第7条规定:"人民法院审理案件,除涉及国家机密、个人隐私和未成年人犯罪案件外,一律公开进行。"2012年修正的《刑事诉讼法》第183条规定:"人民法院审判第一审案件应当公开进行。但是有关国家秘密或者个人隐私的案件,不公开审理;涉及商业秘密的案件,当事人申请不公开审理的,可以不公开审理。不公开审理的案件,应当当庭宣布不公开审理的理由";第196条第1款规定:"宣告判决,一律公开进行";第274条规定:"审判的时候被告人不满十八周岁的案件,不公开审理。但是,经未成年被告人及其法定代理人同意,未成年被告人所在学校和未成年人保护组织可以派代表到场";第275条规定:"犯罪的时候不满十八周岁,被判处五年有期徒刑以下刑罚的,应当对相关犯罪记录予以封存。犯罪记录被封存的,不得向任何单位和个人提供,但司法机关为办案需要或者有关单位根据国家规定进行查询的除外。依法进行查询的单位，应当对被封存的犯罪记录的情况予以保密。"2017年修正的《民事诉讼法》第10条规定："人民法院审理民事案件，依照法律规定实行合议、回避、公开审判和两审终审制度"；第134条规定："人民法院审理民事案件，除涉及国家秘密、个人隐私或者法律另有规定的以外，应当公开进行"；第148条规定："人民法院对公开审理或者不公开审理的案件，一律公开宣告判决。离婚案件，涉及商业秘密的案件，当事人申请不公开审理的，可以不公开审理"；第156条规定："公众可以查阅发生法律效力的判决书、裁定书，但涉及国家秘密、商业秘密和个人隐私的内容除外。"2012年修正的《行政诉讼法》第7条规定："人民法院审理行政案件，依法实行合议、回避、公开审判和两审终审制度"；第54条规定："人民法院公开审理行政案件，但涉及国家秘密、个人隐私和法律另有规定的除外。涉及商业秘密的案件，当事人申请不公开审理的，可以不公开审理"；第65条规定："人民法院应当公开发生法律效力的判决书、裁定书，供公众查阅，但涉及国家秘密、商业秘密和个人隐私的内容除外"；第80条规定："人民法院对公开审理和不公开审理的案件，一律公开宣告判决。"这些规定体现了程序正义理念，为我国审判公开提供了明确的法规范依据。裁判文书作为司法过程的最终产品，无疑应当通过说理来真实地反映审理的具体过程和实质性地阐释裁判结论的理由依据。

二是针对庭审有争议事项，法官应当围绕所归纳的诉讼各方关于证据、事实和法律适用方面的争议焦点强化说理；针对庭审无争议事项，法官可以简化说理或者直接认定事实和适用法律。

二、应当强化和可以简化说理的情形

基于党的十八届三中、四中全会两个决定均要求加强法律文书说理，《意见》第8条、第9条依次规定"应当强化"和"可以简化"裁判文书说理的案件类型。

（一）应当强化说理的情形

下列案件裁判文书，应当加强说理：

（1）疑难、复杂案件。疑难案件具体分为两种类型：一是案件事实认定上的疑难案件；二是法律适用上的疑难案件。其中，法律适用上存在疑难的案件主要包括以下情形：因法律规范语言模糊而形成的疑难案件；处理结果引起争议（合法与合理冲突）的疑难案件；法律规则有漏洞而导致的疑难案件；存有多个法律法律规范可以适用的疑难案件；归类（涵摄）困难的疑难案件。①

（2）诉讼各方争议较大的案件。此处的"争议"包括证据审查判断争议、认定案件事实争议、适用法律争议和自由裁量争议。

（3）社会关注度较高、影响较大的案件。社会关注度较高、影响较大的案件往往被学者界定为司法"公案"，即蕴含公共性主题元素，为社会各界所广泛参与和关注，其处理结果具有一定社会意义和导向作用的案件。②例如，2003年刘某黑社会性质组织案、2005年王某某杀人案、2007年许某盗窃案、2008年梁某侵占案、2009年邓某某案、2010年天价过路费案、2012年念某案、彭某案，等等。

（4）宣告无罪、判处法定刑以下刑罚、判处死刑的案件。

（5）行政诉讼中对被诉行政行为所依据的规范性文件一并进行审查的案件。行政诉讼法规定，公民、法人或者其他组织认为行政行为所依据的国务院部门和地方人民政府及其部门制定的规范性文件不合法，在对行政行为提起诉讼时，可以一并请求对该规范性文件进行审查。

---

① 任彦君：《刑事疑案适用法律方法研究》，中国人民大学出版社2016年版，第21—22页。

② 叶青、时明清：《公案的司法公正评判维度及其法治价值》，载《社会科学》2012年第1期。

（6）判决变更行政行为的案件。行政诉讼法规定，行政处罚明显不当，或者其他行政行为涉及对款额的确定、认定确有错误的，人民法院可以判决变更。

（7）新类型或者可能成为指导性案例的案件。此处"指导意义"主要是指个案的法律适用具有指导作用，形成或者细化了裁判规则。2010年11月26日最高人民法院《关于案例指导工作的规定》第2条规定："本规定所称指导性案例，是指裁判已经发生法律效力，并符合以下条件的案例：（一）社会广泛关注的；（二）法律规定比较原则的；（三）具有典型性的；（四）疑难复杂或者新类型的；（五）其他具有指导作用的案例。"

（8）抗诉案件。

（9）二审改判或者发回重审的案件。

（10）重审案件。上述情形中所指的被发回重审的案件除作出发回处理需要强化说理外，对被发回重审的案件进行审理后作出裁判时，亦需强化说理。

（11）再审案件。

（12）其他需要强化说理的案件。此项是一个兜底项，具体包括前述以外需要强化说理的情形，例如，不作为犯罪案件，涉及空白刑法适用的案件，等等。

（二）可以简化说理的情形

下列案件裁判文书，可以简化说理：

（1）适用民事简易程序、小额诉讼程序审理的案件。此项具体包括两种情形：一是适用民事简易程序审理的案件，二是适用小额诉讼程序审理的案件。

（2）适用民事特别程序、督促程序及公示催告程序审理的案件。此项包括三种情形：一是适用民事特别程序审理的案件，二是适用督促程序审理的案件，三是适用公示催告程序审理的案件。

（3）适用刑事速裁程序、简易程序审理的案件。

（4）当事人达成和解协议的轻微刑事案件。

（5）适用行政简易程序审理的案件。

（6）适用普通程序审理但是诉讼各方争议不大的案件。

（7）其他适宜简化说理的案件。此项是一个兜底项，具体包括上述六种以外的可以简化说理的情形，例如，民事调解书。此处的"可以"意味着上述情形也不完全排斥需要强化说理的个案存在，例如，适用小额诉讼程序审理、实行一审终审的个别案件，需要强化说理更能服判息诉。

此外，《意见〈提交审委会讨论稿〉》第13条第2款规定："法官在诉讼过程中针对诉讼各方无争议或者争议不大的程序性事项制作的裁定书、决定书，可以简化说理。"2017年修正的《民事诉讼法》第154条规定，裁定适用于不予受理、对管辖权有异议的、驳回起诉、保全和先予执行、准许或者不准许撤诉、中止或者终结诉讼、补正判决书中的笔误、中止或者终结执行、撤销或者不予执行仲裁裁决、不予执行公证机关赋予强制执行效力的债权文书及其他需要裁定解决的事项。此处可以简化说理的裁定书、决定书限定在诉讼各方无争议或者争议不大的程序类性事项。

三、二审与再审裁判文书说理的强化与简化

《意见》第10条规定："二审或者再审裁判文书应当针对上诉、抗诉、申请再审的主张和理由强化释法说理。二审或者再审裁判文书认定的事实与一审或者原审不同的，或者认为一审、原审认定事实不清、适用法律错误的，应当在查清事实、纠正法律适用错误的基础上进行有针对性的说理；针对一审或者原审已经详尽阐述理由且诉讼各方无争议或者无新证据、新理由的事项，可以简化释法说理。"此条具体包括以下几点：一是二审、再审裁判文书强化说理的着重点，即针对上诉、抗诉、申请再审、申诉的主张和理由来加以分析和论证。二是二审或者再审裁判文书认定事实与一审或原审不同的，或者认为一审、原审认定事实不清、

适用法律错误的，法官应当指明事实不清或适用法律错误的部分，并进行有针对性的说理。三是二审或者再审裁判文书针对一审或原审已经详尽阐述理由且诉讼各方无争议或者无新证据、新理由的事项，法官可以简化说理。

裁判文书释法说理的技术规制

《意见》第 11 条、第 12 条、第 14 条和第 15 条均从裁判文书的技术维度对说理的关联影响切入加以规定。

一、文书样式的适度调整

《意见》第 11 条规定："制作裁判文书应当遵循《人民法院民事裁判文书制作规范》《民事申请再审诉讼文书样式》《涉外商事海事裁判文书写作规范》《人民法院破产程序法律文书样式（试行）》《民事简易程序诉讼文书样式（试行）》《人民法院刑事诉讼文书样式》《行政诉讼文书样式（试行）》《人民法院国家赔偿案件文书样式》等规定的技术规范标准，但是可以根据案件情况合理调整事实认定和说理部分的体例结构。"此条包括以下几点：一是重申裁判文书原则上应当遵循最高人民法院发布的相关文书样式和制作或写作规范的标准与要求。例如，2016 年 2 月 22 日最高人民法院印发的《人民法院民事裁判文书制作规范》强调："本规范关于裁判文书的要素和文书格式、标点符号、数字使用、印刷规范等技术化标准，各级人民法院应当认真执行。"二是根据案件情况需要，裁判文书的事实认定部分和说理部分的体例结构可以作出合理调整。例如，《人民法院民事裁判文书制作规范》指出："本规范可以适用于人民法院制作的其他诉讼文书，根据具体文书性质和内容作相应调整。……对于裁判文书正文内容、事实认定和说理部分，可以根据案件的情况合理确定。"《行政诉讼文书样式（试行）》更加强调文书规范化和个性化的统一，在确保裁判文书基本要素完整、主要结构规范的同时，也注意兼顾为各级人民法院和法官个人对文书的发展续造预留空间。①三是裁判文书的行文表述应当符合国家有关规定，防止因技术性错误减损说理的效果。

二、规范性法律文件的援引

《意见》第12条规定："裁判文书引用规范性法律文件进行释法说理，应当适用《最高人民法院关于裁判文书引用法律、法规等规范性法律文件的规定》等相关规定，准确、完整地写明规范性法律文件的名称、条款项序号；需要加注引号引用条文内容的，应当表述准确和完整。"2009年7月13日最高人民法院通过的《关于裁判文书引用法律、法规等规范性法律文件的规定》（法释〔2009〕14号）第1条规定："人民法院的裁判文书应当依法引用相关法律、法规等规范性法律文件作为裁判依据。引用时应当准确完整写明规范性法律文件的名称、条款序号，需要引用具体条文的，应当整条引用"；第2条规定："并列引用多个规范性法律文件的，引用顺序如下：法律及法律解释、行政法规、地方性法规、自治条例或者单行条例、司法解释。同时引用两部以上法律的，应当先引用基本法律，后引用其他法律。引用包括实体法和程序法的，先引用实体法，后引用程序法"；第3条规定："刑事裁判文书应当引用法律、法律解释或者司法解释。刑事附带民事诉讼裁判文书引用规范性法律文件，同时适用本规定第四条规定"；第4条规定："民事裁判文书应当引用法律、法律解释或者司法解释。对于应当适用的行政法规、地方性法规或者自治条例

---

① 最高人民法院行政审判庭编：《行政诉讼文书样式（试行）》，人民法院出版社2015年版，编者的话第1页。

和单行条例，可以直接引用"；第 5 条规定："行政裁判文书应当引用法律、法律解释、行政法规或者司法解释。对于应当适用的地方性法规、自治条例和单行条例、国务院或者国务院授权的部门公布的行政法规解释或者行政规章，可以直接引用"；第 6 条规定："对于本规定第三条、第四条、第五条规定之外的规范性文件，根据审理案件的需要，经审查认定为合法有效的，可以作为裁判说理的依据。"

三、裁判文书附件的运用

《意见》第 14 条规定："为便于释法说理，裁判文书可以选择采用下列适当的表达方式：案情复杂的，采用列明裁判要点的方式；案件事实或数额计算复杂的，采用附表的方式；裁判内容用附图的方式更容易表达清楚的，采用附图的方式；证据过多的，采用附录的方式呈现构成证据链的全案证据或证据目录；采用其他附件方式。"《行政诉讼文书样式（试行）》要求所有的判决书都要以附录方式载明所适用的相关法律依据，以当事人看得见、听得懂、能理解的方式实现司法公正。①

实践中，裁判文书的附件存有多种样态，包括：（1）法官后语。梅州大埔法院在一份赡养纠纷案件判决书附加法官后语："父亲经历生活的风风雨雨养育子女们成年，子女应当念及亲情、父子（女）情、兄弟姐妹情，克服自身困难，抛弃个人恩怨，妥善安排好父亲的生活，以使父亲能安享晚年，这是子女的义务亦是中华民族的优良传统。否则，将心比心，如果你的子女也用同样的方式对待你，你将如何去面对？"（2）附表。琼瑶诉于正等侵犯著作权案②一审判决书采用了附表方式，对《梅花烙》小说及

---

① 最高人民法院行政审判庭编：《行政诉讼文书样式（试行）》，人民法院出版社 2015 年版，"编者的话"第 1—2 页。
② 北京市第三中级人民法院（2014）三中民初字第 07916 号民事判决书。

剧本与《宫锁连城》电视剧及剧本相似情节进行比对。(3)附图。琼瑶诉于正等侵犯著作权案一审判决书采用了如下附图方式:

附图:人物关系对比图

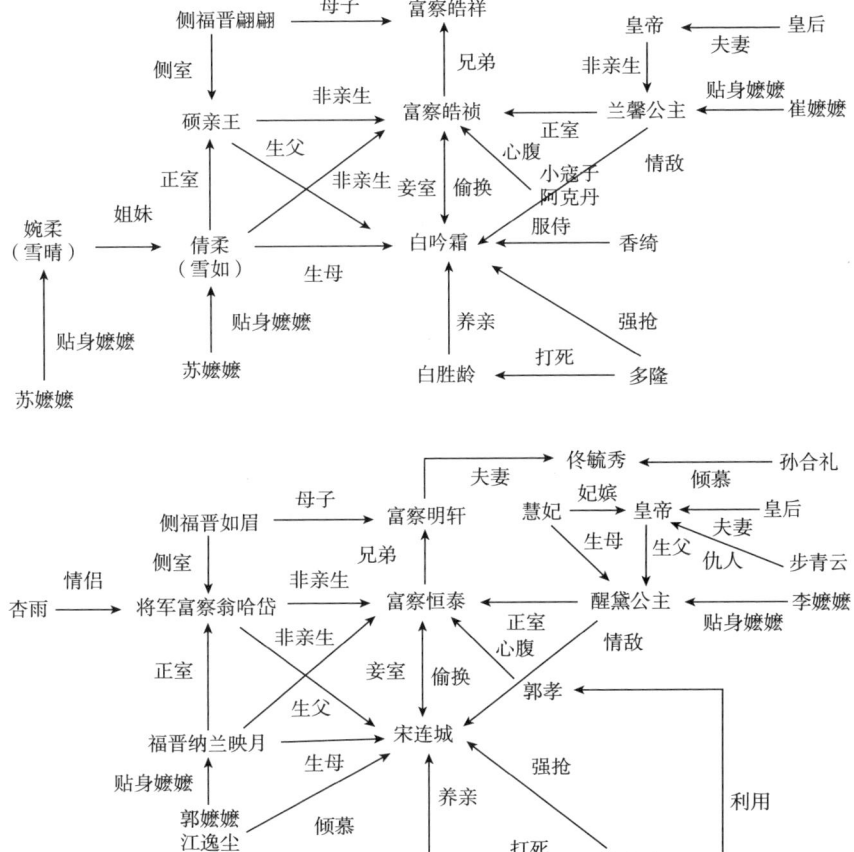

四、裁判文书说理语言的规范

《意见》第15条规定:"裁判文书行文应当规范、准确、清楚、朴实、庄重、凝练,一般不得使用方言、俚语、土语、生僻词语、古旧词语、外语；特殊情形必须使用的，应当注明实际含义。裁判文书释法说理应当避免使用主观臆断的表达方式、不恰当的修辞方法和学术化的写作风格，不得使用贬损人格尊严、具有强烈感情色彩、明显有违常识常理常情的用语，不能未经分析论证而直接使用'没有事实及法律依据，本院不予支持'之类的表述作为结论性论断。"此条主要涉及以下方面：第一，从正面对裁判文书说理对语言运用提出要求，其一，裁判文书使用的语言应符合国家通用语言文字规范和标准，必要时，裁判文书可以采用适当的修辞方法，强化说理效果，增强说服力。修辞（论证）方法是增强判决书说服力和可接受性的必要手段，"修辞技巧是法律产品的促销手段"[1]。某"诗意判决书"[2]有如下表述："婚姻关系的存续是以夫妻感情为基础的。原、被告从同学至夫妻，是一段美的历程：众里寻他千百度，蓦然回首，那人却在灯火阑珊处。令人欣赏和感动。若没有各自性格的差异，怎能擦出如此美妙的火花？然而生活平淡，相辅相成，享受婚姻的快乐与承受生活的苦痛是人人必修的功课。人生如梦！当婚姻出现裂痕，陷于危机的时刻，男女双方均应该努力挽救，而不是轻言放弃，本院极不情愿目睹劳燕分飞之哀景，遂给出一段时间，以冀望恶化的夫妻关系随时间流逝得以缓和，双方静下心来，考虑对方的付出与艰辛，互相理解与支持，用积极的态度交流和沟通，用智慧和真爱去化解矛盾，用理智和情感去解决问题，不能以自我为中心，更不能轻言放弃婚姻和家庭，珍惜身边人，彼此尊重与信任，重归于好。"其二，裁判文书的行文要求规范、准确、清楚、朴实、庄重、精练。第二，从反面对裁判文书说理部分的特殊语言运用提出要求，一是原则上不得使用方言、俚语、土语、生僻词语、古旧词语、外语，但是特殊情形必须使用的，应当注明实际含义；二是避免使用主观臆断的用语，若使用"没有事实及法律依据，

---

[1] 洪浩、陈虎：《论判决的修辞》，载《北大法律评论》2003年第5卷。
[2] 江苏省泰兴市人民法院（2016）苏1283民初3912号判决书。

本院不予支持"之类的表述作为结论性论断的，必须进行分析论证。1999年4月30日最高人民法院《关于印发〈法院刑事诉讼文书样式〉（样本）的通知》（法发〔1999〕12号）指出，目前裁判文书存在两大缺点。一是叙述事实部分，不证明犯罪，不写具体证据，只写"上述犯罪事实，有证人证言、书证、鉴定结论证实，被告人也供认不讳"这样的套话。证言，谁的证言，内容是什么；书证，是什么书证，内容是什么；鉴定结论，谁作出的，内容是什么——一概没有。法官的认证、采信证据在裁判文书中体现不出来。二是不说理或者说理不充分，理由部分没理由，只引用法条，不阐明适用法律的道理。因此，说服力也就不大。

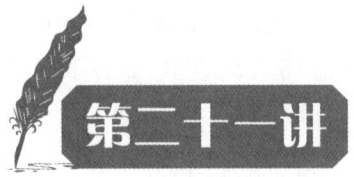

第二十一讲
裁判文书说理的辅助论据

  裁判文书说理的最终目的是证成最终裁判结论的正当性和可接受性。①《意见》第 13 条专门规定,法官除依据法律、司法解释外,还可以运用所列七种论据论证裁判理由,以提高裁判结论的正当性②

---

  ① "可接受性"是指法院作出的裁判文书所具有的能够得到受众认可、吸纳甚至尊崇的属性。判决可接受性的评价主要在于程序是否正当、法律方法是否恰当运用、法律论证是否充分。可接受性的评价标准总是随着时间和空间的不同而流变,宜采取相对合理主义的立场(任彦君:《刑事疑案适用法律方法研究》,中国人民大学出版社 2016 年版,第 175—177 页)。正如有学者指出的,"判决的正当性或可接受性,不仅来源于判决所适用规范自身的正当性——这由作为规范证成对话的立法程序是否符合理性对话的标准和要求所决定,而且取决于作为规范适用对话的司法程序是否符合理性对话的标准和要求"(任彦君:《刑事疑案适用法律方法研究》,中国人民大学出版社 2016 年版,第 103 页)。

  ② 有学者认为,"为确保法官法律解释的合法性基础,法官应当做到下列几点:第一,法官必须按照正当法律程序运用其司法权力,包括按照法定的正当程序进行法律解释;第二,法官采用的解释方法必须符合这些方法的基本要求及其限度,而不能在方法论上采取无政府主义或纯粹工具主义;第三,法官对法律的理解和解释必须符合社会主流价值及其发展方向;第四,法官对法律的解释结论必须提供合法的论证理由,不能证立的解释不得作为司法裁判的依据;第五,法官对法律的解释必须建立在职业群体理性商谈的基础上,通过及时的回应渠道了解职业群体对法律解释的基本认知并作出回馈;第六,法官的法律解释只有获得民众的赞同才具有合法性基础"(魏治勋:《法律解释的原理与方法体系》,北京大学出版社 2017 年版,第 92—93 页)。显然,上述论述同样适用于法官确保裁判文书说理论证的正当性和可接受性。

和可接受性。①

一、辅助论据的界定

此处要注意以下几点：第一，所列七种情形被称为"论据"②。所谓论据是相对于论题（点）、论证而言的。这些论据与法律和司法解释均用来论证结论。第二，所列论据与法律和司法解释均是裁判理由。所谓裁判理由是与裁判结论相对的。此处需指出的是，2009年7月13日最高人民法院通过的《关于裁判文书引用法律、法规等规范性法律文件的规定》区分了"裁判依据"和"裁判说理依据"，③其第1条规定："人民法院的裁判文书应当依法引用相关法律、法规等规范性法律文件作为裁判依据"，第6条规定："对于本规定第三条（刑事裁判文书应当引用法律、法律解释或者司法解释。刑事附带民事诉讼裁判文书引用规范性法律文件，同时适用本规定第四条规定——引者注）、第四条（民事裁判文书应当引用法律、法律解释或者司法解释。对于应当适用的行政法规、地方性法规或者自治条例和单行条例，可以直接引用——引者注）、第五条（行政裁判文书应当引用法律、法律解释、行政法规或者司法解释。对于应当适用的地方性法规、自治条例和单行条例、国务院或者国务院授权的部门公布的行政法规解释或者行政规章，可以直接引用——引者注）规定之外的规范

---

① 有学者指出，"法官解释的社会接受性也并非是无条件的，法官应当自觉地将其解释过程视为吸收、融合诸无权解释的公共交往设置，在忠于法律的前提下，在理性商谈的基础上矢志于司法真理的探求，真正将司法审判权塑造成为中立性的、独立运作的社会'第三种权力'，为社会正义的达成铸就坚实的制度基础"（魏治勋：《法律解释的原理与方法体系》，北京大学出版社2017年版，第92页）。前述论述同样适用于法官裁判文书说理的可接受性。

② 也有学者使用"论证依据"的表述。

③ 此种划分可从德国学者将法律渊源划分为法律认知的渊源和法律创设的渊源受到启发。参见［德］马蒂亚斯·耶施泰特：《法理论有什么用？》，雷磊译，中国政法大学出版社2018年版，第99页。

性文件，根据审理案件的需要，经审查认定为合法有效的，可以作为裁判说理的依据。"显然，此种区分存有不妥之处，无论是裁判依据还是裁判说理的依据，相对于裁判结论而言应该都是裁判理由，即裁判结论的论据或者裁判结论的说理依据。其实，从论证的层次来说，裁判文书最终的结论证成是基于一系列不同层次的论证的结果，即初端的论证服务于中端的论证，不同层次的论证最后共同服务于终端的论证。此种论证贯穿于审查判断证据、认定案件事实和法律适用三个环节，例如，当事人提出某个关键或者争议证据，法官经过审查判断后得出是否采纳的结论，其中证据规则属于论据的范畴，审查判断过程属于论证，关于证据是否采纳的结论属于论点；法官运用证据证明和认定案件事实中，采信的证据属于论据，遵循案件事实的规则与方法来认定事实的过程属于论证，关于事实是否认定的结论属于论点；法官针对已认定的事实来适用法律中，已认定的事实和找到的法律规范属于论据，不断拉近和耦合案件事实和法律规范的过程属于论证，得出的裁判结果属于论点。立足于此，裁判文书裁判结论的理由或依据具体包括以下三方面：一是经过证据证明的案件事实理由；二是被选择适用的法律（规范）理由；三是强化或者补强案件事实理由和法律理由的其他理由。[1]

二、辅助论据的具体类型

此处分别就下列辅助论据进行具体论述：

---

[1] 有学者将作为判决结果的依据称为判决理由中的第一性依据，将作为援引、选择这些依据的依据称为判决理由的第二性依据。参见陈林林：《裁判的进路与方法》，中国政法大学出版社2007年版，第9页。

（一）最高人民法院发布的指导性案例[①]

最高人民法院 2010 年 11 月 15 日通过的《关于案例指导工作的规定》（法发〔2010〕51 号）第 1 条规定："对全国法院审判、执行工作具有指导作用的指导性案例，由最高人民法院确定并统一发布"；第 2 条规定："本规定所称指导性案例，是指裁判已经发生法律效力，并符合以下条件的案例：（一）社会广泛关注的；（二）法律规定比较原则的；（三）具有典型性的；（四）疑难复杂或者新类型的；（五）其他具有指导作用的案例"；第 6 条第 2 款规定："最高人民法院审判委员会讨论决定的指导性案例，统一在《最高人民法院公报》、最高人民法院网站、《人民法院报》上以公告的形式发布"；第 9 条规定："本规定施行前，最高人民法院已经发布的对全国法院审判、执行工作具有指导意义的案例，根据本规定清理、编纂后，作为指导性案例公布"。2015 年 6 月 2 日发布的《〈最高人民法院关于案例指导工作的规定〉实施细则》第 2 条规定："指导性案例应当是裁判已经发生法律效力，认定事实清楚，适用法律正确，裁判说理充分，法律效果和社会效果良好，对审理类似案件具有普遍指导意义的案例"；第 3 条规定："指导性案例由标题、关键词、裁判要点、相关法条、基本案情、裁判结果、裁判理由以及包括生效裁判审判人员姓名的附注等组成。指导性案例体例的具体要求另行规定。"前述《关于案例指导工作的规定》第 7 条规定："最高人民法院发布的指导性案例，各级人民法院审判类似案例时应当参照。"《〈最高人民法院关于案例指导工作的规定〉实施细则》第 9 条规定："各级人民法院正在审理的案件，在基本案情和法律适用方面，与最高人民法院发布的指导性案例相类似的，应当参照相关指导性案例的裁判要点作出裁

[①] 有学者认为，从法律渊源的角度来说，指导性案例已成为司法裁判中基于附属的制度性权威并具有弱规范拘束力的裁判依据，具备"准法源"的地位。参见雷磊：《指导性案例法源地位再反思》，载《中国法学》2015 年第 1 期。

判"；第 10 规定："各级人民法院审理类似案件参照指导性案例的，应当将指导性案例作为裁判理由引述，但不作为裁判依据引用"；第 11 条规定："在办理案件过程中，案件承办人员应当查询相关指导性案例。在裁判文书中引述相关指导性案例的，应在裁判理由部分引述指导性案例的编号和裁判要点。公诉机关、案件当事人及其辩护人、诉讼代理人引述指导性案例作为控（诉）辩理由的，案件承办人员应当在裁判理由中回应是否参照了该指导性案例并说明理由。"

（二）最高人民法院发布的非司法解释类审判业务规范性文件

2010 年 12 月 28 日最高人民法院发布的《关于规范上下级人民法院审判业务关系的若干意见》（法发〔2010〕61 号）第 8 条规定："最高人民法院通过审理案件、制定司法解释或者规范性文件、发布指导性案例、召开审判业务会议、组织法官培训等形式，对地方各级人民法院和专门人民法院的审判业务工作进行指导。"此处的非司法解释类审判业务规范性文件具有以下特点：第一，其不是司法解释，不具有司法解释的法律效力；第二，其是规范性文件，具有相应的发文形式，往往采用"法发"（有别于司法解释的"法释"）的文号；第三，其限于必须具有指导审判业务工作的效能。例如，2016 年 1 月 6 日最高人民法院发布的《关于审理抢劫刑事案件适用法律若干问题的指导意见》（法发〔2016〕2 号），2016 年 9 月 9 日最高人民法院、最高人民检察院、公安部印发的《关于办理刑事案件收集提取和审查判断电子数据若干问题的规定》（法发〔2016〕22 号），2016 年 12 月 19 日最高人民法院、最高人民检察院、公安部印发的《关于办理电信网络诈骗等刑事案件适用法律若干问题的意见》（法发〔2016〕32 号），2017 年 11 月 15 日最高人民法院印发的《关于发布第 17 批指导性案例的通知》（法〔2017〕332 号），2017 年 4 月 13 日最高人民法院办公厅《关于印发 2016 年中国法院 10 大知识产权案件和 50 例典型知识产权案例的通知》（法办〔2017〕79号），等等。

（三）公理、情理、经验法则、交易惯例、民间规约、职业伦理

近年来出现的"经典"裁判文书就运用了前述相关情形来说理。

1. 以情说理

无锡胚胎案①有如下表述：

在我国现行法律对胚胎的法律属性没有明确规定的情况下，结合本案实际，应考虑以下因素以确定涉案胚胎的相关权利归属：一是伦理。施行体外受精胚胎移植手术过程中产生的受精胚胎，具有潜在的生命特质，不仅含有沈杰、刘曦的DNA等遗传物质，而且含有双方父母两个家族的遗传信息，双方父母与涉案胚胎亦具有生命伦理上的密切关联性。二是情感。白发人送黑发人，乃人生至悲之事，更何况暮年遽丧独子、独女！沈杰、刘曦意外死亡，其父母承欢膝下、纵享天伦之乐不再，"失独"之痛，非常人所能体味。而沈杰、刘曦遗留下来的胚胎，则成为双方家族血脉的唯一载体，承载着哀思寄托、精神慰藉、情感抚慰等人格利益。涉案胚胎由双方父母监管和处置，既合乎人伦，亦可适度减轻其丧子失女之痛楚。三是特殊利益保护。胚胎是介于人与物之间的过渡存在，具有孕育成生命的潜质，比非生命体具有更高的道德地位，应受到特殊尊重与保护。在沈杰、刘曦意外死亡后，其父母不但是世界上唯一关心胚胎命运的主体，而且亦应当是胚胎之最近最大和最密切倾向性利益的享有者。综上，判决沈杰、刘曦父母享有涉案胚胎的监管权和处置权于情于理是恰当的。当然，权利主体在行使监管权和处置权时，应当遵守法律且不得违背公序良俗和损害他人之利益。

---

① 江苏省无锡市中级人民法院民事判决书（2014）锡民终字第01235号。

惠州许霆案① 有如下表述：

被告人于德水的父母早已病亡，其与几个姊妹相依为命，生活困苦，不然，他也不会早早辍学外出打工谋生，以他的初小学历和人生经历，可以肯定，他对法律及其行为后果不会有高度清楚的认识，更不可能对这一法律界都存在争议的案件会自认为是盗窃犯罪。既然他不可能明确辨认自己的行为及其后果，我们也可以想象，对于一个穷孩子来说，几乎是从天而降的钱财对他意味着什么？！我们不能苛求每一个公民都具有同等的道德水平和觉悟。同时，被告人取了钱带回老家，除了给弟弟一些钱，剩下的也一直不敢乱花，这说明他对社会管理秩序还是心存畏惧，被抓获之后，被告人随即全部退清所有款项，我们觉得，这孩子仍心存良知。

2. 利用经验法则说理

南京彭宇案② 有下列表述：

根据日常生活经验分析，原告倒地的原因除了被他人的外力因素撞倒之外，还有绊倒或滑倒等自身原因情形，但双方在庭审中均未陈述存在原告绊倒或滑倒等事实，被告也未对此提供反证证明，故根据本案现有证据，应着重分析原告被撞倒之外力情形。人被外力撞倒后，一般首先会确定外力来源、辨认相撞之人，如果相撞之人逃逸，作为被撞倒之人的第一反应是呼救并请人帮忙阻止。本案事发地点在人员较多的公交车站，是公共场所，事发时间在视线较好的上午，事故发生的过程非常短促，故撞倒原告的人不可能轻易逃逸。根据被告自认，其是第一个下车之人，从常理分析，其与原告相撞的可能性较大。如果被告是见义勇为做好事，更符合实际的做法应是抓住撞倒原告的人，而不仅仅是好心相扶；如果被告是做好事，根据社会情理，在原告的家人到达

---

① 广东省惠州市惠阳区人民法院（2014）惠阳法刑二初字第83号刑事判决书。

② 江苏省南京市鼓楼区人民法院民事判决书（2007）鼓民一初字第212号。

后，其完全可以在言明事实经过并让原告的家人将原告送往医院，然后自行离开，但被告未作此等选择，其行为显然与情理相悖。

（四）立法说明等立法材料

此处"立法说明"是指法律案或者法律解释案的说明，例如，《关于〈全国人民代表大会常务委员会关于〈中华人民共和国民法通则〉第九十九条第一款、〈中华人民共和国婚姻法〉第二十二条的解释（草案）的说明》《关于全国人民代表大会常务委员会关于〈中华人民共和国刑法〉、〈中华人民共和国刑事诉讼法〉有关规定的解释（草案）的说明》，等等。随着立法民主化、规范化和公开化的推进，立法说明、立法草案、立法机关组成人员的审议意见、立法工作机关（即全国人大法工委[①]）作出的答复意见、立法工作机关工作人员的法律释义[②]等立法材料，[③]均可有助于法官对法律条文主旨、含义的把握。

立法材料作为裁判说理论据得到域外学界和实务界的认同。英国学者指出："英国上议院先在决定，刻录成到法庭在查考立法

[①] 有学者认为，法工委具有隐性立法者的身份。参见卢群星：《隐性立法者：中国立法工作者的作用及其正当性难题》，载《浙江大学学报（人文科学版）》2013年第2期。

[②] 此种"法律释义"不同于"宣传解释或者普法解释"，即有关国家机关、社会团体在精心普及法律宣传或者老百姓在进行法律学习时，对法律规定的含义所作的说明和阐述（周旺生：《立法学》，法律出版社2009年版，第358页）。有学者针对"法律释义"作出如下评论：一是效力难题，即隐性立法解释的效力难以证成；二是实践难题，即"法律释义"丛书质量良莠不齐；三是民主难题，即立法辅助机构缺乏民意代表性，同时立足缓解正当性和高效性之间的矛盾，并提出如下改善建议，即一是通过统一的规则来规范法工委编写"法律释义"；二是明确限定"法律释义"效力的合理范围，例如可用于裁判文书的说理，但不得作为司法裁判依据和行政执法依据（刘怡达：《隐性立法解释："法律释义"的功能及其正当性难题》，载《政治与法律》2017年第8期）。

[③] 立法机构主要负责人出版的著作或者其传记有助于对法规范含义的理解，参与宪法或者法律制定的专家撰写的相关专著也有助于对法规范含义的把握。

机构的真实意图方面，已然采取了卓有成效的合目的性的立法解释进路，因此，应当放宽禁止法庭引述议会立法资料以为解释立法之助的规定，以便在立法含混不清、暧昧费解或者文义可能导致荒谬不经之时，准允法庭援引之；在此，可资引述的立法资料包括推动法案的部长或者其他人的陈述，倘若为了理解这些陈述及其影响，必须引述其他此类立法资料的话，得引用之。"① 德国联邦宪法法院案例［BGHST，14（153-155）］有下列表述："否认将狗归属于'其他危险工具'的理由在于，依据德国刑法典制定前后的立法材料，'武器'只应被理解为这样的对象，即借助它能导致对他人身体'机械效果'的伤害，例如椅脚、棍子、大号的住房大门钥匙、指节连环铜套等，因为制定法形成时的武器概念只包括砍杀、刺杀、戳杀、射击这类武器，而狗这类危险的动物并不会对身体造成机械效果的伤害。"② 我国司法实践中，有的裁判文书将法律释义的内容作为说理依据，例如，"一审法院认为：'根据《中华人民共和国合同法》第二百六十九条和全国人大法律工作委员会编写的《中华人民共和国合同法释义》关于承揽合同的定义以及建设工程合同范围的解释……'"③ "本院认为……全国人民代表大会常务委员会法制工作委员会编写的《中华人民共和国商标法释义》中指出……"④ 有的裁判文书将法律释义的内容作为裁判依据，例如，"依照《中华人民共和国合同法》第六条、第一百三十二条第一款第五项、《中华人民共和国物权法》第三十条、《中华人民共和国物权法（释义）》第三十一条之规定，判决如下……"⑤ "依据《中华人民共和国农村土地承包法》第四十六

---

① ［美］丹尼斯·劳埃德：《法理学》，许章润译，法律出版社2007年版，第552页。
② 雷磊：《再论法律解释的目标》，载《环球法律评论》2010年第6期。
③ 贵州省黔南布依族苗族自治州中级人民法院（2014）黔南民终字第24号民事判决书。
④ 北京知识产权法院（2015）京知行初字第3737号行政判决书。
⑤ 四川省梓潼县人民法院（2013）梓民初字第08号民事判决书。

条……《中华人民共和国合同法释义》第二百二十五条之规定，判决如下……"① "《安全生产法释义》是由全国人大常委会法制工作委员会编写的法律释义书籍，原一、二审法院直接适用《安全生产法释义》不当，本院予以纠正，但其能够准确反映《安全生产法》的立法背景、立法宗旨和法律条款的内容，可为理解适用《安全生产法》提供重要参考"②。

（五）历史、体系、比较等解释中使用的材料

法律的适用往往离不开解释。③法律解释可作三个层面理解，④最广义的法律解释涵盖了解释主体对法律解释客体所进行的任何性质的解释性活动（包括借助法律解释的名义进行的法律漏洞填补）；广义的法律解释活动所指对象不仅限于各种法的形式和法定渊源，而且涉及法律事实及其与法的形式、法的渊源的关系，但不包括漏洞填补等创制法律规范的行为；狭义的法律解释的行为指向仅为法的形式，亦即法律规范本身。狭义的法律解释

---

① 陕西省彬县人民法院（2014）彬民初字第00445号民事判决书。
② 山东省高级人民法院（2016）鲁行再26号行政判决书。
③ 作为权力形态的法律解释权，则可以归结为四项权力：发现权，即法官在具体审理案件过程中寻找、选择可以适用于个案的法律规范的权力；阐明权，即法官在行使法律解释权的活动中，出于审理个案的需要，对于发现的法律进行的阐释说明，明确其在个案中具体的法律意义，并结合所发现的法律阐明案件事实的法律意义的权力；论证权，即法官在司法过程中就其对法律的解释和适用作出论辩和证明的权力；判断权，即法官在行使法律解释权的活动中，根据法律的精神和原则，对其所解释的法律和案件事实的法律意义作出判断，进而对案件的结果作出判断的权力（魏胜强：《法律解释权研究》，法律出版社2009年版，第121—141页；魏治勋：《法律解释的原理与方法体系》，北京大学出版社2017年版，第59—61页）。需指出的是，历史上存在过禁止解释的做法和主张，例如，主持编纂《普鲁士联邦法》（条款数目达到17000余项）的威廉二世明确禁止法官对法律规定作出于任何理由的解释。
④ 魏治勋：《法律解释的原理与方法体系》，北京大学出版社2017年版，第43—44页。

的直接对象就是法律文本,① 间接对象是法律规范。② 法官在采用解释方法来解释法律规范的含义时往往会运用相关的材料,包括历史文献、域外立法例、同一法系国家的判例,等等。此处就法律解释方法的相关问题作些延伸性阐述。

1. **法律解释方法的种类**

法律解释方法,是指在法律适用过程中,解释主体根据案件事实对法律规范用语的含义所作的理解和诠释,以确定规范的真实含义的方法。③ 至于以何种标准来划分法律解释方法的类型及各种类型的界定与外延关系,学界均存在分歧,例如,文义解释与论理解释的区分标准是什么;④ 文义解释是与论理解释并列还是与论理解释中的下属类型并列;论理解释的内涵与外延如何界定;论理解释的下属类型的界定,等等。此处主要就以下范畴略作论述:

(1)文义解释。亦称字面解释、语法解释、文法解释或者文理解释,是指从法条的文义、语法结构和句式上对法条用语的含

---

① 法国学者认为,文本具有以下特性:第一,相比于以具体语境为依赖的言谈话语,文本获得了脱离语境的独立的生命和意义;第二,文本具有被无限阐释的可能性;第三,文本的意义不受直接指称的限制。参见[法]保罗·利科:《解释学与人文科学》,陶远华、袁耀东译,河北人民出版社1987年版,第150页。

② 有学者认为,解释就是决定文本的意义,并且,如果这个意义只不过是文本所表达的规范的话,那么正是解释者确定了规范。实际上,规范不是由该文本的作者制定的,而是由有权解释者制定的。真正的立法者不是国会,而是法律的解释者。参见[法]米歇尔·托贝:《法律哲学:一种现实主义的理论》,张平、崔文倩译,中国政法大学出版社2012年版,第92页。

③ 任彦君:《刑事疑案适用法律方法研究》,中国人民大学出版社2016年版,第37页。

④ 有学者认为,如果说文义解释是"就法论法"的话,那么,论理解释就是"法外求法",是从法律规范之外的诸多因素出发,对案件事实所涉及的法条进行解释。参见孙光宁:《法律解释方法在指导性案例中的运用及其完善》,载《中国法学》2018年第1期。

义予以分析和解释的方法。① 文义解释具有克服法律文本五大缺陷的基本功能:第一,歧义问题,即一词多义导致的法律语词或语句的意义多元;第二,模糊问题,即法律语词内涵模糊导致的所指范围界限不清;第三,评价性问题,即评价性语词使得法律规范自身意义不够确定;第四,翻译问题,即翻译过程中法律语词的意义转换或意义丢失与意义添附导致的理解错位;第五,意义变迁问题,即社会情势变迁引致的法律语词意义的歧变。② 正如有学者总结的,文义解释应遵循以下六条具体操作性规则:③ 第一,"通常含义"规则,即法律语词的核心意义是某一语言体系中的普通人共同接受的一般含义;第二,"次要含义"规则,即在按照通常含义理解出现不合理结果的特殊情况下,可以采纳符合普通人的语言使用习惯的次要含义;第三,"专门含义"规则,即若法律规定所用的是专门语词或词组,或者具有专门含义的普通语词或词组,那就应从专门含义的角度进行解释;第四,"技术含义"规则,即按照某一特定科学技术领域专家的普遍理解去界定特定法律语词的含义;第五,"三步舞"程序规则,即文义解释应依次遵循三个解释步骤:其一,解释者必须仔细系统地阅读相关法律文本;其二,解释者必须按照解释对象的通常含义决定其意义选项;其三,解释者必须确立反思性的解释思维,对其解释结论采取反思批判的立场,按照反思平衡或者理性商谈的路径对其解释结论作出合理性评估。第六,避免自然主义谬误。④

---

① 《意大利民法典》第 12 条规定:在适用法律时,只能根据上下文的关系,按照词句的原意和立法者的意图进行解释,而不能赋予法律另外的含义。
② 魏治勋:《法律解释的原理与方法体系》,北京大学出版社 2017 年版,第 137 页。
③ 魏治勋:《法律解释的原理与方法体系》,北京大学出版社 2017 年版,第 164—168 页。
④ 英美法系司法实践中文义解释要受"黄金规则"的限制。所谓黄金规则,是指"若运用文义解释规则出现荒谬的结果时,法官应当寻求字词的其他含义以避免荒谬结论的出现"。参见魏玮编译:《英国法律解释三大规则之应用》,载《法律适用》2002 年第 2 期。

（2）论理解释。学界对论理解释的界定存在分歧：有学者认为，论理解释，是指从论理的角度探求法律的意义的方法，即深入历史的维度审视法律发展的脉络，从历史深处寻求当下法律的意义，或者通过比较的方式，探求相似立法的外国例子，或者通过相关法律在整个法律体系中的逻辑位置，探求法律背后的立法者的目的，由此可以洞察除相关法律规范在适用当下案件过程中的意义所在。① 有的认为，论理解释乃是在文义解释无法达成解释之目标，即文义解释的结论存在明显不合理和悖谬之处时，根据"黄金规则"而转换至通过分析法律概念的逻辑关系或进行概念推理而寻求解释结论的严格解释方法，具体包括扩张解释、限缩解释、当然解释、反对解释和类推解释。② 有的认为，论理解释，是指依立法之目的与原则及社会之需要，通盘就法典之组织及其他参考资料，本逻辑推理之方法来决定法律应有之意义。③ 学理上通说认为，论理解释是相对于文义解释而言的，论理解释的界定必须与文义解释的界定保持逻辑一致。

（3）体系解释，是指不孤立地分析法条的含义，而是把要解释的法条放在该法条所在的整个法体系中，或在与其他法律规范的关系中，系统地考察这一法条含义的解释方法。正如瑞典学者所言，"在解释某一制定法条款时，我们必须关注那些为理解这一条款而作出贡献的其他条款"。④

---

① 谢晖:《论理解释与法律模糊的释明》，载《法律科学》2008年第6期。

② 魏治勋:《法律解释的原理与方法体系》，北京大学出版社2017年版，第183页。

③ 林诚二:《民法总则》，中国政法大学出版社2008年版，第52—53页。

④ ［瑞典］亚历山大·佩岑尼克:《法律科学：作为法律知识和法律渊源的法律学说》，桂晓伟译，武汉大学出版社2009年版，第31页。

（4）历史解释，①是通过历时性探究来获得法律规范含义，主要是对历史沿革的各种立法资料进行汇总分析，得出法律规范的含义。例如，针对1938年国民政府通过的《惩治汉奸条例》中"汉奸"的含义，采取历史解释最具合理性。根据相关资料，二十五史中仅有《清史稿》使用了"汉奸"一词。另据日本神户大学教授王柯的考证，雍正年间，曾有汉人与"苗顽"联手对抗清廷在西南边疆的"改土归流"政策，这些人就被清室皇帝骂为"汉奸"。这种意义下的"汉奸"，是指汉族奸细，其所损者乃满族统治阶级利益。到清朝后期，对"汉奸"一词的理解已经出现泛化倾向。道光年间，西方列强入侵，"汉奸"的大帽子不属于汉人"专利"，已被理解为勾结外国势力的背叛者。此种意义下的"汉奸"是指叛国奸细，其所损者乃中国整体利益。据此，此处的"汉奸"宜被解释为"背叛和损害国家和民族利益的中国人"。② 再如，国家机构规范的解释，在相当程度上需要回到制宪史背景中寻求历史解释的资源。1982年宪法起草前后的历史文献，包括党的十一届三中全会公报、邓小平《党和国家领导制度的改革》报告以及《关于建国以来党的若干历史问题的决议》等，都是重要的制宪史材料，有助于了解"宪法工程师们"对于宪法国家机构部分的认识。③

（5）比较解释，是指引用外国立法资料及判例学说作为一项解释因素，用以阐释本国法律意义内容的解释方法。④ 比较解释

---

① 法律方法论研究中对确定"历史解释"依据存在主观解释论（主张为立法者在制定法律规范时追求的目的）和客观解释论（主张为法律规范自身的客观目的）的分歧。前者的缺陷在于通过"移情"的方式探寻立法者原意，在终极意义上无法彻底实现；后者的缺陷在于容易与目的解释过度混淆。陈金钊等：《法律方法论研究》，山东人民出版社2010年版，第344—348页。

② 魏治勋：《法律解释的原理与方法体系》，北京大学出版社2017年版，第256—257页。

③ 张翔：《中国国家机构教义学的展开》，载《中国法律评论》2018年第1期。

④ 梁慧星：《民法解释学》，中国政法大学出版社1995年版，第230页。

方法的运用,应注意以下几点:一是不得局限于法律条文之比较,应扩及于判例学说及交易惯例,尽可能对于外国法之真意及现时作用有充分了解,并将所引资料及参考理由说明;二是不可因外国立法例较佳,即径为援引采用,以取代本国法律规定,外国法律之斟酌,常可导致本国法律规定之扩张或限缩解释,但不得超出法律文义之可能范围;三是可否援引外国立法例来解释本国法律规定或补充法律漏洞,应以不违反本国法律之整体精神及社会情况为度;四是经由解释途径,外国立法例被纳入本国立法体系,须融为一体。①

(6)目的解释,是从法律规范的目的出发来阐明模糊或者冲突法律规范的含义。目的解释被域外学者提升到与文义解释同等甚至更重要的位置,"对法律解释适用这样一点:规范文本应当表达规范目的。法律规范的语言文本是一种运载工具,立法者借此公开他们所追求的规范目的……文本具有实现目的的服务功能。对法律解释而言,它是首要的辅助工具"②,"解释方法之桂冠当属于目的论之解释方法,因为只有目的论解释方法直接追求所有解释之本来目的,寻找出目的观点和价值观点,从中最终得出有约束力的重要的法律意思;而从根本上讲,其他的解释方法只不过是人们接近法律意思的特殊途径"③。实践中,间或会运用目的性扩张或目的性限缩的解释方法来确定处在"文义射程"边缘地带的规范文义。例如,最高人民法院指导性案例23号在界定"消费者"时减少对主观状态要件的要求,将"知假买假"者纳入,满足《消费者权益保护法》对消费者进行倾向性保护的目的;指导性案例29号将"具有广泛社会认知的企业简称"纳入"企业名

---

① 梁慧星:《民法解释学》,中国政法大学出版社1995年版,第234—235页。

② [德]魏德士:《法理学》,丁晓春、吴越译,法律出版社2003年版,第322页。

③ [德]汉斯·海因里希·耶塞克、托马斯·魏根特:《德国刑法教科书》,徐久生译,中国法制出版社2001年版,第193页。

称"的概念之中，以更加宽泛的方式实现保障公平竞争的目的；指导性案例40号扩大工伤认定中"工作场所"范围，体现保护劳动者的立法目的，等等，属于目的性扩张；而指导性案例33号对《合同法》第59条、指导性案例37号对《民事诉讼法》第239条、指导性案例53号对《物权法》第219条、指导性案例67号对《合同法》第167条，进行了目的性限缩解释。①

（7）合宪（性）解释，是指依宪法及阶位较高的法律规范，解释阶位较低的法律规范的一种法律解释方法。合宪性解释方法具有两项功能：一是内容性功能，即参与法律解释内容之决定；二是控制性功能，即控制法律解释之结果，使其不逸出宪法所宣示的基本价值判断范围之外。合宪性解释不同于目的解释和法意解释，合宪性解释乃以高位阶之规范阐释低位阶规范之含义，目的解释乃以某一规范之目的或整个法律之目的阐释各个规范的含义，法意解释乃从立法资料及立法中探求各法律规定的立法意旨以阐释个别条文法律规范的含义。

（8）社会学解释，即将社会学方法运用于法律解释，基于对社会效果的预测和考量，在文义可能的范围内解释法律条文的含义。②最高人民法院指导性案例4号和12号的裁判理由中以"维护社会秩序、化解社会矛盾"的表述反映了社会学解释立场。

（9）当然解释。当然解释的适用要具备三个前提：第一，"法律没有明确规定"（有相应规定，但不够清晰确定）；第二，法律条文的规范构成要件与待决事实构成要件之间存在逻辑上的递进关系；第三，以法律规范含义为意义择取的外部限制；第四，以语义解释意义范围为意义择取的内部边界。③当然解释的运行依

---

① 孙光宁：《法律解释方法在指导性案例中的运用及其完善》，载《中国法学》2018年第1期。
② 任彦君：《刑事疑案适用法律方法研究》，中国人民大学出版社2016年版，第37—38页。
③ 魏治勋：《法律解释的原理与方法体系》，北京大学出版社2017年版，第205页。

据表现为"统合三点论",① 具体包括：第一,"事务本质"即法律（规范）的"构成要件";第二,实质逻辑;第三,规范宗旨。司法实践中,非法制造山炮定性为非法制造枪支罪,抢劫国有档案定性为抢夺国有档案罪,就采用了当然解释的方法。

（10）类推解释,即通过寻找法律规范和法律事实中的对应性概念的上位概念,并以之为推理"中介物",进而确定待决法律事实之规范前提的解释方法。② 例如,《十二铜表法》规定,四脚动物的所有权人就该四脚动物出于其兽性对他人所引起之损害,负赔偿损害责任。二脚动物鸵鸟与四脚动物虎、豹等均属于平行的种概念,共享上位的属概念危险动物。1998年12月11日最高人民法院《关于审理非法出版物刑事案件具体应用法律若干问题的解释》第9条第1款规定："为他人提供书号、刊号,出版淫秽书刊的,依照刑法第363条第2款的规定,以为他人提供书号出版淫秽书刊罪定罪处罚";第2款规定："为他人提供版号,出版淫秽音像制品的,依照前款规定定罪处罚。"此处的"刊号""版号"与刑法第363条第2款规定的"书号"属于平行的种概念,共享上位属概念出版物批号。此处需指出的是,类推解释不同于类推适用。类推适用是指待决事实的"事实构成"与相应法律规范的构成要件有且仅有一项构成要素不相契合,基于两者之间的其他相似性和利益衡量判断,适用近似法律规范能确保规范目的或宗旨的实现之际,直接将这一规范适用于该待决事实。③ 类推适用中的两种情形不存在共同的上位概念,而类推解释中的两种情形存在共同的上位概念。

---

① 魏治勋:《法律解释的原理与方法体系》,北京大学出版社2017年版,第209—211页。
② 魏治勋:《法律解释的原理与方法体系》,北京大学出版社2017年版,第231页。
③ 魏治勋:《法律解释的原理与方法体系》,北京大学出版社2017年版,第232页。

2. 法律解释方法的位阶

关于法律解释方法的位阶，学界存在分歧。有的认为，其存在位阶关系，即先文理解释后论理解释，而论理解释的位阶是"体系解释/法意解释—扩张解释/限制解释/当然解释—目的解释—比较解释/社会学解释"①。有的认为，"按解释法文之顺序，应先从文字解释（文理解释或文义解释）着手，必也文字解释不能达探求法文之真意时，方采论理解释之方法"。② 有的认为，文义解释方法的适用具有优先性，体系解释、历史（法意）解释、目的解释、合宪解释和社会学解释等合称为论理解释，在适用上并无绝对的位阶关系。③ 有的认为，"到目前为止，人们尚不能在各种法律解释方法之间确立一个如化学元素表一样的固定的位阶关系"④。综上所见，文义解释优先的主张至少得到大多数人的认可。"文意解释优先正是尊重议会或人民代表大会权威的体系。这一点是现代法治的基本要求"⑤；"所有的解释努力都应当从法律的可能词义出发"，"可能之语义的界限也即是解释的界限"。⑥

需指出的是，不管采用何种解释方法，方法只是工具，只是

---

① 任彦君:《刑事疑案适用法律方法研究》，中国人民大学出版社2016年版，第39—40页。
② 林诚二:《民法总则》，中国政法大学出版社2008年版，第53页。
③ 杨仁寿:《法学方法论》（第2版），中国政法大学出版社2012年版，第138页。
④ 梁慧星:《民法解释学》，中国政法大学出版社1995年版，第214页。
⑤ 陈金钊:《文意解释：法律方法的优位选择》，载《文史哲》2005年第6期。
⑥ ［德］R.齐佩利乌斯:《法学方法论》，金振豹译，法律出版社2009年版，第63页。

思维路径，始终不能忘记法律规范目的和价值理念。① 法官基于依法裁判的义务、不得拒绝裁判的义务以及公平公正裁判的义务，② 在很多时候，尤其是在法律出现漏洞之时，需要在法的精神及原则指导下对法律进行建构性解释和发展。对此，诸多学者有着很好的直接论述，③ 例如，德国学者认为，"在通常情况下，法院优先运用的解释方法应当能够在现行法律制度的框架下，顾及法律制度所体现出来的价值观念，使法院作出'公正的'、符合具体情况的、适当而又均衡的裁判。不过法院不得以其自己的评价来代替立法者的评价。这是由宪法规定的立法机关与司法机关之间的权能分配所决定的"④；"制定法外的法发展形成应有必要的理由，即交易的必要性、事物的本性、法伦理的原理"⑤；"法律制度是永远不能从逻辑意义上的真实概念（客观存在与认知的一致性）角度被判定'正确的'或'真实的'。只能从法所追求的目的角度，也就是从基本的价值秩序角度来判断法律规范可能是适当的、有

---

① 需指出的是，这里存在一个规则论思维与目的论思维的平衡把握问题，正如有学者指出的，当达到目标或关注结果成为裁判案件的最高准则时，法律体系受规则约束的本质就会有所减损（［美］布赖恩·Z.塔玛纳哈：《法律工具主义：对法治的危害》，陈虎、杨洁译，北京大学出版社2016年版，第391页）；目的论思维在法律体系中的应用，使法律体系在能够适应生活变化的同时，也对法律的普遍性与确定性形成重大的冲击，由此削弱法治国或者规则之治的形式性保障（劳东燕：《转型中的刑法教义学》，载《法商研究》2017年第6期）。

② ［德］科因：《法哲学》，林荣远译，华夏出版社2002年版，第222页。

③ 美国学者则间接地论述指出，法官有义务维护法律，并应该按照法律理由而行为。偏向于自我、朋友或者法官所加入组织的理由应该予以排除。道德的、宗教的及政治的理由亦应排除，除非法律刚好确认它们为司法判决的基础。参见［美］史蒂文·J.伯顿：《法律和法律推理导论》，张志铭、解兴权译，中国政法大学出版社1998年版，第189页。

④ ［德］卡尔·拉伦茨：《德国民法通论》（上册），王晓晔等译，法律出版社2003年版，第105页。

⑤ 梁慧星：《民法解释学》，中国政法大学出版社1995年版，第285—287页。

益的、必要的。因此首要的不是正确的逻辑,而是正确的目的论"①。法国学者认为,"其实法官拥有的创造权是有限的,因为首先他的创造不能毫无根据;其次要受到众多原则的限制。因此更确切地讲,他的首要作用是寻求正确的案件解决方法,揭示深藏的正义"②。日本学者石田穰指出,"解释者在进行价值判断时,仍受到种种制约;解释者作价值判断时,应尽可能依外国立法例、起草人意见及一般法感情等为判断,单纯依自己主观判断时,应格外慎重;解释者的价值判断不得反于法律规定及法理"③。

(六)法理及通行学术观点

此处重点就以下问题加以论述:

1. "法理"与"学说"④是同一还是有别

大陆地区学者有的认为,"权威性学说或法理主要是指某些法学家对法律所作出的各种理性说明、解释和理论阐发"⑤;有的认为,"学说,学者称为法理,是指权威的法学家在其著述中阐释的法学概念、原理和主张"⑥;有的认为,法理是广义的法学家(包括法律教授和法官等)就民法问题所陈述的观点,而学说则进一步指法学家对成文法的阐释、对习惯的认知,以及对法理研究所表示的意见;⑦有的认为,学说是指学者或者实务者等个人对成文

---

① [德]伯恩·魏德士:《法理学》,丁小春、吴越译,法律出版社2003年版,第61页。
② [法]雅克·盖斯坦、吉勒·古博:《法国民法总论》,陈鹏等译,法律出版社2004年版,第420页。
③ 梁慧星:《民法解释学》,中国政法大学出版社1995年版,第285—287页。
④ "学说"在域外学者中有不同的称呼,包括权威学术著作、法律学说、法学家法(科学法)、教科书法、专家意见、法律著述、权威典籍等。
⑤ 张光杰主编:《法理学导论》,复旦大学出版社2006年版,第43页。
⑥ 刘想树:《学说与判例的法渊源地位研究》,载《中国人民公安大学学报》2002年第4期。
⑦ 姚辉:《论民事法律渊源的扩张》,载《北方法学》2008年第1期。

法的阐释、对习惯法的认知及法理之探求所表示的意见,即是私人的法律观点和见解。① 在我国台湾地区,学者通常将学说作为与法理不同的概念界定,有的认为,所谓学说,乃是学者对于某种学科所具有的思想和发表的见解;② 有的认为,学者关于成文法的解释、习惯法的认知、法理的探求等所表示的见解,是为学说。但也有个别学者将学说视为法理的一部分,例如,"法理就是条理,所包者广,举凡人伦之常理,如正义、衡平等原则莫不皆是,又法学者的权威著述,就法律所为之诠释与推理也不失为法理之一部分"③。

2. "法理"的定义

大陆地区学者有的认为,法理具体指称为法律的基本原则、基本理论、法律精神;④ 有的认为,法理是指法的一般原理、基本精神,即事物的当然之理;⑤ 有的认为,法理是由学者通过分析、研究提出的,经过国家认可的,可以对法律实践有实际影响或直接约束力的法;⑥ 有的认为,法理包含学说和判例两种形式,前者为学者法,后者为法官法;⑦ 有的认为,法理是指(民法)的学说、理论;⑧ 有的认为,法理是指一种能反映一国社会规律的、体现本国传统的、在法治实践中被社会公认了的正当的法律原理;⑨

---

① 于晓青:《法理与学说作为法源之研究》,复旦大学出版社2017年版,第85页。
② 管欧:《法学绪论》,蓝星打字排版有限公司1982年版,第111页。
③ 韩忠谟:《法学绪论》,中国政法大学出版社2002年版,第31页。
④ 陈晨、吴坚:《法理和中国的法律渊源体系》,载《广西政法管理干部学院学报》2003年第1期。
⑤ 曾庆敏主编:《法学大辞典》,上海辞书出版社1998年版,第1125页;张曙光主编:《法理学》,中国人民大学出版社2003年版,第142页。
⑥ 葛洪义主编:《法理学》,中国政法大学出版社2008年版,第247页。
⑦ 徐国栋:《论民法的渊源》,载《法商研究》1994年第6期。
⑧ 王利明:《民法总则研究》,中国人民大学出版社2003年版,第63页。
⑨ 朱新力:《论行政法的不成文法渊源》,载《行政法学研究》2002年第1期。

有的认为，法理是指依据民法之基本原则所应有的原理；① 有的认为，法理即为条理，是公平正义之理，主要指自然法、事物当然之理、法律精神、法律原理和技术方法，是公知公认的原理、道理和普世性的理念和方法，包括部门法基本原理。② 在我国台湾地区，有的认为，法律上通常的正当的道理，称为法理，亦有称之为条理者，乃是有关法律的一般原理原则，亦即从法全体精神所生的真理，例如正义、公平、立国主义等均是；③ 有的认为，法理一般是指多数人所承认之共同生活的原理，如正义、衡平，及利益较量等自然法的根本原理；④ 有的认为，法理为法律之原理，又可谓健全国民之常识。法理为法律之原理，形成所有实定法之理论上动机，为所有的法源——法律、命令、习惯法、判例等——之基础，同时亦为民法法源之一，以兹补充其他法源之不足；⑤ 有的认为，法理是指法律通常之原理，例如历来办案之成例及法律一般之原理原则。与事物当然之理固有不同，即与从法律全体精神所生之原理亦属有异；⑥ 有的认为，法理并非漫无限制，而是以正当者为限。所谓正当，乃就事务、法律之精神及其他事理而言客观上当然应具有之原则。由是观之，法理亦不外诚信原则与衡平社会观念；⑦ 有的认为，所谓法理，乃就法律之原理而言，亦即自法律根本精神演绎而得之法律一般的原则；⑧ 有的认为，法理乃

---

① 梁慧星:《民法总论》，法律出版社2004年版，第25页。
② 于晓青:《法理与学说作为法源之研究》，复旦大学出版社2017年版，第80页。
③ 管欧:《法学绪论》，蓝星打字排版有限公司1982年版，第110页。
④ 郑玉波:《民法总则》，中国政法大学出版社2003年版，第57—58页。
⑤ 刘得宽:《民法总则》，中国政法大学出版社2006年版，第18页。
⑥ 胡长清:《中国民法总论》(增订版)，中国政法大学出版社1997年版，第32—33页。
⑦ 林诚二:《民法理论与问题研究》，中国政法大学出版社1999年版，第26页。
⑧ 杨仁寿:《法学方法论》，中国政法大学出版社1999年版，第143页。

法律之原理。法律之原理可谓维持社会共同生活，事物不可不然之原理原则；① 有的认为，法理应指现行法内各种原理原则；② 有的认为，法理应为法律全体精神所生之原理之义；③ 有的认为，法理指自法律精神演绎而出的一般法律原则，为谋社会生活事物不可不然之理，与所谓条理、自然法、通常法律的原理，殆为同一事物的名称。④

3. 通说的界定及运用

何谓（法学）通说，学界存有分歧。有的认为，关于某法律问题，判例与学说均采相同见解，堪称"通说"。如果学者意见趋于一致，但判例尚采不同观点时，仍未形成通说，而只是学者通说。⑤ 有的认为，法学通说是指针对现行法律框架中某一具体法律适用问题，学术界和司法界人士经过一段时间的法律商讨而逐渐形成的，由多数法律人所持有的关于法规范解释和适用的法律意见。⑥ 有的认为，"法学通说"一词主要在三种层面上使用：一是普遍规则意义上的法学通说，即法学通说的一般原理；二是宏观指代意义上的法学通说，比如教科书中经常提到的刑法学通说、民法通说等；三是具体指代意义上的法学通说，比如犯罪构成四要件说，公司人格否定说等。其主要包括"要有一种普遍的主张""包括一个或一些基本的概念"和"支持这一主张的某种类型的论证"三个基本要素，并以"内在的一致性、简单性、平稳

---

① 郑玉波主编：《民法总则论文选辑》（上），五南图书出版公司1983年版，第215—216页。

② 苏永钦：《私法自治中的经济理性》，中国人民大学出版社2004年版，第22页。

③ 胡长清：《中国民法总论》，中国政法大学出版社1997年版，第32页。

④ 王泽鉴：《民法总则》（增订版），中国政法大学出版社2009年版，第60—61页。

⑤ 王泽鉴：《法律思维与民法实例：请求权基础理论体系》，中国政法大学出版社2001年版，第300页。

⑥ 黄卉：《论法学通说》，载《北大法律评论》2011年第2辑。

性、形而上学与科学的相容性、理论间的支持"为论证标准。① 有的认为，通说是学说之中最具解释力的观点，具有妥当性（即与制定法根本价值体系更相融贯）、稳定性（即与法律内在品质——稳定性有着天然的联系）和客观性（即已经检验、可普遍化程度较高）。②

　　从实践来看，法官选择采用通说，一般不需对通说本身进行说理论证，因而减轻了论证负担。正如德国学者所言，"在教义学证立中至少能够暂时采纳业已检验过的和业已承认的语句，这种可能性减轻了（论证的）负担，以至于没有特别的理由不需要一个重新的检验，这就有可能免于在任何情况下对任何评价问题重新加以讨论。这个减负功能不仅对于法院在时间所迫下所进行的工作是必不可少的，而且它对于法学上的讨论也具有重要意义"③。当然，法院采用学说时，应遵循若干标准：第一，就某一法律问题存在多种学说时，采用通说；第二，就某一法律问题存在旧说与新说时，尽量考虑采用新说；第三，在持论者具有不同的权威性程度时，尽量采用权威学者的学说；第四，要考虑拟采用的学说适用于具体案件时能获得最公正之处理。④ 也就是说，"法官在运用学说进行法律解释、续造法律时，必须依正法理念标准对学说进行审查，既审查学说是否与制定法精神相符合，也审查学说是否与某特定的主流的社会价值观世界观不相抵触。一般而言，法官应根据结果考量或利益衡量，在法秩序内所筛选的可

---

　　① 姜涛：《法学通说的文明与法学通说的选择》，载《法律科学》2009年第3期。
　　② 于晓青：《法理与学说作为法源之研究》，复旦大学出版社2017年版，第234—235页。
　　③ ［德］罗伯特·阿列克西：《法律论证理论》，舒国滢译，中国法制出版社2002年版，第331—322页。
　　④ 徐国栋：《论民法的渊源》，载《法商研究》1994年第6期。

适用于个案的、最稳妥的学说"①。需指出的是,学说本身是随着社会的发展而不断变化的,主流观点与非主流观点也随之处于变化、更替之中,不可能一成不变。"通说不是绝对的真理,非恒久不变。对通说固应尊重,但须彻底了解其内容及意义,不能盲目接受"②。法官采纳"新说",需要承担必要的说理论证,即"不只是对新的解决办法进行证立,而且也有充分的根据突破传统"③。

4. 法理与学说的裁判功能

学界有以下观点,一是"推论渊源—参照依据说",例如,有学者认为,以往法理学所谓"法律的非正式渊源"实际上是法律的推论渊源,法官可以借助推论渊源进行法律推论,法理、政策、习惯、公共利益观念都是法律推论的参照依据。④ 二是"法律渊源—裁判依据说",有学者认为,当法官适用非制定法理由作为裁判依据时,法律渊源是指作为裁判依据的非制定法形式的法律理由。⑤ 或者认为,从司法上来看,凡是成为裁判依据的规范,不论其是否为法律规范,只要能够作为法官判案的依据都应当称为法律渊源。⑥ 三是"判决依据说",例如,有学者认为,"法理之援用,实指法律之补充而言,其在具体化以前,并不生规范的作用,不能据为个案裁判之依据,必须借由补充的方法,获得具体的规范,始可发生规范的作用。法理的具体化工作,必须仰赖学说或

---

① 于晓青:《法理与学说作为法源之研究》,复旦大学出版社2017年版,第228页。此处学说的"稳妥","一般认为应指客观上足以反映通说者,而不是听由各法官主观认同"。参见苏永钦:《私法自治中的经济理性》,中国人民大学出版社2004年版,第8页。
② 王泽鉴:《法律思维与民法实例:请求权基础理论体系》,中国政法大学出版社2001年版,第300页。
③ [英]丹尼斯·罗伊德:《法律的理念》,张茂柏译,新星出版社2005年版,第212页。
④ 孙笑侠:《法的现象与观念》,群众出版社1995年版,第266页以下。
⑤ 于晓青:《法理与学说作为法源之研究》,复旦大学出版社2017年版,第71页。
⑥ 高其才:《法理学》,清华大学出版社2007年版,第72页。

实务长期努力的工作，始可完成"①；有学者认为，无论在大陆法系国家还是英美法系国家，在法律有缺陷和漏洞时，学说往往被法院采为判决依据，因而也必然被作为裁判说理的根据。②四是"裁判或者解释依据说"，例如，有学者认为，法理具有两种性格与作用，一者当成文法无规定又无习惯法（包括判例）可兹依据时，法理固可以法源之身份作为裁判之依据；二者当解释成文法、习惯法或契约时，法理可成为最重要的解释依据。③

实务界也认同了法理与学说在裁判中的运用。《国际法院规约》第38条第1款将作为确定法律规范之辅助手段的各个国家最著名之国际法学者的学术观点，作为国际法院之裁判的基础。1983年《罗马天主教法典》第19章中规定："假如在特定案件中缺乏一般或特殊制定法的明确条款或者习惯法可用，判决这一案件（如果不是刑事案件的话）时要考虑到针对同类案件所颁布之制定法、确保罗马法之衡平的一般法律原则，并顾及罗马教廷的法律观点和法律实践，以及专业学者之共同和稳定的观点。"④在德国，"存在着所谓'教授法'，重要的法学学术论文深受法官的尊重并经常被援引"⑤，"民法典制定后学者的论文著作在审判中被当作有力的典据加以援用"⑥，"在法学批评的影响下，联邦最高法院的日常判决被改变并不少见……最高法院的判决也经常考虑法

---

① 杨仁寿：《法学方法论》，中国政法大学出版社1999年版，第143—144页。
② 于晓青：《法理与学说作为法源之研究》，复旦大学出版社2017年版，第204页。
③ 刘得宽：《民法总则》，中国政法大学出版社2006年版，第18页。
④ ［德］马蒂亚斯·耶施泰特：《法理论有什么用》，雷磊译，中国政法大学出版社2018年版，第100—101页。
⑤ ［美］埃尔曼：《比较法律文化》，贺卫方、高鸿钧译，清华大学出版社2002年版，第99—100页。
⑥ 戴东雄：《中世纪意大利法学与德国的继受罗马法》，中国政法大学出版社2003年版，第256页。

学界的观点"①。在我国，"在法律无规定的情况下，法院可参照法理办案"②，"法院于判决时也有引用法理作为判决依据的情况"③。从规范性文件来看，2011年最高人民法院研究室《关于编写报送指导性案例体例的意见》（法研〔2012〕2号）提出："裁判理由应当根据案件事实、法律、司法解释、政策精神和法学理论通说，从法理、事理、情理等方面，结合案情和裁判要点，详细论述法院裁判的正确性和公正性。"最高人民检察院《关于案例指导工作的规定》（高检发研字〔2015〕12号）第3条规定："人民检察院参照指导性案例办理案件，可以引述相关指导性案例作为释法说理根据，但不得代替法律或者司法解释作为案件处理决定的直接法律依据。"从个案裁判文书来看，法官在引用通说时一般采用"依照""按""依"等字词，例如上海市长宁区人民法院民事判决书（2009）长民三（民）初字第727号的表述为"依照我国民法学理论的通说"，上海市海事法院民事判决书（2011）沪海法商初字第461号的表述为"按目前通说"，重庆市第一中级人民法院民事判决书（2007）渝一中法民终字第1252号的表述为"依通说"。间或直接表述为"通说认为"，例如浙江省温州市龙湾区人民法院刑事判决书（2015）温龙刑初字第474号："经查本院认为，通说认为，非国家工作人员受贿罪中的'利用职务上的便利'是指利用职务上组织、领导、监管、主管、负责某项工作的便利条件。"

运用通说具体包括以下情形：第一，运用通说对案件事实、法律性质的认定说理，例如，"本院认为，本案原告以正本提单持有人的身份要求承运人承担货物灭失的赔偿责任，由此提起的诉讼应属海上货物运输合同纠纷。根据提单记载以及提单性质的

---

① ［德］乌尔弗里德·诺依曼：《法律教义学在德国法文化中的意义》，郑永流译，载郑永流主编：《法哲学与法社会学论丛》（五），中国政法大学出版社2002年版，第16页。

② 转引徐国栋：《论民法的渊源》，载《法商研究》1994年第6期。

③ 王泽鉴：《民法总则》（增订版），中国政法大学出版社2001年版，第61—63页。

理论通说，原告确与承运人之间建立了海上货物运输合同法律关系"；①"关于鉴定结论是否正确。南京市公安局物证鉴定所出具的法医学人体损伤程度鉴定书系依法定程序、采取科学方法作出，鉴定结论关于'挫伤'的认定依据了《法医病理学》教科书，符合法医学理论通说及理论沿革，故一审法院对该鉴定意见予以采信，并无不当"。②个别裁判文书还直接引用了专家研讨会上的论点，例如，"南京大学刑法学专家孙国祥教授在2014年5月13日南京市中级人民法院召开的经济犯罪案件中刑民交叉问题案例研讨会（以下简称刑民交叉研讨会）上认为，在刑民交叉案件被害人的确定问题上，过错原则的确立是非常重要的。在善意、过错两方同时存在的情况下，善意一方的利益更值得保护"③。第二，运用通说对法律不明确内容进行解释，例如，"本院认为……在'重庆西部商城'项目承包中，杨勇所获利益同时还是'不确定利益'。所谓'不确定利益'是指不是依法凭自身条件完全应该取得的利益，除己之外，他人完全不能取得。为他人谋取'不确定利益'在司法实务中通说是不正当利益"④。第三，以法学理论作为裁判依据，例如，"由于双方订立合同后出现了'非典'疫情，致使被告的饭店不能正常经营，从而使被告履行合同的能力受到了极大影响，这种情况应当认为出现了情势变更"⑤。第四，将法理与学说视为法律规定，例如，贵州省高院判决书有如下认定，"因双方合同约定的是不变价，亦不符合情势变更的法律规定，该院

---

① 上海海事法院民事裁定书（2003）沪海法商初字第22号。
② 江苏省南京市中级人民法院刑事裁定书（2015）宁少刑终字第19号。
③ 江苏省南京市玄武区人民法院民事判决书（2013）玄商初字第580号。
④ 重庆市渝北区人民法院刑事判决书（2007）渝北法刑初字第82号。
⑤ 江苏省丹阳市人民法院民事判决书（2003）丹民初字第2371号。需指出的是，2009年5月最高人民法院作出司法解释之前，情势变更原则纯属法学理论。

不予支持"①。

（七）与法律、司法解释等规范性法律文件不相冲突的其他论据

此情形属于兜底项，包括前述六项以外的有关论据，例如，实践中裁判文书援引古典文献《诗经》《论语》，援引国家政策性文件，等等。实践中，裁判文书间或援引高级人民法院发布的参考性案例，审判业务文件，经典名著，宪法条文，等等。

---

① 最高人民法院民事判决书（1999）民终字第5号。

第二十二讲

裁判文书说理的权责机制

《意见〈提交审委会讨论稿〉》第20条、第24条、第26条对法律保护机制、程序约束机制、责任追究机制加以规定,《意见》没有吸收。此处对这三种机制作些分析。

一、法律保护机制

《意见〈提交审委会讨论稿〉》第20条规定:"法官依法履职、秉持职业道德、弘扬社会主义核心价值观的裁判文书说理行为不受法律追究。"此处参考借鉴了1989年4月4日第七届全国人大第二次会议通过的《中华人民共和国全国人民代表大会议事规则》第49条规定:"全国人民代表大会代表在全国人民代表大会各种会议上的发言和表决,不受法律追究。"法官制作裁判文书并进行说理是依法行使审判权的重要环节,属于依法履行审判职责的范畴,应当受法律保护。2017年修正的《法官法》第4条规定:"法官依法履行职责,受法律保护。"2015年9月21日最高人民法院印发的《关于完善人民法院司法责任制的若干意见》第3条规定:"法官依法履行审判职责受法律保护。法官有权对案件事实认定和法律适用独立发表意见。非因法定事由,非经法定程序,法官依法履职行为不受追究";第28条规定:"因下列情形之一,导致案件按照审判监督程序提起再审后被改判的,不得作为错案进行责任追究:(1)对法律、法规、规章、司法解释具体条文的理解和认识不一致,在专业认知范围内能够予以合理说明的;(2)对案件基本事实的判断存在争议或者疑问,根据证据规则能够予以合理说明的;(3)当事人放弃或者部分放弃权利主张的;(4)因当事人过错或者客观原因致使案件事实认定发生变化的;(5)因出现新证据而改变裁判的;(6)法律修订或者政策调整的;(7)裁判所依据的其他法律文书被撤销或者变更的;(8)其他依法履行审判职责不应当承担责任的情形";第38条规定:"在案件审理的各个阶段,除非确有证据证明法官存在贪污受贿、徇私舞弊、枉法裁判等严重违法审判行为外,法官依法履职的行为不得暂停或者终止。"

郑州电梯劝阻吸烟案二审判决书有如下表述:

本案一审判决作出后,杨帆未上诉,但一审判决适用法律错误,损害社会公共利益,依法应予改判,理由如下:保护生态环境、维护社会公共利益及公序良俗是民法的基本原则,弘扬社会主义核心价值观是民法的立法宗旨,司法裁判对保护生态环境、维护社会公共利益的行为应当依法予以支持和鼓励,以弘扬社会主义核心价值观。根据郑州市有关规定,市区各类公共交通工具、电梯间等公共场所禁止吸烟,公民有权制止在禁止吸烟的公共场所的吸烟者吸烟。该规定的目的是减少烟雾对环境和身体的侵害,保护公共环境,保障公民身体健康,促进文明、卫生城市建设,鼓励公民自觉制止不当吸烟行为,维护社会公共利益。本案中,杨帆对段小立在电梯内吸烟予以劝阻合法正当,是自觉维护社会公共秩序和公共利益的行为,一审判决判令杨帆分担损失,让正当行使劝阻吸烟权利的公民承担补偿责任,将会挫伤公民依法维护社会公共利益的积极性,既是对社会公共利益的损害,也与民法的立法宗旨相悖,不利于促进社会文明,不利于引导公众共同创造良好的公共环境。因此,一审判决判令杨帆补偿田九菊15000元错误,本院依法予以纠正。

二、程序约束机制

《意见〈提交审委会讨论稿〉》第24条规定:"第一审人民法院审理本意见第十二条第一项至第七项规定的案件制作的裁判文书,因说理不充分导致事实认定不清或者错误的,第二审人民法院应当依照诉讼法的相关规定发回重审、改判、撤销或者变更。"任何法律规范必须同时具备假定、行为模式和法律后果三个要件,方能真正产生实际效果。此条针对提交审委会讨论稿第12条所规定的"应当强化说理"的七种情形,专门从一审裁判文书说理不充分的程序后果角度加以照应式规定,目的在于强调一审法院制作前述情形的裁判文书时要强化说理。

此条的设计几经修改,颇费心思,目的是想提升该规范性文件在现行法律框架下的执行力和刚性约束力。无论是在正式还是非正式征求意见过程中,此条均是一大焦点。此处转引笔者与北京大学陈瑞华教授、西南政法大学袁力教授、中国政法大学雷磊教授之间的微信和电邮,以记录该条的变化过程。

笔者的问题:裁判文书说理不充分或存在问题如何在现行刑事诉讼法中提出有约束力的规定,即赋予其何种后果?

陈瑞华教授回复:[①] 对于下级法院不说理,或者不进行充分说理的,二审法院、死刑复核法院乃至再审法院,都应该做出撤销原判、发回重审的裁定。这是一项原则。关键在于如何界定"判决不说理"以及"判决说理不充分"。建议确定两种情况:一是绝对宣告无效,也就是情节特别严重的不说理情形,一律撤销原判;二是相对无效,也就是一般的说理不充分情形,需要达到影响裁判正确的程度,才可以撤销原判。

[①] 收到信息后,笔者接着又问了陈教授:"这能解释到刑事诉讼法中哪种发回或撤销的情形呢,认定事实错误或者适用法律错误还是其他?刑事诉讼法没有兜底项呵。"陈教授认为,此问题值得深入研究。

袁力教授回复：①1. 是这样的，刑事一审、二审的判决必须完全（100%）将检察院提起公诉的刑事指控推理完毕。所谓推理"完毕"指公诉书中依据的罪名之构成要件，要根据公诉的证据通过三段论推理的方式得出该罪名充分与否的结论。这是罪与非罪的框架。量刑，只要在法定范围内，则由法官自由裁量［是否需要说理，时间太晚，暂不确认，但根据我的实战，没有哪个法官不在量刑上说上两句，由于是自由裁量，就够了。在德国，刑事一二审都是事实与法律审（与民事诉讼不同），如果一审未充分罪名推理（说理是其中的一部分，暂不深究），则被告或检察院均可因此（构成了二审准入的"诉怨"）提请二审，就算没有"诉怨"也可以上诉。两种情况没有必然联系。不推论（不充分要件，即"不说理"）的判决肯定被发改。在德国，刑事判决不仅要推理，而且整个推理过程（即整个逻辑链）必须完整、合理、自圆其说（这对应的应该是我国的"说理"不充分的情形］，这也是要经得起上级法院审查的。2. 首先，不说理，根据德国刑事诉讼法，是绝对无效判决［注意：不是我国的发回重审。在德国，如果一二审出现不说理的情况，州法院或最高法院直接宣告判决无效，当庭释放，这个案子就结了，就算是证据确凿的杀人案件，都会因无说理而无效。倒逼说理，谁敢不说！其次，说理不充分的情况，即对检察院公诉的指控，未严格逐字逐句把刑事卷宗里的情况一一用到推理中来（说理不充分或有瑕疵的情况）。这不属于无效情况。针对卷宗外的任何情况无须说理，也不应该说］。

雷磊教授回复： 看到微信，上次的意见稿时间隔得有点长，

---

① 袁力教授主要介绍德国的做法，还作了如下补充：1. "错误判决"既可能是事实认定错误，也可能是法律适用错误。只要有一种就是错误，至于什么是"错误"，适用法学方法论的规则；2. 发回或撤销是我国刑事诉讼法的"特色"概念，严重违反"一事不再审"原则，除非是因非过错导致无法按期上诉之类的，不可能重审。德国法，直接宣告无效。3. 有了"发回重审"，那得反复多少次。关于如何保护既判力，仍值得学界进一步研究。

不太记得稿件中是否就"说理不充分"进行过具体的分类。根据您在微信中所说的"不说理"和"说理不充分"的二分，以及陈瑞华老师建议的区分两种情形来对待，原则上我是赞同的。如果不加区分，会带来诉讼无效率的后果。具体到法条和学理依据，根据现行刑事诉讼法，个人认为可以这样来考虑：

一、判决不说理

判决不说理，指的是压根就不对所认定的事实进行证明而予以直接认定（或者不对起诉方或/和应诉方的争议点、不同意见予以回应），或/及不对所适用的法条（裁判依据）进行说理（径直援引某条文，不对起诉方或/和应诉方的争议、不同意见予以回应）。这种情况就是陈老师说的情节特别严重的情况。这里涉及上诉和审判监督两个环节：

1. 上诉

根据《刑事诉讼法》第225条第1款第3项的规定，原判决事实不清楚或者证据不足的，可以在查清事实后改判；也可以裁定撤销原判，发回原审人民法院重新审判。这里的解释点有两个：（1）为什么说是"事实不清楚或证据不足"。因为一来常言道，事实不辩不清，判决书所认定的事实是经（证据）还原的事实，这个过程一定是举出理由来说理的过程，为什么要认定这个证据和事实要素而不是那个证据和事实要素，如果法官根本不说理或不对有争议的证据、事实要素进行回应，难以认为他所还原的事实是清楚的，证据是充分的。清晰和充分是要通过说理来确保的。二来，《刑事诉讼法》第11条、第14条确保了犯罪嫌疑人、被告人和其他诉讼参与人依法享有的辩护权。辩护权不仅落实为诉讼过程中参与论辩，而且也要落实为书面上——判决书中对这些主体的意见有没有回应，如何支持、如何反驳的，都要在判决书中有体现。（2）该条规定的后果可选"可以在查清事实后改判；也可以裁定撤销原判"。但是，这里要作限缩解释，限缩为"对事实不说理的裁定撤销原判"。因为如果这种情况下"自行改判"的话，上级法院将不堪重负。当然，既然是"可以"，选择权还在上级法院手里，这里问题不大。

2. 审判监督

《刑事诉讼法》第 243 条第 2 款规定，最高人民法院对各级人民法院已经发生法律效力的判决和裁定，上级人民法院对下级人民法院已经发生法律效力的判决和裁定，如果发现确有错误，有权提审或者指令下级人民法院再审。这里涉及对"确有错误"的扩张解释，也就是说，既可以将"确有错误"理解为实体错误，也可以将它理解为"程序错误"。裁判活动是一种需要提供公共理由的活动，而不是法官个人的独断，正确的裁判结构建立在两种理由的基础上，即正确的裁判依据（法条）和可靠的事实。裁判依据的公共性体现在这是由立法者（全国人大这个最高国家权力机关）所提供的并事先向社会公众公布的，而不是法官在案件发生后才由个人创造出来的，事实的公共性则体现在公开的举证和质证环节。如果压根不说理，难以证明为什么判决书中提供的法条就是正确的，认定的事实就是可靠的，而不是法官个人任意拿个法条和武断地选择个事实的版本，用来"包装"自己的主观偏好。所以，不说理就属于程序意义上的"错误"。

二、说理不充分

说理不充分，指的是没有对与法律相关的事实的所有方面进行充足的说理（或者没有对起诉方或／和应诉方的争议点、不同意见予以全面回应），或／及没有对所适用的法条（裁判依据）进行逻辑连贯、价值协调的充足说理（援引某条文时与本案的联系方面说理不充足，没有充分对起诉方或／和应诉方的争议、不同意见予以回应）。考虑到诉讼经济原则，对于这种情况不能一律发回重审，而要看它有没有达到可能影响（实质意义上的）裁判正确的程度。

1. 上诉

事实不清楚或者证据不足，如果在上诉法院看来，情节不严重，没有影响裁判结论的正确性，那么可以"在查清事实后改判"（可以完善后对下级法院提出意见）；如果情节严重，有可能影响到裁判结论，那么可以"发回原审人民法院重新审判"。

2. 审判监督

如果已经进行说理，只是说理不充分，那么可认为判决书已经满足了说理的程序的要求，也就不属于有"程序错误"。而只剩下有没有"实体错误"的问题了。所以要区分，如果上级法院认为说理不充分情节不严重，没有影响裁判结论的正确性，那么可以认为没有实体错误（不满足"确有错误"的标准）。如果上级法院认为说理不充分情节严重，有可能影响裁判结论的正确性，那么可以认为可能犯了实体错误（满足"确有错误"的标准），那么可以指令下级人民法院再审。

三、剩下的问题

剩下的问题就是上诉时对于法律方面不说理和说理不充分怎么办的问题。《刑事诉讼法》第225条第1款第2项规定，原判决认定事实没有错误，但适用法律有错误，或者量刑不当的，应当改判。它只规定了"改判"，没有规定"撤销"。这的确是个瓶颈，因为即便我们可以认为不说理或说理不充分属于"适用法律错误或量刑不当"，也没法撤销，而只能由上级法院自己来改判。

我在想这里能不能走个曲线救国的路子，去找《刑事诉讼法》第227条第3款：第二审人民法院发现第一审人民法院的审理有下列违反法律规定的诉讼程序的情形之一的，应当裁定撤销原判，发回原审人民法院重新审判：……（三）剥夺或者限制了当事人的法定诉讼权利，可能影响公正审判的。辩护权无疑属于法定诉讼权利。而正如前面所说，辩护权不仅落实为诉讼过程中参与论辩，而且也要落实为书面上——判决书中对这些主体的意见有没有回应，如何支持、如何反驳的，都要在判决书中有体现。辩护可以是针对事实问题的，当然也可以是针对法律问题的。判决书在裁判依据方面不说理，就相当于在书面上没有充分落实当事人的辩护权，这就属于剥夺或至少是限制了当事人的法定诉讼权利，属于应当撤销的情形。

如果是法律方面说理不充分，则返回到《刑事诉讼法》第225条第1款第2项，看它有没有可能导致适用法律有错误。如果不属于，那么什么后果。当然如果属于，也只能由上级法院自己来改判。这个是个缺憾，但没办法突破这个规定。

在结合有关意见的基础上，此条曾经表述为："二审法院发现一审法院审理本意见第十一条规定案件所制作的裁判文书，因说理不充分可能影响公正审判的，可以裁定要求一审法院重新制作裁判文书；因说理不充分导致事实认定不清、错误或者法律适用错误的，依照诉讼法的相关规定处理。"在此稿征求意见过程中，专家学者就此条提出了如下意见：以裁判文书说理不充分为由，二审以裁定方式发回，除民事诉讼法关于裁定的适用存在兜底项外，刑事诉讼法没有明确规定；此种裁定发回后，如何计算上诉期限，等等。为慎重起见，最后《意见（提交审委会讨论稿）》改为现行规定。

三、责任追究机制

《意见〈提交审委会讨论稿〉》第26条规定："法官故意违反规定不履行裁判文书说理职责，或者裁判文书说理存在重大过失，造成严重后果，构成违法审判的，应当依照有关规定追究责任。"关于裁判文书说理的职责规定，目前主要包括：2017年修正的《行政诉讼法》第43条第2款规定："对未采纳的证据应当在裁判文书中说明理由"；2017年修正的《民事诉讼法》第152条规定："判决书应当写明判决结果和作出该判决的理由。判决书内容包括：（一）案由、诉讼请求、争议的事实和理由；（二）判决认定的事实和理由、适用的法律和理由……"2014年12月8日最高人民法院通过的《关于适用〈中华人民共和国民事诉讼法〉的解释》第105条规定："人民法院应当按照法定程序，全面、客观地审核证据，依照法律规定，运用逻辑推理和日常生活经验法则，对证据有无证明力和证明力大小进行判断,并公开判断的理由和结果";2012年11月5日最高人民法院通过的《关于适用〈中华人民共和国刑事诉讼法〉的解释》第246条规定:"裁判文书应当写明裁判依据,阐释裁判理由,反映控辩双方的意见并说明采纳或者不予采纳的理由。"

在征求意见过程中,有人主张,针对此种法律有明确说理义务规定的"应说明理由而不说明理由"的情形,均应承担相应的法律后果。有人认为,针对当前我国司法现实,裁判文书说理的重心应当侧重于制度上的激励而非责任的追究;只要没有枉法裁判,最好不要追究法官责任,包括法律责任、纪律责任、政治责任等。① 此处参照了2015年《关于完善人民法院司法责任制的若干意见》相关规定。其第25条的规定:"法官应当对其履行审判职责的行为承担责任,在职责范围内对办案质量终身负责。法官在审判工作中,故意违反法律法规的,或者因重大过失导致裁判错误并造成严重后果的,依法应当承担违法审判责任……"第26条的规定:"有下列情形之一的,应当依纪依法追究相关人员的违法审判责任:……(4)向合议庭、审判委员会汇报案情时隐瞒主要证据、重要情节和故意提供虚假材料的,或者因重大过失遗漏主要证据、重要情节导致裁判错误并造成严重后果的;(5)制作诉讼文书时,故意违背合议庭评议结果、审判委员会决定的,或者因重大过失导致裁判文书主文错误并造成严重后果的……(7)其他故意违背法定程序、证据规则和法律明确规定违法审判的,或者因重大过失导致裁判结果错误并造成严重后果的。"②

---

① 中国法学会编:《〈关于人民法院裁判文书说理若干问题的意见(征求意见稿)〉专家咨询报告》(2017年10月),第21页。
② 德国联邦最高法院强调,并非任何错误的法律适用,均构成《德国刑法典》第339条的"枉法";仅明知地严重偏离法律,才构成"枉法",而单纯的无理无据(Unvertretbarkeit),不算"枉法"(周翠:《我国民事司法多元化改革的现状与未来》,载《中国法学》2018年第1期)。显然,德国从实现宪法规定的审判独立原则出发,在构建法官责任体系时,注意为法官设定保护规范的做法值得借鉴。

第二十三讲

裁判文书说理的保障机制

《意见》第 16 条至第 19 条分别对指导机制、考核机制、评估机制和评查机制作了规定。

一、指导机制

《意见》第 16 条规定:"各级人民法院应当定期收集、整理和汇编辖区内法院具有指导意义的优秀裁判文书,充分发挥典型案例释法说理的引导、规范和教育功能。"此条参照了 2015 年《关于完善人民法院司法责任制的若干意见》第 8 条第 2 款规定,"建立审判业务法律研讨机制,通过类案参考、案例评析等方式统一裁判尺度"。此处的"指导意义"着重从说理视角切入加以衡量,既包括审查判断证据说理、事实认定说理、法律适用说理,也包括自由裁量权说理;既包括说理内容,也包括说理方法;[①] 既包括说理的法律侧面,也包括说理的写作侧面;等等。

---

① 例如,裁判文书充分运用法教义学知识进行说理。刑法教义学不完全等同于刑法解释学(注释学),注释刑法的前提是存在作为对象的刑法条文,而适用刑法过程中涉及的因果关系与客观归责、正犯与共犯的区分、不作为犯的保证人地位等问题的合理解决,则需仰赖教义刑法学所提供的"理论模型"(车浩:《学术开放与刑法教义学》,载《法商研究》2017 年第 6 期),可以法教义学相比于法解释学而言功能更宽广。

二、考核机制

《意见》第 25 条规定："人民法院应当将裁判文书的制作和释法说理作为考核法官业务能力和审判质效的必备内容，确立为法官业绩考核的重要指标，纳入法官业绩档案。"2017 年修正的《法官法》第 23 条规定："对法官的考核内容包括：审判工作实绩，思想品德，审判业务和法学理论水平，工作态度和审判作风。重点考核审判工作实绩。"2015 年《关于完善人民法院司法责任制的若干意见》第 13 条规定："各级人民法院应当成立法官考评委员会，建立法官业绩评价体系和业绩档案。业绩档案应当以法官个人日常履职情况、办案数量、审判质量、司法技能、廉洁自律、外部评价等为主要内容。法官业绩评价应当作为法官任职、评先评优和晋职晋级的重要依据。"

三、评估机制

《意见〈提交审委会讨论稿〉》第 20 条规定："最高人民法院建立统一且符合裁判文书说理规律的裁判文书质量评估体系和评价机制。上级人民法院应当建立辖区内法院裁判文书说理的监督评价体系。人民法院应当积极推动第三方建立裁判文书质量评价体系。"《意见》第 18 条规定："最高人民法院建立符合裁判文书释法说理规律的统一裁判文书质量评估体系和评价机制，定期组织裁判文书释法说理评查活动，评选发布全国性的优秀裁判文书，通报批评瑕疵裁判文书，并作为监督指导地方各级人民法院审判工作的重要内容。"2006 年修正的《人民法院组织法》第 16 条第 2 款规定："下级人民法院的审判工作受上级人民法院监督。"2015 年《关于完善人民法院司法责任制的若干意见》第 12 条规定："建立符合司法规律的案件质量评估体系和评价机制。审判管理和审判监督机构应当定期分析审判质量运行态势，通过常规抽查、重点评查、专项评查等方式对案件质量进行专业评价"；第 14 条规定："……探索建立法院以外的第三方评价机制，强化对审判权力运行机制的法律监督、社会监督和舆论监督。"

四、评查机制

《意见》第 19 条规定："地方各级人民法院应当将裁判文书释法说理作为裁判文书质量评查的重要内容，纳入年度常规性工作之中，推动建立第三方开展裁判文书质量评价活动。"2006 年修正的《人民法院组织法》第 16 条第 2 款规定："下级人民法院的审判工作受上级人民法院监督。"评查裁判文书的说理情况，可以反映人民法院审判工作质效。

附带指出，《意见〈提交审委会讨论稿〉》还规定了陪新机制和激励机制，即第 22 条规定："人民法院应当将裁判文书的制作和说理纳入法官及法官助理培训的基本内容。"第 23 条规定："人民法院应当积极探索建立裁判文书标识制作者等裁判文书说理激励机制，积极引导法官愿说理、敢说理和说好理。"党的十八届三中全会《关于全面深化改革若干重大问题的决定》强调，鼓励地方、基层和群众大胆探索，加强重大改革试点工作，及时总结经验。地方各级法院可以积极探索建立引导法官愿说理、敢说理、会说理、说好理的激励机制。例如，探索在合议庭审理的案件裁判文书中注明裁判文书制作者的机制，裁判文书说理与指导性案例养成的关联机制，裁判文书援引指导性案例、通说等辅助论据的技术规范，等等。

附录一

最高人民法院《关于加强和规范裁判文书释法说理的指导意见》形成过程稿

最高人民法院《关于加强和规范裁判文书释法说理的指导意见》（2018年6月1日发布）

为进一步加强和规范人民法院裁判文书释法说理工作，提高释法说理水平和裁判文书质量，结合审判工作实际，提出如下指导意见。

一、裁判文书释法说理的目的是通过阐明裁判结论的形成过程和正当性理由，提高裁判的可接受性，实现法律效果和社会效果的有机统一；其主要价值体现在增强裁判行为公正度、透明度，规范审判权行使，提升司法公信力和司法权威，发挥裁判的定分止争和价值引领作用，弘扬社会主义核心价值观，努力让人民群众在每一个司法案件中感受到公平正义，切实维护诉讼当事人合法权益，促进社会和谐稳定。

二、裁判文书释法说理，要阐明事理，说明裁判所认定的案件事实及其根据和理由，展示案件事实认定的客观性、公正性和准确性；要释明法理，说明裁判所依据的法律规范以及适用法律规范的理由；要讲明情理，体现法理情相协调，符合社会主流价值观；要讲究文理，语言规范，表达准确，逻辑清晰，合理运用说理技巧，增强说理效果。

三、裁判文书释法说理，要立场正确、内容合法、程序正当，符合社会主义核心价值观的精神和要求；要围绕证据审查判断、事实认定、法律适用进行说理，反映推理过程，做到层次分明；要针对诉讼主张和诉讼争点、结合庭审情况进行说理，做到有的放矢；要根据案件社会影响、审判程序、诉讼阶段等不同情况进行繁简适度的说理，简案略说，繁案精说，力求恰到好处。

四、裁判文书中对证据的认定，应当结合诉讼各方举证质证以及法庭调查核实证据等情况，根据证据规则，运用逻辑推理和经验法则，必要时使用推定和司法认知等方法，围绕证据的关联性、合法性和真实性进行全面、客观、公正的审查判断，阐明证据采纳和采信的理由。

五、刑事被告人及其辩护人提出排除非法证据申请的，裁判文书应当说明是否对证据收集的合法性进行调查、证据是否排除及其理由。民事、行政案件涉及举证责任分配或者证明标准争议的，裁判文书应当说明理由。

六、裁判文书应当结合庭审举证、质证、法庭辩论以及法庭调查核实证据等情况，重点针对裁判认定的事实或者事实争点进行释法说理。依据间接证据认定事实时，应当围绕间接证据之间是否存在印证关系、是否能够形成完整的证明体系等进行说理。采用推定方法认定事实时，应当说明推定启动的原因、反驳的事实和理由，阐释裁断的形成过程。

七、诉讼各方对案件法律适用无争议且法律含义不需要阐明的，裁判文书应当集中围绕裁判内容和尺度进行释法说理。诉讼各方对案件法律适用存有争议或者法律含义需要阐明的，法官应当逐项回应法律争议焦点并说明理由。法律适用存在法律规范竞合或者冲突的，裁判文书应当说明选择的理由。民事案件没有明确的法律规定作为裁判直接依据的，法官应当首先寻找最相类似的法律规定作出裁判；如果没有最相类似的法律规定，法官可以依据习惯、法律原则、立法目的等作出裁判，并合理运用法律方法对裁判依据进行充分论证和说理。法官行使自由裁量权处理案件时，应当坚持合法、合理、公正和审慎的原则，充分论证运用自由裁量权的依据,并阐明自由裁量所考虑的相关因素。

八、下列案件裁判文书,应当强化释法说理:疑难、复杂案件;诉讼各方争议较大的案件;社会关注度较高、影响较大的案件;宣告无罪、判处法定刑以下刑罚、判处死刑的案件;行政诉讼中对被诉行政行为所依据的规范性文件一并进行审查的案件;判决变更行政行为的案件;新类型或者可能成为指导性案例的案件;抗诉案件;二审改判或者发回重审的案件;重审案件;再审案件;其他需要强化说理的案件。

九、下列案件裁判文书,可以简化释法说理:适用民事简易程序、小额诉讼程序审理的案件;适用民事特别程序、督促程序及公示催告程序审理的案件;适用刑事速裁程序、简易程序审理的案件;当事人达成和解协议的轻微刑事案件;适用行政简易程序审理的案件;适用普通程序审理但是诉讼各方争议不大的案件;其他适宜简化说理的案件。

十、二审或者再审裁判文书应当针对上诉、抗诉、申请再审的主张和理由强化释法说理。二审或者再审裁判文书认定的事实与一审或者原审不同的,或者认为一审、原审认定事实不清、适用法律错误的,应当在查清事实、纠正法律适用错误的基础上进行有针对性的说理;针对一审或者原审已经详尽阐述理由且诉讼各方无争议或者无新证据、新理由的事项,可以简化释法说理。

十一、制作裁判文书应当遵循《人民法院民事裁判文书制作规范》《民事申请再审诉讼文书样式》《涉外商事海事裁判文书写作规范》《人民法院破产程序法律文书样式(试行)》《民事简易程序诉讼文书样式(试行)》《人民法院刑事诉讼文书样式》《行政诉讼文书样式(试行)》《人民法院国家赔偿案件文书样式》等规定的技术规范标准,但是可以根据案件情况合理调整事实认定和说理部分的体例结构。

十二、裁判文书引用规范性法律文件进行释法说理,应当适用《最高人民法院关于裁判文书引用法律、法规等规范性法律文件的规定》等相关规定,准确、完整地写明规范性法律文件的名称、条款项序号；需要加注引号引用条文内容的，应当表述准确和完整。

十三、除依据法律法规、司法解释的规定外，法官可以运用下列论据论证裁判理由，以提高裁判结论的正当性和可接受性：最高人民法院发布的指导性案例；最高人民法院发布的非司法解释类审判业务规范性文件；公理、情理、经验法则、交易惯例、民间规约、职业伦理；立法说明等立法材料；采取历史、体系、比较等法律解释方法时使用的材料；法理及通行学术观点；与法律、司法解释等规范性法律文件不相冲突的其他论据。

十四、为便于释法说理，裁判文书可以选择采用下列适当的表达方式：案情复杂的，采用列明裁判要点的方式；案件事实或数额计算复杂的，采用附表的方式；裁判内容用附图的方式更容易表达清楚的，采用附图的方式；证据过多的，采用附录的方式呈现构成证据链的全案证据或证据目录；采用其他附件方式。

十五、裁判文书行文应当规范、准确、清楚、朴实、庄重、凝炼，一般不得使用方言、俚语、土语、生僻词语、古旧词语、外语；特殊情形必须使用的，应当注明实际含义。裁判文书释法说理应当避免使用主观臆断的表达方式、不恰当的修辞方法和学术化的写作风格，不得使用贬损人格尊严、具有强烈感情色彩、明显有违常识常理常情的用语，不能未经分析论证而直接使用"没有事实及法律依据，本院不予支持"之类的表述作为结论性论断。

十六、各级人民法院应当定期收集、整理和汇编辖区内法院具有指导意义的优秀裁判文书，充分发挥典型案例释法说理的引导、规范和教育功能。

十七、人民法院应当将裁判文书的制作和释法说理作为考核法官业务能力和审判质效的必备内容，确立为法官业绩考核的重要指标，纳入法官业绩档案。

十八、最高人民法院建立符合裁判文书释法说理规律的统一裁判文书质量评估体系和评价机制，定期组织裁判文书释法说理评查活动，评选发布全国性的优秀裁判文书，通报批评瑕疵裁判文书，并作为监督指导地方各级人民法院审判工作的重要内容。

十九、地方各级人民法院应当将裁判文书释法说理作为裁判文书质量评查的重要内容，纳入年度常规性工作之中，推动建立第三方开展裁判文书质量评价活动。

二十、各级人民法院可以根据本指导意见，结合实际制定刑事、民事、行政、国家赔偿、执行等裁判文书释法说理的实施细则。

二十一、本指导意见自2018年6月13日起施行。

最高人民法院《关于加强和规范裁判文书释法说理的指导意见（最终稿2018-04-17）》

为深入贯彻加强法律文书释法说理改革要求，落实审判机关普法责任，进一步加强和规范人民法院裁判文书释法说理工作，提高释法说理水平，提升司法公信力，发挥司法裁决的定分止争和价值引领作用，弘扬社会主义核心价值观，努力让人民群众在每一个司法案件中感受到公平正义，现就裁判文书释法说理提出如下指导意见。

一、裁判文书释法说理，要公正客观，严谨有据，以理服人。要严格遵守法律和司法解释的规定，做到情、理、法有机统一。要观点鲜明，内容合理，符合社会主义核心价值观的精神和要求。要针对诉讼主张、围绕诉讼争点，合理考虑社会公众接受程度，增强说理效果。要根据案件难易、社会影响、审判程序、诉讼阶段等不同情况进行繁简分流，简案略说，繁案精说，力求恰到好处。

二、裁判文书中对证据的认定，应当结合诉讼各方举证质证以及法庭调查核实证据等情况，根据证据规则，运用逻辑推理和经验法则，必要时使用推定和司法认知等方法，围绕证据的关联性、合法性和真实性进行全面、客观、公正的审查判断，确定其有无证据能力和证明力大小，阐明证据是否采纳的理由。

三、刑事被告人及其辩护人提出排除非法证据申请的，裁判文书应当说明是否对证据收集的合法性进行调查、证据是否排除及其理由。民事、行政案件涉及举证责任分配或者证明标准争议的，裁判文书应当说明理由。

四、裁判文书应当结合庭审举证、质证、法庭辩论以及法庭调查核实证据等情况，重点针对裁判认定的事实或者事实争点进行释法说理。依据间接证据认定事实时，应当围绕间接证据之间是否存在印证关系、是否能够形成完整的证明体系等进行说理。采用推定方法认定事实时，应当说明推定启动的原因、反驳的事实和理由，阐释裁断的形成过程。

五、诉讼各方对案件法律适用无争议且法律含义不需要阐明的，裁判文书应当集中围绕裁判内容和尺度进行释法说理，逐项回应诉讼争点并说明理由。法律适用存在法律规范竞合或者冲突的，裁判文书应当说明选择的理由。民事案件没有明确的法律规定作为裁判直接依据的，法官应当首先寻找最相类似的法律规定作出裁判；如果没有最相类似的法律规定，法官可以依据习惯、法律原则、立法目的等作出裁判，并合理运用法律方法对裁判依据进行充分论证和说理。

六、行使自由裁量权处理案件的，裁判文书应当坚持合法、合理、公正和审慎的原则，充分论证运用自由裁量权的依据和阐明自由裁量所考虑的相关因素。

七、下列案件裁判文书，应当强化释法说理：疑难、复杂案件；诉讼各方争议较大的案件；社会关注度较高、影响较大的案件；宣告无罪、判处法定刑以下刑罚、判处死刑的案件；行政诉讼中对被诉行政行为所依据的规范性文件一并进行审查的案件；判决变更行政行为的案件；新类型或者可能成为指导性案例的案件；抗诉案件；二审改判或者发回重审的案件；重审案件；再审案件；其他需要强化说理的案件。

八、下列案件裁判文书，可以简化释法说理：适用民事简易程序、小额诉讼程序审理的案件；适用民事特别程序、督促程序及公示催告程序审理的案件；适用刑事速裁程序、简易程序审理的案件；当事人达成和解协议的轻微刑事案件；适用行政简易程序审理的案件；适用普通程序审理但是诉讼各方争议不大的案件；其他适宜简化说理的案件。

九、二审或者再审裁判文书应当针对上诉、抗诉、申请再审的主张和理由强化释法说理。二审或者再审裁判文书认定的事实与一审或者原审不同的，或者认为一审、原审认定事实不清、适用法律错误的，应当在查清事实、纠正法律适用的基础上进行有针对性的说理。针对一审或者原审已经详尽阐述理由且诉讼各方无争议或者无新证据、新理由的事项，可以简化释法说理。

十、制作裁判文书应当遵循《人民法院民事裁判文书制作规范》《民事申请再审诉讼文书样式》《涉外商事海事裁判文书写作规范》《人民法院破产程序法律文书样式（试行）》《民事简易程序诉讼文书样式（试行）》《人民法院刑事诉讼文书样式》《行政诉讼文书样式（试行）》《人民法院国家赔偿案件文书样式》等规定的技术规范标准，但可以根据案件情况合理调整事实认定和说理部分的体例结构。

十一、裁判文书引用规范性法律文件进行释法说理，应当适用《最高人民法院关于裁判文书引用法律、法规等规范性法律文件的规定》等相关规定，准确、完整地写明规范性法律文件的名称、条款项序号；需要加注引号引用条文内容的，应当表述准确和完整。

十二、除依据法律、司法解释的规定外，法官可以运用下列论据论证裁判理由，以提高裁判结论的正当性和可接受性：最高人民法院发布的指导性案例；最高人民法院发布的非司法解释类审判业务规范性文件；公理、情理、经验法则、交易惯例、民间规约、职业伦理；立法说明等立法材料；历史、体系、比较等解释中使用的材料；法理及通行学术观点；与法律、司法解释等规范性法律文件不相冲突的其他论据。

十三、为便于释法说理,可以在裁判文书中选择采用下列适当的表达方式:案情复杂的,采用列明裁判要点的方式;案件事实或数额计算复杂的,采用附表的方式;裁判内容用附图的方式更容易表达清楚的,采用附图的方式;证据过多的,采用附录的方式呈现构成证据链的全案证据或证据目录;采用其他附件方式。

十四、裁判文书行文应当规范、准确、清楚、朴实、庄重、凝练,一般不得使用方言、俚语、土语、生僻词语、古旧词语、外语;特殊情形必须使用的,应当注明实际含义。裁判文书释法说理应当避免使用主观臆断的用语和不恰当的修辞方法,不能未经分析论证而直接使用"没有事实及法律依据,本院不予支持"之类的表述作为结论性论断。

十五、各级人民法院应当定期收集、整理和汇编辖区内法院具有指导意义的优秀裁判文书,充分发挥典型案例释法说理的引导、规范、预防与教育功能。

十六、人民法院应当将裁判文书的制作和释法说理作为考核法官业务能力和审判质效的必备内容,确立为法官业绩考核的重要指标,纳入法官业绩档案。

十七、最高人民法院建立统一且符合裁判文书释法说理规律的裁判文书质量评估体系和评价机制,定期组织裁判文书释法说理评查活动,评选发布全国性的优秀裁判文书,通报批评瑕疵裁判文书,并作为监督指导地方各级人民法院审判工作的重要内容。

十八、地方各级人民法院应当将裁判文书释法说理作为裁判文书质量评查的重要内容,纳入年度常规性工作之中,推动建立第三方开展裁判文书质量评价活动。

十九、各级人民法院可以根据本指导意见,结合实际制定刑事、民事、行政、国家赔偿、执行等裁判文书释法说理的实施细则。

二十、本指导意见自印发之日起施行。

最高人民法院《关于加强和规范裁判文书释法说理的指导意见（提交审委会讨论稿2018-02-19）》

为不断深化司法公开，严格规范审判权行使，全面落实司法责任制，充分发挥裁判定分止争功能，切实提高司法公信力，根据《中华人民共和国民事诉讼法》《中华人民共和国刑事诉讼法》《中华人民共和国行政诉讼法》等法律及相关司法解释的规定，结合人民法院工作实际，就裁判文书说理制定本意见。

一、说理要求

第一条 裁判文书是人民法院依照法律规定独立行使审判权，审理民事、刑事、行政等案件过程中制作的法律文书。

法官应当依法履行裁判文书说理职责，围绕审查判断证据、认定案件事实、适用法律等方面的争议焦点、裁判论点和推理过程进行说理，以论证裁判主文的合法性和正当性。

第二条 裁判文书说理应当符合逻辑，依据法理，遵守合法性、正当性、针对性和必要性原则。

第三条 法官应当结合诉讼各方举证、质证及法庭调查核实证据等情况，根据证据规则，运用逻辑推理和经验法则，必要时使用推定和司法认知等方法，围绕证据的关联性、合法性和真实性进行全面、客观、公正的审查判断，确定其有无证据能力和证明力大小，阐明证据是否采纳的理由。

法官应当在审查分析单一证据的基础上，综合判断数个证据对同一事实的证明力以及全案证据是否充分，并说明理由。

审查证据涉及举证责任或证明标准争议的，法官应当说明理由。

当事人及其辩护人、诉讼代理人提出排除非法证据申请的，法官应当说明是否对证据收集的合法性进行调查、证据是否排除及其理由。

第四条 法官应当在审查判断证据的基础上认定案件事实。

针对主要事实或者争议事实，应当结合庭审举证、质证、法庭辩论以及法庭调查核实证据等情况，予以认定并说明理由。

依据间接证据认定事实时，应当围绕间接证据之间是否存在印证关系、是否能够形成完整的证明体系等进行说理。

采用推定方法认定事实时，应当说明推定启动的原因、反驳的事实和理由，阐释裁断的形成过程。

第五条 法官应当在认定事实的基础上正确适用法律。

诉讼各方对案件法律适用无争议且法律含义不需要阐明的，法官可以直接援引相关法律规定作出裁判，并集中围绕裁判内容和尺度进行说理。

诉讼各方对案件法律适用存有争议或者法律含义需要阐明的，法官应当阐明法律含义及法律适用的理由；公诉人、公益诉讼人和律师提出法律适用意见的，法官应当逐点予以回应并说明理由。

第六条 法律适用存在法律规范竞合或者冲突的，法官应当依法作出规范选择，并说明选择的理由。

第七条 民事案件没有明确的法律规定作为裁判直接依据的，法官应当首先寻找最相类似的法律规定作出裁判；如果无法发现最相类似的法律规定，法官可以依据习惯、法律原则、立法目的等作出裁判，并合理运用法律方法对裁判依据进行充分论证和说理。

行政案件中，法官参照适用前款之规定，同时应当保护行政相对人的合理预期。

刑事案件被告人的行为没有明确的刑法分则规定作为裁判依据的，应当直接依照罪刑法定原则作出无罪判决。

第八条 经审判委员会讨论决定的案件，法官应当写明"经本院审判委员会讨论决定"，并完整叙述审判委员会适用法律的理由。

第九条 法官在审查判断证据、认定案件事实、适用法律、形成裁判结论中行使自由裁量权的，应当坚持合法、合理、公正和审慎的原则,充分论证运用自由裁量权的依据和阐明自由裁量所考虑的相关因素。

二、繁简指引

第十条 法官制作裁判文书,应当根据案情是否重大复杂、诉讼各方争议程度、审判程序类型、案件社会影响大小、文书种类等不同情况进行繁简适度的说理。

第十一条 裁判文书说理应当与诉讼各方的诉讼主张、举证质证、法庭辩论等情况相对应。针对庭审争议事项,法官应当围绕所归纳的诉讼各方关于证据、事实和法律适用方面的争议焦点强化说理;针对庭审无争议事项,法官可以简化说理或者直接认定事实和适用法律。

第十二条 法官审理下列案件制作裁判文书,应当强化说理:

（一）疑难、复杂案件;

（二）诉讼各方争议较大的案件;

（三）社会关注度较高、影响较大的案件;

（四）宣告无罪、适用《中华人民共和国刑法》第六十三条第二款规定判处法定刑以下刑罚、判处死刑的案件;

（五）公民、法人或者其他组织在对行政行为提起诉讼时一并请求对所依据的规范性文件审查的案件;

（六）适用《中华人民共和国行政诉讼法》第七十七条作出判决变更的案件;

（七）新类型或者可能成为指导性案例的案件;

（八）抗诉的案件;

（九）二审改判、发回重审、再审的案件;

（十）被发回重审的案件;

（十一）其他需要强化说理的案件。

第十三条 法官审理下列案件制作裁判文书,可以简化说理:

（一）适用民事简易程序、小额诉讼程序审理的案件;

（二）适用民事特别程序、督促程序及公示催告程序审理的案件；

（三）适用刑事速裁程序、简易程序审理的案件；

（四）当事人达成和解协议的刑事案件；

（五）适用行政简易程序审理的案件；

（六）适用普通程序审理但是诉讼各方争议不大的案件；

（七）其他适宜简化说理的案件。

法官在诉讼过程中针对诉讼各方无争议或者争议不大的程序性事项制作的裁定书、决定书，可以简化说理。

第十四条 二审或者再审裁判文书应当针对上诉、抗诉、申请再审、申诉的主张和理由强化说理。

二审或者再审裁判文书认定的事实与一审或者原审不同的，或者认为一审、原审认定事实不清、适用法律错误的，法官应当指明事实不清或者适用法律错误的部分，并进行有针对性的说理。

针对一审或者原审已经详尽阐述理由且诉讼各方无争议或者无新证据、新理由的事项，法官可以简化说理。

三、技术规制

第十五条 裁判文书说理应当遵循《人民法院民事裁判文书制作规范》《民事申请再审诉讼文书样式》《涉外商事海事裁判文书写作规范》《人民法院破产程序法律文书样式（试行）》《民事简易程序诉讼文书样式（试行）》《人民法院刑事诉讼文书样式》《行政诉讼文书样式（试行）》《人民法院国家赔偿案件文书样式》等规定的技术规范标准。

根据案件情况，法官可以合理调整裁判文书事实认定和说理部分的体例结构。

第十六条 裁判文书引用规范性法律文件进行说理，应当适用《最高人民法院关于裁判文书引用法律、法规等规范性法律文件的规定》等相关规定，准确、完整地写明规范性法律文件的名称、条款项序号；需要加注引号引用条文内容的，应当表述准确和完整。

第十七条 除依据法律、司法解释的规定外，法官可以运用下列论据论证裁判理由，以提高裁判结论的正当性和可接受性：

（一）最高人民法院发布的指导性案例；

（二）最高人民法院发布的非司法解释类审判业务规范性文件；

（三）公理、情理、经验法则、交易惯例、民间规约、职业伦理；

（四）立法说明等立法材料；

（五）历史、体系、比较等解释中使用的材料；

（六）法理及通行学术观点；

（七）与法律、司法解释等规范性法律文件不相冲突的其他论据。

第十八条 为便于说理，法官可以在裁判文书中选择采用下列适当的表达方式：

（一）案情复杂的，采用列明裁判要点的方式；

（二）案件事实或数额计算复杂的，采用附表的方式；

（三）裁判内容用附图的方式更容易表达清楚的，采用附图的方式；

（四）证据过多的，采用附录的方式呈现构成证据链的全案证据或证据目录；

（五）采用其他附件方式。

第十九条 法官应当使用符合国家通用语言文字规范和标准的语言进行裁判文书说理；必要时，采用适当的修辞方法增强说理效果。

裁判文书说理的行文应当规范、准确、清楚、朴实、庄重、精炼。

裁判文书说理部分一般不得使用方言、俚语、土语、生僻词语、古旧词语、外语；特殊情形必须使用的，应当注明。

裁判文书说理应当避免使用主观臆断的用语，不能未经分析论证而直接使用"没有事实及法律依据，本院不予支持"之类的表述作为结论性论断。

四、机制配套

第二十条 法官依法履职、秉持职业道德、弘扬社会主义核心价值观的裁判文书说理行为不受法律追究。

第二十一条 中级以上人民法院可以制定裁判文书说理指引，定期汇编辖区内法院具有指导意义的优秀裁判文书。

最高人民法院积极推动建立标准化说理文库和类型化案件裁判文书说理数据库。

第二十二条 人民法院应当将裁判文书的制作和说理纳入法官及法官助理培训的基本内容。

第二十三条 人民法院应当积极探索建立裁判文书标识制作者等裁判文书说理激励机制，积极引导法官愿说理、敢说理和说好理。

第二十四条 第一审人民法院审理本意见第十二条第一项至第七项规定的案件制作的裁判文书，因说理不充分导致事实认定不清或者错误的，第二审人民法院应当依照诉讼法的相关规定发回重审、改判、撤销或者变更。

第二十五条 人民法院应当将裁判文书的制作和说理作为考核法官业务能力和审判质效的必备内容，确立为法官业绩考核的重要指标，纳入法官业绩档案。

第二十六条 法官故意违反规定不履行裁判文书说理职责，或者裁判文书说理存在重大过失，造成严重后果，构成违法审判的，应当依照有关规定追究责任。

第二十七条 最高人民法院建立统一且符合裁判文书说理规律的裁判文书质量评估体系和评价机制。

上级人民法院应当建立辖区内法院裁判文书说理的监督评价体系。

人民法院应当积极推动第三方建立裁判文书质量评价体系。

第二十八条 最高人民法院定期组织裁判文书说理评查活动，

评选、发布全国性的优秀裁判文书，通报批评瑕疵裁判文书，并作为监督指导地方各级人民法院审判工作的重要内容。

地方各级人民法院应当将裁判文书说理作为裁判文书质量评查的重要内容，纳入年度常规性工作之中。

五、附则

第二十九条 人民法院在办理执行、国家赔偿等案件中制作的裁判文书的说理，参照本意见。

第三十条 本意见自发布之日起施行。

最高人民法院《关于人民法院裁判文书说理若干问题的意见（征求本院业务部门意见稿 2017-09-11）》

为落实司法责任制，规范审判权行使，提高裁判文书质量，提升司法公信力，根据《中华人民共和国刑事诉讼法》《中华人民共和国民事诉讼法》《中华人民共和国行政诉讼法》等相关规定，结合人民法院工作实际，就裁判文书说理提出如下意见。

第一条 法官应当履行裁判文书说理义务，围绕证据采信、事实认定、法律适用等方面的争议焦点和裁判论点，依法阐明裁判结论的形成过程和正当性理由。

第二条 法官应当根据诉讼各方举证和质证情况，综合运用证据规则、逻辑推理、经验法则和生活常识，围绕合法性、真实性、关联性对有争议证据或者重要、关键证据的证据能力有无、证明力大小等进行审查判断，并阐明认证过程及认定与否的理由。

审查判断证据涉及举证责任和证明标准争议的，应当说明理由。

第三条 法官应当在审查判断证据的基础上，根据案件情况准确地认定法律要件事实。

认定有争议事实或者重要、关键事实时，应当结合庭审举证、质证和认证情况，逐一说明认定的理由和依据。

采用推定方法认定事实时，应当全面反映推定启动的原因、反驳的事实和理由及形成裁断的过程。

依据间接证据认定事实时，应当围绕间接证据相互存在印证关系和能够形成完整的证明体系等进行说理。

第四条 法官应当在认定事实和寻找法律的基础上适用法律。法律适用说理引用法律条文时，应当适用《最高人民法院关于裁判文书引用法律、法规等规范性法律文件的规定》等相关规定，准确、完整地写明规范性法律文件的名称、条款项序号和条文全部内容。

第五条 诉讼各方对案件事实及其法律适用无争议的，法官可以直接援引相关法律规定作出裁判。

第六条 诉讼各方对案件事实的法律适用存在争议的，法官应当重点阐明法律适用的理由。

第七条 法律适用存在竞合或者冲突时，法官应当围绕解决法律适用竞合或者冲突的理由和依据进行说理。

第八条 民事、行政案件没有明确或者合适的法律规则直接作为裁判依据时，法官可以依据最相类似法律规则、法律原则、立法目的等作出裁判，并对裁判结论的合法性进行充分说理和论证。

刑事案件没有明确的法律规则可以适用时，法官应当依照罪刑法定原则作出无罪判决。

第九条 法官可以运用下列素材作为裁判理由，提高裁判结论的正当性和可接受性：

（一）法律原则与精神；

（二）立法说明等立法材料；

（三）最高人民法院公开发布的指导性案例、非司法解释类审判业务规范性文件；

（四）公理、经验法则、交易惯例、民间规约、社会情理、职业伦理；

（五）法理及通行学术见解；

（六）与法律、司法解释不相冲突的其他依据。

法官引述指导性案例作为裁判理由的，应当写明案例的编号和裁判要点。

第十条 经审判委员会讨论决定的案件，法官应当写明"经本院审判委员会讨论决定"，并阐明审判委员会适用法律的理由和依据。

第十一条 法官制作裁判文书，应当根据案件难易、审理程序、讼争事实、庭审情况、文书种类、法院审级等不同情形进行繁简适当的说理。

第十二条 下列案件裁判文书，法官应当加强说理：

（一）疑难、复杂或者新类型案件；

（二）具有指导意义的案件；

（三）诉讼各方争议较大的案件；

（四）社会关注度较高、影响较大的案件；

（五）其他需要加强说理的案件。

第十三条 下列案件裁判文书，法官可以简化说理：

（一）适用小额诉讼程序审理的案件，适用民事简易程序审理且符合《最高人民法院关于适用〈中华人民共和国民事诉讼法〉的解释》第二百七十条规定的案件，或者适用民事简易程序审理且当事人争议不大的案件；

（二）适用刑事速裁程序审理的案件，适用刑事简易程序审理或者当事人达成和解的轻微案件；

（三）适用行政简易程序审理的案件；

（四）适用普通程序审理但诉讼各方争议不大的案件；

（五）其他适宜简化说理的案件。

人民法院在诉讼过程中制作的程序类裁定书、决定书，可以简化说理。

第十四条 裁判文书说理应当与当事人诉讼主张、举证质证、法庭辩论等情况相对应。针对庭审无争议事项，法官可以简化说理；针对庭审争议事项，应当加强说理。

第十五条 二审或再审裁判文书应当针对上诉、抗诉、申诉、申请再审的主张和理由加强说理。针对一审或原审已经详尽阐述理由且诉讼各方无新证据和新理由的事项，法官可以简化说理。

第十六条 为了突出说理重点或避免重复说理，法官在不改变诉讼文书样式规定的裁判文书基本要素、主要格式、数字使用、印刷规范等技术标准的前提下，可以适当调整裁判文书的事实认定与说理部分的体例结构。

第十七条 为便于和强化说理，法官可以在裁判文书中选择采用下列适当方式：

（一）案件复杂的，采用列明裁判要点的方式表达；

（二）案件事实或数额计算复杂的，采用附表方式表达；

（三）裁判内容难以用文字表达的，采用附图方式表达；

（四）证据过多的，采用附录方式呈现全案证据或证据目录；

（五）采用其他附件方式。

第十八条 法官应当使用规范语言进行裁判文书说理，力求准确、简明、朴实、庄重。

裁判文书说理应当避免使用主观臆断的用语，不得未经分析论证而直接使用"没有事实及法律依据，本院不予支持"之类的套语。

裁判文书说理一般不得使用方言、俚语、土语、生僻词语、古旧词语；特殊情形必需使用的，应当加括号注释。

第十九条 裁判文书应当符合出版文献的相关技术规范，杜绝错别字、缺词漏句、错引或漏引法条等技术性错误，准确表达裁判的内容和根据。

第二十条 法官依法履职的裁判文书说理行为受法律保障。

法官违反规定不履行裁判文书说理义务或者在说理工作中发生重大过错造成严重社会影响的，应当依法承担责任。

第二十一条 裁判文书应当体现程序正义，真实反映审理报告中除审判秘密以外的必要内容，并保持与庭前会议、庭审笔录和合议笔录一致。

第二十二条　最高人民法院应当建立符合裁判文书说理规律的裁判文书质量评估体系和评价机制，实现裁判法律效果和社会效果的有机统一。

上级人民法院应当建立辖区内法院裁判文书说理的监督评价体系。

第二十三条　人民法院应当将裁判文书的制作和说理作为评价法官业务能力和审判质效的必备内容，纳入法官业绩档案，确立为法官业务考核、评奖评优、晋级、晋职、遴选的基本指标。

第二十四条　最高人民法院定期举行全国性的优秀裁判文书评选活动，并将其作为监督指导地方各级人民法院审判工作的重要内容。

地方各级人民法院应当将评选优秀裁判文书作为年度常规性工作。

第二十五条　中级以上人民法院应当定期汇编辖区内具有指导意义的典型案件裁判文书，制定裁判文书说理指引和标准化说理文库，建立类型化案件裁判文书说理数据库。

第二十六条　人民法院应当将裁判文书的制作和说理纳入法官及法官助理培训和考核的基本内容。

第二十七条　人民法院制作的执行文书、国家赔偿决定书等司法文书的说理，参照适用本意见。

第二十八条　本意见自发布之日起施行。

最高人民法院《关于人民法院裁判文书说理的若干规定（征求各高院及本院业务部门意见稿2016-12-13）》

为规范审判权行使，提高裁判文书质量，提升司法公信力，根据《中华人民共和国刑事诉讼法》《中华人民共和国民事诉讼法》《中华人民共和国行政诉讼法》等相关规定，结合人民法院工作实际，就裁判文书说理作如下规定。

第一条 人民法院代表国家行使审判权制作的判决书、裁定书、决定书，应当依法阐明裁判结论形成的理由和依据。

第二条 根据案件类型、讼争事实、庭审情况、审理程序、法院审级、文书种类等的不同，裁判文书应当进行繁简得当的说理。

第三条 人民法院审理下列案件制作的结案性裁判文书，可以简化说理：

（一）适用小额诉讼程序审理的案件，或者适用民事简易程序审理且符合《最高人民法院关于适用〈中华人民共和国民事诉讼法〉的解释》第二百七十条规定的案件；

（二）适用刑事速裁程序或简易程序审理的案件；

（三）适用行政简易程序审理的案件；

（四）适用普通程序审理且诉讼各方争议不大的案件；

（五）当庭宣判的案件；

（六）其他适宜简化说理的案件。

人民法院审理案件过程中制作的非结案性程序类裁定书、决定书，可以简化说理。

第四条 人民法院审理下列案件制作的裁判文书，应当加强说理，全面概括诉讼各方主张及理由，重点围绕证据审查评断、事实认定、法律适用方面的争议焦点，以裁判形成的逻辑推理过程为线索，阐明裁判结论的理由和依据：

（一）疑难、复杂的案件；

（二）新类型、具有示范价值的案件；

（三）诉讼各方争议较大的案件；

（四）提交审判委员会讨论决定的案件；

（五）社会关注度较高、影响较大的案件；

（六）其他需要加强说理的案件。

第五条 裁判文书说理应当与当事人诉讼主张、提交证据、法庭辩论等庭审情况及说理相对应。针对庭审无争议事项，可以简化说理或者不说理；针对庭审争议事项，应当加强说理。

第六条 二审或再审裁判文书应当针对上诉、抗诉、申诉、申请再审的主张和理由加强说理；针对一审或原审已经解决且诉讼各方无争议事项，可以简化说理。

第七条 裁判文书说理应当力求证据与事实相支持、事实与法律相涵摄、主文与理由相统一、论据与论题相对应。

第八条 裁判文书应当完整列明证明案件事实的全部证据。在区分证据有无争议基础上，针对无争议证据，可以只列举证据名称并集中评判；针对有争议证据或者重要、关键证据，应当逐一说明举证、质证、认证过程及认定依据，但证据涉及国家秘密、商业秘密、个人隐私、技术侦查等不宜公开内容的，不得列明其涉密内容。

第九条 裁判文书应当展示法官根据诉讼各方举证和质证情况，综合运用证据规则、逻辑推理和经验法则，围绕合法性、真实性、关联性对有争议证据或者重要、关键证据的证据能力、证明力有无与大小等进行审查评断并阐明心证形成的过程及理由。

审查评断证据涉及举证证明责任和证明标准的，应当说明理由。

第十条 裁判文书应当在审查评断证据的基础上，全面、准确地认定时间、地点、人物、行为、结果等要件事实。针对有争议事实或者关键、重要事实，应当结合庭审举证、质证和认证情况，逐一说明认定的理由和依据。

采用推定方法认定事实的，裁判文书应当全面反映推定的启动、反驳和裁断过程，并说明推定的理由和依据。

以间接证据认定事实的，裁判文书应当对间接证据之间的印证关系、证据链与待证事实之间的证明关系逐一说明认定的理由和依据。

第十一条 裁判文书应当在认定事实和发现法律相互涵摄的基础上适用法律。

裁判文书引用法律条文，适用《最高人民法院关于裁判文书引用法律、法规等规范性法律文件的规定》等相关规定，一般应当准确、完整地写明规范性法律文件的名称、条款项序号和条文内容。

第十二条 已认定的事实属于典型或无争议，且诉讼各方对其法律适用无争议的，裁判文书可以直接援引法律规定做出裁判。

第十三条 已认定的事实属于非典型，且诉讼各方对其法律适用存在争议的，法官可以在听取诉讼各方适用法律意见的基础上对适用法律进行解释和说明。诉讼各方认同的，法官可以直接依据法律适用的解释方案做出裁判；诉讼各方存在分歧的，法官应当重点阐明法律适用的理由，必要时依法将法律适用的解释方案提交审判委员会讨论决定。

第十四条 已认定的事实所适用的法律存在竞合或者冲突的，裁判文书应当阐明解决法律适用竞合或者冲突的理由和依据。

第十五条 已认定的事实没有明确的法律规范可以适用，或者适用既有明确的法律规范导致裁判结果明显不合理和不公正的，裁判文书应当根据立法目的和精神，运用法律原则权衡、法律漏洞填补、利益平衡、目的解释等方法发现裁判依据，并对裁判结论的合法性和合理性进行充分说理和论证。

第十六条 裁判文书可以运用下列素材作为说理依据，强化和提升裁判结论的正当性和可接受性：

（一）法律精神、原则和国家政策；

（二）最高人民法院发布的非司法解释类法律适用指导文件和指导性案例；

（三）各高级人民法院发布的非司法解释类法律适用指导文件和参考性案例；

（四）经验法则、交易惯例、公理；

（五）符合社会主流价值观的公序良俗、传统道德、社会情理、民间规约、职业伦理；

（六）法理及通行的或者专业领域权威人士的学术观点；

（七）与法律、司法解释不相冲突的其他素材。

引述指导性案例或者参考性案例作为说理依据和裁判理由的，裁判文书应当写明案例的编号和裁判要点。

第十七条 裁判文书可以根据论证对象的不同采用下列论证方式进行说理：

（一）事实论证，以客观事实和法律事实展开论证；

（二）类比论证，根据两个对象在某些属性上的相同或相似，以类比推理展开的论证；

（三）对比论证，以事物相反或相异的属性展开论证；

（四）因果论证，以事物的因果关系展开论证；

（五）演绎论证，以演绎推理展开论证；

（六）归纳论证，以归纳推理展开论证。

第十八条 为了突出说理重点或避免重复说理，裁判文书事实认定与说理部分的体例结构可以适当调整，但不得改变《民事诉讼文书样式》、《行政诉讼文书样式》等规定的裁判文书基本要素、主要格式及标点符号、数字使用、印刷规范等技术标准。

根据案件的不同情况，事实和证据的认定说理可以采取先证后定、先定后证、分项认定等方式；事实认定和法律适用说理可以采取先叙后议、夹叙夹议等方式。

第十九条 为强化和便利说理，裁判文书可以在下列情形中采用适当的附录方式：

（一）案件复杂的，采用正文前列明裁判要点的方式表达；

（二）案件事实或数额计算复杂的，采用附表方式表达；

（三）证据过多的，采用附录方式呈现全案证据或证据目录；

（四）裁判内容难以用文字表达的，采用附图方式表达；

（五）参照适用指导性案例或参考适用其他生效案例的，采用附件形式列明案例；

（六）其他需要采用附录方式的情形。

第二十条 裁判文书说理应当使用规范语言，力求准确、简明、典雅、庄重。

裁判文书说理应当避免使用非法律用语、过于超出普通人理解能力的学术用语、显示非必要倾向性的用语以及"没有事实及法律依据，本院不予支持"之类的套语。

裁判文书说理不得使用方言、土语、生僻词语、古旧词语以及《现代汉语词典》检索不到的专业词语；特殊情形非使用不可的，应当加括号注释。

第二十一条　裁判文书说理应当符合出版文献的相关技术规范，避免错别字、缺词漏句、错引或漏引法条等低级错误，准确传达裁判的内容和根据。

第二十二条　法官应当依照法律、司法解释等规定，履行裁判文书说理义务，受法律保障并承担相关责任。

第二十三条　裁判文书说理应当体现程序正义，真实反映审理报告中除审判秘密以外的全面内容，并保持与庭前会议和庭审笔录的一致。

经审判委员会讨论决定的案件，裁判文书应当写明"经本院审判委员会讨论决定"，并说明提交讨论的问题、决定结果及其理由。

第二十四条　最高人民法院审理知识产权、海事等民事案件制作的不易成为公众论争的裁判文书，可以公开合议庭或审判委员会适用法律的不同意见，但不得披露评议的具体过程及其他不宜公开的内容。

第二十五条　最高人民法院应当建立符合裁判文书说理规律的裁判文书质量评估体系和评价机制，实现裁判的法律效果和社会效果有机统一。

上级人民法院应当建立针对辖区内法院裁判文书说理的监督评价体系。

各级人民法院可以推动法院外的第三方单独建立裁判文书说理评价体系。

第二十六条　裁判文书的首部或尾部可以注明具体制作裁判文书的法官。法官、书记员可以在裁判文书尾部手书签名。参与审理案件的法官助理可以在裁判文书尾部署名。

第二十七条 人民法院应当将裁判文书的制作和说理作为评价法官业务能力和审判质效的必备内容，纳入法官业绩档案，确立为法官业务考核、评奖评优、晋级、晋职、遴选的基本指标。

第二十八条 最高人民法院定期举行全国性的优秀裁判文书评选活动，并将其作为监督地方各级法院审判工作的重要指标。

地方各级人民法院应当将评选优秀裁判文书作为年度常规性工作。

第二十九条 人民法院应当确定裁判文书的样本，定期汇编具有指导意义的典型案件裁判文书，制定裁判文书说理指引和标准化说理文库，建立类型化案件裁判文书说理数据库。

第三十条 人民法院应当将裁判文书的制作和说理纳入法官入职考核和在职培训的基本内容，逐步提升法官业务能力水平。

第三十一条 人民法院制作的执行文书、国家赔偿决定书等的说理，参照适用本规定。

第三十二条 本规定自发布之日起施行。最高人民法院此前发布的司法解释及规范性文件与本规定不一致的，以本规定为准。

最高人民法院《关于规范裁判文书说理工作的若干规定（初稿2015-12-06）》

为提高裁判文书质量，深化审判公开，提高审判效率，促进司法公正，根据《中华人民共和国刑事诉讼法》《中华人民共和国民事诉讼法》《中华人民共和国行政诉讼法》等相关规定，结合审判工作实际，就进一步规范裁判文书说理工作制定本规定。

一、裁判文书说理的一般规定

1.（说理的概念）裁判文书是承载全部审判活动，体现审判结果的最终产品。法官应当对行使判断权进行裁判的过程和得出裁判的结论予以分析论证和解释说明，从而增强裁判结论的正当性和可接受性。

2.（说理的范围）裁判文书说理主要包括证据认定说理、事实认定说理、法律适用说理，以及程序性事项说理。在证据认定、事实认定、法律适用、程序性事项处理过程中涉及自由裁量权的，法官应当对行使自由裁量权的情况进行说理。

3.（证据认定的说理）法官在裁判文书说理时，应当依法审核证据，运用证据规则、逻辑推理和日常生活经验，围绕证据的合法性、真实性、关联性，对证据证明力有无和证明力大小进行判断，并结合举证责任等分析论证整体证据是否达到法定证明标准。

（一）列举证据不是简单罗列、堆砌证据，与案件事实明显没有关联的证据无需列举。证据列举可以按照事实发生顺序、查证顺序等，采用集中列举、分别列举等方式。诉讼各方有争议的证据，或者重要、关键证据，应当列明证据名称和证据内容，并展示举证、质证、认证的过程。证据没有争议的，可以只展示证据名称。证据涉及国家秘密、商业秘密、个人隐私、技术侦查等不宜公开的内容，可以适当简化。

（二）认证分析主要审查证据的来源、形式、程序、收集主体、手段等是否符合法律规定；证据内容是否可信，是否与其他证据内容相互印证或吻合，是否符合真实情况；证据所反映的内容与待证事实是否存在关联。认证分析可以使用矛盾排除法、综合认定法等方法，进行逐项认证或综合认证。未予采纳诉讼各方证据的，应当说明不予采纳的理由。诉讼各方有异议的证据，应当说明认证结果及其理由。诉讼各方没有异议的证据，可以直接认证，不说明理由。

（三）根据刑事诉讼、民事诉讼、行政诉讼的证据规则，判断整体证据是否形成完整证据链条，是否达到法定证明标准。

4.（事实认定的说理）法官在裁判文书说理时，应当围绕时间、地点、人物、行为等事实要素，认定经过审理查明属实的事实。

（一）各个事实要素均要有相关证据支持，各个证据均要指明所证明的对象。对事实和证据的安排可以采用先证后定、先定后证、分项认定等方式。

（二）法律事实应当反映客观事实，符合事实要件且具体详细。有争议事实应当详细叙述，无争议事实可以简单叙述。法院认定的案件事实与诉讼各方主张的事实可以采用此详彼简的叙述方式。

（三）叙述事实可以采取时间顺序、主次顺序等顺序；涉及多起事实的，可以采取先总后分、先分后总等方式。

5.（法律适用的说理）法官在裁判文书说理时，应当根据规范性法律文件的具体内容界定具体案件事实的性质，表明对诉讼主张的态度，说明得出裁判结论的理由。

（一）法官应当展示法律推理的过程，不能将事实认定和法律适用割裂开来，可以采取先叙后议、夹叙夹议等方式。

（二）引用法律等裁判依据的，可以在说理时完整列明相关条文内容，并适用《最高人民法院关于裁判文书引用法律、法规等规范性法律文件的规定》等相关规定。

【方案二】引用法律等裁判依据的，适用《最高人民法院关于裁判文书引用法律、法规等规范性法律文件的规定》等相关规定。）

（三）涉及规范性法律文件之间存在冲突或者法律条文存在竞合的，应当说明选择适用该规范性法律文件或法律条文的理由。

6.（程序性事项的说理）裁判文书应当全面反映案件由来等审理情况。对于当事人主体是否适格、是否委托鉴定等诉讼各方存在争议的程序性事项、对案件实体处理具有重要影响的程序性事项，以及涉及诉讼程序合法性的程序节点事项，法官应当说明作出处理的理由。

7.（自由裁量权的说理）法官在裁判文书说理时，应当说明行使自由裁量权的程序规则和实体标准，以及根据考量因素得出结论具有合理性的理由。

（一）涉及自由心证的，法官应当说明在证据规则基础上认定的证据和事实符合经验法则、逻辑规则、社会伦理。

（【方案二】不写。有的认为自由心证没有必要也没有可能进行说理。）

（二）涉及法律解释的，法官应当结合法律精神、具体案情等因素，综合运用各种解释方法作出合理解释，并在裁判文书中说明理由。

（【方案二】不写。有的认为现有立法只承认立法解释和司法解释，不承认法官解释。）

（三）涉及利益衡量的，法官应当综合把握具体案情，结合社会环境、价值观念等，注意寻找实质判断的法律根据，对相互冲突的利益进行衡量和取舍，努力实现利益最大化，并说明进行衡量的理由。

8.（说理的受众）法官在裁判文书说理时，应当充分关注受众的重要影响，让当事人和一般社会公众能够通过裁判文书就明白裁判过程和裁判结论。

（一）裁判文书说理的受众范围包括当事人、辩护人和诉讼代理人、上级或下级法院的法官、社会公众等。

（二）法官应当根据具体受众说理，注意到不同当事人及其他受众在法律水平等方面的差异。

（三）不同受众之间诉求存在冲突的，法官应当依法裁判，结合具体案情正当说理，着重对败诉方进行说理。

9.（说理的目标）法官在裁判文书说理时，应当做到繁简得当、体现不同审级、不同类型裁判文书的差异，有针对性，逻辑严密，与庭审情况整体统一，达到必要说理，争取充分说理，展示程序正义，追求实体正义。

10.（说理的繁简得当）法官在裁判文书说理时，可以根据审理程序、案件类型、诉讼各方意见、社会影响大小等进行繁简分流，做到繁简得当。对于事实清楚、权利义务关系明确、当事人争议不大的一审民事案件,与事实清楚、证据确实充分、被告人认罪的一审轻微刑事案件,可以使用简化的裁判文书,通过填充要素、简化格式来降低说理要求。对于当事人争议较大、法律关系复杂、社会关注度较高、法律适用具有指导意义的一审案件,以及二审案件、再审案件、审判委员会讨论决定案件的裁判文书,应当加强说理。

11.(不同层级法院裁判文书的说理)法官在裁判文书说理时,应当充分注意不同层级法院在职能定位上的差异,一审裁判文书侧重于事实认定的说理,二审、再审裁判文书侧重于法律适用的说理。

(一)一审裁判文书应当对证据和事实认定、法律适用等进行全面分析,重点围绕争议焦点进行说理。

(二)二审裁判文书应当针对上诉或抗诉的主张和理由进行说理,并对一审裁判文书中的说理不当和错误进行补强和修正。二审裁判文书应当避免与一审裁判文书在事实和证据部分的不必要重复,侧重对与一审存在差异的地方,以及诉讼各方存在争议的部分进行说理。

(三)再审裁判文书应当针对申诉、申请再审或抗诉的主张和理由进行说理,并对一审、二审裁判文书中的说理不当和错误进行补强和修正。再审裁判文书应当避免与一审、二审裁判文书在事实和证据部分的不必要重复,侧重对与一审、二审存在差异的地方,以及诉讼各方存在争议的部分进行说理。

(四)对于原审裁判存在的问题,应当在二审、再审案件的裁判文书中予以表述,不再发内部函。发回重审或指令、指定再审的裁定书应当重点说明发回重审或指令、指定再审的理由,说明原审裁判事实不清、证据不足或违反法定程序、适用法律错误等问题。

(五)二审、再审裁判文书的说理要求原则上高于原审裁判文书。

12.(不同类型裁判文书的说理)法官在裁判文书说理时,应当根据裁判文书的不同类型进行说理。裁判文书说理主要是判决书说理；对案件的实体处理有重大影响，或者对当事人的实体利益和重大程序利益作出处分的裁定书和决定书，法官应当说理；法官认为调解书没有说理必要的，可以不说理。

13.（说理的针对性）法官在裁判文书说理时，应当根据诉讼各方提交的诉讼文书和庭审情况，全面归纳、准确概括、规范表达诉讼主张及其理由，避免遗漏或回避重要主张；准确归纳争议焦点，逐一回应诉讼各方意见。对于辩护人、代理人提出重要辩护、代理意见未予表述的，二审、再审法官应当在审查时注意是否构成程序违法。对于辩护人、代理人依法提出的辩护、代理意见未予采纳的，法官应当说明理由。

14.（说理的逻辑性）法官在裁判文书说理时，应当逻辑严密，不能前后脱节或自相矛盾，做到事实与证据相结合，事实与法律相涵摄，结论与主张相对应，结论与理由相统一，并按照合理顺序科学安排说理层次。

15.（说理的整体性）法官应当充分注意裁判文书说理与庭审等审理情况的相互对应和整体统一。

（一）庭审是裁判文书的基础，法官应当在开庭时主持调查和辩论、及时归纳争议焦点，形成裁判结果。

（二）裁判文书说理是庭审的反映，不得与法官在开庭时行使释明权、进行当庭认证的情况相冲突。诉讼各方在庭审中没有提及的事实不得直接作为裁判理由。

16.（说理的依据）法官在裁判文书说理时，在将法律、司法解释等规范性法律文件作为裁判依据的基础上，还可以将指导性案例等其他素材作为说理依据，但其他素材仅起辅助作用。

（一）经审查认定为合法有效的规范性文件可以作为说理依据。最高人民法院出台的指导性文件、会议纪要、答复意见等司法政策性文件可以作为说理依据，但不得作为裁判依据予以援引。

（二）符合社会主流价值观的公序良俗等情理可以作为说理依据。一些社会影响较大、有特殊教育意义的案件，尤其要注意使用情理进行说理。涉及家庭伦理、职业道德、社会公德、未成年人犯罪等方面的案件,出于道德教育的目的,可以附加法官后语,但是,裁判文书主文已结合情理进行说理的,一般不再撰写法官后语。

(【方案二】全部删除。有的认为,裁判文书是法律判断,不能夹杂道德判断,情理不能作为说理依据。

【方案三】删除法官后语。有的认为,法官后语是道德判断,不应该存在。有的认为,情理作为说理依据的,法官在裁判文书正文表述即可,没有必要再附加法官后语。)

(三)法官在审理类似案件时,应当参照最高人民法院发布的指导性案例,在裁判文书中引述相关指导性案例的,应在裁判理由部分引述指导性案例的编号和裁判要点,诉讼各方引述指导性案例作为理由的,法官应当回应是否参照了该指导性案例并说明理由;可以参考其他生效案例所确立的裁判规则、裁判思维进行说理。

(【方案二】删除"可以参考其他生效案例所确立的裁判规则、裁判思维进行说理"。有的认为,我国是成文法国家,参考生效案例将对现有法律体系造成冲击。)

(四)理论学说可以作为说理依据。一般不需要说明观点来源;需要说明观点来源的,可以使用标注等方式。

【方案二】理论学说可以作为说理依据。需要对某些内容、文字或者引文出处作出说明,但又不适宜在正文中表述时,可以添加脚注。

【方案三】删除。有的认为理论学说不能作为说理依据。)

(五)与规范性法律文件不相冲突的其他素材。

17.(说理的方法)法官在裁判文书说理时,应当主要运用演绎推理,也可以综合运用归纳推理、类比推理等其他推理形式。简单案件的裁判文书说理,主要使用三段论推理;复杂案件的裁判文书说理,可以综合运用证明、反驳等方法进行法律论证。

18.(说理的修辞)裁判文书的语言原则上应当准确、中立、庄重、简明、通俗。对于难以理解的专业术语，法官可以视情进行适当解释。出于说理需要，法官可以适当使用修辞手法，避免"没有事实及法律依据，本院不予支持"之类的空话套话。

【方案二】删除"出于说理需要，法官可以适当使用修辞手法，避免'无事实及法律依据，本院不予认定'之类的空话套话"。有的认为，裁判文书是公文，不能使用比喻、排比等修辞手法。）

19.（说理的形式）法官在裁判文书说理时，为了使说理更加清晰、详细，可以采取图、表、附件、附页、裁判摘要、编码等方式。

（一）难以用文字表达的或数额计算较多的，可以采取图、表来表达。

（二）参照指导性案例或参考其他案例的，可以用附件形式列明案例。

（三）规范性法律文件内容较多的，可以附录法律条文。

（四）涉案财物较多的，可以附页列明清单。

（五）法官根据说理需要采取的其他方式。

20.（说理的结构）为了突出说理重点或避免重复说理，法官可以在参照文书样式的基础上，确保基本要素完整、主要结构规范，对裁判文书格式进行适当调整和创新。

21.（说理的位置）法官在裁判文书说理时，应当根据具体案情合理安排说理的位置，包括但不限于"理由"部分，可以在"事实和证据"、"首部"等其他相关部分进行事实和证据的说理、重大程序性事项的说理。

22.（判后答疑）经当事人申请，法官可以在宣判后，对包括裁判理由在内的审判相关事宜进行口头答疑。判后答疑是对裁判文书说理的强化和补充，不能否定、弱化、取代裁判文书说理。

【方案二】有争论不写。湖北十堰法官被刺事件就是判后答疑所引发的。）

23.（说理的基础）法官在制作裁判文书时，应该符合相关技术规范，充分利用裁判文书纠错软件等技术手段，避免发生错别字、缺词漏句、错引漏引法条等低级错误，提高裁判文书的整体质量。

二、刑事裁判文书说理的特殊规定

24.（刑事裁判文书说理的总则）刑事裁判文书说理应当体现对客观行为和主观罪过的评价，法官应当遵循客观判断先于主观判断、形式判断先于实质判断、事实判断先于价值判断的顺序，对定罪、量刑、涉案财物处理等进行说理。

25.（刑事裁判文书说理的简化）法官可以根据审理程序简化刑事裁判文书说理：

（一）适用刑事速裁程序审理的案件，可以探索使用格式化裁判文书，省略被告人及其辩护人的辩护意见、经审理查明的事实、证据以及法律适用的理由。

（二）适用刑事简易程序审理的案件，可以省略被告人及其辩护人的辩护意见、经审理查明的事实、证据内容，并简化法律适用的理由。

（三）适用刑事普通程序审理的案件，具有被告人对被指控的基本犯罪事实无异议，并自愿认罪等情形的，可以适当简化说理。

26.（刑事案件证据认定的说理）法官在列举证据时原则上遵循证据客观性由大到小的排列顺序，在认证分析时注意证据内容的相互印证，正确使用刑事推定等方法。

启动非法证据排除程序的，法官应当在裁判文书中说明针对相关证据收集合法性的调查经过，并根据取证是否违法、采纳或者排除证据的法律后果，说明是否排除证据的理由。

27.（定罪说理）法官应当坚持罪刑法定原则，围绕犯罪构成要件，说明被告人行为罪与非罪、此罪与彼罪、一罪与数罪的理由。

（一）宣告有罪的，应当说明控辩双方意见及其理由，法院认定被告人构成犯罪、构成何种犯罪、是否数罪并罚，以及所依据的事实和证据、适用具体罪名的理由。

（二）宣告无罪的，应当说明法院认为指控行为不符合犯罪构成要件、情节显著轻微、被告人不负刑事责任等的理由，或者指控事实不清、证据不足的理由。

（三）变更指控事实的，应当根据对证据的综合分析，说明认定事实与指控事实不一致的理由；变更罪名的，应当根据客观行为和主观罪过等要素，说明认定罪名与指控罪名不一致的理由。

28.（量刑说理）法官应当在裁判文书中说明判处被告人刑种、刑期、职业禁止的理由，针对检察机关所提量刑建议和被告方所提量刑意见，根据刑罚个别化原则，分析量刑情节的有无及其对量刑结果的影响。

（一）涉及从轻、减轻或者免除处罚等多个刑罚裁量功能的量刑情节的，应当结合具体案情，说明选择适用的刑罚裁量功能及其理由。

（二）涉及多个量刑情节的，应当按照先法定量刑情节后酌定量刑情节的顺序，先分析自首、累犯等法定量刑情节，再分析前科劣迹、认罪态度等酌定量刑情节，说明各个量刑情节对量刑结果的影响。

（【方案二】增加一款"运用《量刑规范化指导意见》或量刑资讯系统作为说理依据"。）

（三）报请最高人民法院特殊减轻的，应当说明案件不具有法定减轻处罚情节但存在特殊情况的理由。

（四）对被告人宣告缓刑或者禁止令的，应当说明适用缓刑或者宣告禁止令的理由。

（五）对被告人宣布职业禁止的，应当说明禁止从事相关职业及其期限的理由。

（六）涉及多个被告人的，应当分析各被告人具有的量刑情节，注意相互之间量刑结果的均衡。

29.（刑罚执行的说理）法官应当在减刑、假释案件裁定书中说明犯罪分子符合法律规定的减刑、假释的实体条件，案件办理程序合法；在暂予监外执行决定书中说明犯罪分子符合暂予监外执行的法定条件。

30.（死刑案件的说理）死刑案件的裁判文书，法官应当根据证据情况和宽严相济刑事政策，说明是否属于罪行极其严重、是否必须判处死刑立即执行、是否限制减刑的理由。

31.（未成年人刑事案件的说理）未成年人刑事案件的裁判文书，法官应当根据保护未成年人的刑事政策，结合社会调查的情况，根据被告人实施犯罪时的年龄、法定从宽处罚情节等进行说理。

32.（刑事案件法律解释的说理）涉及法律解释的，法官在裁判文书说理时，应该以文义解释为基础，综合运用体系解释、历史解释、比较解释、目的解释等一种或多种解释方法，但不能作出不利于被告人的扩张解释。

33.（涉案财物处理说理）法官应当在裁判文书中说明处理扣押在案财物的理由。涉案财物存在权属争议、涉及其他法律关系或者有其他需要特别说明的情况，应当予以重点说明。

（一）尚未追缴到案的犯罪分子的违法所得，应当说明予以追缴的理由。

（二）犯罪分子的违法所得中属于被害人的合法财产，应当说明返还被害人的理由。

（三）前项财产已被犯罪分子挥霍、毁坏或因其他原因已经灭失的，应当说明责令退赔的理由。

（四）违禁品、供犯罪所用的本人财物以及扣除被害人合法财产之后的违法所得，应当说明予以没收的理由。

34.（附带民事诉讼说理）法官对附带民事诉讼部分的说理，可以结合民事裁判的特点，参照本规定中民事裁判文书说理的相关规定，以及《最高人民法院关于裁判文书引用法律、法规等规范性法律文件的规定》第四条、第五条的规定执行。

35.（刑事裁判文书说理的语言）法官在刑事裁判文书说理时，应当避免使用"不杀不足以平民愤"等政治性词汇，以及"狡猾"

等侮辱性贬义词汇。

三、民事裁判文书说理的特殊规定

36.（民事裁判文书说理的总则）法官在民事裁判文书说理时，应当以请求权基础为出发点，以要件分析为基础，以权利和义务为核心，对行为性质、责任承担进行说理。

37.（按照审理程序的简化）法官可以根据审判程序简化民事裁判文书说理：

（一）适用民事小额诉讼程序审理的案件，裁判文书主要记载当事人基本信息、诉讼请求、必要的裁判理由、裁判主文。

（二）适用民事简易程序审理的案件，当事人达成调解协议并需要制作民事调解书的；一方当事人明确表示承认对方全部或者部分诉讼请求的；涉及商业秘密、个人隐私的案件，当事人一方要求简化裁判文书中的相关内容，人民法院认为理由正当的；当事人双方同意简化的，对事实认定和法律适用的说理可以适当简化。

（三）适用民事普通程序审理的案件，除前款规定的情形外，具有已有裁判规则等情形的，对事实认定的说理可以适当简化，对法律适用可以直接表明法院态度。

38.（按照案件类型的说理）法官可以根据案件的类型和特点探索选择适用下列裁判文书：

（一）物业管理费纠纷案件等可以探索使用令状式裁判文书，只包含诉讼当事人基本情况、原告诉讼请求、案件基本事实和法院裁判主文，不详细记载被告抗辩主张和裁判理由。

（二）劳动争议案件、交通事故案件等可以探索使用要素式裁判文书，不再分开陈述原告诉称、被告辩称、经审理查明和本院认为部分，围绕特定要素，陈述当事人意见、相关证据以及法院认定理由和依据。

（三）诉讼各方存在争议焦点的案件可以使用分论式裁判文书，区分无争议事实、有争议事实，以及法律适用争议，对有争议的事实和法律进行说理。

39.（变更案由的说理）一审确定案由与当事人起诉案由或立案案由不一致的，或者二审、再审依法纠正原审确定案由的，法官应当说明根据审理查明的案件性质改变案由的理由。

40.（行使释明权的说理）法官在民事裁判文书说理时，应当说明告知当事人变更诉讼请求等行使释明权的环节、内容、方式、结果等情况。

（【方案二】不写。有的认为行使释明权一部分属于自由心证一部分属于举证责任分配，没有必要再单独规定。）

41.（民事案件证据认定的说理）在合同纠纷等案件中，法官应该说明根据有关法律关系的构成要件事实，合理分配举证责任的理由。

涉及严重侵害他人合法权益、违反法律禁止性规定或严重违背公序良俗的方法形成或取得的证据，法官应当在裁判文书中说明该证据是否属于非法证据、综合考虑容忍程度等因素后决定是否予以排除。

42.（法律漏洞填补的说理）民事案件法律没有明确规定的，法官应当说明使用类推适用、目的性扩张、目的性限缩等方法，运用国家政策、合理习惯，援引法律原则或者根据法理作出裁判的理由。

43.（条款涵义解释的说理）诉讼各方对合同、公司章程、合伙协议等条款涵义存在争议的，法官在裁判文书说理时，应当说明综合运用文义解释、目的解释等方法认定条款涵义的理由。

44.（涉外案件裁判文书的说理）法官在涉外民事案件裁判文书说理时，应当说明适用的实体法，以及经冲突规范指引准据法的情况；参照国际条约、国际惯例、外国法律来处理的，应当说明来源、内容，并加以分析论证。

45.（诉讼费分担的说理）法官在民事裁判文书说理时，
还要对确定诉讼费分担的原则和因素进行说明。

（【方案二】不写。有的认为太琐屑了不用写。）

四、行政裁判文书说理的特殊规定

46.（行政裁判文书说理的总则）行政裁判文书说理应当体现全面审查行政行为和回应当事人诉讼请求的双重原则，对被诉行政行为的审查主要围绕职权依据、事实认定、法律适用、行政程序以及合理适当性展开。二审撤销一审判决迳行驳回起诉或发回重审的，无需对被诉行政行为的合法性作出判断。

47.（行政裁判文书说理与当事人诉讼请求）行政裁判文书说理可以不受当事人诉讼请求的限制。对于支持争议事项当事人一方的意见或者认定判断与当事人意见不同的，法官应当着重说理。

确认被诉行政作为或不作为的违法性，但判决主文与原告诉讼请求不一致的，法官应当说明不一致的内容及其理由。

48.（行政文书说理的简化）具有下列情形之一的，法官可以在行政裁判文书中简化说理：

（一）适用行政简易程序审理的案件，或者虽适用行政普通程序审理，但事实清楚、争议不大的案件。

（二）诉讼各方没有争议的问题、非审理重点的问题，以及不属于合法性审查范围的问题。

（三）其他可以简化说理的情形。

49.（作为类案件的说理）作为类案件的裁判文书，法官应当重点说明原告起诉是否符合法定条件，被诉行政行为的主体是否具有法定职权，认定事实是否清楚、主要证据是否充分，适用法律、法规、规章和其他规范性文件是否正确，是否符合法定的行政程序，行政行为是否合理等。

经审查认为行政机关不具有法定职权或超越职权，并决定撤销行政行为的，法官应当着重说明职权不合法之处。

（一）判决驳回原告诉讼请求的，应当说明被诉行政行为合法、原告要求被告履行职责但理由不成立、原告要求被告履行给付义务但理由不成立的理由。行政行为存在一定不合理但未达到应予撤销或确认违法程度的，应当对不合理之处进行分析并予以指正。

（二）判决撤销行政行为的，应当对被诉行政行为不合法之处进行重点说理。判决撤销并责令行政机关重作的，应当为重作指引方向。判决撤销但不责令重作的，应当对责令重作已无可能或者已无实际意义进行说理。

（三）判决确认行政行为违法的，应当对被诉行政行为不合法或原告提出异议之处，以及对不能判决撤销或者不需要判决撤销被诉行政行为的理由进行说理。

（四）判决确认行政行为无效的，应当对行政行为实施主体不具有行政主体资格或者没有依据等重大且明显违法情形，以及对行政行为被确认无效后的效力进行说理。

（五）判决责令行政机关采取补救措施的，应当围绕行政机关采取补救措施的主要内容、程度等进行说理。

（六）判决变更行政行为的，应当重点围绕行政处罚明显不当或者行政行为对款额的确定、认定确有错误，以及法院判决变更的内容进行说理。

50.（不作为类案件的说理）不作为类案件的裁判文书，法官应当重点说明原告起诉要求被告履行何种法定职责、是否提出过申请，被告是否具有法定职权以及其明示拒绝、拖延履行、不予答复是否合法，原告的诉讼请求是否成立、法院是否予以支持的理由。

（一）判决驳回原告诉讼请求的，应当重点说明原告要求履行的法定职责、被告不具有履行职责或履行条件尚不具备的理由。

（二）判决不作为行为违法的，应当重点说明行政机关不作为违法的理由，以及对履行法定职责已无必要或意义进行说理。

（三）判决要求行政机关履行法定职责的，除尚需行政机关调查或者裁量的外，应当说明被告应当履行法定职责的理由。

51.（行政赔偿类案件的说理）行政赔偿类案件的裁判文书，法官应当重点围绕原告诉讼请求是否成立展开说理。

（一）原告单独请求被告行政赔偿的，应当具体说明被诉行政行为是否已被依法确认违法、原告主张受损的合法权益如何确定、违法行为与损害后果之间有无因果关系、被告应否承担、如何承担行政赔偿责任的理由、被告应否具有法定免除或减轻赔偿责任的情形、原告主张的赔偿方式是否具有相应的事实与法律依据。

（二）原告一并请求被告行政赔偿，分别立案受理的，应当根据不同种类的判决类型，分别进行说理；一并立案受理的，应当先对被诉行政行为是否合法进行说理，再对原告的赔偿诉讼请求是否成立进行说理。

52.（行政协议案件的说理）行政协议类案件的裁判文书，法官应当围绕行政行为的合法性和民事协议的合约性进行说理。

（一）原告请求解除行政协议或要求确认行政协议无效的，应当主要围绕被诉行政协议的合法性、有效性进行说理。

（二）原告请求被告继续履行行政协议的，应当围绕被诉行政协议是否合法有效、被告是否存在不履行行政协议确定的约定义务行为、被告是否应当继续以及如何继续履行行政协议进行说理。

（三）原告请求被告变更、解除行政协议违法无效的，应当围绕被告是否存在变更解除行政协议的行为、变更解除行政协议是否具有约定或法定的事实与法律依据进行说理。

53.（复议机关当共同被告案件的说理）原行政行为的作出机关与复议机关为共同被告案件的裁判文书，法官应当围绕原行政行为的合法性以及复议决定的合法性分别进行说理。复议决定未改变原行政行为处理结果，但改变其事实认定与法律适用的，法官应当对其改变内容是否依法成立进行重点说理。

54.（行政裁定的说理）不予受理、驳回起诉案件的裁判文书，法官应当重点说明当事人起诉的事项不符合行政诉讼收案范围和起诉条件，并按照受案范围、原告主体资格、起诉期限的递进审查顺序进行说理。准予撤诉案件的裁判文书，法官应当说明准予撤诉的理由，客观反映原告自愿撤诉和法院合法性审查的过程。

55.（规范性文件审查的说理）经审查认为规范性文件合法、有效并合理、适当的，法官可以在裁判文书中承认其效力并作为说理依据。原告一并申请审查规章以下规范性文件具体条款合法性的，法官应当从是否限制或剥夺原告依法享有的权利，是否增设行政许可的条件，是否扩大实施行政处罚的行为、种类、幅度等方面，审查规范性文件是否合法，并在裁判文书中说明理由。

56.（行政诉讼一并解决民事争议案件的说理）原告一并申请解决相关民事争议的，法官应当根据该申请是否符合一并审查条件、行政诉讼与附带民事诉讼之间的相关性等进行说理。

五、裁判文书说理的配套机制

57.（约束机制）独任法官，或者制作裁判文书的法官以及合议庭其他成员应当履行裁判文书说理的义务。

58.（公开机制）深化司法的实质公开，存在审理报告的，法官应当在裁判文书中体现审理报告中除审判秘密外的内容。经审判委员会讨论决定的案件，法官应当在裁判文书中写明"经本院审判委员会讨论决定"，说明提交讨论的原因、讨论的问题、结果及其理由。

59.（分案机制）案件分配以随机分案为主、指定分案为辅。因特殊情况需要对随机分案结果进行调整的，一般由资深法官负责审理疑难复杂案件，并进行裁判文书说理。

（【方案二】删除。有的认为，案件分配原则上实行随机分案，不宜推广指定分配。）

60.（制作机制）合议庭成员之间意见不一致，承办法官意见属于多数意见的，由承办法官撰写裁判文书；承办法官意见属于少数意见的，由持多数意见的一名合议庭成员撰写裁判文书。合议庭意见与审判委员会意见不一致，承办法官意见与审判委员会意见一致的，由承办法官撰写裁判文书；承办法官意见与审判委员会意见不一致的，由持多数意见的一名合议庭成员撰写裁判文书；审判委员会改变合议庭成员意见的，由承办法官根据审判委员会意见撰写裁判文书。

有人民陪审员参加的案件，裁判文书制作机制根据《人民陪审员制度改革试点方案》另行规定。

（【方案二】删除。有的认为，目前还是应该由承办法官按照多数意见撰写裁判文书，不宜转换主体。）

61.（少数意见）积极探索在中级以上人民法院审理的知识产权、海事等不会导致当事人情绪严重对立或社会不稳定的民事案件中，公开合议庭对法律适用问题的不同意见，但不得披露评议的具体过程及其他不宜公开的内容。

（【方案二】删除。有的认为，考虑到涉诉上访等外部司法环境堪忧，公开不同意见目前时机不成熟。）

62.（署名机制）没有公开不同意见的，裁判文书尾部应当有合议庭成员、参与案件审理的法官助理和书记员的署名，并在裁判文书首部或尾部注明制作法官。

（【方案二】删除。有的认为，法官助理不应该署名，制作法官没有必要注明。）

63.（签发机制）独任审判的案件，裁判文书由独任审判员直接签署。合议庭审理的案件，裁判文书由承办法官、合议庭其他成员、审判长依次签署。审判长作为承办法官的，由审判长最后签署。院长、庭长对未直接参加审理案件的裁判文书不再进行签发。

（【方案二】删除。有的认为，《关于完善人民法院司法责任制的若干意见》已经作出相关规定。）

64.（评价机制）裁判文书说理水平应该成为案件质量评估的重要内容；应当将优秀法律文书评选活动常态化，引进学者等第三方作为评价主体，结合卷宗等对裁判文书进行科学评价。

65.（激励机制）裁判文书说理水平应该成为体现法官能力的重要内容，纳入法官业绩档案，作为法官评价、奖励、遴选、晋级的重要因素，加大对优秀裁判文书进行物质奖励和精神奖励的力度。

66.（互动机制）完善案例指导制度，不断增加指导性案例，进一步畅通裁判文书说理好的案例向指导性案例转化的渠道；明确指导性案例的事实拘束力,对于偏离指导性案例所确定的裁判规则的,法官应当在裁判文书中提供充足的理由。

67.(保障机制)法官在裁判文书中发表观点并说明理由的行为属于依法履行职责,非因法定事由,非经法定程序,不受责任追究;因故意或重大过失的违法审判行为导致裁判文书说理存在严重问题的,承担违法审判责任。法官因裁判文书说理受到不当侵害的,享有申诉控告等救济权利。

68.(培训机制)健全法官入职培训机制,将裁判文书制作和说理作为培训的重要内容之一,锻炼法律思维,提高文字能力,训练说理技巧。完善法官在职培训机制,介绍优秀法官的说理经验,加强案例教学和实践训练。

69.(指引机制)继续推行裁判文书上网,建立裁判文书意见反馈通道,充分利用互联网、大数据产生典型案例,建立类型化案件的说理文库,智能化推送说理好的裁判文书,编辑出版优秀裁判文书的案例汇编,逐步形成和完善裁判文书说理的指引。

六、附则

70.(其他裁判文书的说理)执行裁判文书等其他裁判文书的说理可以参照适用本规定。

71.(解释情况)本规定由最高人民法院负责解释。最高人民法院此前发布的司法解释及规范性文件与本规定不一致的,以本规定为准。各级法院可以参照本规定制定实施细则。

72.(实施情况)本规定自发布之日起施行。

裁判文书说理范例荟萃

一、电梯劝阻吸烟案——裁判文书说理要弘扬社会主义核心价值观

二审裁判文书说理把正确的价值判断和社会主流价值观有机融入裁判过程，本着公正、公平的原则，还杨某清白，让法官成为社会正能量的守护者。

【文书节选】本案一审判决作出后，杨帆未上诉，但一审判决适用法律错误，损害社会公共利益，依法应予改判，理由如下：保护生态环境、维护社会公共利益及公序良俗是民法的基本原则，弘扬社会主义核心价值观是民法的立法宗旨，司法裁判对保护生态环境、维护社会公共利益的行为应当依法予以支持和鼓励，以弘扬社会主义核心价值观。根据郑州市有关规定，市区各类公共交通工具、电梯间等公共场所禁止吸烟，公民有权制止在禁止吸烟的公共场所的吸烟者吸烟。该规定的目的是减少烟雾对环境和身体的侵害，保护公共环境，保障公民身体健康，促进文明、卫生城市建设，鼓励公民自觉制止不当吸烟行为，维护社会公共利益。本案中，杨帆对段小立在电梯内吸烟予以劝阻合法正当，是自觉维护社会公共秩序和公共利益的行为，一审判决判令杨帆分担损失，让正当行使劝阻吸烟权利的公民承担补偿责任，将会挫伤公民依法维护社会公共利益的积极性，既是对社会公共利益的损害,也与民法的立法宗旨相悖,不利于促进社会文明,不利于引导公众共同创造良好的公共环境。因此,一审判决判令杨帆补偿田九菊15000元错误,本院依法予以纠正。

二、无锡胚胎案——裁判文书以情说理

"法律不外乎人情",判决书说理动之以情为先,晓之以理为中,行之以法为后。当前的许多裁判文书说理往往过于机械,缺乏情理分析,广受诟病。情理作为说理依据可以体现裁判文书的人性化和温情。二审判决书依据伦理、情感等,判决存放于某医院的4枚冷冻胚胎由原被告双方共同监管和处置,赢得了社会各界的一致好评。

【文书节选】二审法院认为,公民合法的民事权益受法律保护。基于以下理由:上诉人沈某南、邵某妹和被上诉人刘某法、胡某仙对涉案胚胎共同享有监管权和处置权:1.沈某、刘某生前与南京××医院签订相关知情同意书,约定胚胎冷冻保存期为一年,超过保存期同意将胚胎丢弃,现沈某、刘某意外死亡,合同因发生了当事人不可预见且非其所愿的情况而不能继续履行,南京××医院不能根据知情同意书中的相关条款单方面处置涉案胚胎。2.在我国现行法律对胚胎的法律属性没有明确规定的情况下,结合本案实际,应考虑以下因素以确定涉案胚胎的相关权利归属:一是伦理。施行体外受精胚胎移植手术过程中产生的受精胚胎,具有潜在的生命特质,不仅含有沈某、刘某的DNA等遗传物质,而且含有双方父母两个家族的遗传信息,双方父母与涉案胚胎亦具有生命伦理上的密切关联性。二是情感。白发人送黑发人,乃人生至悲之事,更何况暮年遽丧独子、独女!沈某、刘某意外死亡,其父母承欢膝下、纵享天伦之乐不再,"失独"之痛,非常人所能体味。而沈某、刘某遗留下来的胚胎,则成为双方家族血脉的唯一载体,承载着哀思寄托、精神慰藉、情感抚慰等人格利益。涉案胚胎由双方父母监管和处置,既合乎人伦,亦可适度减轻其

丧子失女之痛楚。三是特殊利益保护。胚胎是介于人与物之间的过渡存在，具有孕育成生命的潜质，比非生命体具有更高的道德地位，应受到特殊尊重与保护。在沈某、刘某意外死亡后，其父母不但是世界上唯一关心胚胎命运的主体，而且亦应当是胚胎之最近最大和最密切倾向性利益的享有者。综上，判决沈某、刘某父母享有涉案胚胎的监管权和处置权于情于理是恰当的。当然，权利主体在行使监管权和处置权时，应当遵守法律且不得违背公序良俗和损害他人之利益。3. 至于南京鼓楼医院在诉讼中提出，根据卫生部的相关规定，胚胎不能买卖、赠送和禁止实施代孕，但并未否定权利人对胚胎享有的相关权利，且这些规定是卫生行政管理部门对相关医疗机构和人员在从事人工生殖辅助技术时的管理规定，南京鼓楼医院不得基于部门规章的行政管理规定对抗当事人基于私法所享有的正当权利……综上，沈某南、邵某妹和刘某法、胡某仙要求获得涉案胚胎的监管权和处置权合情、合理，且不违反法律禁止性规定，本院应予支持。

三、"惠州许霆案"——裁判文书以情说理

一审判决书被誉为"一份伟大的判决书"，从法理、情理、道义上对定罪量刑进行分析。

【文书节选】被告人于某水的父母早已病亡，其与几个姊妹相依为命，生活困苦，不然，他也不会早早辍学外出打工谋生，以他的初小学历和人生经历，可以肯定，他对法律及其行为后果不会有高度清楚的认识，更不可能对这一法律界都存在争议的行为自认为是盗窃犯罪。既然他不可能明确辨认自己的行为及其后果，我们也可以想象，对于一个穷孩子来说，几乎是从天而降的钱财对他意味着什么？！我们不能苛求每一个公民都具有同等的道德水平和觉悟。同时，被告人取了钱带回老家，除了给弟弟一些钱，剩下的也一直不敢乱花，这说明他对社会管理秩序还是心存畏惧，被抓获之后，被告人随即全部退清所有款项，我们觉得，这孩子

仍心存良知。

四、不准予离婚的"诗意判决书"——裁判文书的个性化说理

裁判文书说理可以根据实际需要适当使用修辞方法。古今中外的一些判决书能够流传并备受推崇，与其语言的个性化有很大关系。不过，裁判文书语言的规范化或者个性化都只是手段，而不是目的。裁判文书语言的规范化是个性化的基础，不能本末倒置。江苏判决不准予离婚的"诗意判决书"刷爆朋友圈。法官引用宋词、使用排比，采用"后宫体"，引发了热烈讨论。

【文书节选】婚姻关系的存续是以夫妻感情为基础的。原、被告从同学至夫妻，是一段美的历程：众里寻他千百度，蓦然回首，那人却在灯火阑珊处。令人欣赏和感动。若没有各自性格的差异，怎能擦出如此美妙的火花？然而生活平淡，相辅相成，享受婚姻的快乐与承受生活的苦痛是人人必修的功课。人生如梦！当婚姻出现裂痕，陷于危机的时刻，男女双方均应该努力挽救，而不是轻言放弃，本院极不情愿目睹劳燕分飞之哀景，遂给出一段时间，以冀望恶化的夫妻关系随时间流逝得以缓和，双方静下心来，考虑对方的付出与艰辛，互相理解与支持，用积极的态度交流和沟通，用智慧和真爱去化解矛盾，用理智和情感去解决问题，不能以自我为中心，更不能轻言放弃婚姻和家庭，珍惜身边人，彼此尊重与信任，重归于好。

五、琼瑶诉于正等侵犯著作权案——裁判文书利用附件说理

在目前的司法实践中，从狭义上说，裁判文书附录包括规范性法律文件、证据或证据目录、案例、附图、附表等；从广义上

说，裁判文书附录还可能包括法官后语、司法建议等。对于裁判内容难以用文字表达的，主要包括涉及商标等外表形象、涉及房屋等空间结构的情形，可以采用附图等方式表达。该案一审判决书就在正文后采取附图（人物关系对比图）和附表（《梅花烙》小说及剧本与《宫锁连城》电视剧及剧本相似情节比对），让人在看完附图和附表之后就基本上能够清楚得出结论。

【文书节选】附图：人物关系对比图：

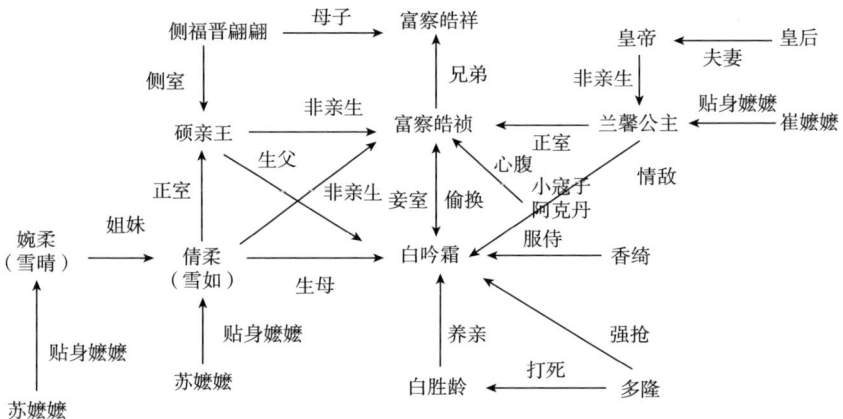

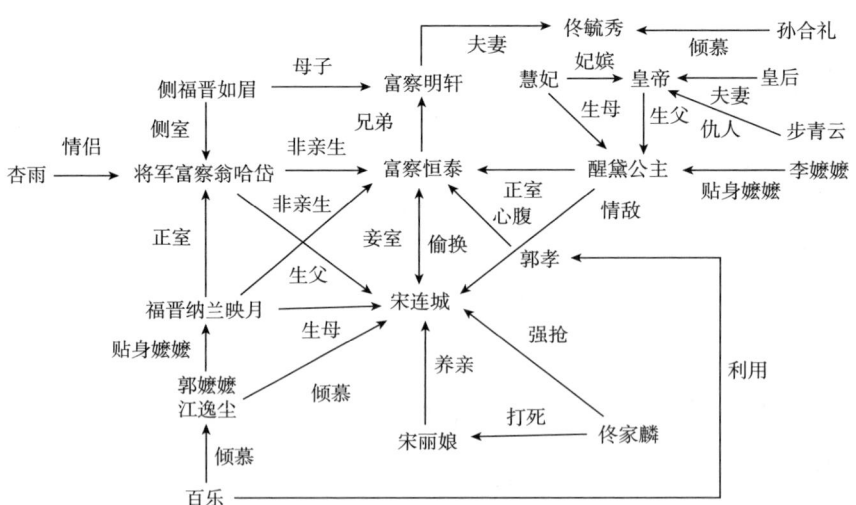

六、李某交通肇事案——裁判文书援引学者观点说理

裁判文书援引学者观点说理，有助于加强法官与学者间的良性互动，进而促进法律共同体的形成。近年来，司法实践中出现了一些引用学者观点的裁判文书，有的甚至引用了外国学者观点。

【文书节选】在刑法理论中，对于间接故意和过于自信的过失的区分一直是一个难点问题，正如德国刑法学家汉斯·韦尔策尔所总结："间接故意与有认识过失的分界问题是刑法最困难和最具争议的问题之一，这个问题难在意欲是一种原始的、终极的心理现象，它无法从其他感性或知性的心理流程中探索出来，因而只能描述它，无法定义它。"在刑事审判实践中，考虑到被告人犯罪时的主观心态只存在于其本人主观意识之中，要证明其主观心态只能通过行为人的认知水平、行为时间、地点、对象、力度、使用的工具以及事发后表现等外在的客观表象，根据主客观相一致的原则，运用经验规则与逻辑规则形成判断，以此来推定行为人的主观心态。这种推定，正如我国刑法学家陈兴良教授所言，"是在被告人的主观意图认定中经常采用的一种司法技术"。……综上分析，从本案被告人李某驾车撞人事前、事中及事后的证据看，只能证明其对违反交通法规是故意的，但不能证明其在主观上具有危害公共安全的故意，故应按照过失犯罪处理。对于这一逻辑推理的过程、方法和结论，在刑法学理论界已经取得共识，德国刑法学家克劳斯·罗克辛在其著作《德国刑法学总论》（第1卷）中就曾有过如下总结："在驾驶员不顾同车人的警告，以危险的方式超车并因此造成了交通事故的情况下，这样的案件在通常情况下都不会是故意的，而仅仅是有意识的过失，尽管行为人认识到了可能发生的结果，甚至有人还向他提醒了这一点。区别在于，在这样一种情况下的汽车驾驶员，虽然有风险的意识，但是通常都相信，凭借自己的驾驶技术能够避免这种结果，否则，在其他

情况下,由于他本身会是自己行为的第一位被害人,这位驾驶员是会放弃自己的行为的。这种比软弱无力的希望更多一些的对好结果的相信,不能导致反对受保护的法益的决定。"

七、华源公司诉商标局案——审判委员会讨论决定案件的裁判文书说理

根据"让审理者裁判,由裁判者负责",审判委员会制度改革需要更多体现审判委员会"审理"案件的情况。公开审判委员会讨论决定的情况,不但要写明"经本院审判委员会讨论决定",而且要说明理由。

【文书节选】关于《新增服务商标的通知》第四条关于过渡期的规定是否合法,本院审判委员会认为:对于《新增服务商标的通知》第四条关于过渡期的规定是否合法应当着重从下述四个方面进行审查:1.商标局是否制定《新增服务商标的通知》第四条关于过渡期的规定的合法主体;2.商标局制定《新增服务商标的通知》第四条关于过渡期的规定是否超越法定权限;3.《新增服务商标的通知》第四条关于过渡期的规定在内容上是否合法;4.《新增服务商标的通知》第四条关于过渡期的规定在制定时是否履行了法定程序或者遵循了正当程序的要求。由于原告华源公司明确表示对于《新增服务商标的通知》的制定程序的合法性不持异议,因此,对《新增服务商标的通知》第四条关于过渡期的规定是否合法的审查重点在于:商标局是否制定《新增服务商标的通知》第四条关于过渡期的规定的合法主体、商标局制定《新增服务商标的通知》第四条关于过渡期的规定是否超越法定权限、《新增服务商标的通知》第四条关于过渡期的规定在内容上是否合法。……还应指出的是,商标局制定《新增服务商标的通知》第四条关于过渡期的规定,将申请在先原则与维护在先使用人的利益相结合作为特定时间内确定商标注册的规则,体现了其对实质正义的追

求与力求实现商标申请有序状态的美好愿景,在一定程度上可保护在先使用人的利益,其动机和目的是正当的,在制度设计上具有一定的合理性。但是,合理性不能等同或者替代合法性,实质正义的真正实现也必须以程序正义的实现为依托,否则,法律的安定性、确定性和权威性将会受到损害。综上,商标局是制定《新增服务商标的通知》第四条关于过渡期的规定的形式意义上的合法主体,但其制定《新增服务商标的通知》第四条关于过渡期的规定超越了其法定权限,该规定在内容上也不符合《商标法》第三十一条的规定。鉴于此,本院审判委员会作出如下决议:《新增服务商标的通知》第四条关于过渡期的规定不合法。

八、梁某某故意伤害案——裁判文书的重大或者争议性的程序性事项说理

由于受"重实体、轻程序"的影响,目前,许多记载审判程序的材料没有呈现在裁判文书中。实践中,一些裁判文书对重大程序性事项尤其是存在争议的程序性事项进行了详细说理。

【文书节选】北京市人民检察院第一分院以京一分检公诉刑诉(2014)16号起诉书指控被告人梁某某犯故意伤害罪向本院提起公诉,被害人近亲属杜某某、纪某甲、纪某乙亦向本院提交了附带民事诉状。本院经审查后依法组成合议庭于2014年5月21日立案,并在立案当日向被告人送达了起诉书副本及附带民事诉状,向梁某某告知了在法院审理期间的诉讼权利,征求了其对回避、管辖、非法证据排除、申请证人出庭、申请重新勘验、鉴定、裁判文书上网等程序性问题的意见,并进行了相关法律程序的释明,被告人梁某某表示均无异议。5月28日,合议庭安排辩护人查阅、复制了全部案卷材料,并送达了起诉书副本及附带民事诉状副本。6月11日,审判长与合议庭法官提讯了被告人梁某某,进行诉讼权利的再告知、法律释明及证据开示,并再次征求其对回避、管

辖，申请证人出庭，申请重新鉴定、勘验，非法证据排除等程序性问题的意见及对附带民事赔偿的意见。6月16日，合议庭召集公诉人、辩护人、附带民事诉讼原告人及诉讼代理人、被告人梁某某的近亲属召开了庭前会议，就管辖、回避、申请证人出庭、非法证据排除等程序性问题进行了磋商，听取各方意见，并进行了法律释明；组织控辩双方相互开示全部拟出示的证据，并就上述证据来源的合法性、证据的客观性及关联性提出意见；就附带民事诉讼赔偿部分听取原被告双方的意见。在庭前会议上，控辩双方均申请传证人王某某出庭，同时公诉人还申请传专家证人和警察证人耿某某出庭，辩护人还申请传××医院的当班护士出庭。6月30日，合议庭法官再次提讯被告人，告知附带民事调解进展情况，再次提示其在庭审阶段应当享有的诉讼权利。庭前会议后，梁某某的辩护人向本院提出两份书面申请，其一，申请法院排除梁某某在2013年10月29日14时17分至19时、2013年11月5日9时10分至11时43分、2013年11月12日11时38分至13时53分期间的三份供述笔录，申请排除的理由是侦查机关对被告人采取了假设、无法理依据的推断、诱导以及以公权力的威力后果等对当事人进行无形的施压等手段、方式进行讯问，诱导被告人作出不利于自己的回答。其二，再次申请法院通知××医院的医生王某某及参与抢救被害人纪某某的当班护士出庭，理由是参与抢救纪某某的医生王某某及当班护士的抢救过程是否正当，对被害人死亡后果的发生会产生重要影响，并对被告人的定罪量刑具有重要意义。经审查全案证据，合议庭认为本案符合法定开庭条件，决定开庭审理。开庭三日前，合议庭向被告人梁某某及其他诉讼参与人送达了《开庭通知书》，并对开庭时间、地点予以公告。我院于2014年7月2日公开开庭审理了本案。北京市人民检察院第一分院指派检察员李宏出庭支持公诉，附带民事诉讼原告人纪某甲、纪某乙及杜某某、纪某甲、纪某乙的诉讼代理人白一彭、王园园，被告人梁某某及其辩护人暨诉讼代理人安久坤、证人王某某及耿某某到庭参加诉讼。现已审理终结。

九、余某认罪判无罪案——证据认定说理

证据认定说理不是简单罗列、堆砌证据,不是以证据内容代替证明对象,而是应该根据具体案情,按照繁简分流原则,合理列举证据,规范认证分析,围绕证据的合法性、真实性、关联性,针对证据证明力有无和证明力大小,对证据进行审核判断,并结合举证责任等分析论证整体证据是否达到法定证明标准。

【文书节选】对余某的有罪供述无法查证属实,全案证据尚未达到确实、充分的法定证明标准,根据疑罪从无的原则判决其无罪。尤其是指认笔录是本案能将被告人与肇事现场、肇事现场车辆联系起来的唯一证据,但指认存在诸多瑕疵依法不能作为定案根据。

第一,关于公安、检察机关制作的指认笔录能否作为定案根据的问题。经查,公安、检察机关组织的指认存在下列问题:1.指认前指认人已经了解或见到指认对象。本案一审开庭在前,现场指认在后,在现场指认前,通过庭审举证、质证,余某已经全面了解到事故现场情况;组织指认肇事车撞击部位在前,制作关于肇事车内饰特征的讯问笔录在后,在制作内饰讯问笔录之前,通过指认肇事车撞击部位,余某已经近距离见到肇事车,透过没有玻璃的前窗完全可以看清车内饰。2.组织辨认的对象即肇事车钥匙,没有物证提取笔录,来源不清。3.辨认对象没有混杂在具有类似特征的其他对象中。对肇事车钥匙的指认实质是辨认,但在组织辨认时,公安机关没有将指认对象肇事车钥匙混杂在具有类似特征的其他对象中。4.现场指认笔录所述部分内容不真实。现场指认笔录记载:"经民警带被告人余某到案发地点进行指认,被告人余某能准确指认两车碰撞的原始地点,与民警制作的现场图吻合。"经查,民警制作的原始现场图中并无两车碰撞原始地点的记载。5.花坛撞击点的指认结果与现场勘查照片明显不符,不具同一性。余某指认的花坛撞击点附近有一处排水口,而现场勘

查照片中显示的花坛撞击点附近并没有排水口。6. 公安及检察机关组织的指认均无见证人。7. 检察机关组织的指认无指认笔录。《最高人民法院关于适用〈中华人民共和国刑事诉讼法〉的解释》第九十条规定，辨认前使辨认人见到辨认对象或辨认对象没有混杂在具有类似特征的其他对象中的，辨认笔录不得作为定案的根据。由于本案公安、检察机关组织的上述指认不规范、不科学，不符合法律及司法解释的规定，故该指认笔录依法不能作为定案根据。

十、于欢故意伤害案——事实认定说理

事实认定说理应该根据繁简分流的要求而具体决定采用合适的叙事方式。"概括式"叙事只能让人对案件事实有一个抽象了解，甚至还不能称为基本了解，受众还需读完全案证据才能自己总结出全部案件事实。"故事式"叙事以讲故事的形式，沿着时间的流向，描述事件从开始到结束的过程，较为全面生动交代事实的全部情况。对于简单案件，可以采取"概括式"叙事方式，完成要件事实叙述即可。对于复杂案件，在叙述要件事实以外，还需从要件事实延伸出去补充丰富细节事实，采取"故事式"叙事方式。

【文书节选】上诉人于欢的母亲苏某某在山东省冠县工业园区经营山东源大工贸有限公司（以下简称源大公司），于欢系该公司员工。2014年7月28日，苏某某及丈夫于某某向吴某某、赵某某借款100万元，双方口头约定月息10%。至2015年10月20日，苏某某共计还款154万元。其间，吴某某、赵某某因苏某某还款不及时，曾指使被害人郭某甲（男，时年29岁）等人采取在源大公司车棚内驻扎、在办公楼前支锅做饭等方式催债。2015年11月1日，苏某某、于某某再向吴某某、赵某某借款35万元。其中10万元，双方口头约定月息10%；另外25万元，通过签订房屋买卖合同，用于某某名下的一套住房作为抵押，双方约定如

逾期还款，则将该住房过户给赵某某。2015年11月2日至2016年1月6日，苏某某共计向赵某某还款29.8万元。吴某某、赵某某认为该29.8万元属于偿还第一笔100万元借款的利息，而苏某某夫妇认为是用于偿还第二笔借款。吴某某、赵某某多次催促苏某某夫妇继续还款或办理住房过户手续，但苏某某夫妇未再还款，亦未办理住房过户。2016年4月1日，赵某某与被害人杜某甲（男，殁年29岁）、郭某甲等人将于某某上述住房的门锁更换并强行入住，苏某某报警。赵某某出示房屋买卖合同，民警调解后离去。同月13日上午，吴某某、赵某某与杜某甲、郭某甲、杜某乙等人将上述住房内的物品搬出，苏某某报警。民警处警时，吴某某称系房屋买卖纠纷，民警告知双方协商或通过诉讼解决。民警离开后，吴某某责骂苏某某，并将苏某某头部按入座便器接近水面位置。当日下午，赵某某等人将上述住房内物品搬至源大公司门口。其间，苏某某、于某某多次拨打市长热线求助。当晚，于某某通过他人调解，与吴某某达成口头协议，约定次日将住房过户给赵某某，此后再付30万元，借款本金及利息即全部结清。同月14日，于某某、苏某某未去办理住房过户手续。当日16时许，赵某某纠集郭某乙、郭某甲、苗某某、张某丙到源大公司讨债。为找到于某某、苏某某，郭某某报警称源大公司私刻财务章。民警到达源大公司后，苏某某与赵某某等人因还款纠纷发生争吵。民警告知双方协商解决或到法院起诉后离开。李某某接赵某某电话后，伙同么某某、张某乙和被害人严某某（男，时年26岁）、程某某（男，时年22岁）到达源大公司。赵某某等人先后在办公楼前呼喊，在财务室内、餐厅外盯守，在办公楼门厅外烧烤、饮酒，催促苏某某还款。其间，赵某某、苗某某离开。20时许，杜某甲、杜某乙赶到源大公司，与李某某等人一起饮酒。20时48分，苏某某按郭某某要求到办公楼一楼接待室，于欢及公司员工张某甲、马某某陪同。21时53分，杜某甲等人进入接待室讨债，将苏某某、于欢的手机收走放在办公桌上。杜某甲用污秽语言辱骂苏某某、于欢及其家人，将烟头弹到苏某某胸前衣服上，将裤子裈至大腿处裸露下体,朝坐在沙发上的苏某某等人左右转动身体。在马某某、李某某劝阻下,杜某甲穿好裤子,又脱下于欢的鞋让苏某某闻,被苏某某打掉。杜某甲还用手拍打于欢面颊,其他讨债人员实施了揪抓于欢头发或按压于欢肩部不准其起身等行为。22时07分,公司员工刘某某打电话报警。22时17分,民警朱某带领辅警宋某某、郭某丙到达源大公司接待室了解情况,苏某某和于欢指认杜某甲殴打于欢,杜某甲等人否认并称系讨债。22时22分,朱某某警告双方不能打架,然后带领辅警到院内寻找报警人,并给值班民警徐某某打电话通报警情。于欢、苏某某欲随民警离开接待室,杜某甲等人阻拦,并强迫于欢坐下,于欢拒绝。杜某甲等人卡于欢项部,将于欢推拉至接待室东南角。于欢持刃长15.3厘米的单刃尖刀,警告杜某甲等人不要靠近。杜某甲出言挑衅并逼近于欢,于欢遂捅刺杜某甲腹部一刀,又捅刺围逼在其身边的程某某胸部、严某某腹部、郭某甲背部各一刀。22时26分,辅警闻声返回接待室。经辅警连续责令,于欢交出尖刀。杜某甲等四人受伤后,分别被杜某乙等人驾车送至冠县人民医院救治。次日2时18分,杜某甲经抢救无效,因腹部损伤造成肝固有动脉裂伤及肝右叶创伤导致失血性休克死亡。严某某、郭某甲的损伤均构成重伤二级,程某某的损伤构成轻伤二级。

十一、聂树斌再审案——裁判文书的夹叙夹议的说理方式

裁判文书夹叙夹议的说理方式,即在叙述事实时一并进行证据分析,是我国传统裁判文书说理的特点之一。聂树斌再审案判决书没有罗列证据,但在证据分析中展示证据,既避免了重复,又便于读者集中了解、把握某一方面问题,形成真切具体的认识;以摆事实讲道理的白描手法,按照"偶然抓人—缺失关键证据—认定的事实不确定—办案程序有缺陷"的思路,把关联事实摆出

来、串起来。

【文书节选】经再审查明：1994年8月5日17时许，河北省石家庄市液压件厂女工康某甲（被害人，殁年36岁）下班骑车离厂。8月10日上午，康某甲父亲康某乙向公安机关报案称其女儿失踪。同日下午，康某乙和康某甲的同事余某某等人在石家庄市郊区孔寨村西玉米地边发现了被杂草掩埋的康某甲连衣裙和内裤。8月11日上午，康某甲尸体在孔寨村西玉米地里被发现。同日下午，侦查机关对康某甲尸体进行了检验。上述事实，有现场提取的自行车、凉鞋、连衣裙、内裤和钥匙等物证，证人康某乙和余某某等人证明康某甲失踪和发现康某甲衣物情况、证人侯某某证明上述现场提取物品系康某甲生前所用之物的证言，以及尸体检验报告、现场勘查笔录和照片等证据证实。本院予以确认。原审认定原审被告人聂树斌于1994年8月5日17时许，骑自行车尾随下班的康某甲，将其别倒拖至玉米地内打昏后强奸，而后用随身携带的花上衣猛勒其颈部，致其窒息死亡。本院认为，这一认定事实不清、证据不足，不予确认。具体评判如下：一、聂树斌被抓获之时无任何证据或线索指向其与康某甲被害案存在关联……二、聂树斌被抓获之后前5天的讯问笔录缺失，严重影响在卷讯问笔录的完整性和真实性……三、聂树斌有罪供述的真实性存疑，且不能排除指供、诱供可能……四、原审卷宗内案发之后前50天内证明被害人遇害前后情况的证人证言缺失，严重影响在案证人证言的证明力……五、聂树斌所在车间案发当月的考勤表缺失，导致认定聂树斌有无作案时间失去重要原始书证……六、原审认定的聂树斌作案时间存在重大疑问，不能确认……七、原审认定的作案工具存在重大疑问……八、原审认定康某甲死亡时间和死亡原因的证据不确实、不充分……九、原办案程序存在明显缺陷，严重影响相关证据的证明力……

十二、杭州保姆纵火案——裁判文书说理的"有的放矢"

裁判文书说理要"有的放矢",即针对当事人双方意见予以充分回应,不能对当事人双方意见概不回应,或者只回应一方,或者选择性回应,或者模糊回应。杭州保姆纵火案中,审判长归纳了庭审争议焦点,各方诉讼参与人主要围绕莫焕晶放火的真实动机及罪名,物业管理及设施维护、消防救援及管理是否存在不足,能否减轻莫焕晶的罪责,莫焕晶是否存在法定、酌定的量刑情节,能否据此减轻其罪责等问题,裁判文书说理也是围绕上述争议焦点展开,充分回应各方意见。

【文书节选】被告人莫焕晶因长期沉迷赌博而身负高额债务,为躲债于2015年外出打工。2016年9月,莫焕晶经中介应聘到朱某贞、林某斌夫妇位于杭州市上城区蓝色钱江公寓家中从事住家保姆工作。2017年3月至同年6月21日,莫焕晶为筹集赌资,多次窃取朱某贞家中的金器、手表等物品进行典当、抵押,得款18万余元,至案发时,尚有价值19.8万余元的物品未被赎回。其间,莫焕晶还以老家买房为借口向朱某贞借款11.4万元。上述款项均被莫焕晶用于赌博挥霍一空。

2017年6月21日晚至次日凌晨,被告人莫焕晶用手机上网赌博,输光了6万余元钱款,包括当晚偷窃朱某贞家一块手表典当所得赃款3.75万元。为继续筹集赌资,其决意采取放火再灭火的方式骗取朱某贞的感激以便再向朱某贞借钱。6月22日凌晨2时至4时许,莫焕晶使用手机上网查询"打火机自动爆炸""家里突然着火什么原因""沙发突然着火""家里窗帘突然着火""放火要坐牢吗""火容易慢燃吗""发生火灾火怎样才能燃烧慢点""起火原因鉴定""火灾起点原因容易查吗"等与放火有关的关键词信息。凌晨4时55分许,莫焕晶用打火机点燃书本引燃客厅沙发、窗帘等易燃物品,导致火势迅速蔓延,造成屋内的被害人朱某贞及其三名未成年子女被困火场吸入一氧化碳中毒死亡,并造成该室室内精装修及家具和邻近房屋部分设施损毁。经鉴定,损失共计257万余元。火灾发生后,莫焕晶即逃至室外,报警并向他人求助,后在公寓楼下被公安机关带走调查。

另查明,2015年7月,被告人莫焕晶在浙江省绍兴市越城区胜利路望越中央花园徐某某家做保姆时,盗窃茅台酒两瓶;2016年2月,莫焕晶在上海市华发路333弄李某某家做保姆时,盗窃同住保姆汪某某现金6500元。上述盗窃行为被发现后,莫焕晶退还或退赔财物。2015年11月至同年12月,莫焕晶在上海市浦东新区潍坊西路二弄周某某家做保姆时,多次窃取戒指、项链等物品进行典当,在被发觉前赎回归还。

上述事实,有经庭审质证无疑的共计63项证据予以证实。针对被害人诉讼代理人、被告人及辩护人所提关于莫焕晶放火时间、放火动机和目的、有无放火故意、有无积极施救、物业设施及消防救援能否减轻莫焕晶罪责等意见,判决均予以详细论述及评判:

(1)关于放火时间。诉讼代理人提出,因起火单元902室住户王某称其于4时50分被吵醒,起床后走到阳台处看到带明火的条状物从楼上掉下,故被告人莫焕晶放火时间早于当日4时50分。经查,证人王某的证言并未明确带明火条状物掉下的时间,而王某家的住家保姆柴某仙的证言证明其于5时09分许听到楼上掉下东西的声响,并告知王某起火了,故王某的证言只能证明发现火灾的大致时间,莫焕晶关于4时55分左右放火的供述与公安消防部门火灾现场调查报告认定的起火时间相符,予以采信。

(2)关于犯罪动机和目的。诉讼代理人提出,莫焕晶放火后从1802室入户大门离开并故意将门关闭,极有可能系为毁灭盗窃罪证而放火,且还有故意杀人之嫌。经查,诉讼代理人出示的证人杨某军的自书材料与电梯监控视频显示的杨某军和莫焕晶乘坐电梯的路线、剪刀形消防楼梯的状况及杨某军在侦查阶段所作证言均不相符,该自书材料不实,不予采信,故现场电梯监控视频及相关证人证言不能证明莫焕晶有故意杀人、毁灭盗窃罪证的动机和目的。

（3）关于莫焕晶所提书本点着后没有明火，没有故意引燃沙发、窗帘的辩解和辩护人所提莫焕晶无放火故意的辩护意见。经查，案发前莫焕晶通过手机搜索"家里火灾赔偿吗""起火原因鉴定""睡到半夜家里无端着火了""沙发突然着火""放火要坐牢吗""家里窗帘突然着火""火灾起点原因容易查吗"等信息，反映其有明显的放火预谋。莫焕晶归案后均供认，其点火的时间为4时55分左右，其用打火机两次点书本，在第一次未点燃封皮后又点燃书的内页，看到书燃起火星后将书本扔在布艺沙发上，随后沙发、窗帘被迅速引燃。故莫焕晶在案发前多次搜索与放火相关的信息，案发时点燃书本，并将已引燃的书本扔掷在易燃物上，引发大火，显系故意放火，辩护人所提莫焕晶无放火故意的辩护意见与查明的事实不符，不予采纳。

（4）关于莫焕晶及其辩护人所提莫焕晶在起火后报警、积极施救的辩解与辩护意见。经查，在案证据虽然证明莫焕晶放火后有报警行为，但是其报警时距其放火已长达约15分钟，且在其报警6分多钟前，朱某贞及其他群众均已报警，故其报警并无实际价值。在案证据亦证明，莫焕晶在放火前并未采取任何灭火或控制火势的措施，放火之后也未及时对四名被害人施以援手，其所提在火势蔓延时曾用榔头敲击玻璃与相应位置玻璃无明显敲击痕迹的情况不符，故莫焕晶及其辩护人所提莫积极施救的辩解及辩护意见均不能成立，不予采纳。

（5）关于辩护人所提物业设施不到位、消防救援不及时是造成本案人员伤亡、财产损失的介入因素，对危害结果具有影响力，请求对莫焕晶从轻处罚的辩护意见。经审理认为，放火罪系严重危害公共安全的犯罪，放火行为一经实施，就有可能造成不特定多人伤亡或者公私财产损失的严重后果。莫焕晶不顾雇主及其年幼子女生命安全，选择凌晨4时55分许在高层住宅内放火，最终造成四人死亡及巨额财产损失的严重后果，其放火行为与犯罪后果之间存在直接的因果关系，依法应对全部后果承担刑事责任。

消防部门于5时04分50秒接群众首次报警，于5时07分52秒派出第一批消防车，消防车于5时11分16秒到达蓝色钱江小区正门，消防战士于5时16分53秒到达着火建筑楼下，随即携带灭火救援装置乘电梯前往事发楼层，接手物业保安实施灭火。消防战士在实施灭火过程中发现供水管网水压不足，遂沿楼梯蜿蜒铺设水带进行灭火。火灾扑救时间延长，与案发小区物业消防安全管理落实不到位、应急处置能力不足及消防供水设施运行不正常，致使供水管网压力无法满足灭火需求有一定关联。但上述情况不足以阻断莫焕晶本人放火犯罪行为与造成严重危害人身、财产安全犯罪后果之间的因果关系，故辩护人认为可以减轻莫焕晶罪责的意见不能成立，不予采纳。

判决认为，被告人莫焕晶在高层住宅内故意使用打火机点燃易燃物引发火灾，造成四人死亡和重大财产损失，其行为已构成放火罪；莫焕晶还在从事住家保姆工作期间，多次盗窃雇主财物，数额巨大，其行为已构成盗窃罪。公诉机关指控莫焕晶所犯罪名成立。莫焕晶犯有两罪，应依法并罚。莫焕晶于凌晨时分故意在高层住宅内放火，导致四人死亡和重大财产损失，犯罪动机卑劣、犯罪后果极其严重，严重危害公共安全，社会危害性极大，依法应予严惩。虽然莫焕晶归案后能坦白放火罪行，但不足以对其从轻处罚。莫焕晶归案后主动交代公安机关尚未掌握的盗窃罪行，系自首，对其所犯盗窃罪可予从轻处罚。

十三、广州海事法院率先改革——裁判文书说理的"少数意见"

合议庭审理个案时，未必对证据审查判断、认定案件事实、适用法律、行使自由裁量权、法律推理路径、法律解释方法等均能形成一致意见，相反间或存在少数意见和并存意见。随着裁判文书上网公布、加强和规范裁判文书说理、司法公开实质化程度逐步加深、司法责任制全面落实，少数意见应否在裁判文书中公开，少数意见在裁判文书中如何公开等问题，均需要结合新的审判实践作出回应。

【文书节选】审判长×××、代理审判员×××认为：根据《中华人民共和国海商法》第七十八条第一款的规定，承运人同收货人、提单持有人之间的权利、义务关系，依据提单的规定确定。原告的证据5所涉12份原告为承运人的提单均为"运费到付"提单，即运费应由收货人支付，并且除HK98-SH2-0411提单外，记载的收货人均为被告。因此，根据提单中托运人与承运人约定的运费支付方式，该11份提单被告有义务向原告支付运费。尽管HK98-SH2-0411是到付运费提单，但原告未能证明该提单的收货人是被告，故被告没有义务支付该提单项下的运费。

原告的证据5所涉12份提单均未记载运费数额，但其中前8份提单背面条款规定装运货物时所适用的承运人的"运价本"条款已载入提单，原告作为承运人可以按照"运价本"条款规定的运价标准向收货人收取运费，但原告未向法院提交该"运价本"条款，无法按该"运价本"条款规定的运价标准计算运费。因此，可参照原、被告在1996年1月3日的运输协议中约定运价计算原告的运费，即每个40英尺集装箱港从香港至澜石的运费为港币7400元，原告为被告承运11个40英尺的集装箱，被告应向原告支付运费港币81400元。原告要求被告按香港至澜石每个40英尺集装箱港币7700元的运价支付运费，没有事实依据，不予支持。虽然，原、被告签订的运输协议没有涉及散件货物的运价，HK98-411-0020和HK98-411-0058提单项下的货物是散件货物，不能按集装箱货物的运价计算运费，但原告要求被告支付该两份提单项下的货物从香港运至澜石的运费共港币620元，数额合理，应予支持。被告主张上述提单项下的运费已经支付，应负举证责任，对被告未提供证据证明的主张，不予支持。

因上述提单约定的运费支付方式为"运费到付"，被告作为收货人应于货物交付之日向原告付清运费。香港至佛山澜石的海上运输一天内可以完成,故货物交付日期可推定为上述提单签发日期的次日。因此,被告应于上述提单签发日期的次日向原告支付运费。被告逾期支付,应按中国人民银行同期流动资金贷款利率向原告支付逾期支付运费利息。原告请求计至2000年7月27日止,应予支持。根据《最高人民法院关于修改〈最高人民法院关于逾期付款违约金应当按照何种标准计算问题的批复〉的批复》的规定,将法释〔1999〕8号批复中"参照中国人民银行1996年4月30日发布的银发〔1996〕156号《关于降低金融机构存、贷款利率的通知》的规定,目前,逾期付款违约金标准可以按每日万分之四计算"的内容删除。原告要求被告支付逾期支付运费的违约金,没有法律依据,不予支持。

原告要求被告支付其证据6所列的8份提单项下的运费,因该8份提单是"运费预付"提单,被告不是提单证明的托运人,从提单的记载不能证明被告负有支付该8份提单项下运费的义务,原告又没有举证证明被告将该8份提单项下的货物委托其办理运输。因此,原告要求被告支付该8份提单项下货物的运费无理,不予支持。

代理审判员×××认为:对于证据5所涉12份提单,原告未能证明其与托运人约定运费由收货人即本案被告支付,原告依据该12份提单请求被告支付运费及该款项的逾期付款违约金,不予支持。原告依据证据6的8份提单请求被告支付运费及违约金,但原告未能证明被告委托其办理该8份提单项下的货物运输,对原告的该项请求,不予支持。综上,应驳回原告的诉讼请求。

后 记

　　裁判文书说理是一个被理论界和实务界较长时期关注和热议的话题，尤其是近些年来中央决定将法律文书释法说理纳入司法体制改革范畴以及最高人民法院强力推行裁判文书上网的背景下，法官为什么不愿意说理、裁判文书为何要说理、裁判文书如何说理、裁判文书改革有无成效等，再次引发社会各界的思考。因工作需要，我也一直秉持理论与实践相结合的立场，密切关注各级法院裁判文书说理改革创新举措和学术界有关裁判文书说理的研究成果，并侧重应用法学的维度就裁判文书说理的多维界定、裁判文书的结构安排与裁判说理的关系、裁判理由与裁判依据的关系、裁判文书说理论据的类型化及运用、裁判文书说理与法律论证及法律解释方法的关系、裁判文书少数意见的公开、裁判文书说理制度体系的构建、刑事裁判文书说理与犯罪论体系的关系等等问题进行研究与思考。可以说，《无理不成"书"——裁判文书说理23讲》既是我近些年来远离刑事法学步入"旁门"所思所想之集成，也是我从事司法改革工作长达十六年之久（2003年开始在设于研究室的最高人民法院司法改革研究小组办公室工作，2004年和2012年两次被借调设在中央政法委的中央司法体制改革领导小组办公室工作，2019年从司改办调入审管办工作)的"告别"之印记。

《无理不成"书"——裁判文书说理23讲》分为"理论言说""文本诠释"两编，上编是我独自或者与他人合作撰写的理论成果，下编是我针对裁判文书释法说理指导意见所做的阐释说明。在此，我要衷心感谢赵淑琴教授、袁力副教授、程能博士、杨惠惠、姜源、潘自强等论文合作者！感谢司改办的诸位同事及分管院领导长期对我工作和生活等各方面的关心、支持与照顾！

最后，感谢我的导师陈兴良教授长期对我学术成长之路的关爱与扶持（包括此次对书稿的审读、提出未来研究裁判文书说理的切入口和着力点）！感谢季卫东教授在百忙之中与我讨论司法体制改革不断深化中的裁判文书说理与论证，并提出很有见地的论题与主张！感谢同乡仁兄宋北平教授长期对我工作的支持和生活的关照，尤其是此次在抗击"新冠肺炎"尚处关键阶段欣然为我赐序！"裁判文书该好好说理啦"的呐喊，更是让我感受到了新岗位的挑战。感谢同乡学兄刘志远总编长期对我的关心和马力珍主任及芦世玲编辑的认真工作！感谢家人对我工作、生活、学术等各方面的大力支持与帮助！

刘树德
鲁园上河村潇湘苑
2020年2月29日初记
2020年5月5日补记